# 감염병의 국제관계:
# 시각과 쟁점

•
이상환

박영사

이 저서는 2021년 대한민국 교육부와 한국연구재단의 저술출판지원사업의 지원을 받아 수행된 연구임. (NRF－2021S1A6A4055261)

This work was supported by the Ministry of Education of the Republic of Korea and the National Research Foundation of Korea.(NRF－2021S1A6A4055261)

# 서문

## 『감염병의 국제관계: 시각과 쟁점』을 발간하며…

20년 전인 2005년 3월 초에 미국 하와이 호놀룰루에서 미국 국제정치학회(International Studies Association) 제46차 연례학술회의가 개최되었다. 이 학술회의는 저자가 정기적으로 참가하여 논문을 발표하고 해외 국제정치학자들과 함께하는 학문과 인적 교류의 장이다. 당시 해당 학술회의에서 저자가 눈여겨본 패널이 바로 감염병과 '보건안보(health security)'를 다루는 패널이었다. 21세기 들어 감염병의 시작은 2003년 중국에서 발생한 '사스'였고, 그 파급효과는 국제정치학자들에게 감염병을 연구 대상으로 삼게 하고 ISA 학술회의에 관련 패널들을 개설하게 한 것이다.

보건안보라는 개념은 탈냉전·세계화 시대의 서막을 알리는 1990년대 초에 인간안보(human security)의 7가지 의제의 하나로 소개되었다. 하지만 국제정치학계에 관심 있게 도입되고 연구가 활성화되기 시작한 시점은 21세기 감염병이 창궐한 이후라고 할 수 있다. 이러한 학문적 분위기를 국내에 전달하고 감염병과 보건안보의 문제를 국내의 국제정치학계에 처음 소개한 학자가 저자라고 할 수 있다. 지난 20년간 감염병 문제는 국제정치학의 의제로 확고히 자리 잡게 되고 적지 않은 학자들의 연구 의제로 진화하고 있다. 특히 2020년 코로나19(COVID-19) 팬데믹의 영향은 국제관계는 물론 개별국가의 국내 정치·경제에 막대한 변화를 초래했다. 심지어 이는 국제질서를 신냉전·탈세계화의 시대로 이끈 원인이 된 것이다.

아이러니하게도 2020년 ISA 제61차 연례학술회의도 미국 하와이 호놀룰루에서 열기로 되어 있었고 저자도 당시 한국국제정치학회 회장으로서 한국학자들과 패널을 조직하고 참가하기로 되어 있었다. 문제는 코로나19로 인해 ISA 연례학술회의가 역사상 처음으로 개최 취소되는 일이 벌어졌다. 코로나19는 수천 명의 회원들이 참가하고 수천 편의

논문들이 발표되는 대형 학회의 학술회의 풍경을 완전히 바꿔 놓았다. 이후 학술회의는 온라인 혹은 하이브리드(hybrid)로 온·오프라인 패널이 동시에 진행되는 양상으로 바뀌게 되었다.

본 단행본은 지난 20년간 저자가 감염병 문제에 관심을 갖고 국제정치학자의 시각에서 연구해 온 결과물이다. 이는 감염병 관련 보건안보를 공부하는 학부생 및 대학원생의 입문서로 저술한 것이다. 따라서 이 책의 발간을 통해 국제정치학계에 감염병 문제를 폭넓게 그리고 깊이 있게 연구하는 학자군이 생기기를 바라는 마음이다.

책 출간에 즈음하여 지난 세월 맺어 온 많은 소중한 인연들에 대한 고마움을 다시금 느낀다. 이러한 인연이 없었다면 저자의 이 책은 출간되지 못했을 것이다. 이 자리를 빌려 저자와 인연을 맺은 모든 분께 감사드리고자 한다. 한편, 이 책이 보건안보를 연구하거나 국제정치를 공부하는 학자와 학생뿐만 아니라, 감염병 문제에 관심을 갖는 일반 독자들에게도 유용한 참고 자료가 되기를 기대한다. 또한, 이 책을 발간할 수 있도록 지원해 주신 한국연구재단과 노고를 아끼지 않으신 박영사에 깊은 감사를 드리고자 한다. 저술 과정에서 조언과 격려를 아끼지 않은 여러 학문적 동료에게도 깊은 감사의 마음을 전하고자 한다. 끝으로, 한 학자의 삶에 힘이 되어 준 사랑하는 아내와 두 딸에게도 고마운 마음을 전하고자 한다.

2025년 8월

이문동 연구실에서 저자

# 차례

## PART 1 국제사회와 감염병(Epidemics)

## PART 2 Post COVID-19의 국제관계

## PART 3 글로벌 보건의 미래

# PART 01

# 국제사회와 감염병 (Epidemics)



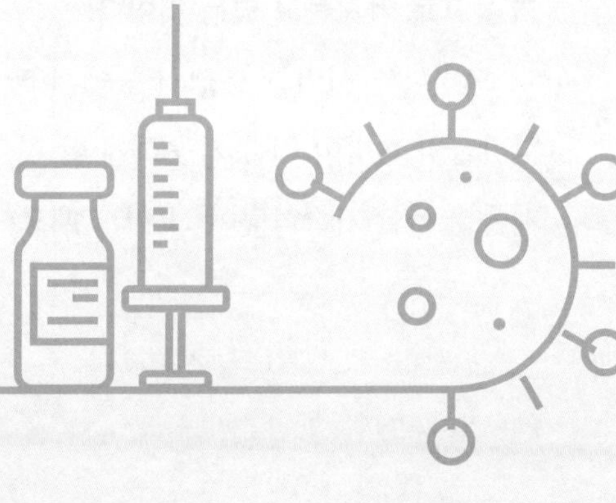

# Chapter 01 감염병의 이해

## 1 감염병의 역사

키신저(Henry Kissinger)는 향후 지구촌에서 발생 가능성이 가장 큰 분쟁은 화석연료를 둘러싼 갈등일 것이라고 말하였다. 에너지 고갈을 우려하는 비관론자들은 석유종말로 인한 갈등이 향후 증폭될 것이라고 주장하고 있다. 한편 지구온난화 문제를 걱정하는 환경 비관론자들은 환경친화적 자원 개발과 화석연료의 사용 자제를 강조하며 환경파괴에 따른 갈등의 도래를 경고하고 있다. 또한 식량부족 문제를 해결하려는 노력이 유전자변형 생물의 우려를 낳고 있다. 오늘날 국제사회는 에너지, 환경, 보건 문제를 둘러싼 분쟁의 늪으로 빠져들고 있는 것이다.

그렇다면 이러한 분쟁의 늪에서 빠져나올 수 있는 방안에는 무엇이 있는가? 우선 과학기술의 혁명이 이를 가능하게 할 것이다. 따라서 에너지, 환경, 보건 문제와 관련한 한계를 극복할 기술혁명이 그 어느 때보다 요구되는 시점인 것이다. 하지만 이러한 과학기술혁명이 있을지라도 인간의 욕망과 국가 간 이해관계에 따른 분쟁은 종식될 수 없는 것이다. 결국 '지속가능한 국제사회(sustainable international society)'는 과학기술 혁명과 분쟁 해결 체제라는 두 가지 축이 조화롭게 작동할 때 가능한 것이다.

**그림 1** 지속가능성 분쟁과 글로벌 위기관리의 중요성

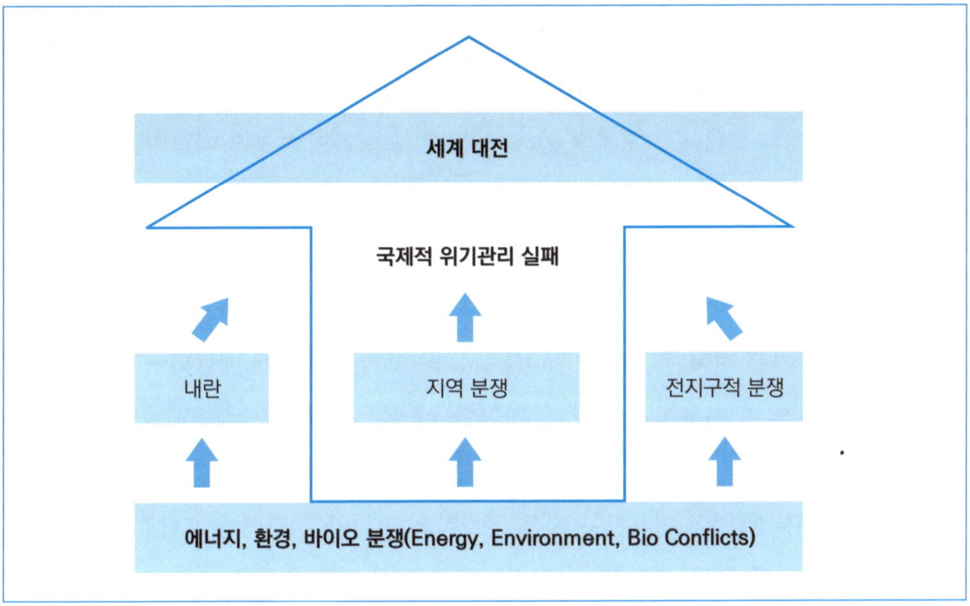


오늘날 에너지 및 생물학적 자원 안보는 국제사회에서 가장 주목받는 주요 관심사의 하나로 부각되고 있다. 즉 에너지의 안정적 확보, 대체에너지 개발, 환경 보전, 식량 확보, 질병관리 및 신약 개발 등 삶의 질과 관련된 사안이 인류의 공통적인 주목을 받는 것이다. 인간안보(human security)라는 용어가 보편화된 것도 바로 이러한 추세를 반영하고 있다. 20세기에 생존을 위한 국가 주권 수호 즉 국가안보(national security)가 초미의 관심사였다면, 21세기에는 삶의 질 개선을 위한 개인인권 보호 즉 인간안보(human security)가 주요 관심사가 되는 것이다.

문제는 21세기에 들어 에너지, 환경, 보건 문제를 둘러싼 국가 간 분쟁이 일어날 가능성이 증폭되고 있다는 것이다. 이러한 분쟁을 해결하기 위해 다양한 방안이 동원될 수 있다. 우선 에너지 확보를 위한 자원 탐사 및 대체에너지 기술개발 등을 통해 에너지 수급을 안정적으로 할 수 있다. 또한 환경오염을 막는 생산공정 엄수와 대기·해양 오염을 막는 자원 개발 및 이동의 안전성을 도모함으로써 환경보호를 수행할 수 있다. 최근 환경기술 개발은 에너지 고효율 사용과 환경보호에 모두 기여하고 있다. 나아가 식량 확보를 위한 바이오 혁명은 그 식량 위기의 해결책이 되고 있으며 각종 질병 퇴치를 위한 신약 개발은 인류 보건에 중요한 밑거름이 되고 있다. 이들 방안은 모두 '지속가능성(sustainability)'이라는 개념에 기초하고 있다. 오늘날 국가 간의 분쟁은 각 국가가 지속가능한 국제사회를 만들기 위해 협력하지 않고는 해결될 수 없는 것이다.

국제사회는 최근 코로나19(COVID-19)로 인해 감염병[1]에 대한 경각심을 새로이 하고 있다. 이제 감염병의 확산이 단순한 보건 문제가 아니라 국가 간 갈등을 야기하는 안보적 문제가 되어 가는 것이다. 그동안 우리는 국가안보라는 개념에 매몰되어 다른 유형의 안보 개념에 크게 귀 기울이지 않았다. 하지만 인권이 주권에 우선한다는 '신국제주의' 원칙하에 안보 논의가 이뤄지면서 인간안보라는 개념이 대두되게 된 것이다.

감염병 문제는 협의의 인간안보 혹은 최소한의 인간안보 개념에 포함될 수 있는 중요한 국제사회의 의제라고 할 수 있다. 성격상 인간안보의 범주에 있는 감염병 문제가 국가 간의 갈등을 유발하고 이로 인해 국가 간 분쟁 나아가 전쟁으로 이어진다면 이는 국가안보 차원에서의 문제가 되는 것이다. 국제법상 공중보건에 관한 쟁점은 월경질병

---

1 전염병과 감염병은 사람 간에 전파가 되느냐에 따라 달라짐. 사람 간 전염이 되면 전염병, 어떠한 매개를 통해 전염되면 감염병이라고 칭함. 신종 코로나바이러스는 사람 간 전염이 이뤄지고 있기 때문에 전염병임. 이와 비교하여 광우병, 조류독감은 감염병이나 감염병이었다가도 사람 간 감염이 되면 전염병으로 불리게 됨. 예전에는 사람 간의 전염병이 주된 병이었지만 최근에는 인수공통감염병이 늘어나면서 이에 대한 대응이 중요하게 됨. 2010년 이후에는 전염병이라는 명칭이 사라지고 감염병(전염성 질환과 비전염성 질환을 모두 포함)이라는 용어가 사용됨. 당시 보건복지가족부는 '전염병'을 '감염병'으로 변경하는 것과 관련 "사람들 사이에 전파되지 않는 질환이 있음에도 사람들 사이에 전파되는 질환만을 의미하는 전염병이라는 용어를 사용하는 것은 질병관리에 있어 문제가 있다"며 "종전의 전염병이라는 용어를 전염성 질환과 비전염성 질환을 모두 포함하는 감염병이라는 용어로 변경한다"고 설명함.

의 확산 방지 및 국제적 차원에서 공중보건의 수준 향상에 초점을 맞추어 왔다. 19세기 이전까지, 월경질병의 확산방지에 관하여 국가들은 국제적 협력의 필요성을 인식하지 못하였다. 즉, 질병확산의 방지는 국내적 방역정책으로 충분하다고 생각하였다. 그러나 이러한 제한적인 방역조치는 국제교역의 증가로 인해 한계점에 도달하게 되었다. 제한적인 방역조치에 의한 국제무역의 제한은 국가 차원의 경제적 이해에 많은 영향을 주었으며 국가 간 통상갈등을 초래하였다. 따라서 국제교역의 감소를 유발하지 않는 적절한 수준의 월경질병 확산의 방지에 대한 협의가 필요하게 되었다.(김성원 2007) 오늘날 감염병 즉 보건문제가 국제사회의 갈등 요인이 되고 이를 해결하기 위한 협력이 요구되고 있는 것이다.

중국 우한에서 시작된 코로나바이러스 감염병(COVID-19)이 아시아를 넘어 전 세계로 퍼져 나갔다. 우리나라도 아직 그 감염병의 늪에서 빠져나오지 못하고 있다. 국제사회의 협력 없이 여기서 헤어난다는 것은 쉽지 않다. 일반적인 보건 문제가 선진국이 개도국에 베푸는 시혜적인 수직적 관계 속에서 해결된다면, 감염병 문제는 선진국과 개도국 간 상호협력 없이는 즉 수평적 관계 속에서 노력하지 않는다면 해결이 난망한 것이다.

인간안보에서 새로이 부각되고 있는 의제인 감염병 문제는 21세기에 들어 국제사회의 주요한 갈등 요인이 되고 있다. 21세기 최초의 국제적 감염병인 사스(SARS)는 국제사회에 감염병의 공포를 알리는 신호탄이 되었고, 이어 발생한 조류독감(AI)은 감염병 문제를 국제사회 내 최대 관심사의 하나로 부각시켰다. 또한 신종플루(Influenza A), 에볼라바이러스(Ebola Virus), 메르스(MERS), 그리고 코로나19(COVID-19)에 이르기까지 감염병의 만연은 국제사회에 해결해야 할 과제를 남겨 주었다. 이러한 흐름 속에 앞으로 더 심한 감염병이 등장하게 될 것이라는 예측이 오늘날 국제사회의 우려를 증폭시키고 있다.

### 표 1 2000년 이후 주요 바이러스 감염병 유행 사례

| 항목 \ 병명 | 사스 | 신종플루 | 에볼라 | 메르스 | COVID-19 (2023.4.16. 기준) |
|---|---|---|---|---|---|
| 확산국 수 | 32개국 | 129개국 | 4개국 | 24개국 | 223개 국가·지역 |
| 유행 시기 | 2002-03년 | 2009년 | 2014-15년 | 2012-15년 | 2019년- |
| 감염자 수(명) | 8,273 | 25,584,595 | 8,396 | 1,154 | 763,000,000+ |
| 사망자 수(명) | 775 | 14,378 | 4,032 | 471 | 6,900,000+ |
| 치사율(%) | 9.3 | 0.056 | 48 | 40.8 | 0.9 |

* 출처: 세계보건기구(WHO) 보고서(2015/2020/2023)

2015년 한국에서 메르스, 즉 중동호흡기증후군이 사회적 문제가 된 적이 있다. 이 바이러스는 한국 사회에 큰 충격을 주었을 뿐만 아니라 우리나라의 감염병 역사도 새로 쓰게 했다. 당시 정부의 부실한 초기 대응이 메르스를 키웠고, 의료기관의 취약한 감염 통제가 이를 전국으로 전파했다. 해외에 파급하여 집단감염을 일으키지는 않았으나 메르스로 인한 한국 내 사회경제적 손실은 심각한 상황을 경험했다. 최근 겪어 온 COVID-19도 감염자에게 중증폐렴을 일으키며 많은 인적·물적 피해를 야기해 왔다.

국제사회에서 보건 협력의 개념은 공중보건(public health), 국제보건(international health), 글로벌 보건(global health)의 순으로 진화해 왔다. 국제사회 내 보건 문제에 대한 이해가 협의의 개념인 공중보건에서 진전된 개념인 국제보건으로 나아가 광의의 개념인 글로벌 보건의 개념으로 확장되어 온 것이다. 공중보건이 감염병 문제 해결에 있어 국가주의(statism)에 근거한 국내적 해법을 지향한다면, 국제보건 나아가 글로벌 보건으로 갈수록 범세계주의(globalism)에 기반한 글로벌한 해법을 추구한다.

**표 2 보건 인식의 변화 [글로벌 · 국제 · 공중 보건의 비교]**

| 기준 \ 유형 | 글로벌 보건 (global health) | 국제 보건 (international health) | 공중 보건 (public health) |
|---|---|---|---|
| 지리적 대상 (geographical reach) | 직간접적으로 보건에 영향을 미치나 국경을 초월할 수 있는 이슈에 초점 | 일국 자신이 아닌 타국(특히 중·하위 소득국가들)의 보건 이슈에 초점 | 특정 집단 혹은 국가 내 구성원의 보건에 영향을 미치는 이슈에 초점 |
| 협력 수준 (level of cooperation) | 해결책의 발전과 수행이 흔히 글로벌 협력을 요함 | 해결책의 발전과 수행이 항시 양국(인접국)의 협력을 요함 | 해결책의 발전과 수행이 항시 글로벌 협력을 요하지는 않음 |
| 의료 대상 범주 (individuals or populations) | 전 구성원에 대한 예방과 개인 진료를 모두 포괄함 | 전 구성원에 대한 예방과 개인 진료를 모두 포괄함 | 전 구성원에 대한 예방에 주로 초점을 맞춤 |
| 보건 형평성 인식 (access to health) | 국가 간 및 모든 사람을 위한 보건 형평성이 주요한 목적임 | 타 국민을 돕는 것이 주요한 목적임 | 일국 혹은 집단 내 보건 형평성이 주요한 목적임 |
| 학문분과 범주 (range of disciplines) | 보건학 내외에서 매우 융복합적인 범주 | 소수 학문분야를 포괄하나 복합학문을 강조하지 않음 | 보건학 내 및 사회과학과 연계된 복합적인 접근을 강조함 |

* 출처: McCracken, Kevin and David R. Phillips. 2017. Global Health: An introduction to current and future trends. London& New York: Routledge. p. 7.

감염병(communicable diseases)이란 병원체(病原體)가 직접적 또는 간접적으로 면역(免疫)이 없는 인체에 침입·증식하여 일어나는 질병이다. 21세기에 문제를 야기한 대표적인 감염병은 사스(SARS)와 조류독감(Bird Flu), 신종 인플루엔자 A(H1N1), 에볼라바이러스(Ebola Virus), 메르스(MERS), 그리고 신종 코로나바이러스(COVID-19)이다. 오늘날 국제사회는 동물로부터 인간으로 전이되는 치명적인 감염을 막아 낼 체계를 필요로 한다.

사스(SARS)는 21세기 최초의 국제적 감염병이다. 사스는 2003년 3월 세계보건기구(WHO)에 의해 처음 인지된, 특이한 이례적인 폐렴에 부여된 용어이다. 그 첫 번째 발병은

2002년 11월 중국 광동성에서 있었던 것으로 추정된다. 새로운 발병이 계속 이어졌고 2003년 2월에 절정에 달했다. 사스는 감염된 사람들과 접촉한 여행자들에 의해 다른 국가로 확산되었다. 사스의 주요한 발병 국가들로는 싱가포르, 캐나다, 베트남 등이 있다. 처음 발병이 알려진 2003년 2월 말부터 그해 6월 말까지 그 질병은 다수의 국가에서 위기를 야기했다. 사스 발병 초기 단계에서 중국은 감염병을 은폐함으로써 문제 해결을 어렵게 했다. 그 이유 중 하나는 만약 사스에 관한 정보가 누설된다면 경제적 파급효과가 크리라는 중국 당국의 우려였고, 다른 하나는 감염병에 대한 중국의 관행적인 태도로부터 파생된 것, 즉 중국은 감염병을 의료적 조처를 요하는 의료문제로만 취급했다. 사스의 확산은 감염병이 보건위기 이상의 것임을 명백히 보여 주었다. 사스의 영향은 생명 손실에 한정되지 않고 사회경제적, 정치적, 안보적 영역으로 확대되었다.

조류독감(Bird Flu)은 에비앙 인플루엔자(Avian Influenza) 바이러스에 의한 감염이다. 이 인플루엔자 바이러스(H5N1)는 조류들 사이에서 자연스럽게 발생한다. 조류독감 바이러스는 인간에게 쉽게 옮겨지는 것은 아니나 1997년 이래 조류독감 바이러스가 인간에게 전염된 여러 사례가 발생했다. 특히 통제가 어려운 철새들의 이동을 통해 조류독감이 전염될 수 있다는 점은 초국가적으로 다양한 수준에서의 협력이 필요하다는 것을 일깨워 주었다. 2005년 동남아시아를 중심으로 발생한 AI는 2년간 70여 명의 사상자를 냈으며 매년 '연례행사'처럼 각국을 뒤흔들고 있다.

신종 인플루엔자 A(H1N1)는 돼지에서 생기는 호흡기 질환으로 A형 인플루엔자 바이러스에 의한 감염이다. 대개 사람에게 질병을 유발하지 않지만, 감염된 돼지와 직접적으로 접촉한 사람에게 질환이 감염될 수 있다고 한다. 초기에는 '돼지인플루엔자(Swine Influenza; SI)'로 불리었으나, 2009년 4월 30일 WHO는 돼지인플루엔자(SI)는 더 이상 쓰지 않고 '인플루엔자 A(H1N1)'로 부르기로 공식 발표했다. 발생 이후 전 세계적으로 감염자와 사망자가 계속 증가하여 2009년 6월 12일 세계보건기구는 신종 인플루엔자 A의 감염병 경보를 5단계에서 최고 단계인 6단계(대륙 간 감염으로 인한 '대유행' 단계)로 격상했다. 2009년 11월 3일 발표를 기준으로 129여 개국에서 2,600만 명을 넘는 감염자가 발생하였으며, 20여 개국에서 사망자가 발생했다.

에볼라바이러스(Ebola Virus)로 인해 2014년 8월 8일 세계보건기구(WHO)는 '국제적 공중보건 비상사태(Public Health Emergency of International Concern; PHEIC)'를 선포했다. WHO는 에볼라 발생국 4국(기니·라이베리아·시에라리온·나이지리아)에 대해서는 국가비상사태를 선포하고, 공항·항만과 접경지역에서의 검역을 강화해 에볼라 의심 환자나 환자 접촉자의 출국을 금지했다. 또 의심 환자가 있거나 발생국과 인접한 국가들(사우디아라비아, 스페인, 미국, 세네갈 등)은 에볼라 진단실험실을 확보하는 등 긴급 대응반을 구성하도록 했다.

메르스(MERS)는 2015년 한국에서 사회적 문제가 된 것으로 중동호흡기증후군이라고 불리운다. 이 바이러스는 한국 사회에 큰 충격을 주었을 뿐만 아니라 감염병의 역사도 새로 쓰게 했다. 2015년 5월 20일 첫 환자가 발생한 이래, 6월 21일 기준 한국은 사우디아라비아에 이어 세계 2위 발병국이 되었다. 메르스 확진자는 180여 명이고, 한 의료기관에서 나온 최대 감염자 수 83명(삼성서울병원)은 사우디아라비아의 23명보다도 많았다. 4차 감염사례도 한국에서 세계 최초로 나왔다. 정부의 부실한 초기 대응이 메르스를 키웠고, 의료기관의 취약한 감염 통제가 이를 전국으로 전파했다. 해외에 파급하여 집단감염을 일으키지는 않았으나 메르스로 인한 한국 내 사회경제적 손실은 심각한 상황을 경험했다.

신종 코로나바이러스(COVID-19)는 사람과 다양한 동물에 감염될 수 있는 바이러스로서 4개의 유형인 알파, 베타, 감마, 델타가 있고 이 중 사람과 동물에게 모두 감염되는 것은 알파와 베타이다. 감마와 델타는 동물에게만 감염된다. 코로나바이러스 감염증은 감기를 일으키거나 중증폐렴을 일으키는데, COVID-19는 사스 및 메르스와 함께 중증폐렴을 야기한다. 아직 확정된 것은 아니나 감염원은 동물로 추정되고 동물에서 사람으로, 그리고 사람에서 사람으로 전이되는 것으로 보인다. 사람 간 전파는 비말(호흡기 분비물)로 전파되는 것으로 추정된다. 주요 발원지는 중국 우한이며 2023년 4월 기준 누적 집계상 223개 국가·지역에서 7억 명 이상의 감염자와 690여만 명의 사망자를 유발했다. WHO는 2020년 3월 전 세계적인 확산(pandemic)을 선언했다. 이는 WHO 설립 이래 1968년 홍콩독감, 2009년 신종플루에 이어 공식적으로 세 번째다. 공식 선언은 아니지만 1918년 스페인독감, 1957년 아시아독감, 2003년 사스 등도 팬데믹의 사례로 언급된다. WHO에 의하면 COVID-19는 2019년 12월 31일에 중국 우한에서 발생한 것으로 처음 보고되었다.

표 3 **G-20 국가의 감염병 통계(COVID-19 이전)**

<table>
<tr><th rowspan="2">세계지역</th><th rowspan="2">국가명</th><th colspan="4">감염병 관련 사항 (%)</th></tr>
<tr><th>전체 인구 중 감염병 등으로 인한 사망률 (2016)</th><th>15–49세 인구 중 HIV 감염률 (2018)</th><th>12–23개월 영유아 중 DPT 접종률 (2018)</th><th>전체 인구 중 개선된 위생 시설 접근률 (2017)</th></tr>
<tr><td rowspan="7">북미/ 서구유럽/ 오세아니아 (7개국)</td><td>미국</td><td>5</td><td>0.4</td><td>94</td><td>100</td></tr>
<tr><td>캐나다</td><td>6</td><td>–</td><td>91</td><td>99</td></tr>
<tr><td>독일</td><td>5</td><td>0.1</td><td>93</td><td>99</td></tr>
<tr><td>영국</td><td>8</td><td>–</td><td>94</td><td>99</td></tr>
<tr><td>프랑스</td><td>6</td><td>0.3</td><td>96</td><td>99</td></tr>
<tr><td>이탈리아</td><td>5</td><td>0.3</td><td>95</td><td>99</td></tr>
<tr><td>호주</td><td>5</td><td>0.1</td><td>95</td><td>100</td></tr>
<tr><td rowspan="7">아시아 (7개국)</td><td>한국</td><td>10</td><td>–</td><td>98</td><td>100</td></tr>
<tr><td>일본</td><td>13</td><td>0.1</td><td>99</td><td>100</td></tr>
<tr><td>중국</td><td>4</td><td>–</td><td>99</td><td>85</td></tr>
<tr><td>인도</td><td>26</td><td>–</td><td>89</td><td>60</td></tr>
<tr><td>인도 네시아</td><td>21</td><td>0.4</td><td>79</td><td>73</td></tr>
<tr><td>터키</td><td>4</td><td>–</td><td>98</td><td>97</td></tr>
<tr><td>사우디 아라비아</td><td>11</td><td>–</td><td>96</td><td>100</td></tr>
<tr><td rowspan="3">라틴 아메리카 (3개국)</td><td>브라질</td><td>14</td><td>0.5</td><td>83</td><td>88</td></tr>
<tr><td>아르 헨티나</td><td>16</td><td>0.4</td><td>86</td><td>94</td></tr>
<tr><td>멕시코</td><td>10</td><td>0.2</td><td>88</td><td>91</td></tr>
</table>

| 동구유럽/<br>중앙아시아<br>(1개국) | 러시아 | 5 | – | 97 | 90 |
|---|---|---|---|---|---|
| 아프리카<br>(1개국) | 남아프리카<br>공화국 | 40 | 20.4 | 74 | 76 |

* 출처: 세계은행(World Bank) 보고서(http://www.worldbank.org, 2019).

<표 3>에 의하면 G－20 국가 중 감염병 등으로 인한 사망률이 가장 높은 국가는 단연 남아프리카공화국이고 이어 인도와 인도네시아 등이 높은 국가라고 할 수 있다. 7개 서구국가들 모두 8% 이하의 사망률로 감염병 등으로 인한 피해가 상대적으로 크지 않다. 반면 브라질, 아르헨티나, 멕시코 등 라틴아메리카 3개국은 모두 두자리 수로 문제가 있다. 특정연도의 데이터를 기준으로 전체를 얘기할 수 없는 상황이나 한국, 터키, 러시아, 중국은 무난한 수준이고 중국의 4%는 절대적인 빈도수로 보면 적지 않은 규모이다. 다만 예외적인 사례는 일본인데 2011년 원전사고의 일시적 반향이 아닌가 생각된다 (출산 관련 사망 포함).

가용한 데이터 중 HIV 감염률 역시 남아프리카공화국이 단연 1위로 20.4%라는 수치를 보여 주고 있고 브라질 등이 어려움을 겪고 있음을 알 수 있다. 영유아 접종률의 경우 대부분의 G－20 국가가 90% 이상의 수치를 보이고 있는데, 인도네시아와 남아프리카공화국은 80% 이하로 상대적으로 한계가 있음을 파악할 수 있다. 전체 인구 중 개선된 위생시설 접근률의 경우 7개 서구국가 모두는 100에 가까운 수치를 보여 줌으로써 생활위생 환경에 문제가 없음을 나타낸다. 하지만 비서구국가의 경우 한국, 일본, 사우디아라비아, 터키, 아르헨티나를 제외하면 생활환경이 위생과 거리가 먼 국가들이다. 특히 인도, 남아프리카공화국, 인도네시아 등은 상황이 심각하며 중국 등도 그리 나은 편은 아니다. 결국 세계 주요 지도국임에도 불구하고 G－20 국가 내 서구국가와 비서구국가 간 차이가 감염병 관련 통계에 여실히 반영되어 있다.

## 2 21세기 감염병의 인과

감염병이란 병원체가 면역이 없는 인체에 침입·증식하여 일어나는 질병으로 21세기에 문제를 야기한 대표적인 감염병은 사스(SARS)와 조류독감(Bird Flu), 신종 인플루엔자 A(H1N1), 에볼라바이러스(Ebola Virus), 메르스(MERS), 그리고 신종 코로나바이러스(COVID-19)이다. 오늘날 국제사회는 동물로부터 인간으로 전이되는 치명적인 감염을 막아 낼 방안을 강구해야 한다.

### 1 SARS

사스(SARS)는 21세기 최초의 국제적 감염병이다. 사스는 2003년 3월 세계보건기구(WHO)에 의해 처음 인지된 특이한 이례적인 폐렴에 부여된 용어이다. 그 첫 번째 발병은 2002년 11월 중국 광둥성에서 있었던 것으로 추정된다. 새로운 발병이 계속 이어졌고 2003년 2월에 절정에 달했다. 사스는 감염된 사람들과 접촉한 여행자들에 의해 다른 국가로 확산했다. 사스의 주요한 발병 국가들로는 싱가포르, 캐나다, 베트남 등이 있다. 처음 발병이 알려진 2003년 2월 말부터 그해 6월 말까지 그 질병은 다수의 국가에서 위기를 초래했다. 사스 발병 초기 단계에서 중국은 감염병을 은폐함으로써 문제 해결을 어렵게 했다. 그 이유 중 하나는 만약 사스에 관한 정보가 누설된다면 경제적 파급효과가 크리라는 중국 당국의 우려였고, 다른 하나는 감염병에 대한 중국의 관행적인 태도로부터 파생된 것, 즉 중국은 감염병을 의료적 조처를 요구하는 의료문제로만 취급했다.

이러한 사스 위기는 세계화의 악영향을 보여 주는 좋은 예가 된다. 재화, 정보, 사람들이 더욱 밀접하게 세계 경제와 통신 네트워크로 통합되면서 전염성 질병도 개별국가에 거주하는 국민의 건강을 해칠 수 있을 뿐만 아니라 무역과 정보의 흐름을 방해하여 지역과 세계 경제에 타격을 줄 수 있는 것이다. 사스는 동아시아 지역에는 전염병에 대처하기 위한 공동의 노력이 취약하고 부족하다는 것을 보여 주었고, 인간안보에 있어 중심적이고 절대적인 부분으로서 일반 국민의 보건안보를 강조하는 계기가 되었다. 사스가 재발할 수 있다는 가능성이 제기되면서 동아시아의 각 국가는 국내적 대처방안을 마련하고 지역적 협력을 증진하는 등 경계를 강화하고 있다.(이신화, 2006)

사스 발병 초기 단계에서 중국은 전염병을 은폐함으로써 국내문제를 다루는 그들의 전통적인 방식을 취했다. 그러나 중국의 태도는 전염병을 잘못 다룬 두 명의 장관급 관리를 해고하고 WHO에 사스에 관한 일일 통계를 보고하기 시작한 그해 4월 20일에 와서 극적으로 바뀌게 되었다. 사스 사례에서 나타난 중국의 변화는 지난 20여 년간 형성된 중국과 세계 사이의 국제적 연계가 중국의 국내 정책 선택에 영향을 끼치기 시작했음을 보여 주고 있다.(Kim, 2003)

이러한 중국의 뒤늦은 응답을 설명하려는 두 가지 해석이 있다. 하나는 만약 사스에 관한 정보가 누설된다면 경제적 파급효과가 크리라는 중국 당국의 우려였다. 그 질병에 관한 말이 중국 전역에 퍼져가기 시작했을 때 북경 관리들은 그것이 지나가기를 바라면서 그 문제를 무시했다는 보도가 있었다. 다른 하나는 전염병에 대한 관행적인 중국의 태도로부터 파생된 것이다. 대부분의 다른 나라와 마찬가지로 중국은 전염병을 의료적 조처를 요구하는 의료문제로 취급한다. 이는 첫 번째 발병 후 중국 당국이 WHO에 알리기 전에 왜 그것이 네 달 반이 걸렸는가를 설명한다.(Caballero-Anthony, 2005: 480)

사스의 확산은 전염병이 보건 위기 이상의 것임을 명백히 보여 주었다. 사스의 영향은 생명 손실에 한정되지 않고 사회경제적, 정치적, 안보적 영역으로 확대되었다. 우선 사스의 경제적 영향의 확대는 여러 아시아 경제들 특히 홍콩, 싱가포르, 중국에서 경제활동의 갑작스런 붕괴를 초래했다. 여행 당국들은 이들 지역에 대한 여행을 자제하도록 하였고 결과적으로 최악의 관광수지를 초래했다. 이를 악화시킨 것은 도미노 효과의 여파이다. 소비자 불신, 국내 수요 급락, 비관적 사업 전망으로 출발하여 대다수 기업은 사스의 비용이 증가하기 시작함에 따라 붕괴 직전으로 치달았다. 경제 성장 전망은 재평가되기 시작했고 GDP 성장 예측은 0.5% 혹은 1% 수준에서 감소했다. WHO는 사스로 인한 아시아 지역의 피해를 300억 달러로 추산하였다. 또 다른 분석은 대략 600억 달러로 추산한 바 있다.(Caballero-Anthony, 2005: 482)

둘째, 위에 언급된 경제적 효과의 심각성은 사스의 사회적 및 심리적 영향에 의해 주로 기인한 것이었다. 사실상 보건위기 과정에서 대두된 주요한 의문의 하나는 왜 사스가 그토록 많은 두려움을 야기했는가 하는 점이다. 다른 전염병과 비교하여 사스에 의한 사망률은 말라리아 혹은 에이즈에 의한 사망률보다 훨씬 낮다. 대부분의 분석으로부터 두 가지 공통적인 요소들이 왜 사스가 파생시킨 두려움이 낮은 사망률에 비해 지나치게 강조되었는가를 설명하는 것처럼 보인다. 하나는 그 질병에 관한 의료 정보의 부족이다. 사스는 전염병이고 치명적일 수 있다. 하지만 전염 방식은 아직 미확인 상태이다. 알려진 치료법도 없다는 것이다. 다른 하나는 사스 감염과 사망에 관한 소식이 매스컴을 지배했다. 따라서 의학적으로 규명이 안 된 사스에 관한 대중의 관심 제고는 불확실성의 느낌을 증폭시켰고 몇몇 사례에서는 지나친 대응을 이끌었다. 사스 발생국들에서 불안과 공포의 불편한 분위기가 확산되어 나갔던 것이다.(Caballero-Anthony, 2005: 483)

셋째, 사스는 특히 중국에서 정치적 파장을 일으켰고 그 이유는 초기 발병 시 대처가 잘못되었다는 것이다. 전염병 초기 단계에서 사스에 대한 미흡한 대처로 인해 심각히 훼손된 신뢰로, 중국은 그 질병을 봉쇄하기 위한 싸움에서 그 해결책을 제시하도록 강요받았다. 보건 위기의 심각성을 폄훼한 이후에 원자바오 총리는 중국에서의 상황이 심각함을 공개적으로 인정하였다. 인정하기 3일 전에 보건장관과 북경시장을 업무태만으로 해고하였고, 아울러 120여 명의 중국 관리들이 그달에 해고되거나 징계를 받은 것으로 보고되었다. 중국 정부는 북경 안과 밖에서 사람들의 움직임을 통제하는 극적인 조치를 취했다. 중국 이외에 여러 국가가 사스 발병국으로부터 오는 방문객들을 검역하고 통제하기 위한 엄격한 조치를 취했다. 고열을 앓고 있는 사스 의심 환자들을 검역하고 입국을 금지하기 위해 공항과 다른 출입국 지점에 열감지기가 설치되었다.(Caballero-Anthony, 2005: 484-486) 사스는 전 세계적으로 사람들 사이에 막대한 두려움과 고통을 수반하였다.

고통받는 국가들이 사스를 방역하는 법을 논의함에 따라 위기는 아세안 및 한국, 중국, 일본 3개국 간에 전례 없는 협력을 낳았다. 2003년 4월 26일 개막된 아세안+3개국 보건장관 회의에 이어, 4월 29일 방콕에서 아세안 및 중국 지도자 특별회의가 열렸다. 사스와 관련된 다양한 의제가 이 회의에서 다뤄졌고, 정보교류와 관련된 긴급 조처들이 합의되었다. 또 다른 주요한 관심사는 사스를 옮기는 것으로 의심되는 외국인들을 확인하는 것이었다. 단기 혹은 중기 조처들은 아세안과 WHO 사이에 협력을 심화할 뿐만 아니라 전염병의 발생에 대한 급속한 대응을 위한 지역적 협력 틀을 발전시킨 것이다.(Caballero-Anthony, 2005: 486-488)

## 2 AI

2005년에는 닭, 오리 및 야생조류 등에 감염되는 급성 바이러스성 질병인 조류독감(Bird Flu)이 전 세계적으로 발병했고, WHO는 수백만 명이 감염될 수 있다고 경고했다. 조류와 접촉하거나 익지 않은 가금류 요리를 먹을 경우 인간이 감염되어 사망할 수 있다는 사실은 이 질병에 대한 경계심을 확대했고, 특히 통제가 어려운 철새들의 이동을 통해 조류독감이 전염될 수 있다는 지적은 초국가적으로 다양한 수준에서의 협력이 필요하다는 것을 확인시켜 주었다. 한편 조류독감으로 인한 사망자 발생은 동아시아 국가들에서 집중적으로 나타나고 있다. 2006년 5월 인도네시아에서는 이 질병으로 인해 일가족 5명이 사망한 것으로 확인되었고, 이에 따라 조류독감의 인간 감염에 대한 공포가 다시금 확대되었다. 이 전염성 질병도 사스와 마찬가지로 적극적이고 긴밀한 지역적·국제적 노력을 필요로 했다.(이신화, 2006)

조류독감이 인간에게 항시 전이되지는 않으나 여러 인간 감염 사례가 1997년 이래 발생했다. 인플루엔자 A형 바이러스의 모든 변종이 조류에서 발견될 수 있는데, 아시아 가금류에서 발견되는 에비앙 인플루엔자 A형 (H5N1)의 경우 인간 감염 및 사망을 일으키는 조류독감의 예인 것이다. 그러한 상황에서 사람들은 감염된 조류 혹은 오염된 지역과의 접촉을 피하고 가금을 다루거나 요리할 때 주의를 기울여야 한다. H5N1 인플루엔자의 발생은 2003년 말 및 2004년 초에서 아시아 8개국(캄보디아, 중국, 인도네시아, 일본, 라오스, 한국, 태국, 베트남)의 가금류 사이에서 발생했다. 당시 감염된 국가에서 약 1억 마리의 조류가 그병으로 죽었거나 질병 확산 방지를 위해 살처분 되었다.(WHO Report, 2005) 이는 2004년에도 발병했고 2005년 3월 말에 북한 관영 방송은 북한에서 처음으로 조류독감이 발생했다고 공식적으로 보도했다. 2005년 2월 2일 캄보디아에서 인간이 처음으로 H5N1 바이러스에 감염되었다고 보고되었다. 이어 7월 21일에도 인도네시아에서 동일한 감염 사실이 발견되었다. 한편 8월 5일자로 H5N1 바이러스에 감염된 사람 수는 베트남 90명, 태국 17명, 캄보디아 4명, 인도네시아 1명 등 총 112명이며, 이들 중 57명이 사망했다는 보도가 있다.

지금까지 H5N1 바이러스를 사람 간에 전이시킨 예는 극히 드물고, 전이한다고 하더라도 한 사람을 넘지 않았다. 그러나 모든 인플루엔자 바이러스가 변환 능력을 갖고 있기 때문에 과학자들은 어느 순간 H5N1 바이러스가 인간 감염을 유발할 수 있으리라 지켜보고 있다.(WHO Epidemic Alert & Response, 2005)

## 3 신종 Influenza A

신종 인플루엔자 A(H1N1)는 돼지에서 생기는 호흡기 질환으로 A형 인플루엔자 바이러스에 의한 감염이다. 대개 사람에게 질병을 유발하지 않지만, 감염된 돼지와 직접적으로 접촉한 사람에게 감염될 수 있다고 한다. 당시 인플루엔자 A로 인해 국가 간 갈등의 양상이 전개되었다. 예를 들어, 멕시코에서 비롯된 인플루엔자 A의 확산을 막기 위해 북미산 돼지에 대한 수입금지 조치를 취하는 나라가 늘어났다. 이에 대해 미국이 경고하고 나서자 통상분쟁 조짐이 보였다. 금수 조치를 취한 국가는 러시아, 한국, 중국, 필리핀, 태국, 카자흐스탄 등이었다. 특히 미국은 이들 국가가 WHO의 권고를 무시하고 멕시코산과 더불어 미국산 돼지까지 수입을 금지한 데 불만을 토로했다. 한편 유럽과 아시아 국가들이 멕시코와 미국 등 북미지역에 대해 내린 여행 자제령도 이들 간 갈등에 한몫했다. 이처럼 돼지 금수 조치와 여행 자제 조치 등이 내려지자 국가 간 갈등이 심화하는 양상을 보였다.

WHO에 의하면, 당시 발생지로 지목되는 멕시코에서 260명이 사망하였고, 미국과 브라질에서 각각 1,053명, 1,233명이 사망하였다. 한국의 경우 11월 3일을 기준으로 하루에 약 9천여 명 이상이 감염되었으며, 48명이 신종플루 감염에 따른 합병증으로 인하여 사망한 것으로 알려졌다. 인플루엔자 A의 피해 규모와 관련, 4조 달러에 이르는 비용을 수반하고 세계 국내총생산(GDP)의 5%를 잠식할 것이라는 주장에서부터 경제적 피해가 크지 않을 것이라는 예상까지 다양한 해석이 나왔다. 그럼에도 불구하고 글로벌 경기침체의 수렁을 빠져나오려는 세계 경제에 악재가 될 것이라는 점은 대다수 전문가가 동의한 바 있다.

## 4 에볼라바이러스(Ebola Virus)

에볼라 출혈열이라는 유명한 이름과는 달리 초기 증상으로는 고열이 나타나고 그 이후 설사, 구토, 복통이 나타난다. 대부분 환자는 저혈압이나 다발성 장기 부전으로 사망한다. 매우 높은 치사율로 유명하다. 일반적으로 세포가 바이러스에 감염되면 세포는 감염이 번지지 않게 하기 위해 주변 세포에 경고 물질을 내보내 감염의 확산을 늦추는데, 에볼라바이러스에 감염된 세포는 경고 물질을 내보내는 메커니즘이 무력화되고, 이로 인해 바이러스는 더 빨리 퍼지게 된다. 에볼라 병을 일으키는 에볼라바이러스 유형에는 다섯 가지 종(種)이 존재하는데, 가장 유명하고 자주 나타나는 종이 자이르다. 2014년 서아프리카 에볼라 유행 역시 자이르 종으로 인한 것이다.

치사율이 너무 높은 질병이고 아프리카 외의 지역에서 발병할 가능성은 낮다. 그간 에볼라는 아프리카 지역에서 국소적으로 출현하여 작은 마을 몇 개를 초토화하고 사라지기를 반복했다. 다양한 종의 에볼라바이러스 중 레스턴 에볼라를 제외하고는 증상이 발현한 환자의 체액을 통해 감염된다고 알려져 있다. 잠복기에는 전염성이 없으며, 체내에 바이러스가 많은 중증의 환자나 사망 후의 시신에서 가장 쉽게 감염된다. 대다수가 타액에 의해 전염되나 메르스와 마찬가지로 치사율이 워낙 높으나 치사율에 반비례해서 전염성은 낮은 편이다.

사람 간에 옮는 경우 기본적으로 바이러스를 포함한 체액이 상처나 점막을 통해 침투하는 것이 주 감염 루트이다. 가장 전염성이 높은 체액은 혈액, 대변, 그리고 토사물이며 소변, 정액, 모유에서도 바이러스가 발견된 바가 있다. 에볼라로 죽은 사람의 시신에

손을 대거나 입을 맞추는 등 접촉행위를 해서는 안 되며, 병중의 환자에게 함부로 접근해서도 안 된다. 1976년의 에볼라 사태에서는 병원의 문을 닫고 감염자들을 철저하게 격리하고 적절한 방법으로 시체를 매장함으로써 사태를 진정시켰다. 2014년 서아프리카 에볼라 유행의 경우에는 에볼라로 죽은 유명인사의 장례식에 다양한 지역의 사람들이 어마어마하게 몰린 데다 시신에 마지막 키스를 하는 기니의 장례 풍습 때문에 에볼라가 걷잡을 수 없이 곳곳으로 퍼져 나갔다.

아직 에볼라의 중간 숙주(reservoir)가 무엇인지는 명확히 밝혀지지 않았으나, 큰 박쥐류(Megaba)가 유력한 후보로 거론되고 있다. 주민들이 비교적 구하기 쉬운 박쥐를 손질하거나 그대로 말려 섭취하는 과정에서 에볼라바이러스가 전파되었다고 본다. 정확히는 박쥐를 손질하는 과정에서 박쥐의 혈액과 접촉하거나, 말린 박쥐 체내에 가까스로 남아 있는 바이러스를 섭취하기 때문이다. 우선 2014년 서아프리카 에볼라 유행에서 창궐한 바이러스는 공기 감염이 가능한 종이 아니며, 전염 자체도 쉽지 않다는 것이 전염 패턴을 통해 보인다. 대부분 학자와 전문가는 전염 가능성이 매우 낮다고 설명한다.

## 5 메르스(MERS)

중동호흡기증후군은 사우디아라비아를 비롯한 중동 지역에서 집중적으로 발생한 감염성 질환이다. 이 감염병은 Middle East Respiratory Syndrome의 첫 자를 딴 것이다. 중동호흡기증후군은 신종 베타 코로나바이러스에 의한 감염증이고, 중증 급성 호흡기증후군인 사스(SARS)와 유사하지만, 치사율이 40% 정도로 높은 편이다. 원인 바이러스는 신종 코로나바이러스인 MERS-Corona 바이러스이다. 유전자 염기서열이 박쥐에서 발견되는 것과 유사하여 박쥐를 원인 동물로 보고 있다. 매개 동물이 낙타일 수 있다는 연구 보고도 있다. 이 질환은 7~14일의 잠복기 이후 고열, 흉통과 함께 기침, 호흡곤란, 폐렴 등의 심한 호흡기 증상을 일으킨다. 아직 예방 백신이나 치료약이 개발되지 않은 상태이다. 중동호흡기증후군은 일반적인 바이러스 감염에 비해서 중환자실에 입원하거나 높은 사망률을 보인다는 특징이 있다.

2015년 5월 20일, 여러 날에 걸쳐 중동 지역을 방문한 남성으로부터 대한민국의 첫 발병 사례가 확인되었다. 첫 번째 환자가 입원한 병실을 방문했던 남성이 5월 26일 중국으로 출장을 갔고, 중국에서 확진 판정을 받았다. 중국에서는 추가로 환자가 발생하지 않았다. 대한민국에서는 2015년 6월 15일 기준 총 150명의 환자가 발생하였고, 16명이 사망하였다. 이후 2018년 9월, 3년 만에 메르스 환자가 다시 발생했다. 해당 환자는 쿠웨이트에서 감염된 것으로 추정되었다.

## 6 신종 코로나바이러스(COVID-19)

코로나바이러스 감염증은 감기를 일으키거나 중증 폐렴을 일으키는데, COVID-19는 사스 및 메르스와 함께 중증 폐렴을 유발한다. WHO에 의하면 COVID-19는 2019년 12월 31일에 중국 우한에서 발생한 것으로 처음 보고되었고, 전 세계적으로 퍼져 나가면서 유행병이 되었다. 코로나19의 증상은 발열, 기침, 두통, 피로, 호흡곤란, 후각 및 미각 상실 등이다. 증상은 바이러스에 감염된 지 1~14일 안에 나타난다. 특히 감염된 사람 중 3분의 1은 무증상 감염자로 눈에 띄는 증상이 나타나지 않는다. 고령자는 심각한 증상이 발생할 확률이 더 높으며, 일부 사람들은 회복 후 장기간 접한 코로나19 때문에 장기 손상이 관찰된다.

사람이 더 가까이 그리고 더 길게 접촉할수록 코로나19에 전염될 가능성이 증가한다. 키스, 사람 간의 신체 접촉은 바이러스의 전파를 쉽게 만들어 주며, 코로나19에 쉽게 노출되게 된다. 또한 주된 전파 경로는 아니나 사람과의 신체 접촉 없이도 코로나19 바이러스가 묻어 있는 물체를 접촉한 뒤, 손을 씻지 않고 자신의 눈, 코, 입을 만지는 행위도 전염의 위험성이 있다. 사회적 거리두기와 마스크를 착용하는 것은 비말의 전파를 막아줘 코로나 감염의 위험을 줄여 준다. 또한 실내에서 환기 시스템이 잘 갖추어져 있어 지속적인 환기를 통해 공기를 순환해 준다면 감염의 위험을 줄일 수 있다.

인간과 밀접한 생활을 공유하는 반려동물인 개와 고양이에게도 코로나바이러스 양성 반응이 나오거나 혈청에서 코로나바이러스가 검출될 수 있으며, 코로나바이러스에 감염된 사람의 경우 개와 고양이 등의 반려동물과 함께 생활하지 않는 것이 권장된다.

감염된 사람들은 발열, 기침, 호흡곤란, 설사와 같이 경증~중증의 증상을 보일 수 있다. 또한 합병증이나 병을 가진 사람들, 노인은 사망할 가능성이 크다. 펜데믹 초기만 해도 코로나19는 주로 호흡계 질환만 앓고 있는 것으로 알려졌다. 하지만 시간이 지나면서, 심혈관계 또는 내분비계 등에도 증상이 나타났고, 당시 중추신경계 증상을 보이는 환자들도 있었다. 그리고 코로나19가 뇌에 침투하여 여러 가지 병을 일으키거나 심화할 수 있다고 한다.

강력한 감염병이 창궐하면, 기존의 의료체계가 붕괴한다. 병상 부족과 의료진 부족이 문제된다. 미국과 유럽에서 코로나19 확진자가 폭발적으로 증가하면서 의료시설 부족이 심각한 문제가 되었다. 미국 뉴욕시 센트럴 파크에 인공호흡기를 갖춘 야전병원이 세워지기도 하고, 영국 런던 시내에 나이팅게일 병원이라는 이름의 임시병원이 만들어졌다. 우리나라의 경우, 인구 1,000명당 활동 의사 수는 한의사를 포함해도 2.3명(의사 1.89명, 한의사 0.4명)에 불과하다. 경제협력개발기구(OECD) 평균(3.4명)의 68% 수준이다. 보고된 바에 따르면, 한국 의사의 1인당 소득은 도시근로자의 6배에 달한다. OECD 국가들의 의사 소득 비율이 2~3배인 점을 감안 한다면 매우 높은 수준이다. 이 같은 높은 소득수준은 의료 수요에 비해 공급이 크게 부족하다는 것을 의미한다. 즉, 평시에도 의사 수가 매우 적은데, 코로나19가 발병한 것이다.

## 7 감염병의 영향 요인

### 1) 세계화(Globalization)

세계화의 정도를 평가해 내는 지표로서 스위스 취리히 연방공대의 기업 연구소(KOF)에서 산출한 세계화 지수가 있다. KOF 세계화 지수(Globalization Index)로 알려진 동 측정지수는 경제적, 사회적, 정치적 지수의 세 가지 범주로 나누어 각 항목별 지수를 산정하고 있다. 따라서 본 연구에서는 KOF의 세계화 지수를 세계화 평가지표로 활용하기로 한다.

우선, 경제적 세계화는 두 차원을 포함하고 있다. 첫째로, 실제의 경제거래량은 보통 세계화의 측정 수단으로 차용된다. 실제 경제거래 데이터에 관한 하위지수(Sub-index)에는 무역, FDI, 주식투자에 대한 데이터를 포함한다. 무역, FDI 거래 데이터는 세계은행 자료를 참고하고, FDI 채권은 UNCTAD의 세계투자보고서를 원용한다. 주식투자는 IMF의 국제금융통계에서 자료를 취합한다. 둘째로, 무역과 자본 제한과 관련된 유사 지표(proxy)를 포함하였다. 결국, 두 지수는 이전의 연구에서 세계화에 대한 유사 지표로 제시된 개별항목들을 포함하여 구성되었다. 이 두 번째 지수에는 보이지 않는 수입 장벽이 있는 자본 및 무역에 대한 규제, 평균 관세율, 국제무역에 대한 세금(세입에서 차지하는 비율), 자본통제 지수 등이 포함되어 있다. 어느 정도 수준의 무역이 이루어지고 있다면, 세입에서 관세가 높은 비율을 차지하는 국가는 세계화가 덜 이루어진 국가이다.

또한 KOF 지수에서는 사회적 세계화의 구체적 평가 항목으로 다음의 세 가지를 꼽고 있다. 첫 번째는, 개인 접촉 부문이고 두 번째는, 정보유통에 관한 데이터이고 마지막으로는 문화적 근접성을 측정한다. 개인 접촉 항목지수는 각기 다른 나라에 살고 있는 사람들과의 직접적인 교류를 살펴보는 것이다. 국제전화 통화량(전화가입자 1인당 국제 발신 통화량), 들어오거나 나가는 관광객 수의 전체 인구당 비율 등을 포함하고 있다. 정보유통 항목인 개인 접촉 데이터는 다른 국가 국민과의 사이에 가측 할 수 있는 상호교류를 나타나게 해 주는 반면에, 정보유통에 관한 하위지수는 아이디어와 이미지의 흐름을 알 수 있게 한다. 거기에는 인터넷 호스트와 사용자 수, 케이블 TV 가입자, 라디오의 수(인구 1,000명당), 그리고 거래되는 국제 신문(GDP에서의 비율) 등이 포함되어 있다. 문화적 근접성(cultural proximity)은 가장 계량화하기가 어려운 세계화의 부문이다. 수입되거나 수출되는 책들의 양(GDP대비)을 통해 가치나 신념이 국가적 경계를 어느 정도 넘나드는지를 알 수 있는 유사 지표로 활용했다. 문화적 근접성에 관한 또 다른 유사 지표로서 해당 국가에 있는 맥도널드 점포 수(인구 10만 명당)를 측정한다. 일반화시키기에는 난점이 있겠지만 많은 사람은 맥도널드의 세계적 확산을 세계화 현상 자체로 이해한다. 다음으로 정치적 세계화의 정도를 유추하기 위해서 대사관 수와 해당 국가가 가입하고 있는 국제기구의 숫자 그리고 대상국이 참여하고 있는 유엔의 평화 임무의 숫자를 측정하였다.

## 표 4 COVID-19 이전 G-20 국가의 세계화 지수(GI)

| 세계지역 | 국가명 | 세계화 지수 | |
|---|---|---|---|
| | | 2019 (평균 = 75.19) | 2016 (평균 = 69.47) |
| 북미/서구유럽/오세아니아 ('19기준 7개국 평균 = 85.44) | 미국 | 82.41 | 75.71 |
| | 캐나다 | 84.64 | 85.67 |
| | 독일 | 88.60 | 78.24 |
| | 영국 | 89.84 | 81.97 |
| | 프랑스 | 87.25 | 82.61 |
| | 이탈리아 | 83.37 | 79.59 |
| | 호주 | 81.99 | 81.93 |
| 아시아 ('19기준 7개국 평균 = 69.29) | 한국 | 79.29 | 65.42 |
| | 일본 | 78.59 | 67.86 |
| | 중국 | 65.08 | 60.73 |
| | 인도 | 62.10 | 51.26 |
| | 인도네시아 | 62.47 | 57.75 |
| | 터키 | 71.58 | 69.95 |
| | 사우디 아라비아 | 65.92 | 67.35 |
| 라틴아메리카 ('19기준 3개국 평균 = 67.66) | 브라질 | 60.52 | 60.50 |
| | 아르헨티나 | 69.90 | 57.11 |
| | 멕시코 | 72.56 | 61.65 |
| 동구유럽/중앙아시아 (1개국) | 러시아 | 72.45 | 69.40 |
| 아프리카 (1개국) | 남아프리카 공화국 | 70.12 | 65.26 |

* 출처: 스위스 취리히 연방공대의 기업 연구소(KOF; Konjunkturforschungsstelle der Eidgenössischen Technischen Hochschule Zürich)의 세계화 지수(Index of Globalization) 보고서 (http://www.kof.ethz.ch, 2016/2019).

** 세계화 지수는 경제적, 사회적, 정치적 세계화로 평가되고, 최저 1에서 최고 100의 값을 가지며 100에 가까울수록 세계화가 보다 진척된 것을 나타냄.

21세기 감염병 발생이 문제가 되는 것은 세계화로 인한 급속한 국가 간 전파에 있다. KOF 세계화 지수(Globalization Index)로 알려진 동 측정지수는 경제적, 사회적, 정치적 지수의 세 가지 범주로 나누어 항목별 지수를 산정한다. 이는 1에서 100까지의 지수로 100은 특정한 각 변수영역에서 1970년에서 최근의 기간 동안 최대치이고 1은 최소치이다. 지표 값이 높을수록 세계화의 정도가 높은 것이다.

G－20 국가의 세계화 지수(2019년 기준)를 살펴보면 7개 서구국가의 경우 모두 평균치를 웃도는 반면 나머지 12개국 중 한국과 일본만 평균치를 넘어선다. 특히 그 격차가 커서 7개 서구국가의 경우 평균치가 85.44이나 아시아 7개 국가의 평균치는 69.29이고 중남미 3개 국가의 평균치는 67.66이다. 최고치는 영국의 89.84이고 최저치는 인도의 62.10이다.

세계화 수준과 전체 인구 중 감염병 등으로 인한 사망률 간의 연관성을 살펴보면, 세계화의 역설인 세계화 수준이 높은 선진국의 경우 그 사망률이 상대적으로 낮다. 이는 세계화가 감염병의 발생을 증가시킨다는 세계화 가설에 대해 감염병의 발생 여부는 그 국가의 방역 혹은 공중보건 체계에 달려 있다는 그 역설을 보여 주는 것이다. 즉 G－20 국가 중 세계화 수준이 높은 국가일수록 감염병으로 인한 사망률이 낮다는 것은 선진국일수록 감염병 인명피해가 적다는 해석과 일치한다. 세계화 수준이 평균치 이상인 G－20 국가가 모두 낮은 감염병 사망률을 나타낸다는 것은 세계화의 역설을 입증한다. 세계화 지수가 평균치 이상인 G－20 국가 9개국 중 한국과 일본을 제외하면 서구 7개국 모두 낮은 사망률을 보인다는 것도 그 가설을 상당 부분 뒷받침한다. 또한 세계화 지수가 70 이하인 6개국 중 중국만이 낮은 사망률을 보이고 나머지는 두 자리 수의 감염병 사망률을 보인다. 중국의 낮은 사망률도 빈도수로 보면 세계 최고수치이다.

### 2) 소득수준(Income Level)

생활수준을 가늠하는 소득수준이 감염병 사망률과 연관성이 있다는 가설이 있다. 결국 생활환경이 감염병 발생과 관련된다는 것이다. <표 5>는 고소득국가일수록 감염병 사망 가능성이 낮고 저소득국가일수록 감염병 사망 가능성이 높음을 나타낸다. 비감염병의 경우는 반대의 결과이다.

**표 5** **COVID-19 이전 세계은행 소득집단별 주요 사망 원인(2012년 기준)**

| | 세계<br>(건강수명<br>= 62세) | 저소득국가<br>(건강수명<br>= 53세) | 중하소득국가<br>(건강수명<br>= 57세) | 중상소득국가<br>(건강수명<br>= 66세) | 고소득국가<br>(건강수명<br>= 70세) |
|---|---|---|---|---|---|
| 감염병, 모계, 출산전후 및 영양상 조건들 | 23.0 | 53.0 | 32.1 | 10.3 | 6.6 |
| – 감염병 및 기생충 질환 | 11.5 | 28.2 | 16.4 | 4.6 | 2.6 |
| – 호흡기 질환 | 5.5 | 10.4 | 6.7 | 3.3 | 3.4 |
| – 신생아 조건 | 4.4 | 9.3 | 7.3 | 1.8 | 0.3 |
| 비감염병 | 67.8 | 36.9 | 57.0 | 80.9 | 87.0 |
| – 악성 종양 | 14.7 | 6.4 | 7.9 | 19.4 | 24.8 |
| – 신경 조건 | 2.5 | 1.7 | 1.6 | 1.4 | 6.3 |
| – 심혈관 질환 | 31.4 | 13.4 | 26.3 | 40.7 | 38.0 |
| – 호흡기 질환 | 7.2 | 4.1 | 8.2 | 8.7 | 5.5 |
| 부상·재해 | 9.2 | 10.1 | 10.9 | 8.8 | 6.4 |

* 출처: McCracken, Kevin and David R. Phillips. 2017. *Global Health: An introduction to current and future trends*. London & New York: Routledge. p. 78.

## 3) 경험적 분석

본 연구에서는 이러한 세계화 수준이 감염병 확산과 어떤 관계가 있는지 초보적이나마 검증하고자 하며, 내적인 공중보건체계의 문제와 외적인 감염병원체의 월경(越境) 문제를 이와 연계하여 파악하고자 한다.

G-20 국가에서 최근 문제되는 대표적인 전염병은 사스(SARS)와 조류독감(Bird Flu), 신종 인플루엔자 A(H1N1), 에볼라바이러스(Ebola Virus)이며, 이들이 본 연구의 주요 연구대상이다. 21세기 들어 최초의 국제적 감염병인 사스(SARS)는 현대 의학의 한계를

드러내게 하였고 국제사회에 감염병의 공포를 알리는 신호탄이 되었다. 이어 3년도 채 지나기 전에 발생한 조류독감(AI)은 감염병 문제를 국제사회 내 최대 관심사의 하나로 부각시켰다. 또한 신종플루(Influenza A)와 에볼라바이러스(Ebola Virus)의 대유행은 감염병을 퇴치하기 위해 국제사회가 무엇을 해야 하는가 하는 과제를 제기했다.

오늘날 국제사회는 동물로부터 인간으로 전이되는 치명적인 감염을 막아 낼 체계를 요구한다. 사스, 조류독감, 신종플루, 에볼라바이러스 그리고 메르스가 전형적인 예인 것이다. 인간안보 패러다임은 국제분쟁이 전염병을 포함하는 다양한 원인으로부터 야기될 수 있다는 것을 이해하도록 유도한다. 짧게 말하여, 감염병 문제는 현재 국제사회의 평화와 안정을 유지하는 데 중요한 이슈가 되고 있다.

**표 6 COVID-19 이전 G-20 국가의 감염병 통계**

| 세계지역 | 국가명 | 감염병 관련 사항 (%) | | | |
|---|---|---|---|---|---|
| | | 전체 인구 중 감염병 등으로 인한 사망률 (2012) | 15-49세 인구 중 HIV 감염률 (2014) | 12-23개월 영유아 중 접종률 (2014, 홍역/DTP3) | 전체 인구 중 개선된 위생시설 접근율 (2015) |
| 북미/서구유럽/오세아니아 (7개국) | 미국 | 6 | - | 92.5 | 100 |
| | 캐나다 | 5 | - | 95.5 | 100 |
| | 독일 | 5 | - | 96.5 | 99 |
| | 영국 | 7 | - | 94 | 99 |
| | 프랑스 | 6 | - | 94.5 | 99 |
| | 이탈리아 | 4 | - | 90 | 100 |
| | 호주 | 4 | - | 92.5 | 100 |
| 아시아 (7개국) | 한국 | 8 | - | 99 | 100 |
| | 일본 | 13 | - | 98 | 100 |

| | | | | | |
|---|---|---|---|---|---|
| | 중국 | 5 | – | 99 | 77 |
| | 인도 | 28 | – | 83 | 40 |
| | 인도네시아 | 22 | 0.5 | 77.5 | 61 |
| | 터키 | 7 | – | 95 | 95 |
| | 사우디 아라비아 | 13 | – | 98 | 100 |
| 라틴 아메리카 (3개국) | 브라질 | 14 | – | 95 | 83 |
| | 아르헨티나 | 11 | 0.5 | 94.5 | 96 |
| | 멕시코 | 11 | 0.2 | 92 | 85 |
| 동구유럽/ 중앙아시아 (1개국) | 러시아 | 6 | – | 97.5 | 72 |
| 아프리카 (1개국) | 남아프리카 공화국 | 49 | 18.9 | 70 | 66 |

* 출처: 세계은행(World Bank) 보고서(http://www.worldbank.org, 2016).

G-20 국가 중 감염병 등으로 인한 사망률이 가장 높은 국가는 단연 남아프리카공화국이고 이어 인도와 인도네시아 등이 높은 국가라고 할 수 있다. 7개 서구국가 모두 7% 이하의 사망률로 감염병으로 인한 피해가 상대적으로 크지 않음을 알 수 있다. 반면 브라질, 아르헨티나, 멕시코 등 라틴아메리카 3개국은 모두 두 자리 수로 문제가 있음을 파악할 수 있다. 특정 연도의 데이터를 기준으로 전체를 얘기할 수 없는 상황이나 한국, 터키, 러시아, 중국은 무난한 수준이라고 할 수 있다. 다만 예외적인 사례는 일본인데 2011년 원전 사고의 일시적 반향이 아닌가 생각된다.

가용한 데이터 중 HIV 감염률 역시 남아프리카공화국이 단연 1위로 18.9%라는 수치를 보여 주고 있고 인도네시아, 아르헨티나, 멕시코 등이 어려움을 겪고 있음을 알 수 있다. 영유아 접종률의 경우 대부분의 G-20 국가가 90% 이상의 수치를 보이고 있는데, 인도, 인도네시아, 남아프리카공화국은 그 이하로 상대적으로 한계가 있음을 파악할 수 있다. 또한 전체 인구 중 개선된 위생시설 접근율의 경우 7개 서구국가 모두는 100에 가까운 수치를 보여 줌으로써 생활 위생 환경에 문제가 없음을 나타낸다. 하지만 비서구 국가의 경우 한국, 일본, 사우디아라비아, 아르헨티나, 터키를 제외하면 생활환경이 위생과 거리가 먼 국가들이 있다. 특히 인도, 남아프리카공화국, 인도네시아 등은 상황이 심각하며 러시아, 중국, 브라질, 멕시코 등도 그리 나은 편은 아니라고 할 수 있다. 결국 G－20 국가 내 서구국가와 비서구국가 간 차이가 감염병 관련 통계에 여실히 반영되어 있음을 파악할 수 있다.

세계화 수준과 전체 인구 중 감염병 등으로 인한 사망률 간의 연관성을 검증하기 위해서 이 연구는 교차분석을 활용한다. 검증하기 위한 기본 가설은 세계화의 역설이라고 할 수 있는데, 세계화 수준이 높은 선진국의 경우 그 사망률이 상대적으로 낮으리라는 인식 속에서 G－20 국가 내에 이러한 가설을 적용해 보려는 것이 본 연구의 1차적인 목적이다. 이는 세계화가 감염병의 발생을 증가시킨다는 세계화 가설에 대해 전염병의 발생 여부는 그 국가의 방역 혹은 공중보건 체계에 달려 있다는 그 역설을 보여 주는 것이다. 따라서 본 연구의 1차적인 가설은 "세계화 수준이 감염병 발생을 낮춘다"는 것이다.

**표 7 COVID-19 이전 세계화 수준과 감염병 사망률 간 교차분석**

| 전염병 \ 세계화 | | 세계화 수준 | |
|---|---|---|---|
| | | 상대적으로 높음 (평균치 이상) | 상대적으로 낮음 (평균치 미만) |
| 전염병 사망률 | 상대적으로 높음 (두 자리수) | 0 | 8 |
| | 상대적으로 낮음 (한 자리수) | 8 | 3 |

* pearson's r = － 0.51

만약 G-20 국가를 대상으로 독립변인인 세계화 지수와 종속변인인 전체 인구 중 전염병 사망률 간의 상관관계(pearson's r)를 검증할 경우 그 값은 -0.51로 양 변인 간에는 음의 관계가 있고 그 강도는 보통 수준임을 알 수 있다. 즉 G-20 국가 중 세계화 수준이 높은 국가일수록 전염병으로 인한 사망률이 낮다는 것은 선진국일수록 전염병 발생이 적다는 해석과 일치한다고 할 수 있다. 또한 G-20 국가를 상, 하 두 등급으로 나누어 범주화하고 교차분석을 행할 경우도 우리가 원하는 결과를 얻을 수 있다. 세계화 수준이 평균치 이상인 G-20 국가가 모두 낮은 전염병 사망률을 나타낸다는 것은 본 연구의 기본 가설을 입증해 주고 있다. 이에 비해 평균치 미만인 G-20 국가 중 8개국은 높은 사망률 그리고 3개국은 낮은 사망률을 보인다는 것도 그 가설을 상당 부분 뒷받침하는 결과라고 할 수 있다.

지구 환경의 변화, 생태환경의 파괴, 세계화에 따른 사람들의 잦은 이동 등으로 인하여 세계적으로 신종전염병이 출현하고 있다. 중국에서 발생한 중증급성호흡기증후군(SARS)과 조류독감(Bird Flu), 최근 신종 인플루엔자 A(H1N1)와 에볼라바이러스 사례, 메르스는 질병 퇴치에 국가 간 긴밀한 협조체제가 얼마나 중요한가를 잘 보여 준다.

SARS, AI, 신종 Influenza A, 에볼라바이러스, 메르스 등 최근 감염병 사례로부터 배운 주요한 교훈의 하나는 보건과 안보 사이의 밀접한 연관성을 파악할 필요가 있다는 것이다. 국제사회에서 포괄적 안보 인식은 군사적인 것 이외에 정치적, 경제적, 환경적 및 사회문화적 안보 측면 즉 비전통적 안보를 안보 개념에 확장한 것이다. 아직 구체화하지는 않았지만 국제사회에서 보건 문제는 이제 안보 이슈가 되었다. 전염병의 위험은 단지 더 이상 국내적 관심사가 아니다.(Caballero-Anthony, 2005: 490-495; Sell, 2004) 국제사회에서 안보 이슈화된 전염병 문제를 해결하기 위해 다음의 노력이 요구된다.

첫째, 전염병을 척결함에 있어 통합된 다자적 접근법을 채택해야 한다는 것이다. 이는 보건 문제가 더 이상 의료적 관심사가 아니라 국가안보적 관심사임을 말한다. 둘째, 질병을 피하기 위해 국제 레짐을 발전시키고 증진해야 한다는 것이다. 이는 국제협약 및 관련 보건 의정서에 대한 엄격한 준수를 요한다. 셋째, 좋은 공중보건체계를 제공해야 한다는 것이다. 다양한 수준에서 협력을 강화함에 있어 건전한 공중보건 체계를 제공한다는 것이 핵심적으로 강조되어야 한다. 넷째, 빈곤과 발전 이슈에 대해 관심을 가져야 한다는 것이다. 지역을 이해함에 있어 빈곤문제를 살펴보고 전염병과의 연계를 재검토해야 한다는 것이다. 대다수 사회에서 가장 취약한 집단은 그들 스스로를 보호하기 쉽지 않은 빈곤 계층이다. 전염병의 대부분은 세계에서 가장 빈곤한 지역에서 창궐한다는 점을 명심해야 한다. 전염병, 광의로 보건안보는 그러므로 새로운 안보 의제에 포함되어야 한다. 오늘날 다수의 지역적 및 전 세계적 현안문제들이 있다. 상호적이고 산발적이지 않은 협력이 가장 신중한 정책이고, 깨끗한 공기와 물 확보, 그리고 전염병 척결과 같은 보건 목표를 달성함에 있어 가장 효과적인 수단이 되는 것이다.(Kuismin, 1998)

국제사회에서 전염병 문제는 단순한 의료적 관심사가 아니라 인간 생존을 위협하는 안보적 이슈로 받아들여져야 하며 인간안보 개념 속에서 받아들여야 한다. 하지만 전염병 문제는 단지 인간안보 차원에 머무는 것만은 아니라고 할 수 있다. 21세기 국제분쟁의 주요한 원인으로 대두되고 있는 것은 에너지, 환경, 생물자원 등 지속가능성과 연관된 것이다. 이들을 확보하기 위해 세계 각국은 무한경쟁 시대에 돌입하였고 전쟁을 불사할 가능성이 있다. 전염병도 유사한 성격의 의제라고 할 수 있다. 결국 감염병을 둘러싼 국제사회의 갈등 가능성은 새로운 전염병 레짐의 출현을 촉진하는 것이다.

**표 8 COVID-19 이전 G-20 국가의 보건 예산 통계**

| 세계지역 | 국가명 | 보건 예산 관련 사항 (2014, % 및 US$) | | |
|---|---|---|---|---|
| | | GDP 중 보건 예산비율 | 전체예산 중 공중 보건예산비율 | 1인당 보건 예산액 |
| 북미/서구 유럽/ 오세아니아 (7개국) | 미국 | 17.1 | 48.3 | 9,403 |
| | 캐나다 | 10.4 | 70.9 | 5,292 |
| | 독일 | 11.3 | 77.0 | 5,411 |
| | 영국 | 9.1 | 83.1 | 3,935 |
| | 프랑스 | 11.5 | 78.2 | 4,959 |
| | 이탈리아 | 9.2 | 75.6 | 3,258 |
| | 호주 | 9.4 | 67.0 | 6,031 |

| | | | | |
|---|---|---|---|---|
| 아시아 (7개국) | 한국 | 7.4 | 54.1 | 2,060 |
| | 일본 | 10.2 | 83.6 | 3,703 |
| | 중국 | 5.5 | 55.8 | 420 |
| | 인도 | 4.7 | 30.0 | 75 |
| | 인도네시아 | 2.8 | 37.8 | 99 |
| | 터키 | 5.4 | 77.4 | 568 |
| | 사우디 아라비아 | 4.7 | 74.5 | 1,147 |
| 라틴아메리카 (3개국) | 브라질 | 8.3 | 46.0 | 947 |
| | 아르헨티나 | 4.8 | 55.4 | 605 |
| | 멕시코 | 6.3 | 51.8 | 677 |
| 동구유럽/ 중앙아시아 (1개국) | 러시아 | 7.1 | 52.2 | 893 |
| 아프리카 (1개국) | 남아프리카 공화국 | 8.8 | 48.2 | 570 |
| 평균 | | 8.1 | 61.4 | 2634 |

*출처: 세계은행(World Bank) 보고서(http://www.worldbank.org, 2016).

<표 8>에 의하면, GDP 중 보건예산 비율은 미국이 단연 선두이고 G-20 국가 평균치를 웃도는 국가는 미국, 프랑스, 독일, 캐나다, 일본, 남아프리카공화국, 브라질 순으로 그 비율이 높다. 전체예산 중 공중보건예산비율은 일본, 영국, 프랑스, 터키, 독일, 이탈리아, 사우디아라비아, 캐나다, 호주 순이다. 1인당 보건 예산액은 7개 서구국가와 일본만이 G-20 국가 평균치를 넘어선다. 결국 G-20 국가 내 선진국인 서구국가들이 보건 문제에 대해 여타 G-20 국가에 비해 관심이 많음을 알 수 있다.

<표 9>에 의하면, 인구 1,000명당 의사 수의 경우 G-20 국가 평균치를 밑도는 국가는 중국, 브라질, 터키, 남아프리카공화국, 인도, 인도네시아 등 6개국이며 이들 중 특

히 인도네시아는 매우 열악한 상황이다. 가장 빈도수가 높은 국가는 러시아이고, 독일, 아르헨티나, 이탈리아, 호주, 프랑스 순이다. 또한 인구 1,000명당 간호원·산파 수는 독일, 일본, 호주, 미국, 캐나다, 프랑스, 영국, 러시아, 브라질 순으로 G-20 국가 평균치를 넘어선다. 이탈리아는 의사 수와는 크게 대비되게 간호원·산파수는 G-20 국가 중 최하위로 아이러니한 모습을 보여 준다. 한국은 위의 양 지표의 경우 모두 평균치를 밑돌아서 아직도 갈 길이 멀다는 것을 알 수 있다.

**표 9 COVID-19 이전 G-20 국가의 보건 현황 통계**

| 세계지역 | 국가명 | 보건 현황 관련 사항 (빈도수) | | |
|---|---|---|---|---|
| | | 인구 1,000명당 의사 수 (2008-2014) | 인구 1,000명당 간호원·산파 수 (2008-2014) | 인구 1,000명당 병상 수 (2007-2012) |
| 북미/서구유럽/오세아니아 (7개국) | 미국 | 2.5 | 9.8 | 2.9 |
| | 캐나다 | 2.1 | 9.3 | 2.7 |
| | 독일 | 3.9 | 11.5 | 8.2 |
| | 영국 | 2.8 | 8.8 | 2.9 |
| | 프랑스 | 3.2 | 9.3 | 6.4 |
| | 이탈리아 | 3.8 | 0.3 | 3.4 |
| | 호주 | 3.3 | 10.6 | 3.9 |
| 아시아 (7개국) | 한국 | 2.1 | 5.0 | 10.3 |
| | 일본 | 2.3 | 11.5 | 13.7 |
| | 중국 | 1.9 | 1.9 | 3.8 |
| | 인도 | 0.7 | 1.7 | 0.7 |
| | 인도네시아 | 0.2 | 1.4 | 0.9 |
| | 터키 | 1.7 | 2.4 | 2.5 |
| | 사우디아라비아 | 2.5 | 4.9 | 2.1 |

| 라틴아메리카 (3개국) | 브라질 | 1.9 | 7.6 | 2.3 |
|---|---|---|---|---|
| | 아르헨티나 | 3.9 | – | 4.7 |
| | 멕시코 | 2.1 | 2.5 | 1.5 |
| 동구유럽/ 중앙아시아 (1개국) | 러시아 | 4.3 | 8.5 | – |
| 아프리카(1개국) | 남아프리카 공화국 | 0.8 | 5.1 | – |
| 평균 | | 2.4 | 6.2 | 4.3 |

* 출처: 세계은행(World Bank) 보고서(http://www.worldbank.org, 2016).

한편 인구 1,000명당 병상 수는 일본(13.7)과 한국(10.3)이 1, 2위를 달리고 있다. 이는 G-20 국가 평균치인 4.3의 두 배가 넘으며 서구국가(독일 8.2, 프랑스 6.4, 호주 3.9, 이탈리아 3.4, 미국 및 영국 2.9, 캐나다 2.7)와 비교해도 크게 앞서는 수치이다. 비서구국가의 경우 한국과 일본을 제외하면 아르헨티나만 평균치를 넘기고 있다. 특히 인도와 인도네시아는 심각한 수준이라고 할 수 있다.

전체 인구 중 전염병 등으로 인한 사망률과 GDP 중 보건예산 비율 간의 연관성을 검증하기 위해서 이 연구는 교차분석을 활용한다. 검증하기 위한 기본 가설은 그 사망률이 낮은 국가의 경우 그 보건예산 비율이 상대적으로 높을 것이라는 인식 속에서 G-20 국가 내에 이러한 가설을 적용해 보려는 것이 본 연구의 2차적인 목적이다. 이는 1인당 보건 예산액과 인구 1,000명당 의사 수에 대해서도 마찬가지로 적용되는 것이다.

만약 G-20 국가를 대상으로 독립변인인 감염병 사망률과 종속변인인 GDP 중 보건예산 비율 간의 상관관계(pearson's r)를 검증할 경우 그 값은 -0.34로 양 변인 간에는 음의 관계가 있고 그 강도는 상대적으로 낮은 수준임을 알 수 있다. 즉 G-20 국가 중 전염병으로 인한 사망률이 낮을수록 보건예산에 대한 관심이 높다는 주장을 할 수 있다. <표 10>에서 G-20 국가를 상, 하 두 등급으로 나누어 범주화하고 교차분석을 행할 경우도 우리가 원하는 결과를 얻을 수 있다. 낮은 감염병 사망률을 나타내는 국가가 상대적으로 GDP 중 보건예산 비율이 높다는 것은 본 연구의 기본 가설을 입증해 주는 것이다.

**표 10 COVID-19 이전 감염병 사망률과 GDP 중 보건예산 비율 간 교차분석**

| 전염병 / 보건예산 | | 전염병 사망률 | |
|---|---|---|---|
| | | 상대적으로 높음 (두 자리 수) | 상대적으로 낮음 (한 자리 수) |
| GDP 중 보건예산비율 | 상대적으로 높음 (평균치 이상) | 3 | 7 |
| | 상대적으로 낮음 (평균치 미만) | 5 | 4 |

* pearson's r = − 0.34

**표 11 COVID-19 이전 감염병 사망률과 1인당 보건 예산액 간 교차분석**

| 전염병 / 보건예산 | | 전염병 사망률 | |
|---|---|---|---|
| | | 상대적으로 높음 (두 자리 수) | 상대적으로 낮음 (한 자리 수) |
| 1인당 보건예산액 | 상대적으로 높음 (평균치 이상) | 1 | 7 |
| | 상대적으로 낮음 (평균치 미만) | 7 | 4 |

* pearson's r = − 0.52

<표 11>에서 G−20 국가를 대상으로 독립변인인 감염병 사망률과 종속변인인 1인당 보건 예산액 간의 상관관계(pearson's r)를 검증할 경우 그 값은 −0.52로 양 변인 간에는 음의 관계가 있고 그 강도는 보통 수준임을 알 수 있다. 즉 G−20 국가 중 감염병으로 인한 사망률이 낮을수록 1인당 보건 예산액이 높다는 것은 선진국일수록 보건 예산에 관심이 많다는 해석과 일치한다고 할 수 있다. G−20 국가를 상, 하 두 등급으로 나누어 범주화할 경우도 낮은 감염병 사망률을 나타내는 국가가 상대적으로 1인당 보건 예산액이 높다는 것은 본 연구의 기본 가설을 입증해 주는 것이다.

**표 12 COVID-19 이전 감염병 사망률과 인구 1,000명당 의사 수 간 교차분석**

| 보건환경 \ 전염병 | | 전염병 사망률 | |
|---|---|---|---|
| | | 상대적으로 높음 (두 자리 수) | 상대적으로 낮음 (한 자리 수) |
| 인구 1,000명당 의사 수 | 상대적으로 높음 (평균치 이상) | 2 | 7 |
| | 상대적으로 낮음 (평균치 미만) | 6 | 4 |

* pearson's r = – 0.64

<표 12>에서 독립변인인 감염병 사망률과 종속변인인 인구 1,000명당 의사 수 간의 상관관계(pearson's r)를 검증할 경우 그 값은 –0.64로 양 변인 간에는 음의 관계가 있고 그 강도는 상대적으로 높은 수준임을 파악할 수 있다. 즉 G–20 국가 중 감염병으로 인한 사망률이 낮을수록 인구 1,000명당 의사 수가 높다는 것은 선진국일수록 보건 환경이 좋다는 해석과 일치한다고 할 수 있다. G–20 국가를 상, 하 두 등급으로 나누어 범주화할 경우도 낮은 감염병 사망률을 나타내는 국가가 상대적으로 인구 1,000명당 의사 수가 많다는 것은 본 연구의 기본 주장을 뒷받침해 주는 것이다.

개입변인으로서 민주화와 소득양극화를 고려할 경우 자유국이면서 소득양극화 문제가 없는 G–20 국가는 캐나다, 독일, 영국, 프랑스, 이탈리아, 호주, 한국, 일본, 인도이며, 이들 국가에 한정할 경우 독일, 영국, 프랑스, 이탈리아, 호주가 모든 기본 가설을 만족시키는 사례에 해당한다. 결국 G–20 국가 중 언급한 5개 국가와 미국, 캐나다, 한국, 일본만이 보건안보에 대한 관심과 역량을 겸비한 국가라고 할 수 있다.

Chapter 02

# 글로벌 보건(Global Health)의 국제사회

## 1 인간안보(Human Security)와 인권

### 1 인간안보 개념의 이해

우리는 그동안 국가안보라는 개념에 매몰되어 다른 유형의 안보 개념에 크게 귀 기울이지 않았다. 하지만 인권이 주권에 우선한다는 '신국제주의' 원칙하에 안보 논의가 이뤄지면서 인간안보라는 개념이 대두되게 된 것이다. 국가안보란 영토와 주권을 보존함으로써 그 구성원인 국민의 안전과 존엄성 및 정치·경제·문화적 권리를 보장하고 이에 대한 침해를 일으키거나 영속화하는 대내외적 조건을 제거하는 것을 의미한다. 이런 측면에서 볼 때, 국가안보는 외부적인 위협에 대항하여 국민을 위한 안보를 달성하는 것을 의미하지만, 내전, 박해, 기근 등 한 국가 내에서 초래되는 제반 문제들로 인해 국민의 생존과 복지가 위협받는 경우가 비일비재하다. 이러한 국내외적 요소들을 감안하여 인간안보를 개념화하려는 여러 학술적 혹은 정책적 시도들이 지난 20여 년간 지속되어 왔다.

이와 같은 이론적 논의의 가장 대표적인 시발점은 1994년의 UNDP 연례보고서인데, 이 보고서는 인간안보를 '공포로부터의 자유 및 궁핍으로부터의 자유'라고 정의함으로써 이 분야의 길잡이가 되었다. 또한 이 보고서는 경제(economic security; 빈곤으로부터의 자유 등), 식량(food security; 충분한 식량의 확보 등), 보건(health security; 질병으로부터 보호 또는 치료받을 수 있는 것 등), 환경(environmental security; 환경오염이나 자원고갈 등의 위협으로부터의 보호 등), 개인(personal security; 고문, 전쟁, 강도, 내란, 마약 남용, 자살, 교통사고에 이르기까지 다양한 위협으로부터 개인의 신체적 안전을 보호하는 것 등), 공동체(community security; 전통문화의 보존과 종족의 보호 등), 정치(political security; 시민으로서 정치적 권리 향유, 정치적 탄압으로부터 자유로운 것 등)의 일곱 가지 영역에서 야기되는 위협을 막는 것이 인간안보를 가장 확실하게 보장하는 것이라고 제시한다. 인간안보의 구성요소로서 보건 문제가 거론되고 보건 혹은 건강안보라는 개념이 등장하게 된 것이다.(이신화, 2006; 박한규, 2007)

하지만 인간안보 개념의 주창에도 불구하고 이 개념은 지나치게 광범위하고 포괄적이어서 실행 가능성에 대한 비판을 초래하고 있다. 이러한 인간 생명에 대한 모든 위협요인을 포함하는 광범위한 정의는 포괄성을 얻는 대신 정밀성이 떨어지기 마련이다. 광의와 협의의 인간안보 개념을 둘러싼 현재까지의 논쟁은 공포로부터의 자유만 포함할 것인지 공포와 궁핍으로부터의 자유 모두를 고려할 것인가에 관한 내용이 주를 이루어 왔다. 최소한의 인간안보가 인간의 생존 자체를 보장하는 것이라면, 최대의 인간안보는 모든 개인이 자원의 자유로운 확보와 정치적·사회적 영역의 자격 확대로 삶을 최대한 즐길 수 있는 권리를 보장받아야 비로소 가능하게 되는 것이다.(이신화, 2006)

인간안보의 개념화에 있어 하나의 중요한 의제는 포괄안보와 인간안보를 어떻게 구별할 것인가의 문제이다. 이 두 가지 개념이 종종 같은 의미로 오용되기도 하는데, 포괄안보는 그 분석 수준이 국가라는 점에서 개인을 분석기준으로 삼는 인간안보와 확연히 구별된다. 즉 포괄안보가 인간의 필요를 강조하는 반면, 인간안보는 인권을 강조한다. 또한 포괄안보는 국가 수준에서 질서와 안정에 중점을 두지만 인간안보는 개인 수준에서 정의와 해방에 치중한다.(이신화, 2006) 감염병 문제는 협의의 인간안보 혹은 최소한의 인간안보 개념에 포함될 수 있는 중요한 국제사회의 의제라고 할 수 있다. 성격상 인간안보의 범주에 있는 전염병 문제가 국가 간의 갈등을 유발하고 이로 인해 국가 간 분쟁 나아가 전쟁으로 이어진다면 이는 국가안보 차원에서의 문제가 되는 것이다.

1980년대 이전 냉전기 안보 개념은 국제정치학계에서 군사안보와 거의 동일한 좁은 의미로 해석되었다. 1980년대 이후 '공동안보(common security)', '포괄안보(comprehensive security)', '협력안보(cooperative security)' 등 다양한 개념이 논의되었다. 이들은 국가중심적 입장을 견지하나 국가 간 상호협력, 비군사적 안보 요소를 강조한다는 측면에서 기존 안보 개념과 차이를 보인다. 냉전종식 이후 안보 개념은 다양한 분야로 확대되어 군사력 중심에서 경제, 자원, 환경, 사회 등으로 옮아갔다. 군사안보의 우려가 감소하면서 사회안보, 인간안보, 정체성안보 등 다른 차원에서 안보 논의가 활성화되었다. 시각도 개별 국가 관점에서 범세계적 관점으로 확대되었다.

인간안보 개념이 부상한 이유는 냉전 종식과 더불어 내란이 빈번히 발생하여 무수한 민간인 사망자가 생기고, 세계화의 급속한 진전으로 국가중심적 시각이 범세계적 시각으로 사고 범위가 확장되었기 때문이다. 그 개념의 의미는 기아, 질병, 가혹행위 등 만성적인 위협으로부터 개인을 보호하는 것과 가정, 직장, 사회 공동체 속에서 일상생활 양식이 갑작스럽게 파괴되는 것으로부터 개인을 보호하는 것이라고 말할 수 있다.

인간안보와 구별되는 개념으로 국가안보, 포괄안보, 협력안보가 있는데, 국가안보는 국가가 주요 행위 주체이고 군사력에 의한 보호를 특징으로 하나 인간안보는 개인 혹은 비국가행위자도 주체가 될 수 있으며 위협 원천에 따라 다양한 보호 수단을 전제로 한다. 포괄안보는 국가의 지속가능한 발전을 위협하는 모든 군사적 위기와 비군사적 위기로부터 국민, 영토, 주권, 핵심 기반의 안전을 보장하는 것이라고 정의된다. 협력안보는 공동안보 개념을 발전시킨 것으로 군사적 쟁점뿐 아니라 경제, 자원, 환경, 인구, 기술 등 비군사적 쟁점들에 대한 국가 간 상호협력을 촉구하는 한편 국가 차원보다는 범세계 차원에서의 해결 노력을 강조한다.

인간안보는 그 개념의 포괄성·모호성으로 인해 분석적·정책적 차원에서의 유용성이 부족한 한계가 있다. 아울러 이는 인도적 개입의 정당성 인정 여부에 따른 국가 간 갈등 문제를 초래할 수 있다. 현실주의자와는 달리 인간안보론자는 인도적 개입의 정당성을 인정하고 이를 강제하기 위한 군사적 개입을 지지한다.

## 2 인권 논쟁[2]

아시아에서 인권은 부차적 가치이다. 물론 그 누구도 인권을 가치 없는 것으로 평가하지는 않으나 온갖 변명과 핑계로 인권은 늘 부차적 가치로 취급되고 있는 것이 현실이다. 물론 과거와 비교하여 인권이 신장한 것은 사실이지만 지금도 아시아의 곳곳에서 인권은 끊임없이 침해당하고 있다. 물론 아시아에서만 인권이 침해되는 것은 아니다. 인권침해는 전 지구적인 문제로서 심지어 가장 민주적인 국가에서도 인권은 완벽하게 보장되지 않는다. 아시아의 인권이 문제가 되는 것은 경제 성장에 자신감을 얻은 아시아의 일부 지도자들이 인권의 보편성을 부정하며 아시아에는 아시아에 적합한 '아시아적 인권'이 적용되어야 한다고 주장하고 있고 이러한 주장이 많은 아시아인을 유혹하고 있기 때문이다.

중국의 천안문 사태 이후 중국의 인권 문제에 대해 비난의 화살이 집중되면서 아시아의 인권은 인권 담론의 핵심적인 주제가 되었다. 먼저 인권상황의 개선을 요구하는 서구의 외교적 압력이 가해졌고 이에 대항하여 아시아 국가들은 서구 중심적 인권 개념에 대해 도전했다. 서구에서 생성된 인권과 자유의 원칙이 역사적, 문화적 배경을 달리하는 비서구 지역에 그대로 적용될 수 없다는 것이다.

1993년 방콕선언은 "인권이 그 본질에 있어서 보편적이지만 국제적 규범의 설정이 역동적이고 진화 중이라는 맥락에서 국가별, 지역별 특성과 역사적, 문화적, 그리고 종교적 배경이 가지는 다양한 의미를 염두에 두고 인권을 고려하여야만 한다고 인식한다"고 하였다. 방콕 선언문이 진정으로 말하고자 하였던 것은 아시아적 특수성으로 인해 서

2 본 내용은 '정연식·이상환. 2000. "미국의 인권외교정책: 중국과 한국의 사례 비교." 『21세기 국제관계연구의 쟁점과 과제』. 서울: 박영사'에서 발췌한 것임.

구의 것과는 근본적으로 다른 아시아적 인권 개념을 창조하겠으며 또한 그렇게 하는 것이 정당하고 인권 문제에 매달리는 서구의 외교정책은 아시아를 지배하려는 패권적 음모에 불과하다는 것이다.

방콕선언 이후 '아시아적 인권'은 좀 더 세련된 모습으로 포장되었다. 한마디로 이는 배타적 상대주의에 기초하고 있다. 배타적 상대주의는 인권의 절대성과 보편성을 부정하고 인권의 개별화와 서열화가 가능하다고 믿는 것이다. 인권의 개별화와 서열화란 인간의 여러 권리를 각각 독립적인 것으로 간주하고 권리 간에 우선순위를 설정하는 것이다. 여기에서 권리 간의 서열을 매기는 결정적 변수는 역사적 문화적 특성이고, 서열에 따라 덜 중요하다고 간주하는 권리는 더 중요하다고 간주하는 권리의 확보를 위해 얼마든지 포기될 수 있다는 것이 논의의 핵심이다. 이러한 논리를 바탕으로 리콴유와 마하티르는 궁핍으로부터의 탈출, 나아가 물질적 풍요, 그리고 조화로운 사회 건설의 이름 아래 '서구적 인권' 개념이 결코 보편적 인권이 될 수 없음을 강조했다. 즉 개인의 자유와 권리에 앞서 전체의 생존 문제를 해결하는 경제발전이 더욱 중요하기 때문에 시민적·정치적 권리는 유보될 수 있고 유보되어야 한다는 것이다. 그러나 경제발전을 위해서 왜 인권이 반드시 제한되어야 하는가에 대해서는 아무런 설명도 하지 않으며 단지 자국의 '특수한 경험'만을 근거로 할 뿐이다. 사실 자유의 제한과 경제발전 사이에는 일반화될 수 있는 상관관계가 전혀 없다는 것이 다수 연구 결과들이 공통으로 내리는 결론이다. 즉 인권을 탄압하는 정부가 경제발전을 보장한다고 믿을 경험적 근거가 없다는 것이다.

오리엔탈리즘에 내포된 기만적 속성의 핵심은 세계적 보편성의 기준으로 서구의 백인 남성을 설정함으로써 아시아의 모습을 일탈적인 것으로 묘사하고, 그러한 일탈적 아시아에 대비되는 서구의 모습을 보편적이고 정당한 것으로 보이도록 하는 것이다. 다양성의 긍정적 개념은 오리엔탈리즘 내에서 삭제되었다. 그러나 분명한 것은 다양성의 존재는 부인될 수 없는 사실이다. 국가마다 고유한 역사, 문화, 가치관 등을 가지고 있다는 사실은 어떤 이유로도 부인될 수 없다. 그러나 그렇기 때문에 국가마다 다른 정치체제를 수립할 수 있다는 주장은 엄밀히 말해서 아무런 논리적 근거가 없다. 정치체제의 경우,

다수 국가가 다양한 역사적 문화적 배경에도 불구하고 민주주의를 지향하고 있다.

물론 모든 민주주의 체제가 획일적으로 조직되어 있지 않다는 것은 분명하다. 다양한 역사적, 문화적 환경에 따라 형성된 다양한 민주주의 체제가 존재하고 있다. 그러나 그러한 체제의 다양성은 모두 민주주의 원칙이 정하는 경계 내에 존재하는 다양성이다. 보편성을 부정할 수 없는 이유는 민주주의의 이론과 원칙이 이미 존재하는 정치체제를 합리화하기 위한 목적으로 형성된 것이 아니라 '선험적 가치관 혹은 원칙들'에서 출발한 이론이자 이상이기 때문이다. 그러므로 민주주의 정신이 규정하는 준칙에 위배 되는 정치체제는 다양한 민주주의 체제 가운데 하나로 간주할 수 없다. 그러한 체제는 민주주의가 아니다. 예컨대 표현과 언론의 자유를 박탈하는 것은 국민의 진정한 선택권 보장이라는 민주주의의 기본적인 원칙에 위배되므로 그러한 체제는 민주주의 체제로 간주할 수 없다.

다양성과 보편성이 양립할 수 없다는 주장은 싱가포르가 민주주의의 다양한 체제 가운데 하나라는 확신에서 연유한 순환논리이다. 싱가포르가 민주주의라면 다양한 민주주의 체제에 싱가포르의 경우가 포함될 것이고, 따라서 다양성과 보편성은 충돌할 수밖에 없을 것이다. 그러나 민주주의의 여부는 민주주의의 원칙에 의해 판단된다. 민주주의의 원칙으로 판단하면 안타깝게도 싱가포르는 민주주의가 아니다. 리콴유에게 싱가포르는 틀림없는 민주주의 국가이다. 민주주의를 하나의 수단으로 간주하기 때문이다. 즉 민주주의는 번영과 안정이라는 목표를 구현하는 하나의 도구라는 것이다. 이에 따르면 민주주의의 기준은 선거를 통해 선택된 정부가 번영과 안정을 얼마나 효율적으로 실현하느냐이다. 번영과 안정을 실현하는 정부가 곧 '좋은 정부'이고 '좋은 정부'가 곧 민주주의라고 주장하는 것이다. 이러한 논리에 따라 싱가포르 정부는 "특정한 정치이론이나 이상에 얽매이지 않고 효과적으로, 공정하게 전체의 복리를 증진하는 방식으로" 통치하는 '좋은 정부'이므로 민주주의 정부라고 주장한다. 그러나 민주주의를 판단하는 기준으로 정부의 기능 정도 혹은 통치력을 채택하는 것은 싱가포르를 민주주의 체제로 인정받기 위한 궤변에 지나지 않는다. 민주주의와 정부의 통치력은 아무런 관계가 없기 때문이다.

'좋은 정부'라는 개념은 '나쁜 정부'의 존재를 필요로 한다. 아시아적 인권론과 아시아적 가치론이 상정하는 대표적인 나쁜 정부는 미국이다. 마약, 범죄, 경제적 불평등, 인종차별, 가족 붕괴, 열악한 복지제도와 같은 온갖 문제들은 미국 정부를 나쁜 정부로 간주하기에 충분하다. 아시아적 가치, 아시아적 민주주의, 아시아적 인권, 이 모두가 미국의 패권적 인권정책에 대한 반발로부터 기인한 것이라고 해도 과언이 아니다. 특히 아시아적 인권론은 아시아 국가에게 시민적 정치적 권리를 강조하는 미국이 미국인들의 경제적 사회적 권리를 보장하지 못하는 현실을 집중적으로 비난하면서 설득력을 얻고 있다.

아시아적 인권론 가운데 논리적으로 가장 취약함에도 불구하고 청중들에게 가장 강한 호소력을 가지는 주장은 아마도 주권론일 것이다. 아시아 국가들의 인권에 대해 비판하는 것 자체가 독립 국가의 주권을 침해하는 것이고 주권을 침해하며 인권을 거론하는 것은 모순이라는 주장이다. 이러한 맥락에서 방콕 선언문은 "국가의 주권, 영토보전에 대한 존중의 원칙, 내정불간섭의 원칙, 그리고 정치적 압력의 수단으로 인권을 사용하지 않을 것"을 강조한다. 인간이라면 누구나 단지 인간이라는 이유만으로 소중한 존재라는 명제, 즉 인권은 결코 부정될 수도 없고 부정되어서도 안 된다. 이러한 보편적 관점에서 보자면 인권 확보와 신장을 위한 국제사회의 노력 그 자체는 도덕적으로 타당한 것이다. 그러나 인권 신장을 위한 전략적 차원에서 보았을 때 서구적 인권 개념을 비서구 지역에 그대로 강요하는 전략은 재고의 여지가 있다. 만약 문화적, 역사적 특성에 따라 인권에 대한 다양한 인식이 존재하는 것이 현실이라면 서구에서 생산된 인권 개념을 일률적으로 적용하는 것은 인권을 신장하기 위한 최상의 방법이 아니라는 주장이 설득력이 있다. "인권에 대한 강제되지 않은 합의"가 필요하다.

인권에 대한 '통문명적(intercivilizational)' 접근을 통해 상이한 문화 속에서 근사한 개념들의 교합점을 찾는 것이 절실하다. 바꾸어 표현하자면, 아시아 지역의 인권을 신장하기 위한 노력은 아시아의 문화와 전통에 도전하기보다 토착적 인권 전통을 발굴하여 그것을 바탕으로 아시아인들이 인권의 가치에 자발적으로 동의하도록 설득할 수 있어야 한다는 것이다. 예컨대, 태국의 경우 불교의 비폭력 원칙을 통해 인권이라는 결론에 도달할 수 있을 것이고, 또한 그렇게 동의된 인권의 보호막으로 제도적, 법적 장치와 더불어 국왕의 권위까지 동원될 수 있는 것은 태국만의 강점이 될 수도 있다는 것이다. 만약 이와 같은 인권의 '국지적 정당화'를 통해 인권을 존중하는 관행이 전통적 문화 위에 놓인다면 인권이 장기적으로 보호될 가능성은 더욱 커질 것으로 기대된다.

동남아시아의 인권에 대한 논의는 먼저 동남아시아의 지배 엘리트들이 아니라 동남아시아의 민중이 가지고 있는 인권의 개념을 파악하고 서구적 인권 개념과 얼마나 근사한 지, 또 어떤 차이가 있는지 비교하고 어떤 개념과의 합을 통해 확대될 수 있는지에 초점을 모아야 할 것이다. 인권을 이유로 한 국제적 압력은 이러한 과정을 통하여 수립된 국제적 인권 기준의 설정 이후에나 그 타당성을 얻을 수 있다.

## 3 프리덤하우스 통계자료로 본 국제인권 현황

민주주의의 개념은 그것에 대해 정의하는 학자의 수만큼이나 다양하다. 민주주의의 정의는 민주주의 그 자체의 규범적 성격과 비교분석에 요구되는 개념적 등가성의 확보 문제가 상충되어 일목요연하게 개념화하기란 불가능하기 때문이다. 따라서 민주주의의 개념 정의를 놓고 학자들 간에는 이상과 현실, 또는 이론과 실천 간의 긴장이 계속 존재해 왔다. 민주주의의 정의에 대한 학자들의 논의를 크게 실질적 민주주의와 절차적 민주주의로 나눌 수 있으며, 이 두 가지 조건이 다 충족될 때 민주주의가 공고화 단계에 접어들었다고 평가할 수 있다.

프리덤하우스(Freedom House)는 1978년부터 지속적으로 세계 각국의 정치적 권리와 시민적 자유에 관한 연간 보고서 'Freedom in the World'를 발간해 왔다. 아울러 공산주의 체제가 붕괴하면서 새롭게 등장한 27개 국가에 대해서는 1995년부터 'Nation in Transit'라는 민주화 과정에 대한 보고서를 발간하고 있다. 프리덤하우스는 민주주의와 자유의 중요성을 강조하기 위해 세계 각국 및 지역에 대해 단일한 기준을 가지고 조사를 진행한다. 기준이 되는 민주주의의 개념은 민주화 정도에 대한 비교가 가능하도록 최소 정의에 따르고 있다. 프리덤하우스가 제시하는 민주주의의 개념은 "공정하고 자유로운 경쟁이 보장된 그룹들 가운데서 시민들이 선거를 통해 자신들의 지배자(정치 지도자)를 선출할 수 있으며 정부에 의해 임명된 개인의 통치를 받지 않는 것"을 말한다. 그리고 자유는 "시민들이 정부나 다른 어떤 지배 세력들의 통제나 간섭을 받지 않고 자발적으로 다양한 분야에 대해 선택하고 행동하는 기회를 분명하게 누리는 것"이라고 정의한다.

먼저 'Freedom in the World'는 '정치적 권리'와 '시민적 자유'의 정도를 매년 평가하는데, 정치적 권리는 "시민들이 정치과정에 자유롭게 참여할 수 있는 것"을 의미한다. 여기에는 투표할 권리와 공무원이 되기 위하여 경쟁에 자유롭게 참여할 수 있는 권리가 포함된다. 그리고 '시민적 자유'는 "국가의 방해 없이 여론을 형성하고 제도에 참여하며 개인적인 자율권을 지닐 수 있는 자유"를 말한다. 'Freedom in the World'의 평가는 프리덤 하우스에 소속된 30여 명의 학자와 분석가들이 동일한 점검항목(정치적 자유 10항목, 시민적 자유 15항목)을 가지고 각 국가별로 항목마다 점수를 할당하는 형식으로 이루어진다. 정치적 권리와 시민적 자유의 점검항목에 따른 평가 결과는 과거에 합산을 통하여 1에서 7까지의 등간척도를 사용한 종합 평가로 확정되었는데, 최근에는 0에서 100까지의 등간척도(마이너스도 가능)를 활용하고 있다. 이를 통해 종합 평가에서 '자유국가', '부분적인 자유국가', '자유롭지 못한 국가'를 구분하고 있다. 프리덤하우스는 최근 그 평가척도(0~100)로 글로벌자유지수(Global Freedom Scores; political rights + civil liberties), 인터넷자유지수(Internet Freedom Scores; obstacles to access + limits on content + violations of user rights), 민주주의지수(Democracy Scores; democracy percentages + democracy score)를 제시하고 있다.

2025년 Freedom in the World의 평가는 2024년 동안 세계 195개 국가와 13개 지역의 자유의 정도를 측정한 것이다. 25개 지표에 대해 각각 0~4점을 부여하고 이를 합산한 100점을 최고점으로 하여 점수를 산출한다. 정치적 권리 10항목(40점 만점), 시민적 자유 15항목(60점 만점)을 가지고 각 국가별로 항목마다 점수를 할당한 후 합산하는 방식으로 평가가 이루어진다. 그 결과 평가대상 국가(지역)는 자유국(Free), 부분적 자유국(Partly Free), 비자유국(Not Free)으로 구분된다. 2025 글로벌 자유지수에 의하면 한국은 81점(정치적 권리 32점 + 시민적 자유 49점)으로 자유로운 국가로 평가된다. 핀란드는 100점으로 완벽하게 자유로운 국가로 평가되고 있다. 반면 북한은 3점(정치적 권리 0점 + 시민적 자유 3점)으로 대표적인 비자유국가이다. 첨언하면, 한국의 인터넷자유지수는 66점(접근제한 22점 + 내용규제 23점 + 사용자권한침해 21점)으로 부분적으로 자유로운 국가에 해당된다. 이는 일본(자유로운 국가; 78점)에는 뒤떨어지나 중국(비자유국가; 9점)에는 훨씬 앞선 수준이다.

**그림 2** 2025년도 세계 인권 현황

개별 국가 혹은 지역의 자유도는 정치적 권리지수(0~40)와 시민적 자유지수(0~60)에 달려 있다. 이를 종합한 자유지수는 다음 표를 기준(F=Free, PF=Partly Free, and NF=Not Free)으로 결정된다. 정치적 권리지수는 0이하(−1~−4)가 가능하다.

| Status | | Political Rights score | | | | | | |
|---|---|---|---|---|---|---|---|---|
| | | 0-5* | 6-11 | 12-17 | 18-23 | 24-29 | 30-35 | 36-40 |
| Civil Liberties score | 53-60 | PF | PF | PF | F | F | F | F |
| | 44-52 | PF | PF | PF | PF | F | F | F |
| | 35-43 | PF | PF | PF | PF | PF | F | F |
| | 26-34 | NF | PF | PF | PF | PF | PF | F |
| | 17-25 | NF | NF | PF | PF | PF | PF | PF |
| | 8-16 | NF | NF | NF | PF | PF | PF | PF |
| | 0-7 | NF | NF | NF | NF | PF | PF | PF |

<그림 2>의 인권·민주화 지수에 근거하여보면 북미, 서구유럽, 오세아니아, 동아시아와 남미 및 아프리카의 일부 국가만이 자유국으로 분류되고, 반면 대부분의 아프리카, 중동, 중앙아시아, 동남아, 중국, 러시아 등의 국가는 비자유국으로 구분된다. <그림 3>은 전 세계적으로 인권·민주화 상황이 최근에 악화되고 있음을 여실히 보여 주고 있다. 2000년대 이래 자유국의 수는 줄어들고 비자유국의 수는 늘어나고 있다. 자유민주주의의 위기가 도래했음을 드러내고 있다. 이러한 민주주의의 쇠퇴는 <그림 4>가 보여 주는 바와 같이 미국과 같은 강대국에서도 위기의식을 느낄만큼 심화되고 있다. 2020년 미국 대선 후 트럼프 지지자들이 자행했던 의사당 점거 등 극단적 행동들이 그 예가 된다.

**그림 3** 2000년대 전 세계적인 자유도(인권 · 민주화 지수) 추이

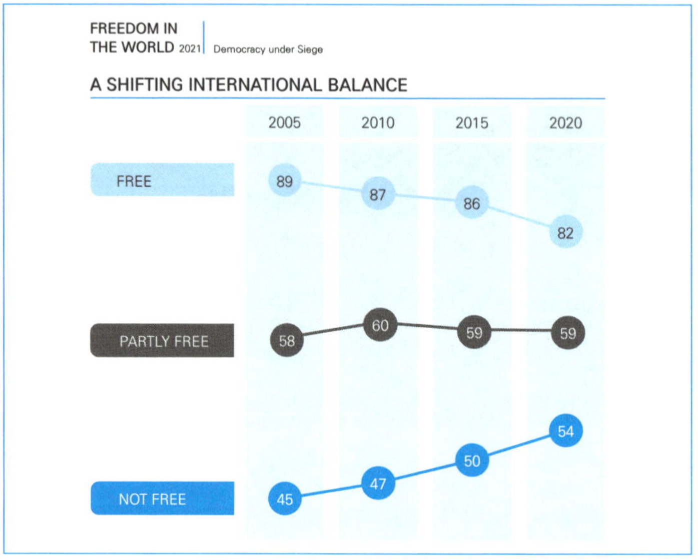


**그림 4** 2010년과 2020년 사이 미국 자유민주주의(인권 · 민주화 지수)의 쇠퇴

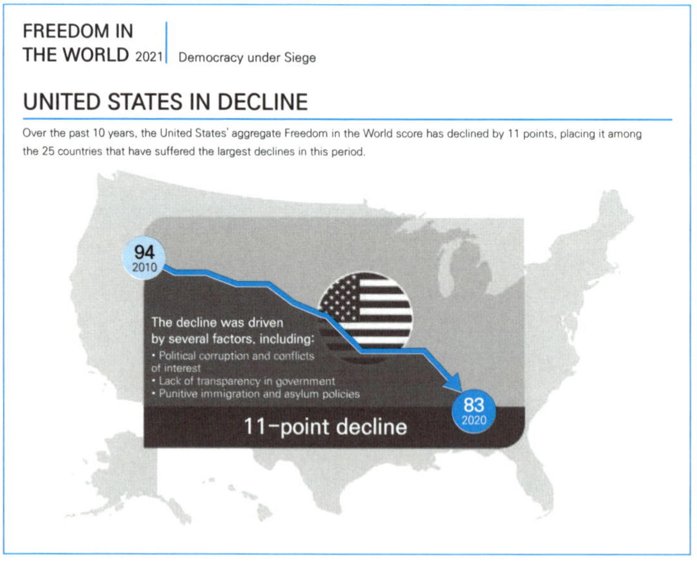

21세기 들어 그 어느 때보다 인권이 강조되고 있다. 9·11 테러는 인권 문제에 대한 국제사회의 관심을 끌기에 충분한 사건이었고 인권보호를 위한 국제사회의 협력을 요구하는 계기가 되었다. 인간이라면 누구나 단지 인간이라는 이유로 소중한 존재라는 명제, 즉 인권은 결코 부정될 수도 없고 부정되어서도 안 된다. 이러한 보편적 관점에서 보자면 인권 확보와 신장을 위한 국제사회의 노력 그 자체는 도덕적으로 타당한 것이다.

미국이 세계 인권 문제에 관심을 가지게 된 계기는 인권 탄압적인 정부하의 국민에 대한 동정심, 인권 탄압적인 정부 지도자들에 대한 분노, 인권탄압은 미국의 건국 정신에 위배된다는 신념, 인권 문제를 제기함으로써 대외적으로 미국의 이미지 제고, 그리고 동서 이념투쟁에서 인권 문제의 외교적 수단으로의 활용 가능성 등으로 요약될 수 있다.(Fraser, 1979: 178) 또한 미국의 인권 외교정책이 추구하는 목표를 언급하면, 첫째, 건국 이후 미국이 줄곧 추구하는 자유라는 기본 가치의 외교정책에의 반영, 둘째, 일국의 인권침해는 그 사회 내의 또 다른 문제를 발생시킬 우려가 있고 이는 결국 미국의 이익에 직접적인 해를 끼칠 수 있어서 미리 그러한 사태의 사전 방지, 셋째, 인권침해는 국제 갈등의 요인이 되기 때문에 이를 사전 방지, 그리고 마지막으로 세계의 인권존중을 통해 미국의 가치를 보호하는 우호적인 분위기 조성 등이다.(홍득표, 1998: 283-284)

미국의 인권외교는 인권개선을 외교목표의 하나로 내세웠던 카터 행정부 시절에 크게 대두되었고, 21세기 들어 부시(George W. Bush) 행정부는 그 어느 때보다도 적극적으로 인권을 문제 삼아 대외적으로 개입하였다. 이는 '관여(engagement)'와 '확산(enlargement)'을 외교정책 기조로 삼아 온 미국의 입장에 그대로 잘 반영되어 있다. 즉 미국식 민주주의와 자본주의라는 미국적 가치의 확산이 미국의 이익과 직결된다는 판단 아래, 이에 어긋나는 상황, 예를 들어 인권유린의 사태에 대해서 이를 시정하려는 입장의 외적 표현이 대외개입이라고 말할 수 있다.

문제는 이러한 인권 문제를 이유로 한 미국의 개입이 과연 진정으로 전 세계적인 인권보호를 위한 것인지 아니면 다른 국익을 추구하기 위한 수단적인 것인지가 의심스러운 것이 현실이다. 여기서 제기되는 의문은, 미국의 인권 외교정책 수행에 있어서 인권보호는 하나의 목적인가, 수단인가? 또한 이는 얼마나 일관성 있게 추진되고 있는가? 하는 점이다.

사실 미국은 그동안 대외정책 추진과정에 있어서 인권보호가 자국의 이익보다는 우선하지 못하다는 것을 보여줘 왔다. 그 구체적인 예로 클린턴 행정부가 반미적 국가들인 북한, 리비아, 이라크, 이란 등에 대해서는 인권 문제를 지속적으로 제기한 반면 친미적 국가들인 이스라엘, 이집트, 모로코, 사우디아라비아, 쿠웨이트 등에 대해서는 언급을 자제한 점을 들 수 있다.(이범준 외, 1998: 295) 과거 한국, 중국, 코소보, 동티모르, 이라크 등의 사례에 있어서 인권유린 상황의 심각성은 대동소이했지만, 미국은 국익을 고려하여 달리 대응했던 것이 사실이다.

**표 13 코소보 및 동티모르 사례 비교**

| 구분 \ 사례 | 코소보 | 동티모르 |
|---|---|---|
| 독립투쟁 대상 | 유고연방 | 인도네시아 |
| 발생 난민 규모 | 86만 명<br>(알바니아계 인구의 ⅓) | 20만 명<br>(동티모르 인구의 ¼) |
| 종교갈등 구조 | 세르비아(정교회)<br>알바니아(이슬람교) | 인도네시아(이슬람교)<br>동티모르(가톨릭교) |
| 미국의 대응 | 인권이 주권에 우선한다는<br>적극적 자세 | 세계경찰 역할을 해서는 안 된다는<br>소극적 자세 |
| 미국의 개입 시기 | 사건 발생 약 한달 후 | 사건 발생 약 4년 후 |
| 미국의 개입 강도 | 35,000여 번의 출격<br>15,000여 톤의 폭탄 투하<br>폭격으로 약 5,000여 명의 사망 | 7,000여 명의 제한적 병력<br>(호주 병력 4,500명 포함) |

미국의 외교정책에 있어 인권이 대두되는 과정에서 닉슨(Richard Milhous Nixon), 포드(Gerald Rudolph Ford, Jr.), 카터(James Earl "Jimmy" Carter, Jr.), 레이건(Ronald Wilson Reagan), 부시(George Herbert Walker Bush), 클린턴(William Jefferson "Bill" Clinton), 부시(George Walker Bush),

오바마(Barack Hussein Obama, Jr.), 트럼프(Donald John Trump), 바이든(Joseph Robinette "Joe" Biden, Jr.) 행정부 등 1970·80·90년대 및 2000·2010년대의 50여 년간을 조망해 볼 때 역대 정부가 보여 준 타국 내의 인권침해에 대한 반응은 다음과 같이 요약될 수 있다. 닉슨·포드 행정부는 무관심하였으며, 카터 행정부는 적극적이었고, 레이건·부시 행정부는 등한시하였으며, 그리고 클린턴·부시(Jr.) 행정부는 새로이 적극성을 보였다. 닉슨·포드·레이건·부시 행정부는 인권 문제를 거론하면서까지 이른바 우방과의 관계를 어색하게 만들고 싶지 않은 입장이었고, 카터 행정부는 집권 자체가 닉슨·포드 행정부의 부도덕성이 역작용하여 얻어진 결과이기 때문에 카터 대통령 개인의 도덕적·종교적 믿음과 함께 도덕적인 차원에서 외국의 인권침해를 묵인할 수 없는 처지였다.(극동문제연구소 편, 1991: 327–328) 클린턴 행정부도 새로이 인권 문제를 외교정책의 주요 의제로 관심을 두었으나 그 자체가 목적이라기보다는 수단적인 성격이 강하였다고 볼 수 있으며, 부시 행정부도 이에 크게 벗어나지 않는 인권 외교정책을 추진하고 있다. 이후 오바마 행정부와 트럼프 행정부도 유사한 입장을 견지했고, 오늘날 바이든 행정부와 트럼프 2기 행정부는 미·중 패권 경쟁의 신냉전 상황하에서 인권·민주화를 강조하며 새로운 이념 갈등을 고조시키고 있다.

신냉전 시대의 가치논쟁과 함께 미국 외교정책에 있어 인간안보적인 부분의 중요성이 강조될 것이며, 인권을 중요시하는 미국의 외교적인 목소리는 커질 것이다. '미국적 가치의 확산' 즉 미국식 민주주의와 자본주의의 확산이라는 미국 외교정책의 목표수행이라는 차원에서 인권외교는 미국 외교정책의 중심축으로 자리 잡을 가능성이 크다.

## 2 보건안보(Health Security)와 건강권

인간안보에서 새로이 대두되고 있는 의제인 보건안보는 21세기에 들어 감염병 문제로 인해 국가 간 주요한 갈등 요인이 되고 있다. 21세기 최초의 국제적 감염병인 사스(SARS)는 국제사회에 감염병의 공포를 알리는 신호탄이 되었고, 이어 발생한 조류독감(AI)은 감염병 문제를 국제사회 내 최대 관심사의 하나로 부각시켰다. 또한 신종플루(Influenza A), 에볼라바이러스(Ebola Virus), 메르스(MERS), 그리고 코로나19(COVID-19)에 이르기까지 감염병의 만연은 국제사회에 해결해야 할 과제를 남겨 주었다. 일반적인 보건문제가 선진국이 개도국에 베푸는 시혜적인 수직적 관계 속에서 해결된다면, 감염병 문제는 선진국과 개도국 간 상호협력 없이는 즉 수평적 관계 속에서 노력하지 않는다면 해결이 난망한 것이다.

2021년 글로벌보건안보 지수(Global Health Security Index; GHS) 보고서에 의하면, 개별국가의 보건안보 수준이 전 세계적으로 아직 취약하고 어떠한 국가도 전염병에 완전히 대처하지 못하는 한계를 드러내고 있다. overall score에 의하면 5개 등급(I = 80.1-100.0; II = 60.1-80.0; III = 40.1-60.0; IV = 20.1-40.0; V = 0.0-20.0) 중 I 등급에 해당하는 국가는 전무하고, II 등급 국가는 19개국, III 등급 국가는 58개국, IV 등급 국가는 110개국, V 등급 국가는 8개국이다. 특히 전염병 예방 부문에 있어서 I 등급 국가는 없고 II 등급 국가만 9개국이며, 전염병 조기 감지 및 보고 부문에 있어서는 I 등급 국가 2개국, II 등급 국가 19개국이다. 또한 전염병 확산 완화 및 즉각 대처 부문에 있어서도 I 등급 국가는 전무하고 II 등급 국가만 12개국이다. 특히 국제보건규범 준수 부문과 관련하여 I 등급 국가는 미국뿐이고 39개국이 II 등급에 해당한다. GHS에 의하면, 여전히 서구국가들(North America 76.3; Europe & Central Asia 44.7)이 여타 국가들(East Asia & Pacific 27.3; Latin America & Caribbean 26.8; Middle East & North Africa 21.8; South Asia 26.6; Sub-Saharan Africa 19.8)에 비해 앞서 있고 한국이 세계 9위, G-20 국가 중 6위의 보건안보 수준을 보인다는 점은 주목할 만하다.(이상환, 2020a: 12-13; 이상환 · 박광기, 2016; 최은경 · 이종구, 2016)

**그림 5** 2021년도 글로벌보건안보 지수 지도

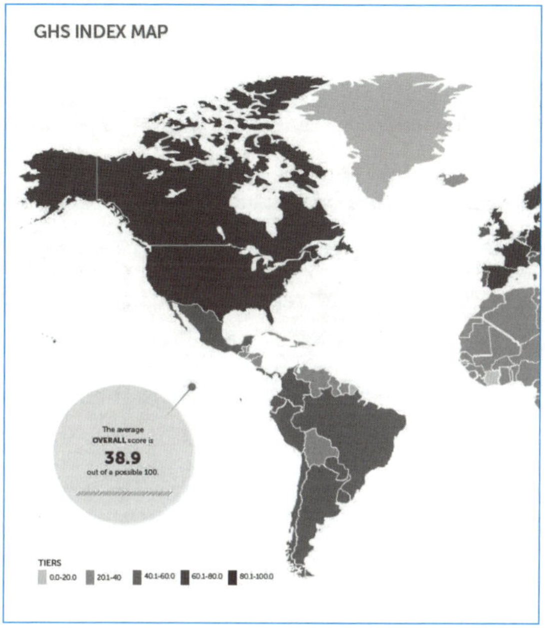

## 그림 6 2021년도 글로벌보건안보 지수 현황

# GHS Index Results

NO COUNTRY SCORED IN THE TOP TIER OVERALL

## OVERALL

TIERS

0.0-20.0 | 20.1-40 | 40.1-60.0 | 60.1-80.0 | 80.1-100.0

| Rank | Country | Score | Change |
|---|---|---|---|
| 1 | United States of America | 75.9 | -0.3 |
| 2 | Australia | 71.1 | -2.1 |
| 3 | Finland | 70.9 | -1.1 |
| 4 | Canada | 69.8 | +2.2 |
| 5 | Thailand | 68.2 | -0.7 |
| 6 | Slovenia | 67.8 | -0.8 |
| 7 | United Kingdom | 67.2 | -1.1 |
| 8 | Germany | 65.5 | -0.2 |
| 9 | South Korea | 65.4 | -0.5 |
| 10 | Sweden | 64.9 | -1.5 |
| 11 | Netherlands | 64.7 | -3.0 |
| 12 | Denmark | 64.4 | -2.9 |
| 13 | New Zealand | 62.5 | +6.7 |
| =14 | France | 61.9 | -0.7 |
| =14 | Latvia | 61.9 | +2.1 |
| 16 | Armenia | 61.8 | -1.4 |
| 17 | Spain | 60.9 | +0.5 |
| 18 | Japan | 60.5 | +1.7 |
| 19 | Norway | 60.2 | -1.2 |
| 20 | Bulgaria | 59.9 | -1.5 |
| 21 | Lithuania | 59.5 | +4.6 |
| 22 | Belgium | 59.3 | -2.6 |
| 23 | Switzerland | 58.8 | -1.6 |
| 24 | Singapore | 57.4 | +1.6 |
| 25 | Mexico | 57.0 | +1.9 |
| 26 | Austria | 56.9 | -0.5 |
| 27 | Malaysia | 56.4 | +1.3 |
| 28 | Chile | 56.2 | +3.2 |
| 29 | Poland | 55.7 | +1.4 |
| 30 | Estonia | 55.5 | -0.1 |
| 31 | Ireland | 55.3 | +0.2 |
| 32 | Peru | 54.9 | +1.1 |
| 33 | Portugal | 54.7 | -4.0 |
| =34 | Argentina | 54.4 | -1.7 |
| =34 | Hungary | 54.4 | -0.6 |
| =34 | Slovakia | 54.4 | +2.4 |
| 37 | Panama | 53.5 | +3.1 |
| 38 | Colombia | 53.2 | +3.2 |
| 39 | Czech Republic | 52.8 | -2.2 |
| 40 | Georgia | 52.6 | +4.4 |
| 41 | Italy | 51.9 | 0.0 |
| 42 | Greece | 51.5 | +0.9 |
| 43 | Brazil | 51.2 | +0.2 |
| 44 | Ecuador | 50.8 | +2.6 |
| 45 | Indonesia | 50.4 | +1.2 |
| 46 | Turkey | 50.0 | +0.2 |
| 47 | Russia | 49.1 | +2.0 |
| 48 | Croatia | 48.8 | -1.0 |
| 49 | Qatar | 48.7 | +3.6 |
| 50 | Iceland | 48.5 | +0.9 |
| 51 | Luxembourg | 48.4 | -0.2 |
| 52 | China | 47.5 | -1.5 |
| 53 | Israel | 47.2 | -3.5 |
| 54 | Liechtenstein | 46.4 | +1.4 |
| 55 | Kazakhstan | 46.1 | +1.4 |
| 56 | South Africa | 45.8 | -1.7 |
| =57 | Philippines | 45.7 | +2.2 |
| =57 | Romania | 45.7 | +0.2 |
| =59 | Albania | 45.0 | -1.2 |
| =59 | Serbia | 45.0 | 0.0 |
| 61 | Saudi Arabia | 44.9 | -0.1 |
| 62 | Montenegro | 44.1 | +3.3 |
| 63 | Belarus | 43.9 | +2.1 |
| 64 | Brunei | 43.5 | +10.5 |
| 65 | Vietnam | 42.9 | +0.7 |
| =66 | India | 42.8 | -0.8 |
| =66 | Jordan | 42.8 | +1.6 |
| 68 | Kyrgyz Republic | 42.4 | -0.6 |
| 69 | North Macedonia | 42.2 | +2.1 |
| 70 | Cyprus | 41.9 | -0.4 |
| =71 | Moldova | 41.0 | +0.2 |
| =71 | Mongolia | 41.0 | +0.1 |
| =73 | Costa Rica | 40.8 | +0.3 |
| =73 | El Salvador | 40.8 | -2.1 |
| =75 | Paraguay | 40.3 | +0.5 |
| =75 | Uruguay | 40.3 | +1.2 |
| 77 | Malta | 40.2 | +0.9 |
| 78 | Bhutan | 39.8 | -1.0 |
| 79 | Mauritius | 39.7 | +1.4 |
| 80 | United Arab Emirates | 39.6 | -0.5 |
| 81 | Oman | 39.1 | -1.8 |
| 82 | Uzbekistan | 39.0 | +1.3 |
| 83 | Ukraine | 38.9 | +2.0 |
| 84 | Kenya | 38.8 | -4.3 |
| 85 | Myanmar | 38.3 | +0.5 |
| 86 | Nigeria | 38.0 | +1.0 |
| 87 | Ethiopia | 37.8 | +0.4 |
| =88 | Kuwait | 36.8 | -3.3 |
| =88 | Trinidad and Tobago | 36.8 | -0.9 |
| =90 | Iran | 36.5 | -3.0 |
| =90 | Uganda | 36.5 | -2.5 |
| =92 | Bahrain | 36.3 | -2.6 |
| =92 | Nicaragua | 36.3 | -3.7 |
| 94 | Liberia | 35.7 | +1.2 |
| 95 | Bangladesh | 35.5 | +0.1 |
| 96 | Bosnia and Herzegovina | 35.4 | -1.0 |
| 97 | Suriname | 35.0 | +1.8 |
| 98 | Barbados | 34.9 | +2.7 |
| 99 | Laos | 34.8 | +2.0 |

*All data are normalized to a scale of 0 to 100, where 100 = most capacities in health security conditions.*

The average
OVERALL score is
**38.9**
out of a possible 100.

| Rank | Country | Score | Change |
|---|---|---|---|
| =100 | Andorra | 34.7 | +4.2 |
| =100 | Azerbaijan | 34.7 | +0.5 |
| =100 | St. Lucia | 34.7 | +0.5 |
| 103 | Dominican Republic | 34.5 | -1.3 |
| 104 | Ghana | 34.3 | +2.7 |
| =105 | Cabo Verde | 34.1 | +1.5 |
| =105 | Sri Lanka | 34.1 | +1.0 |
| 107 | Nepal | 34.0 | -1.6 |
| =108 | Botswana | 33.6 | +2.5 |
| =108 | Morocco | 33.6 | -2.0 |
| 110 | St. Vincent and the Grenadines | 33.5 | +0.8 |
| 111 | Lebanon | 33.4 | -3.4 |
| 112 | Monaco | 33.3 | -0.5 |
| 113 | Rwanda | 33.1 | +2.0 |
| 114 | San Marino | 32.9 | +0.7 |
| 115 | Senegal | 32.8 | -3.1 |
| 116 | Sierra Leone | 32.7 | -1.4 |
| 117 | Zimbabwe | 32.4 | -1.0 |
| 118 | Maldives | 32.0 | +1.2 |
| 119 | Turkmenistan | 31.9 | -1.4 |
| =120 | Jamaica | 31.8 | +0.9 |
| =120 | Seychelles | 31.8 | -1.4 |
| 122 | St. Kitts and Nevis | 31.7 | +0.9 |
| 123 | Tunisia | 31.5 | -0.6 |
| 124 | Tanzania | 31.3 | -0.9 |
| 125 | Côte d'Ivoire | 31.2 | -1.7 |
| 126 | Cambodia | 31.1 | +0.1 |
| 127 | Lesotho | 30.9 | -1.7 |
| 128 | Guyana | 30.8 | +0.8 |
| 129 | Cuba | 30.5 | -1.8 |
| =130 | Haiti | 30.4 | +0.3 |
| =130 | Madagascar | 30.4 | -0.5 |

| Rank | Country | Score | Change |
|---|---|---|---|
| =130 | Mozambique | 30.4 | +0.8 |
| =130 | Pakistan | 30.4 | -0.9 |
| 134 | Namibia | 30.3 | -0.6 |
| 135 | Bahamas | 30.1 | +0.5 |
| 136 | Antigua and Barbuda | 30.0 | -0.2 |
| 137 | Bolivia | 29.9 | -2.1 |
| 138 | Burkina Faso | 29.8 | -4.6 |
| 139 | Belize | 29.7 | -0.5 |
| =140 | Eswatini | 29.3 | -1.4 |
| =140 | Tajikistan | 29.3 | -0.5 |
| =142 | Angola | 29.1 | +3.9 |
| =142 | Guatemala | 29.1 | -1.9 |
| 144 | Mali | 29.0 | -1.6 |
| =145 | Afghanistan | 28.8 | +0.9 |
| =145 | Samoa | 28.8 | -0.9 |
| =147 | Gambia | 28.7 | -0.8 |
| =147 | Niger | 28.7 | -1.0 |
| 149 | Cameroon | 28.6 | -3.6 |
| =150 | Malawi | 28.5 | +0.7 |
| =150 | Micronesia, Federated States of | 28.5 | -2.0 |
| 152 | Sudan | 28.3 | -1.7 |
| 153 | Egypt | 28.0 | -2.3 |
| =154 | Timor-Leste | 27.8 | +3.6 |
| =154 | Togo | 27.8 | +1.7 |
| 156 | Guinea | 26.8 | -1.7 |
| 157 | Grenada | 26.7 | +1.1 |
| 158 | São Tomé and Príncipe | 26.6 | +5.7 |
| 159 | Zambia | 26.5 | -1.5 |
| =160 | Dominica | 26.4 | -0.7 |
| =160 | Tonga | 26.4 | +1.9 |
| 162 | Congo (Brazzaville) | 26.3 | +2.4 |
| =163 | Algeria | 26.2 | -0.6 |

| Rank | Country | Score | Change |
|---|---|---|---|
| =163 | Honduras | 26.2 | -0.1 |
| =163 | Kiribati | 26.2 | +4.6 |
| =163 | Mauritania | 26.2 | +0.8 |
| 167 | Congo (Democratic Republic) | 26.1 | +0.1 |
| 168 | Vanuatu | 25.9 | -1.1 |
| 169 | Fiji | 25.8 | +0.4 |
| 170 | Palau | 25.5 | +5.6 |
| 171 | Benin | 25.4 | -1.6 |
| 172 | Libya | 25.3 | +2.0 |
| 173 | Djibouti | 25.2 | +1.3 |
| 174 | Papua New Guinea | 25.0 | -1.3 |
| 175 | Comoros | 24.9 | -0.3 |
| 176 | Marshall Islands | 24.6 | +5.8 |
| 177 | Iraq | 24.0 | +0.7 |
| =178 | Chad | 23.9 | -0.6 |
| =178 | Cook Islands | 23.9 | +2.8 |
| 180 | Solomon Islands | 23.3 | +1.5 |
| 181 | Burundi | 22.1 | -0.6 |
| 182 | Gabon | 21.8 | +1.9 |
| =183 | Eritrea | 21.4 | -1.1 |
| =183 | Guinea-Bissau | 21.4 | +2.1 |
| 185 | South Sudan | 21.3 | -0.3 |
| 186 | Venezuela | 20.9 | -0.5 |
| 187 | Niue | 20.1 | -1.6 |
| 188 | Tuvalu | 20.0 | -0.2 |
| 189 | Central African Republic | 18.6 | -2.1 |
| 190 | Nauru | 18.0 | -1.5 |
| 191 | Equatorial Guinea | 17.4 | -0.6 |
| 192 | Syria | 16.7 | -2.0 |
| =193 | North Korea | 16.1 | -2.8 |
| =193 | Yemen | 16.1 | -3.8 |
| 195 | Somalia | 16.0 | -1.9 |

**그림 7** 2021년도 글로벌보건안보 지수 세부평가항목

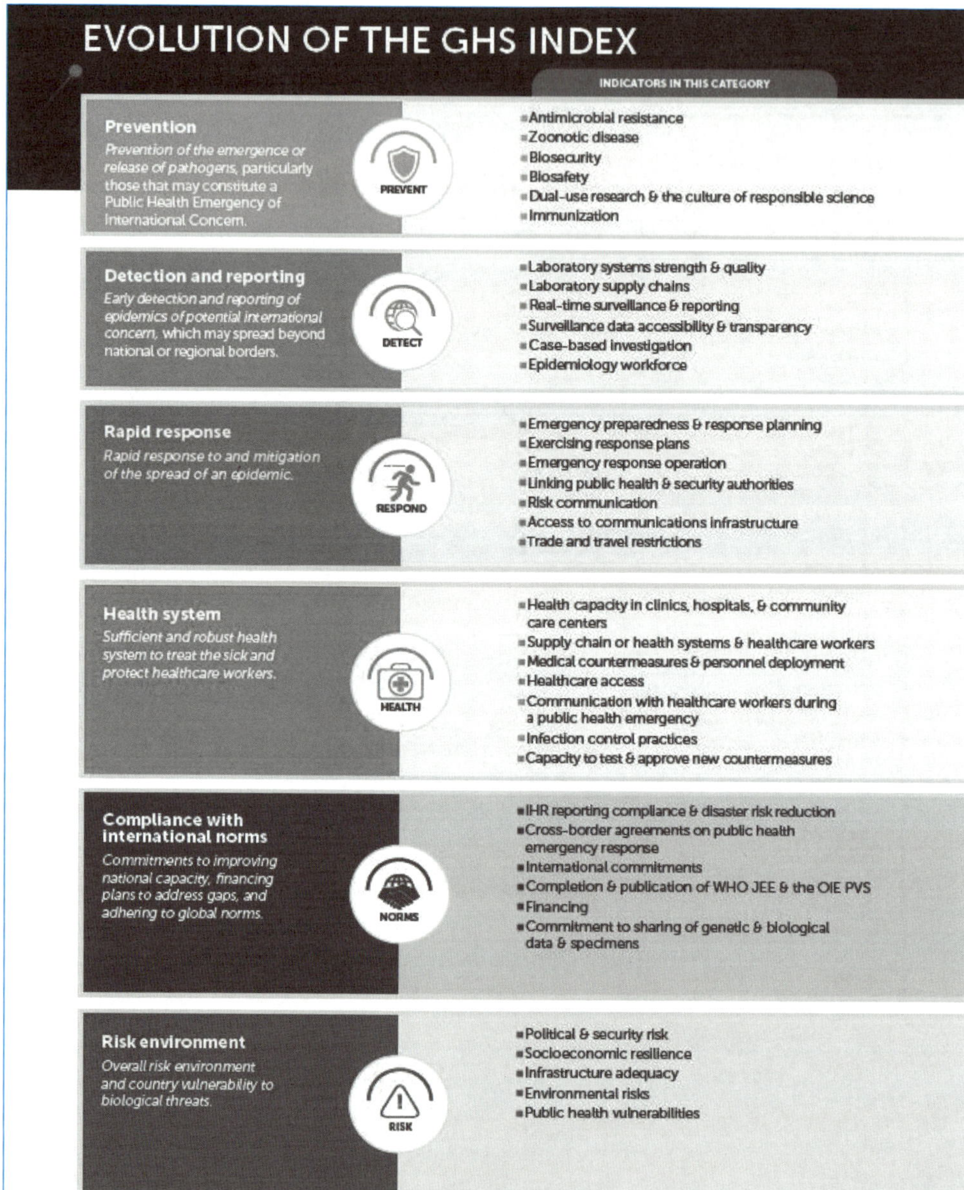

## 글로벌 보건안보 지수(Global Health Security Index)

### 1. 개요

글로벌 보건안보 지수(GHS Index)는 세계 최초로 전 세계 195개 국가의 보건안보 및 유관 역량에 대한 종합적 평가를 제공하는 프로젝트.

글로벌 보건안보 지수는 핵위협방지구상(Nuclear Threat Initiative: NTI)과 존스홉킨스대학의 보건안보센터(Johns Hopkins Center for Health Security)의 공동프로젝트로 영국 이코노미스트의 인텔리전스유닛(Economist Intelligence Unit)의 지원으로 진행.

전 세계 국가들을 대상으로 「예방」, 「검출 및 보고」, 「신속대응」, 「보건시스템」, 「국제규범 수용」, 「위험환경」의 6가지 지표를 평가하며, 대상 국가들을 최우수(Most Prepared), 우수(More prepared) 및 부족(Least prepared)의 세 그룹으로 구분. 2019년 지표에서 최우수 그룹에는 미국, 영국, 네덜란드, 호주, 캐나다, 태국, 스웨덴, 덴마크, 한국, 핀란드, 슬로베니아, 스위스의 13개 국가 선정.

### 2. 평가지표

#### 1) 예방(Prevention)

병원체의 출현과 확산을 예방하는 능력. 항균저항성, 동물 감염성 질병, 생물 안보 및 안전성, 신뢰성 있는 과학적 사실에 근거한 연구와 문화의 공존, 예방 접종 수준 등을 지표로 평가

#### 2) 감지 및 보고(Detection and Reporting)

감염병이 국가 및 지역의 경계를 넘어 국제적으로 확산할 수 있는 가능성에 대한 조기 검출 및 보고 능력. 실험실 체계에 대한 평가, 실시간 감시 및 보고, 역학조사 인력, 인간-동물-환경 보건 부문 간의 데이터 통합 등을 지표로 평가.

#### 3) 신속대응(Rapid Response)

감염병의 확산을 완화하기 위한 신속조치. 이 항목은 비상 대비 및 대응 계획, 비상 대응 계획의 실행 및 운영, 공중보건과 안보분야 책임자 간의 연결, 위기상황의 커뮤니케이션, 통신 인프라에 대한 접근, 무역 및 여행 제한을 지표로 평가.

#### 4) 보건시스템(Health System)

환자를 치료하고 의료진을 보호할 수 있는 충분한 의료시스템. 이 항목은 의원, 병원 및 보건소 등 의료시설의 수용능력, 의료 대책 및 인력 배치, 의료체계에 대한 접근성, 공중보건 위기 상황에서 의료진과의 의사소통, 감염 통제 관행 및 장비의 가용성, 새로운 대책의 테스트와 승인할 수 있는 능력을 지표로 평가.

**5) 국제규범 준수(Compliance with International Norms)**

국가적 대응 능력, 문제 해결을 위한 재정계획 및 국제 규범 존중의 개선을 위한 약속 등을 포함. 구체적으로는 국제보건규정의 보고의무 준수 및 재난 위험 감소, 공중 및 동물 보건 비상 대응에 대한 국가 간 합의, 국제사회 참여, 세계보건기구(WHO)의 합동외부평가(JEE) 및 세계동물건강기구(OIE) 수의학서비스수행(PVS) 경로평가, 재정, 유전 및 생물학적 데이터와 표본 공유 차명 등을 평가.

**6) 위험환경(Risk Environment)**

정치 및 안보 위험, 사회경제적 회복력, 사회간접시설의 적절성, 자연 환경적 위험, 공중보건의 취약성이 국가의 전염병 예방, 검출 및 대응에 미치는 영향 및 질병이 국경 밖으로 유출될 수 있는 가능성을 평가

GHS 지수를 세부적으로 평가하면, 미국은 전반적으로 세계를 선도하는 1위의 국가이나 위험환경 부문에 있어 취약한 모습을 보이고 있다. G−2 강국임에도 불구하고 중국은 전반적으로 보건안보 수준이 낮으며, 특히 국제규범 준수 부문에 있어서는 세계 평균치에도 못미치는 점수로 오늘날 글로벌공중보건레짐 발전에 어긋나는 양상을 드러내고 있다. 각종 새로운 감염병의 출현 시 중국의 불투명한 태도가 그대로 반영된 것이다. G−20 국가 중 인도와 남아프리카공화국은 2개 부문, 그리고 중국, 인도네시아, 터키, 사우디아라비아, 브라질, 러시아 등은 각각 1개 부문에 있어 세계 평균치를 밑도는 취약성을 드러낸다. 러시아는 정치적 위험 상황 부문에서 보건안보에 한계를 보인다.(이상환, 2020a: 14)

**표 14 G−20의 2021 글로벌보건안보 지수(Global Health Security Index)**

| 세계 지역 | 국가명 | 글로벌보건안보(GHS) 지수(괄호 안은 195개국 중 순위) | | | | | | |
|---|---|---|---|---|---|---|---|---|
| | | Overall Score | Prevention | Detection and Reporting | Rapid Response | Health System | Compliance with International Norms | Risk Environment |
| | 미국 | 75.9 (1) | 79.4 (1) | 80.1 (3) | 65.7 (3) | 75.2 (1) | 81.9 (1) | 73.3 (31) |
| | 캐나다 | 69.8 (4) | 70.4 (4) | 70.8 (10) | 49.2 (35) | 67.3 (8) | 79.2 (2) | 81.8 (10) |

| | | | | | | | | |
|---|---|---|---|---|---|---|---|---|
| 북미 / 서구 유럽 / 오세아니아(7개국) | 독일 | 65.5 (8) | 49.1 (29) | 72.4 (8) | 56.3 (19) | 56.0 (22) | 75.0 (5) | 83.9 (6) |
| | 영국 | 67.2 (7) | 63.5 (9) | 70.8 (10) | 64.8 (6) | 68.3 (7) | 62.5 (32) | 73.0 (34) |
| | 프랑스 | 61.9 (14) | 59.4 (11) | 45.7 (46) | 47.7 (37) | 70.4 (4) | 65.3 (21) | 82.9 (7) |
| | 이탈리아 | 51.9 (41) | 47.2 (33) | 49.7 (40) | 43.2 (52) | 40.2 (68) | 65.3 (21) | 65.9 (46) |
| | 호주 | 71.1 (2) | 65.2 (7) | 82.2 (2) | 61.6 (10) | 69.2 (5) | 72.2 (7) | 76.0 (21) |
| 아시아(7개국) | 한국 | 65.4 (9) | 48.8 (30) | 73.8 (6) | 65.0 (4) | 62.5 (15) | 69.4 (9) | 73.1 (33) |
| | 일본 | 60.5 (18) | 43.1 (45) | 71.1 (9) | 59.5 (14) | 51.6 (38) | 66.7 (17) | 70.9 (39) |
| | 중국 | 47.5 (52) | 43.9 (43) | 48.5 (42) | 38.5 (75) | 51.8 (36) | 38.9 (140) | 63.4 (57) |
| | 인도 | 42.8 (66) | 29.7 (85) | 43.5 (51) | 30.3 (139) | 46.1 (56) | 47.2 (92) | 60.2 (73) |
| | 인도네시아 | 50.4 (45) | 31.8 (76) | 55.4 (28) | 50.2 (31) | 41.2 (63) | 68.9 (12) | 55.0 (98) |
| | 터키 | 50.0 (46) | 51.1 (23) | 41.4 (55) | 36.6 (90) | 53.9 (29) | 59.7 (41) | 57.2 (88) |
| | 사우디아라비아 | 44.9 (61) | 33.4 (74) | 52.1 (35) | 32.7 (117) | 40.7 (66) | 49.5 (81) | 61.2 (69) |
| 라틴아메리카(3개국) | 브라질 | 51.2 (43) | 49.7 (27) | 53.6 (31) | 56.3 (19) | 50.3 (42) | 41.7 (126) | 55.9 (94) |
| | 아르헨티나 | 54.4 (34) | 41.5 (53) | 56.7 (26) | 43.6 (51) | 64.4 (12) | 59.7 (49) | 60.6 (70) |
| | 멕시코 | 57.0 (25) | 41.9 (50) | 54.3 (30) | 64.8 (6) | 54.7 (26) | 68.1 (14) | 57.9 (84) |
| 동구유럽 중앙아시아(1개국) | 러시아 | 49.1 (47) | 45.5 (37) | 43.6 (50) | 44.7 (46) | 58.9 (19) | 51.4 (76) | 50.5 (123) |

| 아프리카(1개국) | 남아프리카공화국 | 45.8 (56) | 32.1 (74) | 50.0 (39) | 62.0 (9) | 29.2 (90) | 43.1 (119) | 58.5 (81) |
|---|---|---|---|---|---|---|---|---|
| 195개국 평균 | | 38.9 | 28.4 | 32.3 | 37.6 | 31.5 | 47.8 | 55.8 |

* 출처: 글로벌보건안보 지수(GHS Index) 보고서(https://www.ghsindex.org, 2022).

** The GHS Index scoring system includes five tiers with groupings of scores of 0~20; 20.1~40; 40.1~60; 60.1~80, and 80.1~100.

COVID－19 이전의 글로벌 보건안보 상황을 보여 주는 2019 GHSI(표 15)와 이후의 보건안보 상황을 나타내는 2021 GHSI(표 14)를 비교하면 글로벌 보건안보 상황이 최근 전반적으로 악화되었음(40.2 → 38.9)을 드러내나 세부부문 중 보건체계는 팬데믹을 경험하며 개선되어감(26.4 → 31.5)을 알 수 있다.

**표 15 G-20의 2019 글로벌보건안보 지수(Global Health Security Index)**

| 세계지역 | 국가명 | 글로벌보건안보(GHS) 지수(괄호 안은 195개국 중 순위) | | | | | | |
|---|---|---|---|---|---|---|---|---|
| | | Overall Score | Prevention | Detection and Reporting | Rapid Response | Health System | Compliance with International Norms | Risk Environment |
| 북미/서구유럽/오세아니아(7개국) | 미국 | 83.5 (1) | 83.1 (1) | 98.2 (1) | 79.7 (2) | 73.8 (1) | 85.3 (1) | 78.2 (19) |
| | 캐나다 | 75.3 (5) | 70.0 (7) | 96.4 (4) | 60.7 (17) | 67.7 (4) | 74.7 (5) | 82.7 (10) |
| | 독일 | 66.0 (14) | 66.5 (13) | 84.6 (10) | 54.8 (28) | 48.2 (22) | 61.9 (29) | 82.3 (11) |
| | 영국 | 77.9 (2) | 68.3 (10) | 87.3 (6) | 91.9 (1) | 59.8 (11) | 81.2 (2) | 74.7 (26) |
| | 프랑스 | 68.2 (11) | 71.2 (6) | 75.3 (21) | 62.9 (13) | 60.9 (8) | 58.6 (44) | 83.0 (9) |
| | 이탈리아 | 56.2 (31) | 47.5 (45) | 78.5 (16) | 47.5 (51) | 36.8 (54) | 61.9 (29) | 65.5 (55) |
| | 호주 | 75.5 (4) | 68.9 (8) | 97.3 (2) | 65.9 (10) | 63.5 (6) | 77.0 (3) | 79.4 (18) |

| | | | | | | | | |
|---|---|---|---|---|---|---|---|---|
| 아시아(7개국) | 한국 | 70.2<br>(9) | 57.3<br>(19) | 92.1<br>(5) | 71.5<br>(6) | 58.7<br>(13) | 64.3<br>(23) | 74.1<br>(27) |
| | 일본 | 59.8<br>(21) | 49.3<br>(40) | 70.1<br>(35) | 53.6<br>(31) | 46.6<br>(25) | 70.0<br>(13) | 71.7<br>(34) |
| | 중국 | 48.2<br>(51) | 45.0<br>(50) | 48.5<br>(64) | 48.6<br>(47) | 45.7<br>(30) | 40.3<br>(141) | 64.4<br>(58) |
| | 인도 | 46.5<br>(57) | 34.9<br>(87) | 47.4<br>(67) | 52.4<br>(32) | 42.7<br>(36) | 47.7<br>(100) | 54.4<br>(103) |
| | 인도네시아 | 56.6<br>(30) | 50.2<br>(38) | 68.1<br>(37) | 54.3<br>(30) | 39.4<br>(42) | 72.5<br>(7) | 53.7<br>(106) |
| | 터키 | 52.4<br>(40) | 56.9<br>(20) | 45.6<br>(74) | 49.0<br>(46) | 45.7<br>(30) | 64.3<br>(23) | 56.5<br>(92) |
| | 사우디아라비아 | 49.3<br>(47) | 34.3<br>(89) | 74.4<br>(24) | 32.6<br>(114) | 44.8<br>(35) | 50.6<br>(81) | 59.7<br>(71) |
| 라틴아메리카(3개국) | 브라질 | 59.7<br>(22) | 59.2<br>(16) | 82.4<br>(12) | 67.1<br>(9) | 45.0<br>(33) | 41.9<br>(135) | 56.2<br>(94) |
| | 아르헨티나 | 58.6<br>(25) | 41.4<br>(66) | 74.9<br>(23) | 50.6<br>(40) | 54.9<br>(18) | 68.8<br>(14) | 60.0<br>(70) |
| | 멕시코 | 57.6<br>(28) | 45.5<br>(49) | 71.2<br>(32) | 50.8<br>(39) | 46.9<br>(24) | 73.9<br>(6) | 57.0<br>(89) |
| 동구유럽/중앙아시아(1개국) | 러시아 | 44.3<br>(63) | 42.9<br>(62) | 34.1<br>(116) | 50.1<br>(43) | 37.6<br>(50) | 52.6<br>(72) | 51.4<br>(113) |
| 아프리카(1개국) | 남아프리카공화국 | 54.8<br>(34) | 44.8<br>(51) | 81.5<br>(13) | 57.7<br>(23) | 33.0<br>(65) | 46.3<br>(107) | 61.8<br>(64) |
| 195개국 평균 | | 40.2 | 34.8 | 41.9 | 38.4 | 26.4 | 48.5 | 55.0 |

* 출처: 글로벌보건안보 지수(GHS Index) 보고서(https://www.ghsindex.org, 2019).

** GHS Index는 IHR 2005 당사국 195개국의 보건안보 및 관련 역량에 관한 포괄적인 평가·기준임. The Nuclear Threat Initiative(NTI), Johns Hopkins Center for Health Security(JHU), The Economic Intelligence Unit(EIU) 등 3개 기관 공동프로젝트 결과물임.

**그림 8** 한국의 2021 글로벌보건안보 지수(Global Health Security Index)

## South Korea

**65.4** Index Score **9**/195

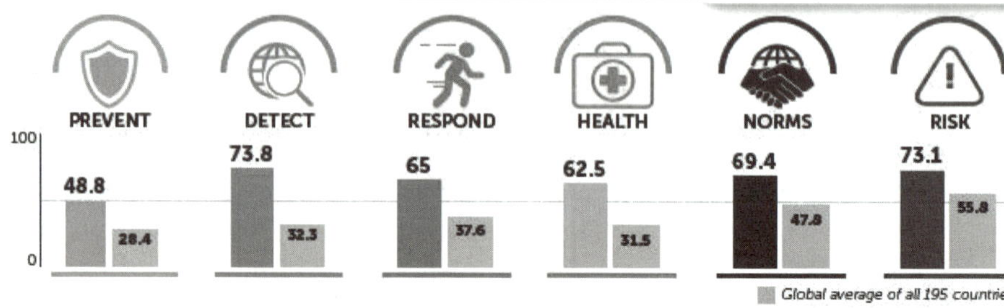


| | 2019 SCORE | 2021 SCORE | 2021 GLOBAL AVERAGE |
|---|---|---|---|
| **PREVENTION** | **53.2** | **48.8** | **28.4** |
| Antimicrobial resistance (AMR) | 75 | 75 | 45.3 |
| Zoonotic disease | 51.8 | 55 | 19.8 |
| Biosecurity | 42.7 | 62.7 | 18.7 |
| Biosafety | 50 | 50 | 20.9 |
| Dual-use research and culture of responsible science | 0 | 0 | 2.6 |
| Immunization | 100 | 50 | 63.3 |
| **DETECTION AND REPORTING** | **67.5** | **73.8** | **32.3** |
| Laboratory systems strength and quality | 62.5 | 62.5 | 44.9 |
| Laboratory supply chains | 50 | 50 | 15.9 |
| Real-time surveillance and reporting | 87.5 | 87.5 | 34.6 |
| Surveillance data accessibility and transparency | 80 | 80 | 34.7 |
| Case-based investigation | 25 | 62.5 | 16.9 |
| Epidemiology workforce | 100 | 100 | 46.5 |
| **RAPID RESPONSE** | **74.9** | **65** | **37.6** |
| Emergency preparedness and response planning | 83.3 | 91.7 | 30.4 |
| Exercising response plans | 0 | 25 | 21.1 |
| Emergency response operation | 100 | 66.7 | 27 |
| Linking public health and security authorities | 100 | 100 | 22.1 |
| Risk communication | 83.3 | 83.3 | 57.9 |
| Access to communications infrastructure | 82.8 | 88 | 65.7 |
| Trade and travel restrictions | 75 | 0 | 39 |

*Scores are normalized (0–100, where 100 = most favorable)*

| | 2019 SCORE | 2021 SCORE | 2021 GLOBAL AVERAGE |
|---|---|---|---|
| **HEALTH SYSTEM** | **58.8** | **62.5** | **31.5** |
| Health capacity in clinics, hospitals, and community care centers | 74.5 | 75.6 | 30 |
| Supply chain for health system and healthcare workers | 44.4 | 44.4 | 28.5 |
| Medical countermeasures and personnel deployment | 50 | 50 | 10.3 |
| Healthcare access | 17.9 | 17.5 | 55.2 |
| Communications with healthcare workers during a public health emergency | 50 | 50 | 10.8 |
| Infection control practices | 100 | 100 | 40.5 |
| Capacity to test and approve new medical countermeasures | 75 | 100 | 45.1 |
| **COMPLIANCE WITH INTERNATIONAL NORMS** | **66.7** | **69.4** | **47.8** |
| IHR reporting compliance and disaster risk reduction | 100 | 100 | 58.5 |
| Cross-border agreements on public and health emergency response | 50 | 50 | 50 |
| International commitments | 100 | 100 | 56.1 |
| JEE and PVS | 25 | 25 | 18.7 |
| Financing | 58.3 | 75 | 35.2 |
| Commitment to sharing of genetic and biological data and specimens | 66.7 | 66.7 | 68.4 |
| **RISK ENVIRONMENT** | **74.1** | **73.1** | **55.8** |
| Political and security risk | 66.6 | 66.4 | 58.1 |
| Socio-economic resilience | 83.9 | 92.3 | 60.9 |
| Infrastructure adequacy | 83.3 | 83.3 | 50.2 |
| Environmental risks | 59.4 | 45.7 | 54.7 |
| Public health vulnerabilities | 77.3 | 78 | 55.3 |

<그림 8>에 의하면 한국은 조사대상 195개국 중 9위(65.4)로 상대적으로는 세계 최고 수준의 보건안보 상황을 보여 주나 65.4점은 100점과 거리가 멀어서 갈 길이 멀다고 할 수 있다. 6개 세부부문(Prevention; Detection and Reporting; Rapid Response; Health System; Compliance with International Norms; Risk Environment)에서 한국의 점수는 모두 세계 평균치를 웃돌며 앞서있으나 위험환경 부문(political & security risk; socio-economic resillience; infrastructure adequacy; environmental risks; public health vulnerabilities)에서는 개선이 요망된다.

국제적 감염병 발생 시 국제사회의 대처방식의 변화는 감염병에 대한 인식의 변화에 토대를 둔다. 세계화의 심화로 국내 방역만으로 감염병을 퇴치할 수 없다는 점과 현대 의학으로 해결하지 못하는 변종 바이러스가 있다는 점이 현실적 한계로 강조되면서 국가 간 협력 없이 선진국과 개도국 모두 이러한 감염병으로부터 자유로울 수 없다는 인식에 기초하여 협력의 틀을 다져가고 있다.

COVID-19 사례는 국제사회에 하나의 과제를 제시하고 있다. 강대국이 발병국이고 그 인식과 해법이 보건 주권을 강조하며 국가주의적 해법에 무게 중심을 둘 경우 그 해결이 어려워진다. 약소국이 발병국일 경우 국제사회는 발병국을 봉쇄(blockade)하는 등 즉각적인 대응을 하기에 수월하여 조기 차단이 가능하다. 하지만 이번 사례의 경우 강대국인 중국이 발병 후 WHO에 즉각 보고도 하지 않고 국내적 해결을 모색하다가 실기한 것이 감염병의 확산을 유발했다고 해도 과언이 아니다. 아울러 중국과 이해관계가 있는 국가가 외교관계를 고려한 정치적 판단으로 발병국인 중국에 대한 감염병 봉쇄를 조기에 못해서 문제 해결이 어려워진 측면이 있다. 따라서 향후 IHR 2005의 규범 준수를 강제할 G-20 및 동아시아 지역차원의 감염병 레짐을 이번 기회에 제도화할 필요가 있다.(이상환, 2020a: 16; 이경화, 2015; 이상환·박광기, 2016)

지난 수년간 겪은 COVID-19로 인해 국제사회는 심각한 인명피해는 물론 많은 정치·경제·사회문화적 피해를 경험하고 있다. 과거에 국가들은 월경 질병의 확산 방지에 대하여 국내적 방역정책으로 충분하다고 생각했다. 하지만 세계화는 국가 간 감염병의 급속한 전파를 초래했다. 세계화 시대에 국내적 제한적인 방역 조치는 한계점에 도달하였고 이제 감염병 문제를 해결하기 위해 글로벌리즘에 기반한 보건 협력이 요구되고 있다.

향후 국제보건 레짐, 나아가 국제 감염병 레짐의 형성은 참여국에게 이익이 된다는 합리적 계산에 근거한 선택으로 가능한 것이다. 인접국의 도움 없이 국제사회는 보건 문제를 해결할 수 없다. 성공적인 협력을 위해 국제사회는 안보에 대한 인식을 단지 국익을 위한 국가안보에서 인권을 위한 인간안보로 변경해야 한다. 아니면 인간안보를 포함하는 포괄적인 개념으로서 국가안보에 대한 인식을 재정의해야 한다. 국제사회에서 보건레짐은 그 역내 공통적인 안보 인식과 상호주의 원칙에 토대를 두어야 한다.(이상환, 2020a: 19; 심영규, 2018; Sell, 2004)

국제 보건 레짐의 형성과 발전도 선진강국의 리더십에 의존하며 오늘에 이르렀으며 그 주된 이유는 인도주의적인 것이다. 하지만 국제 보건 레짐의 틀 안에서 국제 감염병 레짐의 형성은 보다 공동체적인 이유에 근거한다고 볼 수 있다. 이는 감염병의 성격에 기인한 것으로 결국 글로벌 협력 없이 월경성 감염병의 확산을 막을 수 없다는 국제사회의 인식에서 비롯된 것이다. 또한 과거의 감염병이 발병국 혹은 상대적으로 저발전국에 한정하여 대처가 가능했다면 세계화 시대의 전염병은 그 확산 속도를 가늠할 수 없을 정도로 광범위하게 심각한 상황을 야기할 수 있다.(이상환, 2020a: 20; 이신화, 2006)

감염병 확산과 관련한 국제사회의 협력을 강화하기 위해 G-20 국가의 노력이 요구되는 시점이다. 이들 국가는 세계의 선도국으로서 혹은 지역 선도국으로서 감염병 레짐을 이끌어 나갈 주체가 되기에 충분하다. 물론 G-20 국가 간 정치경제적 격차가 심화되어 있는 것도 사실이나 역할 분담을 통해 레짐 형성 및 강화를 주도할 수 있으리라 본다. 경제기술 강국들은 그들의 자본과 기술을 공여하고 지역거점 강국들은 인적 및 물적 자원을 지역 주변국에 제공하면서 공조 체제를 유지할 수 있다. 결국 기존의 국제공중보건 레짐을 보완할 새로운 감염병 레짐의 형성이 요구되는 것이다. 이는 G-20가 중심이 되어야 하며 핵심강국과 지역거점강국이 역할 분담을 하며 공조하는 신속한 대응체계 수립이 그 요체라고 할 수 있다.(이상환, 2020a: 20-21; 이상환·박광기, 2016; 조한승, 2018)

**표 16** COVID-19 직전 G-20 국가의 감염병 통계

| 세계지역 | 국가명 | 감염병 관련 사항 (%) | | | |
|---|---|---|---|---|---|
| | | 전체 인구 중 감염병 등으로 인한 사망률 (2016) | 15-49세 인구 중 HIV 감염률 (2018) | 12-23개월 영유아 중 DPT 접종률 (2018) | 전체 인구 중 개선된 위생 시설 접근율 (2017) |
| 북미/서구유럽/오세아니아 (7개국) | 미국 | 5 | 0.4 | 94 | 100 |
| | 캐나다 | 6 | - | 91 | 99 |
| | 독일 | 5 | 0.1 | 93 | 99 |
| | 영국 | 8 | - | 94 | 99 |
| | 프랑스 | 6 | 0.3 | 96 | 99 |
| | 이탈리아 | 5 | 0.3 | 95 | 99 |
| | 호주 | 5 | 0.1 | 95 | 100 |
| 아시아 (7개국) | 한국 | 10 | - | 98 | 100 |
| | 일본 | 13 | 0.1 | 99 | 100 |
| | 중국 | 4 | - | 99 | 85 |
| | 인도 | 26 | - | 89 | 60 |
| | 인도네시아 | 21 | 0.4 | 79 | 73 |
| | 터키 | 4 | - | 98 | 97 |
| | 사우디아라비아 | 11 | - | 96 | 100 |
| 라틴 아메리카 (3개국) | 브라질 | 14 | 0.5 | 83 | 88 |
| | 아르헨티나 | 16 | 0.4 | 86 | 94 |
| | 멕시코 | 10 | 0.2 | 88 | 91 |

| | | | | | |
|---|---|---|---|---|---|
| 동구유럽/<br>중앙아시아<br>(1개국) | 러시아 | 5 | – | 97 | 90 |
| 아프리카<br>(1개국) | 남아프리<br>카공화국 | 40 | 20.4 | 74 | 76 |

* 출처: 세계은행(World Bank) 보고서(http://www.worldbank.org, 2019)

<표 16>에 의하면 G－20 국가 중 감염병 등으로 인한 사망률이 가장 높은 국가는 단연 남아프리카공화국이고 이어 인도와 인도네시아 등이 높은 국가라고 할 수 있다. 7개 서구국가 모두 8% 이하의 사망률로 감염병 등으로 인한 피해가 상대적으로 크지 않다. 반면 브라질, 아르헨티나, 멕시코 등 라틴아메리카 3개국은 모두 두 자리 수로 문제가 있다. 특정연도의 데이터를 기준으로 전체를 얘기할 수 없는 상황이나 한국, 터키, 러시아, 중국은 무난한 수준이고 중국의 4%는 절대적인 빈도수로 보면 작지 않은 규모이다. 다만 예외적인 사례는 일본인데 2011년 원전 사고의 일시적 반향이 아닌가 생각된다(출산 관련 사망 포함).

가용한 데이터 중 HIV 감염률 역시 남아프리카공화국이 단연 1위로 20.4%라는 수치를 보여 주고 있고 브라질 등이 어려움을 겪고 있음을 알 수 있다. 영유아 접종률의 경우 대부분의 G-20 국가가 90% 이상의 수치를 보이고 있는데, 인도네시아와 남아프리카공화국은 80% 이하로 상대적으로 한계가 있음을 파악할 수 있다. 전체 인구 중 개선된 위생시설 접근율의 경우 7개 서구국가 모두는 100에 가까운 수치를 보여 줌으로써 생활위생 환경에 문제가 없음을 나타낸다. 하지만 비서구국가의 경우 한국, 일본, 사우디아라비아, 터키, 아르헨티나를 제외하면 생활환경이 위생과 거리가 먼 국가들이다. 특히 인도, 남아프리카공화국, 인도네시아 등은 상황이 심각하며 중국 등도 그리 나은 편은 아니다. 결국 세계 주요 지도국임에도 불구하고 G－20 국가 내 서구국가와 비서구국가 간 차이가 감염병 관련 통계에 여실히 반영되어 있다.

국제사회의 보건 현황은 다음과 같다.

<표 17>에 의하면, GDP 중 보건예산 비율은 미국이 단연 선두이고 G−20 국가 중 10%를 웃도는 국가는 미국, 브라질, 프랑스, 독일, 일본, 캐나다 순으로 그 비율이 높다. 1인당 보건 예산액도 미국이 단연 선두이고 G−20 국가 중 미국, 호주, 독일, 캐나다, 프랑스, 일본 순으로 그 액수가 크다. WHO 기여액(분담금)은 미국, 중국, 일본, 독일, 영국, 프랑스 순으로 중국의 영향력이 주목할 만하다. G−20 국가를 대상으로 감염병 사망률과 1인당 보건 예산액 간의 연관성을 검증할 경우 G−20 국가 중 감염병으로 인한 사망률이 낮을수록 1인당 보건 예산액이 높다는 것은 선진국일수록 보건 예산에 관심이 많다는 해석과 일치한다.

**표 17 COVID−19 직전 G−20 국가의 보건 예산 통계**

| 세계지역 | 국가명 | 보건 예산 관련 사항 (% 및 US$) | | |
|---|---|---|---|---|
| | | GDP 중 보건 예산비율(2016) | 1인당 보건 예산액 (2016) | WHO 기여액(분담금) (2020−2021) |
| 북미/서구 유럽/오세아니아 (7개국) | 미국 | 17,07 | 9,869,74 | 115,766,922 |
| | 캐나다 | 10,53 | 4,458,21 | 13,081,250 |
| | 독일 | 11,14 | 4,714,26 | 29,138,560 |
| | 영국 | 9,76 | 3,958,02 | 21,851,530 |
| | 프랑스 | 11,54 | 4,263,36 | 21,181,675 |
| | 이탈리아 | 8,94 | 2,738,71 | 15,822,860 |
| | 호주 | 9,25 | 5,002,36 | 10,574,090 |
| 아시아 (7개국) | 한국 | 7,34 | 2,043,86 | 10,846,820 |
| | 일본 | 10,93 | 4,233,03 | 40,975,800 |
| | 중국 | 4,98 | 398,33 | 57,439,805 |
| | 인도 | 3,66 | 62,72 | 3,990,405 |

| | | | | |
|---|---|---|---|---|
| | 인도네시아 | 3,12 | 111,52 | 2,598,070 |
| | 터키 | 4,31 | 468,65 | 6,559,760 |
| | 사우디 아라비아 | 5,74 | 1,147,33 | 5,607,620 |
| 라틴 아메리카 (3개국) | 브라질 | 11,77 | 1,015,93 | 14,105,165 |
| | 아르헨티나 | 7,55 | 955,20 | 4,377,960 |
| | 멕시코 | 5,47 | 461,79 | 6,181,775 |
| 동구유럽/ 중앙아시아 (1개국) | 러시아 | 5,27 | 469,13 | 11,507,095 |
| 아프리카 (1개국) | 남아프리카 공화국 | 8,11 | 428,18 | 1,301,425 |

* 출처: 세계은행(World Bank) 보고서(http://www.worldbank.org, 2019), 세계보건기구(World Health Organization) 보고서 (http://www.who.org, 2020).

<표 18>에 의하면, 인구 1,000명당 의사 수의 경우 G－20 국가 중 평균치를 밑도는 국가는 비서구국가 중 러시아와 아르헨티나를 제외한 전부이다. 한국과 일본도 평균치에 못 미친다. 특히 인도네시아는 매우 열악한 상황이다. 또한 인구 1,000명당 간호사·산파 수는 독일, 호주, 일본 순이며, 캐나다, 프랑스, 브라질, 미국, 러시아, 영국, 한국 순으로 G－20 국가 평균치를 넘어선다. 이탈리아는 의사 수와는 크게 대비되게 간호원·산파 수는 서구국가 중 최하위로 아이러니한 모습을 보여 준다. 한편 인구 1,000명당 병상 수는 일본(13.4)과 한국(11.5)이 1, 2위로 단연 앞선다. 감염병 사망률과 인구 1,000명당 의사 수 간의 연관성을 검증할 경우 일부 예외사례는 있으나 G－20 국가 중 감염병으로 인한 사망률이 낮을수록 인구 1,000명당 의사 수가 높다는 것은 선진국일수록 보건 환경이 좋다는 해석과 일치한다.

### 표 18 COVID-19 직전 G-20 국가의 보건 현황 통계

| 세계지역 | 국가명 | 보건 현황 관련 사항 (빈도수) | | |
|---|---|---|---|---|
| | | 인구 1,000명당 의사 수 (2014/2016/2017) | 인구 1,000명당 간호사·산파 수 (2015/2016/2017/ 2018) | 인구 1,000명당 병상 수 (2012/2013/2014/ 2015) |
| 북미/서구 유럽/ 오세 아니아 (7개국) | 미국 | 2.6 | 8.6 | 2.9 |
| | 캐나다 | 2.6 | 9.9 | 2.7 |
| | 독일 | 4.2 | 13.2 | 8.3 |
| | 영국 | 2.8 | 8.3 | 2.8 |
| | 프랑스 | 3.2 | 9.7 | 6.5 |
| | 이탈리아 | 4.1 | 5.9 | 3.4 |
| | 호주 | 3.6 | 12.7 | 3.8 |
| 아시아 (7개국) | 한국 | 2.4 | 7.0 | 11.5 |
| | 일본 | 2.4 | 11.5 | 13.4 |
| | 중국 | 1.8 | 2.3 | 4.2 |
| | 인도 | 0.8 | 2.1 | 0.7 |
| | 인도네시아 | 0.4 | 2.1 | 1.2 |
| | 터키 | 1.8 | 2.6 | 2.7 |
| | 사우디 아라비아 | 2.4 | 5.7 | 2.7 |
| 라틴 아메리카 (3개국) | 브라질 | 2.1 | 9.7 | 2.2 |
| | 아르헨티나 | 4.0 | 2.6 | 5.0 |
| | 멕시코 | 2.2 | 2.9 | 1.5 |

| 동구 유럽/ 중앙 아시아 (1개국) | 러시아 | 4.0 | 8.6 | 8.2 |
|---|---|---|---|---|
| 아프리카 (1개국) | 남아프리카 공화국 | 0.9 | 3.5 | 2.8 |
| 평균 | | 2.54 | 6.2 | 7.11 |

* 출처: 세계은행(World Bank) 보고서(http://www.worldbank.org, 2019).

감염병을 안보 이슈화하는 주요한 목적은 일국 내외에 있는 관련 행위자들로 하여금 그것으로 인해 야기될 수 있는 위협과 위험에 대해 경계심을 갖도록 하는 데 있다. 우선 세계화와 함께 사람과 상품의 움직임의 규모, 속도 및 범위가 유사하지 않다. 불확실성 속에서 감염병이 확산되며 예측이 불가능한 것이다. 둘째, 세계화 이외에 인위적인 질병 촉진 사안들이 있다. 도시화와 지구온난화를 가져오는 기후변화는 감염병 발생을 가속화하고 있다. 셋째, 감염병원체로 인한 위협은 과거보다 오늘날 더 크다. 사스가 명백히 보여 준 바와 같이 감염병이 개인의 건강을 위협할 뿐만 아니라 그 확산은 경제적 마비를 초래하고 사회질서를 약화하며 정부에 대한 대중 신뢰를 해친다. 결과적으로 감염병의 발생 혹은 재발은 사실상 그 영토 내에서 일어나고 또한 지역 안정을 위협할는지 모르므로 안보 이슈로 다루어져야 한다는 것이다.

감염병 문제는 협의의 인간안보 혹은 최소한의 인간안보 개념에 포함될 수 있는 중요한 국제사회의 의제라고 할 수 있다. 성격상 인간안보의 범주에 있는 감염병 문제가 국가 간의 갈등을 유발하고 이로 인해 국가 간 분쟁 나아가 전쟁으로 이어진다면 이는 국가안보 차원에서의 문제가 되는 것이다. 국제법상 공중보건에 관한 쟁점은 월경 질병의 확산 방지 및 국제적 차원에서 공중보건의 수준 향상에 초점을 맞추어 왔다. 19세기 이전까지, 월경 질병의 확산 방지에 관하여 국가들은 국제적 협력의 필요성을 인식하지 못하였다. 즉, 질병 확산의 방지는 국내적 방역정책으로 충분하다고 생각하였다. 그러나

이러한 제한적인 방역조치는 국제교역의 증가로 인해 한계점에 도달하게 되었다. 제한적인 방역조치에 의한 국제무역의 제한은 국가 차원의 경제적 이해에 많은 영향을 주었으며 국가 간 통상갈등을 초래하였다. 따라서 국제교역의 감소를 유발하지 않는 적절한 수준의 월경질병 확산의 방지에 대한 협의가 필요하게 되었다. 오늘날 감염병 즉 보건 문제가 국제사회의 갈등 요인이 되고 이를 해결하기 위한 협력이 요구되는 것이다.

21세기에 국제사회는 다양한 문제, 특히 코로나19(COVID-19)와 같은 보건 문제에 직면해 있다. 인접국의 도움 없이 국제사회는 그 문제를 해결할 수 없다. 성공적인 협력을 위해 국제사회는 안보에 대한 인식을 단지 주권을 위한 국가안보에서 인권을 위한 인간안보로 변경시켜야 한다. 아니면 인간안보를 포함하는 포괄적인 개념으로서 국가안보에 대한 인식을 재정의해야 하나. 국제사회에서 보건레짐은 그 지역 내 공통적인 안보 인식과 상호주의 원칙에 토대를 두어야 한다. 결국 이를 통해 개인은 건강권을 보장받을 수 있는 것이다.

# Chapter 03 감염병과 국제정치 시각

## 1 레짐(Regime)이론과 감염병

### 1 레짐이론에 대한 이해

국제레짐 이론은 1970년대 이래 국제관계의 다양한 쟁점 영역에서 널리 사용되고 있다. 특히 1980년대 중반 이래 소련과 동구 사회주의권에서의 급격한 개혁의 흐름은 국제협력에 대한 기대와 함께 그 협력의 틀을 모색하게 하였다. 이러한 상황 변화는 신현실주의자들의 주장에 의문을 제기하게 하였고, 신자유주의자들의 주장에 타당성을 더해 주었다. 국제레짐 이론의 성장은 이러한 신자유주의적 시각의 적실성 제고와 함께 가능했던 것이다.

신자유주의적 시각은 현실주의적 시각의 가정들을 대부분 수용하고 있지만, 국제 제도와 레짐의 영향력을 강조한다는 점에서 신현실주의와 다르다. 즉 국제체제의 무정부 상태를 "타국에 의해 잠재적이고 현실적인 폭력의 위협에 처해 있는 상황"으로 보는 신현실주의자들과는 달리 신자유주의자들은 이를 "국가 간 게임의 규칙을 감시하고 처벌할 중앙권위의 부재"로 보기 때문에, 국제정치에서 제도화(institutionalization)가 각 국가의 행위에 중대한 영향을 미치며 이 기적인 국가들 사이에서도 이러한 국제제도에 의해 협력이 용이해질 수 있다고 보는 것이다.(Baldwin, 1993)

이러한 국제레짐이론은 신현실주의이론과 국제기구이론의 한계점을 극복하고, 국제관계에서 발생하는 새로운 협력의 양상을 설명하기 위해 등장하였다. 투즈(Roger Tooze)에 의하면 국제레짐은 현실주의와 자유주의 내에서의 불만들이 결합하여 등장한 것이다. 즉 현실주의가 상호의존의 복잡성을 이해하는 데 한계가 있고, 자유주의 또한 공식적인 국제기구의 연구로는 새로운 형태의 국가 간 협력을 설명하기 힘들기 때문에 '제도화된 국가 간의 행위(institutionalized international behavior)'에 초점을 두는 국제레짐이론이 등장한 것이다.(Tooze, 1990: 208)

국제레짐에 대한 개념은 학자에 따라 다양하게 정의되고 있다. 러기(John G. Ruggie)는 레짐을 "일단의 국가군에 의해 받아들여지는 일련의 상호기대, 규칙, 규제, 계획, 기구적인 역량, 재정적인 공약들의 조합(a set of mutual expectations, rules, and regulations, plans, organizational energies and financial commitments)"으로 정의하고 있다.(Ruggie, 1975: 570) 또한 코헤인(Robert O. Keohane)은 국제제도를 국제기구, 국제레짐 및 관습의 세 가지 형태로 구분하고, 국제레짐을 "국제관계의 특정 쟁점 영역과 관련하여 정부들이 합의 명시한 제반 규칙을 가진 제도 또는 국가들이 다양한 쟁점 영역에 있어서 그들의 기대를 조정하고 국제적 행위를 조직화하기 위하여 만든 지배적 제도(governing arrangements)"라고 정의하고 있다.(Keohane & Nye, 1977: 19) 그에 의하면, 국제레짐은 국제기구 및 관습과 구별이 명확하지 않고 국제기구의 주된 임무가 국제레짐의 기능이 올바로 작동하게 하는 것이기 때문에 실제에 있어서는 이들이 국제레짐에 포함된다고 보고 있다.(Keohane, 1989: 4-5)

한편, 영(Oran R. Young)은 국제레짐을 "이익과 관련된 특정 행위에 있어서 그 행위를 규제하는 사회적 기구 또는 수용된 행위의 조합"으로 설명하고, 모든 사회조직과 마찬가지로 레짐 또한 "행동의 유형 또는 기대의 수렴에 관한 실체"라고 정의하고 있다.(Young,

1983: 93) 크래스너(Stephen D. Krasner)는 국제레짐을 "국제관계의 특정 영역에서 행위자의 기대하는 바가 수렴되는 명시적 혹은 묵시적인 원칙, 규범, 규칙 그리고 정책결정 절차의 총체(sets of implicit or explicit principles, norms, rules, and decision-making procedures around which actors' expectations converge in an area of international rela tions)"라고 정의하고 있으며, 이러한 그의 정의는 가장 보편적으로 받아들여지고 있다.(Krasner, 1983: 2) 크래스너의 정의는 원칙, 규범, 규칙 및 정책결정 절차라는 국제레짐의 네 가지 구성요소를 제시함으로써 기존의 개념보다 확장되고 개선된 점은 있으나, 이들 구성요소에 대한 해석과 구별에 대한 어려움이 그 한계로 지적되고 있다.

이처럼 다양한 국제레짐에 대한 정의를 정리하면, 국제레짐은 "특정한 국제적 쟁점영역에서 이해관계가 있는 참여자들의 행위를 규제하는 상호연결망" 혹은 "국제관계의 특정 쟁점영역에서 관련 행위자들의 행위를 규율하는 각종 규범의 총체"라고 정의할 수 있다. 따라서, 국제레짐이란 국제사회의 행위자들과 그 행위자들의 행위를 규율하는 규범들을 모두 내포하는 개념이라고 할 수 있다.

크래스너에 의하면, 국제레짐은 국제관계에서 다음과 같은 역할을 한다. 첫째, 국제레짐은 각 국가의 이익을 극대화시키는 방법을 변화시킨다. 둘째, 국제레짐은 국가이익의 해석을 변화시킴으로써 국제협력을 유도한다. 셋째, 국제레짐은 약소국들의 외교능력을 강화할 수 있다. 넷째, 국제레짐은 각기 다른 국가들의 국력의 실제 능력을 변화시킨다. 따라서 국제레짐은 다자간 갈등이 발생하는 상황에서 두 개 이상의 국가들이 협력적·제도적으로 대응하는 하나의 수단이 되며, 이러한 점에서 국제레짐은 제도화된 갈등관리의 한 형태를 나타낸다. 또한 국가이익은 현실주의의 주장처럼 반드시 힘(power)에 의해서만 얻어지는 것이 아니라, 협력(cooperation)을 통해 공동이익이 창출될 수도 있다. 이러한 논리에 근거하여 국제레짐 이론은 행위자 간 상호 논의를 통해 다자간 이해득실을 계산하고 합리적으로 공동이익을 생각하면서 자기의 이익을 얻어 내는 국가 간 협력적 행위를 함의하고 있다.

이와 같은 국제레짐 이론에 근거하여 연구되고 있는 분야는 국제정치경제 및 국제안보 등 다양하게 존재한다. 이들 중 국제안보레짐에 대한 연구는 국제정치경제레짐에 비하여 아직 초보적 수준이라 할 수 있다. 국제안보레짐이 국제정치경제레짐보다 형성·유지되기 힘든 이유는 국가이익에 있어서 안보가 경제보다 훨씬 민감하고 치명적인 분야이기 때문이다. 즉, 국가안보는 생존의 문제이며 국제정치경제는 삶의 질 문제라고 할 수 있다. 따라서, 국가 간 국력의 차이를 극대화하려는 제로섬 게임적인 성격을 지니고 있다.(Krasner, 1983: 359-367)

국제레짐 이론을 안보 분야에 적용하기 힘든 이유를 정리하면, 그 하나는 국가안보를 둘러싼 이해관계가 경제 분야보다 더욱 더 첨예하게 대립될 가능성이 크다는 것이며, 다른 하나는 국가안보 관련 행위는 국가생존에 직접적이고 치명적인 영향을 미치기 때문에 안보를 둘러싼 위험성의 증대는 국제안보레짐의 형성을 더욱 어렵게 한다는 것이다. 그러나 국력의 경쟁에 드는 비용이 협력에서 얻을 수 있는 이득에 비해 훨씬 크다는 사실을 깨닫게 된다면 안보레짐의 형성은 용이해질 수 있으며, 실제로 국가들이 안보레짐에 참여함으로써 부담해야 되는 손실이 이로부터 얻는 이득보다 작다면 안보레짐의 효과성이 증가할 것으로 생각된다. 예를 들면, 1975년 헬싱키협약에 의한 유럽안보협력회의(CSCE)는 1995년 유럽안보협력체(OSCE)로 제도화되었고, 1874년 브뤼셀협약과 1899년 헤이그협약, 그리고 1925년 제네바의정서는 1997년 화학무기금지협약의 발효와 화학무기금지기구의 설립으로 제도화되었다. 이러한 안보레짐의 형성과 발전은 국제안보레짐의 가능성에 대한 전형적인 사례라고 할 수 있다.

## 2 보건레짐과 감염병 레짐에 대한 논의

SARS, AI, 인플루엔자 A의 예는 다수 국가로 하여금 잠재적으로 초국적인 감염병과 싸워야 하는 새로운 현실에 적응하도록 하였다. 그 사례는 보건 이슈 및 국가안보에 대한 새로운 인식을 관련국들에게 심어 주었다. 다른 말로 하여, 그 위기는 안보를 다시 생각하게끔 한 것이다. 포괄적이고 비전통적인 안보의 틀 속에서 좋은 건강이 개인과 국가의 안보에 중요한 요소가 된다는 주장을 할 수 있다. 문제는 위에 언급한 감염병이 단순히 공중보건 관심사가 아니라 국가 혹은 국제 안보 문제로 고려되어야 하는지다. 한편에서는 감염병을 보건 문제로서 보고, 다른 한편에서는 그것을 국가안보 문제로 보고 있다.(Caballero-Anthony, 2005: 488-489)

위에 언급된 약점을 해결하기 위해서 국제사회는 SARS, AI 및 신종 Influenza A와 같은 감염병을 막아 내기 위해 보건레짐을 형성하고 강화할 필요가 있는 것이다. 다행히도 국제사회는 사스 사례보다는 조류독감 사례에 있어서 보다 적극적인 초기 대응을 하였으며, 이어 조류독감 사례보다는 신종플루 사례에 있어서 보다 능동적인 초기 대응을 한 바 있다. 한마디로 말하여, 국제사회 내 보건 협력이 보다 심화하는 것이다.

국제적 감염병 발생 시 국제사회의 이러한 행태의 변화는 감염병에 대한 인식의 변화에 토대를 두고 있다. 즉 세계화의 심화로 국내 방역만으로 감염병을 퇴치할 수 없다는 점과 현대 의학으로 해결하지 못하는 변종 바이러스가 있다는 점이 현실적 한계로 대두되면서 국가 간 협력 없이 선진국과 개도국 모두 이러한 감염병으로부터 자유로울 수 없다는 인식에 기초하여 협력의 틀을 다져가는 것이다. 예를 들어, 선진국의 경우 앞선 의학과 적절한 대처로 자국 내 감염병의 발원을 퇴치할 수 있을는지 모르나 개도국 등 외국으로부터 들어오는 감염병의 공격을 막아 내는 것은 현실적으로 불가능한 것이다. 한편 개도국의 경우 선진국의 의료 지원 없이 감염병 문제를 해결하기가 막막한 것이다. 결국 감염병을 둘러싼 국제사회의 협력 틀은 새로운 감염병 레짐(epidemic regime)의 출현을 촉진하는 것이다.

SARS, AI, 신종 Influenza A 등 최근 감염병 사례로부터 배운 주요한 교훈의 하나는 보건과 안보 사이의 밀접한 연관성을 파악할 필요가 있다는 것이다. 국제사회에서 포괄적 안보 인식은 군사적인 것 이외에 정치적, 경제적, 환경적 및 사회문화적 안보 측면 즉 비전통적 안보를 안보 개념에 확장한 것이다. 아직 구체화하지는 않았지만 국제사회에서 보건 문제는 이제 안보 이슈가 되었다. 감염병의 위험은 단지 더이상 국내적 관심사가 아니다.(Caballero-Anthony, 2005: 490-495; Sell, 2004)

국제사회에서 안보 이슈화된 감염병 문제를 해결하기 위해 다음의 노력이 요구된다.

첫째, 전염병을 척결함에 있어 통합된 다자적 접근법을 채택해야 한다는 것이다. 이는 보건 문제가 더 이상 의료적 관심사가 아니라 국가안보적 관심사임을 말한다. 둘째, 질병을 피하기 위해 국제 레짐을 발전시키고 증진해야 한다는 것이다. 이는 국제협약 및 관련 보건 의정서에 대한 엄격한 준수를 요한다. 셋째, 좋은 공중보건 체계를 제공해야 한다는 것이다. 다양한 수준에서 협력을 강화함에 있어 건전한 공중보건 체계를 제공한다는 것이 핵심적으로 강조되어야 한다. 넷째, 빈곤과 발전 이슈에 대해 관심을 가져야 한다는 것이다. 지역을 이해함에 있어 빈곤문제를 살펴보고 전염병과의 연계를 재검토해야 한다는 것이다. 대다수 사회에서 가장 취약한 집단은 그들 스스로를 보호하기 쉽지 않은 빈곤 계층이다. 전염병의 대부분은 세계에서 가장 빈곤한 지역에서 창궐한다는 점을 명심해야 한다.

감염병, 광의로 보건안보는 그러므로 새로운 안보 의제에 포함되어야 한다. 오늘날 다수의 지역적 및 전 세계적 현안 문제들이 있다. 상호적이고 산발적이지 않은 협력이 가장 신중한 정책이고, 깨끗한 공기와 물 확보, 그리고 감염병 척결과 같은 보건목표를 달성함에 있어 가장 효과적인 수단이 되는 것이다.(Kuismin, 1998) 21세기에 진행되고 있는 인간안보의 강화는 단순히 군사적·물리적 위협으로부터의 안보를 보장하는 것과 구별되어야 한다. 예를 들어, 동아시아는 외환위기를 통해 극심한 빈곤과 불법 이민 등으로 인해 많은 사람의 삶이 위태로운 상황에 빠지게 되는 것을 경험하면서 인간안보의 필요성을 절실하게 인식하게 되었다. 아직 대부분의 동아시아 국가들에서 인간안보라는 개념이 상대적으로 익숙지 않은 것이 사실이지만, 새로운 접근법이 요구됨에 따라 역내 국가들은 안보위협이 되는 많은 요소를 보다 구체적으로 평가하고 인간안보를 포함하여 넓은 의미의 안보를 추구하도록 요구받고 있다.(이신화, 2006)

국제사회는 1851년에 국제방역조치에 대한 첫 번째 국제회의를 개최하였으며, 이를 계기로 국제공중보건에 대한 레짐이 형성되었다. 1948년 세계보건기구(WHO)의 창설로 국제공중보건레짐은 가시적인 완성단계에 이르게 되었다. 1951년 WHO 총회는 국제공중보건에 관한 단일의 국제협약(국제보건규정; International Health Regulation; IHR)을 체결하였는데, 이는 기존의 국제공중보건레짐에서 개별적으로 다루던 사안을 총괄하는 것이었다. IHR은 관련 국가에 월경질병의 발발에 의하여 관련 국가에 대한 통지의무를 부여하며, 월경질병의 발발 시 이를 통제할 수 있는 적절한 수준의 공중보건메커니즘을 확보할 의무를 부과하고 있다. 국제공중보건레짐은 2005년 새로운 IHR을 채택함으로써 그야말로 글로벌공중보건레짐을 갖추게 되었다.

새로운 IHR은 국가중심적 논의 차원으로부터 개개의 인간중심적 논의 차원으로 공중보건레짐의 다양한 문제를 판단하여, 인간안보 개념을 구체적으로 실현하고 있다고 말할 수 있다. 새로운 IHR은 각 관련 국가가 공중보건에 관한 메카니즘을 확립함에 있어, 인권에 관한 논의가 병행되어야 할 것을 요한다는 점에서 인간안보 개념에서 주장하는 포괄적 안보개념의 현실화를 도모하는 것으로 판단할 수 있다. 또한 과거 IHR의 국가중심적 폐쇄구조를 탈피하여, 새로운 IHR은 비정부기구가 제공하는 질병 확산에 관한 정보 또한 질병 발발 국가의 감시를 위한 정보로서 사용할 수 있도록 규정하고 있다.(김성원, 2007)

국제사회에서 감염병 문제는 단순한 의료적 관심사가 아니라 인간 생존을 위협하는 안보적 이슈로 받아들여져야 하며 인간안보 개념 속에서 받아들여야 한다. 하지만 감염병 문제는 단지 인간안보 차원에 머무는 것만은 아니라고 할 수 있다. 21세기 국제분쟁의 주요한 원인으로 부각되는 것은 에너지, 환경, 생물자원 등 지속가능성과 연관된 것이다. 이들을 확보하기 위해 세계 각국은 무한경쟁 시대에 돌입하였고 전쟁을 불사할 가능성이 있다. 감염병도 유사한 성격의 의제라고 할 수 있다. 다행히도 국제사회는 사스 사례보다는 조류독감 사례에 있어서 보다 적극적인 초기 대응을 하였으며, 이어 조류독감 사례보다는 신종플루 사례에 있어서 보다 능동적인 초기 대응을 한 바 있다. 한마디로 말하여, 국제사회 내 보건협력이 보다 심화되는 것이다. 국제적 감염병 발생 시 국제사회의 이러한 행태의 변화는 감염병에 대한 인식의 변화에 토대를 두고 있다. 즉 세계화의 심화로 국내 방역만으로 전염병을 퇴치할 수 없다는 점과 현대의학으로 해결하지 못하는 변종 바이러스가 있다는 점이 현실적 한계로 부상되면서, 국가 간 협력 없이 선진국과 개도국 모두 이러한 감염병으로부터 자유롭지 않다는 인식에 기초하여 협력의 틀을 다져가는 것이다. 결국 감염병을 둘러싼 국제사회의 협력 틀은 새로운 감염병 레짐의 출현을 촉진하는 것이다.

2015년 9월, 글로벌 보건안보 구상(Global Health Security Agenda; GHSA) 두 번째 회의가 서울에서 개최되어 47개국 대표단과 9개 국제기구 관계자들이 모여 '서울선언문'을 채택했다. GHSA의 정책방향을 주도하는 10개 선도그룹 국가의 하나로서 한국은 보건안보 분야에 적극적인 모습을 보여 왔다. 2014년 미국이 주도하여 만든 글로벌 보건안보구상(GHSA)은 보건외교를 유행병 확산 및 바이오테러를 포함하는 긴급상황을 대비하는 성격으로 확장하는 중요한 계기가 되었다. GHSA는 대규모 보건 긴급상황이 국가 및 국제적 혼란과 위기를 초래할 수 있다고 보아 질병예방, 실시간 보건위협 탐지, 자연발생·사고·테러에 의한 감염병 신속대응 등 3개 분야의 행동계획을 설정하고 이를 수행하기 위해 국가, 국제기구, 민간전문가, 연구기관, 제약회사 등을 망라하는 글로벌 보건 행위자들의 집단적 공조와 대응을 모색했다. 한국은 1997년 국제백신연구소(IVI)의 설립을 주도하였고, 2003년 WHO 사무총장에 세계적 백신 권위자인 故이종욱 박사가 취임하면서 한국은 글로벌 백신연구 및 백신보급 거버넌스의 핵심 국가가 되었다. 또한 단기간에 산업화를 이루면서 보건 분야, 특히 감염병 관리 체제를 비교적 잘 구축한 나라로 평가받고 있다.

국제 보건 레짐의 형성과 발전도 선진강국의 리더십에 의존하며 오늘에 이르렀으며 그 주된 이유는 인도주의적인 것이다. 하지만 국제 보건 레짐의 틀 안에서 국제 감염병 레짐의 형성은 보다 공동체적인 이유에 근거한다고 볼 수 있다. 이는 감염병의 성격에 기인한 것으로 결국 글로벌한 협력 없이 월경성 감염병의 확산을 막을 수 없다는 국제사회의 인식에서 비롯된 것이다. 또한 과거의 감염병이 발병국 혹은 상대적으로 저발전국에 한정하여 대처가 가능했다면 세계화 시대의 전염병은 그 확산속도를 가늠할 수 없을 정도로 광범위하게 심각한 상황을 야기할 수 있다.

G-20 국가 중 독일, 영국, 프랑스, 이탈리아, 호주 5개 국가와 미국, 캐나다, 한국, 일본이 보건안보에 있어 관심과 역량을 겸비한 국가라고 할 수 있으며, 국제 감염병 레짐 형성을 이끌어 갈 핵심 국가들이라고 할 수 있다. 아울러 남아프리카공화국, 브라질, 러

시아는 지역 거점강국으로서 그 레짐을 관리해 나가야 한다.

감염병 확산과 관련한 국제사회의 협력을 강화하기 위해 G-20 국가의 노력이 요구되는 시점이다. 이들 국가는 세계의 선도국으로서 혹은 지역 선도국으로서 감염병 레짐을 이끌어 나갈 주체가 되기에 충분하다. 물론 G-20 국가 간 정치경제적 격차가 심화되어 있는 것도 사실이나 역할 분담을 통해 레짐 형성 및 강화를 주도할 수 있으리라 본다. 경제기술 강국들은 그들의 자본과 기술을 공여하고 지역거점 강국들은 인적 및 물적 자원을 지역 주변국에 제공하면서 공조 체제를 유지할 수 있다. 결국 기존의 국제공중보건 레짐을 보완할 새로운 감염병 레짐의 형성이 요구되는 것이다. 이는 G-20가 중심이 되어야 하며 핵심 강국과 지역 거점강국이 역할 분담을 하며 공조하는 신속한 대응체계 수립이 그 요체라고 할 수 있다.

보건 문제를 해결함에 있어 G-7 국가를 중심으로 한 G-20 국가의 역할이 가장 중요하다고 해도 과언이 아니다. G-20 국가는 기존 강대국에 지역 거점국가가 참여하는 형태의 레짐이라고 할 수 있으며, 특히 감염병 등 보건안보 문제를 논의함에 있어 그 역할이 기대되는 국가군이다. 문제는 G-20의 정체성이 아직은 약하다는 데 있다. 보건 관련 통계가 보여 주듯이 국가 간의 인식 차와 역량 차가 크다. 이러한 간극이 하나의 목소리를 만들기 힘든 단점이라고 할 수 있으나 G-20 국가가 아닌 여타 국가들의 입장을 대변하고 하나의 컨센서스를 이뤄 가는 과정에서 의미 있는 조건이 될 수 있다고 본다. 향후 국제사회의 보건 협력을 창출하는 하나의 추진체로서 G-20 국가의 역할이 중요하다. 한국은 보건(안보) 역량을 가진 중견국으로서 G-20 내 국가 간 간극을 연결하는 중추 역할을 해야 할 것이다.

COVID-19 사례는 국제사회에 하나의 과제를 제시하고 있다. 강대국이 발병국이고 그 인식과 해법이 global health가 아닌 public health에 머물 경우, 즉 보건 주권을 강조하며 국가주의적 해법에 무게 중심을 둘 경우 그 해결이 어려워진다. 약소국이 발병국일 경우 국제사회는 감염병이 보고되면 발병국을 봉쇄(blockade)하는 등 즉각적인 대응을 하기에 수월하여 조기 차단이 가능하다. 하지만 이번 사례의 경우 강대국인 중국이 발병

후 WHO에 즉각적인 보고도 하지 않고 국가 내적 해결을 모색하다가 실기한 것이 감염병의 확산을 유발했다. 아울러 중국과 이해관계가 있는 국가가 외교관계를 고려한 정치적 판단으로 발병국인 중국의 감염병 봉쇄를 조기에 못할 경우 문제의 해결이 어려워진다. 중국이 WHO 기여금을 두 번째로 많이 분담하여 지원하는 영향력 있는 회원국이라는 점이 문제 해결에 있어 정치적 고려로 인한 왜곡된 판단을 초래할 수 있다. 따라서 향후 IHR 2005의 규범 준수를 강제할 동아시아 지역차원의  감염병 레짐을 제도화할 필요가 있다.

초국경적 성격의 감염병 예방 및 관리에 관한 문제는 세계보건기구(WHO)의 IHR뿐만 아니라 WTO 협정체제를 중심으로 하는 국제통상법을 비롯하여, 기타 국제인권법, 다자간환경협약(MEAs) 등 다양한 영역의 국제법에서 주요 공통 의제로 다루어지고 있다. 현재 감염병의 예방·관리 문제를 직접적으로 규율하고 있는 가장 중요한 국제실정법규는 '2005년 국제보건규칙(IHR 2005)'이며, 그 밖에도 감염병의 예방·관리를 위한 WHO의 입법권능을 명시하고 있는 'WHO 헌장' 역시 주요 국제실정법규 중의 하나로 거론되고 있다. 감염병의 발생·확산은 이제 더 이상 일정 영역 내 국가적·지역적 차원의 단순한 보건 이슈가 아닌, 경우에 따라서는 국제평화와 안전에 대한 중대한 위협이 되고 있다.

IHR 2005는 당사국의 권한과 의무로는 "공중보건 위험에 상응하고 또한 그에 한정하는 방식으로 질병의 국제적 확산을 예방, 방지, 통제하고 공중보건 대응을 제공하면서, 국제교통과 무역에 불필요한 방해를 회피할 것"을 선언한다. 이는 국제적 관심사항인 '공중보건 비상사태(PHEIC)' 제도를 창설했다. 이에 따르면 WHO 사무총장이 관련 정보를 근거로 일정한 기준과 절차에 따른 평가, 해당 당사국과의 협의, 일정한 사항들에 대한 고려를 거쳐 PHEIC 여부를 판단·결정하게 되는 것이다. 일단 사태가 PHEIC에 해당한다고 결정되는 경우 사무총장이 '임시 권고(temporary recommendations)'를 발령함으로써 당사국들이 이행해야 하는 보건 조치 등을 권고할 수 있다. 또한 WHO는 질병의 국제적 확산을 방지하거나 감소시키고 국제교통에 대한 불필요한 방해를 최소화하기 위하여 진행 중인 특정 공중보건 위험에 대해 일상적이고 정기적으로 적용될 수 있는 적절한 보건조치에 관하여 '상시 권고(standing recommendations)'를 할 수 있다.

감염병 협력을 위하여 다음을 명심해야 한다. 전염병을 척결함에 있어 통합된 다자적 접근법을 채택해야 한다. 이는 보건 문제가 더이상 의료적 관심사가 아니라 국가안보적 관심사임을 말한다. 질병을 피하기 위해 국제레짐을 발전시키고 증진해야 한다. 이는 국제협약 및 관련 보건 의정서에 대한 엄격한 준수를 요한다. 좋은 공중보건 체계를 제공해야 한다. 다양한 수준에서 협력을 강화함에 있어 건전한 공중보건 체계를 제공한다는 것이 핵심적으로 강조되어야 한다. 빈곤과 발전 이슈에 대해 관심을 가져야 한다. 빈곤 문제를 살펴보고 감염병과의 연계를 재검토해야 한다. 대다수 사회에서 가장 취약한 집단은 그들 스스로를 보호하기 쉽지 않은 빈곤 계층이며, 감염병의 대부분은 세계에서 가장 빈곤한 지역에서 창궐한다는 점을 명심해야 한다.

COVID-19가 중국 우한에서 발생하여 세계 대부분의 국가와 지역에서 감염자와 사망자를 유발하며 만연해 왔다. WHO는 사실상 전 세계적인 확산(pandemic)을 선언했다. 세계은행은 2020년 3월 3일 COVID-19 발병국가에 대한 120억달러 상당의 긴급지원을 발표했다. 이는 개발도상국에 대한 긴급 재정지원을 담고 있다(IBRD $2.7 billion, IDA $1.3 billion, IFC $6 billion, 그리고 기존 주식채권 $2 billion). 우리나라는 감염병 위기단계를 '심각' 수준으로 상향함에 따라, 코로나19 대응을 위한 조직도 국무총리를 본부장으로 하는 중앙재난안전대책본부로 격상했다.

단독정부 수립 후 WHO 가입에 노력을 기울여 왔던 한국은 1949년 6월 세계보건총회 표결을 거쳐 WHO에 가입했다. 현 질병관리본부는 글로벌 감시-경보-대응을 골자로 한 국제보건규칙 개정 흐름과 2003년 SARS 유행의 여진 속에서 탄생한 것이다. 1998년 국립보건원을 중심으로 감염병 관리와 연구 기능을 담당하기로 결정하고, 1999년 보건복지부 직제를 개정하여 국립보건원에 전염병관리부를 신설하며 보건복지부의 감염병 예방, 질병관리 기능을 국립보건원으로 이관했다. 2003년 7월 보건복지부에서 국립보건원을 확대 개편하는 방안을 대통령에게 보고하면서 질병관리본부 건립이 가시화되었다. 국제보건규칙 2005 제정 흐름 속에서 질병관리본부라는 단일 기관이 출범하게 된 것이다. 질병관리본부는 검역법 개정(안)이 2003년 12월 29일 국회를 통과함에 따라 정식 출범하게 되었다. 글로벌 감염병관리체계의 공조를 분명히 하고 질병관리본부가 국제협력뿐 아니라 국제 외교의 역할을 수행했다.

동아시아의 경우 1980년대 말까지 어떤 쌍무적인 협약 외에 보건 문제와 관련하여 거의 협력이 존재하지 않았다. 이 지역에서 보건 협력을 위한 지역기구의 부재 속에서 다자간 협력이 거의 존재하지 않는다. 이런 이유로 WHO 등 유엔 기구들이 지역협력을 증진함에 있어 상당한 역할을 해 왔다. 동북아시아 내 개별국가 정부는 보건 협력에 대한 견해와 접근법에 있어 상당히 다르며 이는 주로 그 지역 내 정치적 및 경제적 동질성의 부족으로 인한 것이다. 이러한 약점을 해결하기 위해서 동북아 국가들은 21세기 빈발하는 감염병을 막아 내기 위해 보건레짐을 형성하고 강화할 필요가 있다.

일본은 인간안보 문제를 중요한 외교정책 목표 중 하나로 강조하면서 보건문제를 '글로벌 보건' 차원에서 다루고 있다. 일본은 동아시아에서 가장 먼저 보편적 보건의료(Universal Health Care) 개념을 국가정책으로 시행했다. 일본은 2013년 글로벌보건기술진흥(GHIT) 기금을 만들어 소외된 열대질병(NTDs)을 위한 국제적 연구개발을 주도해 왔다.

중국은 인간안보라는 개념을 공식적으로 사용하지 않고 대신 '인민의 안전'이란 용어를 사용하면서 '공중보건' 차원에서 감염병 문제에 대처해 왔다. 영토, 불간섭 및 주권과 같은 전통적 안보 이슈에 대한 지속적인 강조는 안보가 개인의 이슈가 아니라 국가의 이슈임을 의미하는 것이다. 결국 그 논리는 만약 일국이 국가 주권을 수호할 수 없다면 그 국민은 인권을 보장받을 수 없다는 것이다. 중국은 오랫동안 글로벌 보건 문제의 원인제공 국가이다. 사스 사태 당시 중국의 폐쇄적 접근은 국제적 비난을 초래했고, 중국 내에서도 많은 반성이 이루어졌다. 이 사건을 계기로 중국은 보건안보 정책의 대대적인 개선을 시도하였고, 식품 및 약품 안전 등 바이오안보 관련 제도를 신설 혹은 국제 수준으로 개선하려는 노력을 벌였다. 중국은 보건 분야를 국가의 중요 정책의 하나로 간주하면서 각종 중장기 전략을 수립하고 있다.

사스 발생 당시 방역하는 법을 논의하면서 아세안 및 한국, 중국, 일본 3개국 간에 전례 없는 협력을 낳았다. 2003년 4월 26일 개막된 아세안+3개국 보건장관 회의에 이어, 4월 29일 방콕에서 아세안 및 중국 지도자 특별회의가 열렸다. 사스와 관련된 다양한 의제가 이 회의에서 다뤄졌고, 정보교류와 관련된 긴급 조처들이 합의되었다. 이는 동아시아 국가와 WHO 사이에 협력을 심화할 뿐만 아니라 감염병의 발생에 대해 급속한 대응을 위한 지역적 협력 틀 형성에 기여했다.

동아시아 국가들은 보건외교에 적극적이면서도 정작 역내 보건안보 협력의 제도화에 대해서는 미온적이다. 한국, 중국, 일본은 모두 WHO 서태평양 지역 사무소에 속해 있으며, 감염병 발생 및 확산에 관련한 정보들을 WHO가 정한 원칙에 따라 교환하고 대응하고 있지만 이러한 전통적 방식만으로 동아시아에서의 보건안보 위협에 효과적으로 대처하기에는 한계가 있다. 동아시아 지역 차원에서 보건안보 협력이 구축되려면 보건안보 위협에 대한 공동의 대응과 협력이 서로에게 이익이라는 컨센서스가 만들어져야 한다. 그동안 동아시아 특유의 국가주의 접근은 이러한 지역 차원의 다자적 협력에 장애요인이 되어 왔다. 신종 감염병 확산을 막기 위해서는 국가 간 협력을 통한 대규모 백신 공급 등의 대응이 관건이지만 동아시아 여러 국가는 그동안 개별국가 차원의 엄격한 방지(containment) 조치에만 치중하여 바이러스 확산을 막는데 종종 실패했다. 상대적으로 취약하기는 하지만 동아시아에서 다자간 보건의료 협력은 주로 동남아시아 ASEAN이 구축한 프레임워크를 중심으로 형성되어 있다. 이 프레임워크 속에서 동북아 국가들은 ASEAN과 개별적으로 협력을 모색해 왔다. 이러한 현상의 가장 주된 이유는 동아시아에서 대부분의 감염병 확산이 보건의료 수준이 낙후한 동남아시아에서 시작되기 때문이다.

향후 동아시아 보건안보 협력의 방향은 두 가지 차원이어야 한다. 하나는 제도적 차원에서 현재의 보건장관급 회의 수준을 넘어서서 정부, 학술단체, 보건의료 기업, 관련 NGO 등 다양한 행위자가 참여하는 보건안보 대화가 제도화(IIGO)되어야 한다. 다른 하나는 동북아 국가들의 강점인 ICT, 모바일 통신 등 첨단기술을 보건안보의 여러 분야에 적용하는 연구와 투자를 한·중·일 3개국이 공동으로 진행할 필요가 있다.

국제 보건 레짐, 나아가 국제  감염병 레짐의 형성은 참여국에게 이익이 된다는 합리적 계산에 근거한 선택으로 가능한 것이다. 국제 보건 레짐이 상당 부분 선진국에서 개도국으로의 수직적 관계가 주축이라면 국제 감염병 레짐은 감염병이라는 것이 국제사회의 협력 없이 퇴치가 불가능하다는 사실로 인해 보다 수평적인 협력 모델이라고 할 수 있다. 윈-윈 결과가 선진국과 개도국 간에 주어질 수 있다는 점에서 합리적 선택의 산물로서 평가될 수 있다. 하지만 강대국의 리더십만으로, 혹은 이해관계의 합치만으로 국제레짐은 형성될 수 없다. 이 두 가지 요소를 모두 요하는 것이며 그 성격도 이들 이론과는 다소 거리감이 있다. 오히려 이를 보완하기 위해 과두협력(small group cooperation)론을 그 대안으로 제시할 수 있다. 국제제도가 비협력적인 국가행위에 제재를 가하고 협력적인 국가행위에 혜택을 주는 선택적 자극을 가함으로써 집단행위 딜레마를 해결할 수 있다는 것이 그 요지이다. 국제 감염병 레짐의 형성도 G-20 내 선진강국과 지역거점국의 공조('과두적 강제'와 '강제된 순응')로 국제사회 내 가능한 것이다. 여기서 감염병 관련 전문가들의 모임인 인식공동체가 초국가적 협력의 촉매 역할을 하는 것이다.

## 2 감염병의 안보화(Securitization)

지구 환경의 변화, 생태환경의 파괴, 세계화에 따른 사람들의 잦은 이동 등으로 인하여 세계적으로 신종 감염병이 출현하고 있다. 중국에서 발생한 중증급성호흡기증후군(SARS)과 조류독감(Bird Flu), 신종 인플루엔자 A(H1N1), 에볼라바이러스(Ebola Virus), 메르스(MERS), 그리고 최근 코로나19(COVID-19) 사례는 질병 퇴치에 국가 간 긴밀한 협조체제가 얼마나 중요한가를 잘 보여 준다.

사스 발병 초기 단계에서 중국은 전염병을 은폐함으로써 국내문제를 다루는 그들의 전통적인 방식을 취했다. 그러나 중국의 태도는 전염병을 잘못 다룬 두 명의 장관급 관리를 해고하고 WHO에 사스에 관한 일일 통계를 보고하기 시작한 그해 4월 20일에 와서

극적으로 바뀌게 되었다. 사스 사례에서 나타난 중국의 변화는 지난 20여 년간 형성된 중국과 세계 사이의 국제적 연계가 중국의 국내정책 선택에 영향을 끼치기 시작했음을 보여 주었다.(Kim, 2003)

감염병을 안보 이슈화하는 주요한 목적은 일국 내외에 있는 관련 행위자들로 하여금 그것으로 인해 야기될 수 있는 위협과 위험에 대해 경계심을 갖도록 하는 데 있다. 우선 세계화와 함께 사람과 상품의 움직임의 규모, 속도 및 범위가 유사하지 않다. 불확실성 속에서 감염병이 확산하며 예측이 불가능한 것이다.(WHO Epidemic Alert & Response, 2004; Posid, Bruce, Guarnizo, Taylor, and Garza, 2005) 둘째, 세계화 이외에 인위적인 질병 촉진 사안들이 있다. 도시화와 지구온난화를 가져오는 기후변화는 감염병 발생을 가속화하고 있다. 셋째, 감염병원체로 인한 위협은 과거보다 오늘날 더 크다. 사스가 명백히 보여 준 바와 같이 전염병이 개인의 건강을 위협할 뿐만 아니라 그 확산은 경제적 마비를 초래하고 사회질서를 약화하며 정부에 대한 대중 신뢰를 해친다. 결과적으로 감염병의 발생 혹은 재발은 사실상 그 영토 내에서 일어나고 또한 지역 안정을 위협할는지 모르므로 안보 이슈로 다루어져야 한다는 것이다.(Caballero-Anthony, 2005: 489-490)

**표 19 에볼라 사태에 대한 국제사회의 대응 상황**

| 국가 | 지원규모 | 인력파견 | 국가 | 지원 규모 | 인력파견 |
|---|---|---|---|---|---|
| 미국 | 7억 6,300만 달러 | 군병력 3,000명, 보건인력 65명 (라이베리아) | 중국 | 3,750만 달러 | 보건인력 200명 (시에라리온) |
| 영국 | 4억 8,000 달러 | 군병력 750명 (시에라리온) | 캐나다 | 1,800만 달러 | 보건인력 (시에라리온) |
| EU | 1억 9,000만 유로 | – | 러시아 | 700만 달러 | 보건인력 9명 (기니) |

| 독일 | 7,000만 유로 | 연방군 100명, 보건인력 70명 (라이베리아) | 덴마크 | 380만 달러 | 보건인력 4명 (라이베리아) |
|---|---|---|---|---|---|
| 프랑스 | 3,500만 유로 | 보건인력 25명 (기니) | 스페인 | 240만 달러 | 보건인력 30명 |
| 노르웨이 | 4,000만 달러 | 보건인력 18명 (시에라리온) | 이탈리아 | 195만 달러 | 보건인력(기니, 나이지리아, 라이베리아) |
| 일본 | 4,500만 달러 | 보건인력 24명 | 쿠바 | – | 보건인력 165명 |

*출처: 세계보건기구(WHO) 보고서(2015). (http://www.who.int/immunization_monitoring/en/globalsummary/countryprofileselect.cfm).

1851년에 국제사회는 국제방역조치에 대한 첫 번째 국제회의를 개최하였으며, 이를 계기로 국제공중보건에 대한 레짐이 형성되었다. 1902년 범미주위생국, 1907년 국제공공위생국, 1923년 국제연맹의 보건기구 등이 설치됨으로써 국제공중보건레짐은 형태를 갖추어 나가기 시작하였다. 1948년 세계보건기구(WHO)의 창설로 국제공중보건레짐은 가시적인 완성단계에 이르게 되었다. 1951년 WHO 총회는 국제공중보건에 관한 단일의 국제협약(국제보건규정; International Health Regulation; IHR)을 체결하였는데, 이는 기존의 국제공중보건레짐에서 개별적으로 다루던 사안을 총괄하는 것이었다. IHR은 관련 국가에 월경 질병의 발생에 대한 통지의무를 부여하며, 월경 질병의 발발 시 이를 통제할 수 있는 적절한 수준의 공중보건 메카니즘을 확보할 의무를 부과하고 있다. 국제공중보건레짐은 2005년 새로운 IHR을 채택함으로써 그야말로 글로벌공중보건레짐을 갖추게 되었다.(김성원, 2007)

국제법상 공중보건에 관한 쟁점은 월경 질병의 확산 방지 및 국제적 차원에서 공중보건의 수준 향상에 초점을 맞추어 왔다. 19세기 이전까지, 월경 질병의 확산 방지에 관하여 국가들은 국제적 협력의 필요성을 인식하지 못하였다. 즉, 질병 확산의 방지는 국내적 방역정책으로 충분하다고 생각하였다. 그러나 이러한 제한적인 방역조치는 국제교역의 증가로 인해 한계점에 도달하게 되었다. 제한적인 방역조치에 의한 국제무역의 제한은 국가 차원의 경제적 이해에 많은 영향을 주었으며 국가 간 통상갈등을 초래하였다. 따라서 국제교역의 감소를 유발하지 않는 적절한 수준의 월경 질병 확산의 방지에 대한 협의가 필요하게 되었다.(김성원, 2007) 오늘날 전염병 즉 보건 문제가 국제사회의 갈등 요인이 되고 이를 해결하기 위한 국제사회의 협력이 요구되는 것이다.

한편 21세기 다수의 신종 감염병의 등장으로 세계는 전쟁이나 군사적 갈등이 아닌 새로운 공포에 휩싸였고, 보건 문제는 국가안보의 위협 요소로 대두되었다. 또한 사스 사태에서 살펴봤듯이, 전염병 문제는 일국의 문제가 아니라 초국가적 협력이 필요하다는 것을 절감하게 된다. 정치·군사적 안보를 이유로 정보 공개를 꺼리던 중국도 자력으로 사스 퇴치가 불가능해지고, 이로 인해 국제사회에서 고립될 위기에 놓이자 협력의 태도로 전환되는 모습을 보였다. 따라서 보건 문제의 안보적 차원의 접근은 한국에게 크게 세 가지 시사점을 준다.

첫째, 기존 국제정치의 전통 속 하위정치(low politics)로 분류되던 보건 이슈를 주변적 요소가 아닌 국가안보에 직결된 사안으로 바라보는 것은 더 이상 국가안보를 협의의 정치·군사적 의미가 아닌 인간안보 차원의 의미로 해석하는 것이라고 할 수 있다. 둘째, 보건 문제를 통해 다자협력의 틀을 공고히 할 수 있을 것이다. 보건 문제는 인간의 생존에 가장 밀접한 연관이 있으므로 정치·경제적 상황을 망라하고 최우선적으로 고려되어야 할 사안이다. 따라서 동북아 역내의 보건협력체를 시작으로 안보레짐을 구축해 나갈 수 있을 것이다. 셋째, 현재 가장 전염병에 취약한 개도국들에게 인도적 차원의 외교를 펼쳐 보건외교의 기반을 마련하고 이를 통해 한국의 소프트파워를 상승시킬 수 있다. 글로벌 보건 거버넌스의 적극적 참여를 통해 대부분 개도국에서 발생하는 전염병의 확산을 막는다면 1차적으로 전염병의 위협으로부터 벗어나는 안보적 차원의 이익이 있다. 2차적으로는 국가사회에서의 이미지 제고를 통하여 한국의 소프트파워를 획득할 수 있다.

이처럼 21세기 감염병 문제의 안보적 차원의 접근을 통하여 '공포로부터의 자유'를 실현하고, 더불어 글로벌 보건 거버넌스의 적극적 참여와 보건외교를 통하여 국가적 이익도 획득할 수 있을 것이다. 보건을 안보와 연결 짓는 것에 대한 논의는 아직도 논란의 여지가 다분하다. 하지만 보건 문제는 비단 인간안보뿐만 아니라 에너지, 환경, 생물자원 등 지속가능성과 연관되어 있다.(이상환, 2009) 따라서 보건안보를 통한 전염병의 피해 감소는 인류 역사의 진보와 더 나은 삶을 이룩하는 데에 유의미하게 작용할 것이며, 더 나은 삶에 이바지할 것이다.

## 3 감염병과 패권 경쟁(Hegemonic Struggle)

### 1 COVID-19와 국제관계

냉전의 종식과 함께 1990년대 세계화 시대가 도래했다. 이념 갈등에 따른 국가 간 장벽이 허물어지면서 경제적 실리에 근거한 국제관계가 보편화 되어 갔다. 이러한 국제사회의 변화를 후쿠야마(Francis Fukuyama)는 당시에 이데올로기의 종언 즉 21세기는 자유민주주의와 자본주의가 지배하는 시대가 되리라는 전망을 했었다. 하지만 세계화의 흐름이 심화되리라는 기대는 허물어졌다. 2000년대 반세계주의(anti-globalism)가 휘몰아쳤다. 세계화에 소외된 국가들과 세계화가 초래한 국내외적 부정적인 결과들 즉 빈부격차의 심화 등을 경험한 세력들이 세계화에 대한 반발을 여실히 드러냈다. 그 결과물이 2008년 글로벌 금융위기와 함께 대두된, 월가의 탐욕스러운 금융자본주의와 경제적 불평등에 분노하면서 시작된 '월스트리트 점령(Occupy Wall Street)' 운동이다.(이상환, 2020c; Dreher, 2006; Ekman, 2003)

코로나19 감염병 사태는 미·중 간 새로운 냉전 시대를 연 사건으로 역사에 기록될 것이다. 탈세계화(deglobalization)와 디지털화(digitization)라는 새로운 생활상을 형성하게 한 사건이다. 치료제와 백신 개발이 개선되고 있으나 언제 완성될지 모르고 유사한 감염병의 발생이 주기적으로 일어날 가능성이 크다 보니 이제 감염병이 일상으로 자리 잡을 수도 있다는 점을 부인하기 어려운 상황이다. 이런 가운데 중국에 글로벌 생산망을 가진 다국적기업의 80%가 탈중국을 계획한다는 얘기가 나오고 있고, 4차 산업혁명과 함께 비대면 경제 확산은 디지털 혁신을 가속화하여 금융서비스산업의 핀테크화와 디지털 화폐 주도권 경쟁을 촉발할 가능성이 크다.(이상환, 2020b: 9; 이상환, 2020c)

코로나19는 미·중 패권 경쟁 속에서 때를 기다리며 조용히 패권을 추구하던 중국에게 시련을 안겨다 주었다. 지금의 경쟁이 격화되면 그 결과는 둘 중 하나다. 패권전쟁 결과 중국이 미국 질서에 완전히 편입되거나 미국이 패권적 지위에서 밀려나 쇠락의 길을 걷는 것이다. 과학기술 전쟁과 표준전쟁이 뒤섞인 가운데 세계는 신냉전의 늪으로 빠져들는지 모른다. 예를 들어, 미국이 화웨이를 제재하자 중국이 '화웨이 지지국'을 규합하여 미국에 대항하고 있다. 이제 세계 각국이 미국과 중국 중 하나를 선택해야 하는 상황에 직면하고 있다. 차세대 기술과 표준을 누가 선점하느냐가 이 총성 없는 전쟁의 관건이 될 것이다. 세계 각국에 '어느 편이냐'를 묻고 있는 미국과 중국에 대해 세계 각국이 줄서기에 나서면서 '디지털 철의 장막(digital iron curtain)'이 전 세계에 드리워질 가능성이 커지고 있다. 이제 미국을 중심으로 서구세력의 선택은 중국식 과학기술 혁명을 따르거나 아니면 가치추구가 다른 중국을 국제사회에서 배제하는 것이다. 문제는 그러기에는 중국이 갖는 잠재력이 크고 그 파급효과가 적지 않아서 쉽게 성공할지는 미지수이다.

가치구현 충돌 상황에서 미국이 중국을 견제하는 대표적인 방식은 '표준전쟁(standard war)'이다. 각종 표준설정에서 중국의 참여를 배제함으로써 자연스레 시장에서 도태시킨다는 것이다. 미국 트럼프 행정부는 중국이 AI·빅데이터 시대에 감시사회를 구축하고 있다고 비난하고, 지금까지의 중국식 기술혁명을 지식재산권 탈취라는 범죄 행위로 폄훼하면서 중국정부의 민주주의 질서 위협 등을 비판해 왔다. 미국은 홍콩의 반정부 시위를 거론하며 중국에 자유가 주어질 때 어떤 일이 일어나는지 보여 주는 좋은 사례라고 지적한 바 있다.(이상환, 2020b: 9-10)

탈세계화는 국가 간 상호의존과 통합이 약화되는 과정을 일컫는 개념이다. 국가 간 경제 관계에서 무역과 투자가 감소하고 국가 간 정치 관계에서 통합에 역행하는 현상을 말하는 것으로 세계화의 반대 개념이다. 역사상 탈세계화 현상이 부각 된 시기는 대공황을 겪은 1930년대와 글로벌 금융위기 이후 무역 침체기인 2010년대이다. 1930년대와 2010년대의 탈세계화 현상을 가져오기 전에 국제사회는 세계화 규범에 충실하려 했던 시대를 경험했었다. 이는 각각 1850-1914년 시기와 1950-2007년 시기라고 할 수 있다. 이러한 시기를 경험한 후 충격적인 금융위기로 인해 세계화 시대가 쇠락의 길을 맞이한 것이다.(이상환, 2020c)

하지만 1930년대의 탈세계화 양상과 2010년대의 탈세계화 양상은 성격상 차이점이 있다. 1930년대에는 민주주의 국가들이 자유무역주의를 지키려 했고 자급자족에 의존하려는 전체주의 독재국가들이 탈세계화 현상을 주도했다. 반면 2010년대 이래 현재 상황은 민주주의 국가들이 이를 주도하고 있다. 미국 트럼프 대통령의 '미국 우선주의(America First)'와 영국의 '브렉시트(Brexit)' 움직임이 국제사회를 탈세계화 과정으로 몰고 간 것이다. 이는 보호무역주의와 경기침체라는 경제적 동인에 의한 것만이 아니라 상이한 가치 추구라는 정치적 동인도 작용한 것이다.(이상환, 2020c)

세계화 수준을 파악하는 대표적인 지표는 스위스경제연구소(KOF Swiss Economic Institute)가 발표하는 세계화 지수이다. 그 지표에 의하면 세계화 수준은 1990년 이후 글로벌 금융위기 직전인 2007년까지 급속히 증가했고, 2008년 경제대불황 이래 단지 약간 올랐었다. 1990년 이래 처음으로 2015년에 세계화 수준이 감소했다. 이는 세계화 측면 중 경제적 세계화에 있어서의 쇠퇴에 기인한 것이다. 당해 연도에 정치적 세계화는 오히려 개선되었고 사회적 세계화는 정체 상태였다. 2015년 이후 2022년까지는 세계화 흐름이 상승하락을 반복하며 사실상 정체 상태이다.

**표 20 세계화 지수(kof globalisation index; 연도별 세계 평균치)**

| 1990 | 43.6 | 2001 | 53.3 | 2012 | 60.9 |
|---|---|---|---|---|---|
| 1991 | 43.7 | 2002 | 53.4 | 2013 | 61.2 |
| 1992 | 44.7 | 2003 | 54.4 | 2014 | 61.8 |

| 1993 | 45.8 | 2004 | 55.5 | 2015 | 61.7 |
|---|---|---|---|---|---|
| 1994 | 46.8 | 2005 | 56.4 | 2016 | 61.9 |
| 1995 | 48.1 | 2006 | 57.5 | 2017 | 62.1 |
| 1996 | 48.3 | 2007 | 58.8 | 2018 | 61.2 |
| 1997 | 49.3 | 2008 | 59.3 | 2019 | 62.0 |
| 1998 | 50.3 | 2009 | 59.6 | 2020 | 61.8 |
| 1999 | 51.3 | 2010 | 60.1 | 2021 | 61.5 |
| 2000 | 52.5 | 2011 | 60.5 | 2022 | 61.0 |

출처: Eidgenössische Technische Hochschule Zürich; KOF Swiss Economic Institute (https://kof.ethz.ch/en/forecasts-and-indicators/indicators/kof-globalisation-index.html)

탈세계화는 경제 부문에서 보호무역주의와 함께 간다. 국가 간 상호교류의 감소와 이에 따른 낮은 경제 성장은 결국 보호무역주의를 수반한다. 이는 국가 간 협력을 줄이고 갈등의 위험을 증가시키며 비경제적 부문에서도 문제를 초래한다. 이처럼 탈세계화는 정치적 현상으로도 이해할 수 있다. 예를 들어, 미국 부시 행정부와 오바마 행정부가 제도화한 미국산 제품 구매를 독려하기 위한 '미국제품구매 법안(Buy American Act)'이 있다. 또한 유럽연합(EU)의 농산물 분야 보호를 위한 새로운 보조금 지급 정책도 마찬가지 예이다. 이러한 탈세계화 정책은 선진국들이 2008년 글로벌 금융위기로부터 탈피하는 방안이자 정치적 의도가 깔린 행위이다.(이상환, 2020c)

최근에 반세계화(Anti-globalization) 움직임에 있어서 변화가 감지되었다. 반세계화는 이제 선진국들과 보수정치인들 사이에서도 강력한 기반을 갖고 있고, 개도국들 중에서 특히 브릭스(BRICS) 국가들 사이에서 매우 상이한 양상으로 전개되고 있다. 새로운 민족주의 흐름이 그 저변에 존재하고 난민 문제 등 각종 민족·인종 갈등이 국내외 정치지형에 영향을 미치며 새로운 진영 논리 속에 국가들을 편입시키고 있다.(이상환, 2020c)

후쿠야마는 2020년 이후 시장 중심 자본주의의 미국과 국가 중심 자본주의의 중국이 세계 패권 다툼을 벌일 것으로 내다봤다. 이 싸움의 핵심은 민주주의와 인권 등 인류 보편적 가치를 공유하고 있느냐의 문제다. 이 싸움의 전 단계가 기술 경쟁력과 표준 싸움이다. 중국이 인공지능(AI) 기술에서 앞서 나가고 있는데, 이는 중국이 인권·개인정보 보호 문제를 등한히하기 때문이라는 것이다. 이에 서구국가들은 인권 가치를 공유하지 않는 나라를 빼고 경제 표준을 만드는 '표준전쟁(standard war)'으로 대응하고 있다. 지금 국제사회는 새로운 양 진영(Global North와 Global South)으로 재편되고 있다.(이상환, 2020c)

열린 사회 유럽이 난민 문제와 코로나19로 내부 갈등을 경험하면서 닫힌 사회로 이행할는지 모르는 상황이다. 또한 열린 사회의 리더인 미국의 트럼프 대통령은 재선 후 닫힌 사회로의 이행 조짐을 보이고 있다. 멕시코 국경장벽 건설을 둘러싼 인접국과의 갈등과 코로나19에 따른 국내적 인종·계층 갈등 등이 그 예이다. 반면 미·중 통상전쟁은 중국을 열린 사회로 이끌기 위한 닫힌 사회에 대한 경고로 보이기도 한다. 코로나19가 국제사회에 던진 메시지는 국가 간 갈등이 아닌 공동체적 협력만이 국제사회의 '살길'이라는 것이다. 아울러 닫힌 사회가 아닌 열린 사회로의 이행만이 밝은 미래를 보증한다는 것이다.(이상환, 2020c)

최근 새로운 냉전의 도래를 우려하는 목소리가 커지고 있다. 제2차 세계대전 후 냉전의 양상은 유럽에서의 동·서독 분단과 동아시아에서의 남·북한 분단이 이를 잘 대변해준다. 이는 결국 이념대결로 자본주의 대 공산주의, 민주주의 대 전체주의, 그리고 제1세계(북대서양조약기구, 브레튼우즈체제) 대 제2세계(바르샤바조약기구, 코메콘체제)로 대별된다. 가치와 이익을 공유하는 진영 내 협력과 가치와 이익을 달리하는 진영 간 갈등이 과거 냉전의 모습이었다. 그 대결 구도에서 살아남는 길은 진영 속에서 힘을 키우는 것밖에 없었다.(이상환, 2020c)

그렇다면 최근 논의되고 있는 신냉전은 무엇을 일컫는가. 신냉전은 탈냉전기 패권경쟁의 산물이고 중국의 급부상과 이에 따른 새로운 가치 충돌의 결과라고 할 수 있다. 탈냉전기 도래 이후 세계는 중국의 급부상을 목격해 왔고 중국 위협론과 기회론이라는 상반된 시각에서 이를 전망하게 되었다. 미국을 중심으로 한 서구세력은 급속한 경제발전을 해 나가는 중국 내에서 정치적 민주화의 불길이 일어나기를 기대했다. 하지만 이는 잘못된 기대가 되었다. 홍콩민주화운동 사태에 직면한 중국 당국의 태도는 서구국가들을 실망시키기에 충분했다. 이는 경제발전이 정치적 민주화를 초래한다는 명제가 중국에서는 적용되지 않음을 보여 주는 것이다.(이상환, 2020b: 8; 이상환, 2020c)

여기서 미국을 중심으로 한 냉전기 제1세계의 고민은 깊어진다. 중국의 급부상을 기회론이라는 낙관적 사고로 전망했던 사람들도 이제는 위협론이라는 비관적 사고로 전환하고 있다. 이러한 우려를 낳기에 충분한 행동을 중국 정부가 했다고 해도 과언이 아니다. 재작년 중국이 집단지배체제를 일인지배체제로 바꿨을 때 미국을 중심으로 한 서구세력은 중국 정치의 퇴행에 실망했다. 중국을 견제해야 한다는 주장이 미국사회에서 더욱 설득력을 갖게 된 것이다. 사고체계가 다른 힘 있는 중국의 출현은 서구세력의 입장에서 보면 최악의 상황이다. 유럽의 영국에서 북미의 미국으로의 평화로운 세력전이가 가능했던 것은 바로 양국 간 '가치공유(shared values)'가 그 배경이었다.(이상환, 2020b: 8; 이상환, 2020c)

만약 미국과 중국 간 가치의 공유가 미약하다면 평화로운 세력전이가 가능할 것인가. 그 답은 '아니오'일 것이다. 오늘날 국제질서는 가치를 우선하는 국가군과 이익을 우선하는 국가군 간의 대결 구도로 재편되는 조짐이 일고 있다. 하지만 오늘날의 상황은 구 냉전과는 사뭇 다르다. 그 당시는 미·소 간 그리고 제1세계와 제2세계 간 '이익공유(shared interests)'가 미미했다. 지금은 강대국 간 즉 경쟁국가 간 이익의 공유가 적지 않다. 경제적 상호의존이라는 구조적 제약이 극단적인 선택을 억지하는 상황이다. 가치공유 우선 국가들이 중국의 반인권적·비민주적 행태를 비판하며 사고와 행태의 변화를 요구하고 있음에도 불구하고, 그들은 이익 훼손을 걱정하며 역학구도의 변화에 주목하기도 한다.(이상환, 2020b: 8; 이상환, 2020c)

가치공유 우선과 이익공유 우선이라는 선택의 기로에서 각국은 어떤 길을 가야 할 것인가. 짧게 말하자면, 둘 다 중요하다. 가치공유를 우선하면서 중국을 사고가 다른 위협세력으로 보고 이를 견제하려는 서구강대국과, 일단 먹고살기 위해 중국의 가치추구가 어떻든 이익을 극대화하기 위해 중국에 편승하는 아시아와 아프리카의 약소국 간 대결 구도로 국제사회는 이합집산하는 양상이다. 한마디로 말하여, 구냉전이 가치·이익 공유국가(군)과 이(異)국가(군) 간의 갈등이었다면, 신냉전은 가치우선 국가군과 이익우선 국가군 간 갈등 구조를 형성하고 있다. 국가 간 이해관계가 복잡하다보니 가치공유에 따른 결속력이 일부 강대국을 제외하면 한계가 있다고 할 수 있다.(이상환, 2020b: 9; 이상환, 2020c)

새로운 냉전 시대에 걸맞은 이념대결은 어떠한 구도인가. 경제적인 맥락에서 보면, 미국을 중심으로 한 시장 중심 자본주의(시장자율성 우선) 대 중국을 중심으로 한 국가 중심 자본주의(국가개입 우선)가 그것이다. 정치적인 맥락에서 보면, 미국을 축으로 한 민주주의(다당제, 법치주의) 대 중국을 축으로 한 권위주의(일당지배, 인치주의)가 그 핵심이다. 경제적인 측면에서는 과거 냉전과 다른 양상이나 정치적인 측면에서는 그 성격이 유사하다. 서구국가들이 딜레마에 빠지는 이유는 AI, 빅데이터 시대에 중국의 기술혁명이 반인권적·반윤리적 문제가 있음에도 불구하고 국가경쟁력을 갖게 된 것 때문이다.(이상환, 2020b: 9; 이상환, 2020c)

오늘날의 국제질서를 G20 속의 G2 시대 혹은 다극 속의 양극체제라고 규정한다. 국제사회는 1990년 냉전 종식과 더불어 탈냉전 시대를 맞이하였다. 지난 30년간 우리는 세계화와 정보화의 시대를 경험해 왔고, 2020년 코로나19는 탈세계화와 디지털화라는 새로운 생활상을 강제하고 있다. 이런 가운데 우리나라는 미국과 중국 사이에서 선택을 강요받고 있다. 아직은 미국과 중국 간 불균형적인 양극체제를 형성하고 있으나 2050년에는 보다 균형적인 양극체제로 전환될 수 있다. 만약 이러한 흐름이 사실이라면 우리는 미래를 위해 보다 사려 깊은 대비가 필요하다. 미·중 간 균형적인 양극체제가 현실화된다면 우리는 어느 한쪽에 편향된 외교적 스탠스를 가질 수 없다. 하지만 우방을 판단하는 기준은 이익의 공유보다는 가치의 공유가 우선해야 한다. 중국의 정치적 민주화가 진전이 없다면 우리는 지리적으로 멀리 위치한 우방인 미국을 통해 중국을 견제하는 지혜를 구현해야 할 것이다.(이상환, 2020b: 10; 이상환, 2020c)

## 2 미·중 패권 경쟁과 한국

2020년대, 세계질서와 동아시아지역질서의 축이 흔들리고 있다. 과연 21세기 이 시점을 무엇이라 명명해야 할까. 지난 수년간의 상황을 보며 새로운 이념 갈등의 시기 즉 신냉전 시기로 접어든 것이 아닌가 하는 우려를 하게 된다. 21세기 새로운 냉전기는 미국식 시장자본주의 대 중국식 국가자본주의 혹은 열린 사회 대 닫힌 사회 간의 대결로 볼 수 있다. 자본주의 내 경제발전을 위한 추동체(推動體)로 주로 시장이 기능해야 하느냐 아니면 국가가 역할을 해야 하느냐가 그 핵심 쟁점이다. 21세기 중국의 급부상은 중국식 국가자본주의의 위상을 높여 왔고, 미국을 비롯한 서구국가들은 중국식 국가자본주의의 한계를 비판하면서도 아이러니하게 국가개입주의적인 경제정책을 확대해 왔다. 최근 미국을 포함한 서구국가들의 일부 민중주의 양상은 이를 잘 보여 준다. 이런 가운데 민주주의 가치 논쟁이 이에 더해지면서 결국 중국이 그러한 가치를 공유할 수 있는 국가냐 하는 의구심이 증폭되는 것이다. 여기에 우리의 전략적 딜레마가 존재하는 것이다.(이상환, 2020b: 10; 이상환, 2020c)

최근 세계질서는 미국과 중국 간의 세력다툼이 자리를 잡아 가고 있다. 세기말 세계질서는 다극 속의 단극 구조, 즉 안보 측면에서 미국, 중국, 러시아의 3극 구조와 경제 측면에서 미국, 독일, 일본의 3극 구조가 중첩되어 5극 구조 속에 미국이 팍스아메리카나를 구가하는 양상이었다. 하지만 오늘날의 모습은 G20 속의 G2 구조라고 할 수 있다. 기존의 G7 혹은 G8 강대국과 더불어 10여 개국의 지역거점 강국이 영향력을 행사하는 다극 구조 속의 양극 구조가 그것이다.

동북아 지역질서는 냉전기 북방 삼각구조(소련–중국–북한)와 남방 삼각 구조(미국–일본–한국)가 잔존하는 가운데 중국과 일본 간의 패권 경쟁이 가속화되고 있다. 20세기 동안 미국과 러시아(소련) 간 세계적 패권 경쟁의 틈바구니 속에서 주목을 받지 못했던 일본과 중국 간의 힘겨루기가 탈냉전적 이완된 삼각구조 속에서 그 갈등 양상을 증폭하고 있는 것이다. 한마디로 말하여, 전 세계적 차원에서의 미국과 중국 간 G2 경쟁과 지역적 차원에서의 중국과 일본 간 지역패권 경쟁이 동시에 진행되고 있는 것이다.

21세기 들어 국제사회는 새로운 질서를 모색하는 과정에 있다. 이러한 변화 속에서 우리는 "미래를 어떻게 대비할 것인가?"하는 논쟁에 빠져들고 있다. 이 연구는 과연 "급변하는 국제정세 속에서 우리의 활로는 무엇인가?"하는 의문에 대한 답을 구하고자 하는 것이다. 세기적 전환기 속에서 국제정치학계 논쟁의 하나는 우리의 국가 전략과 관련된 것이었다. 즉 19세기에서 20세기로의 전환기와 20세기에서 21세기로의 전환기에 있어서 우리 국가 전략의 바람직한 방향에 관한 논쟁이 그것이다. 전자의 경우 우리는 힘(national power)이 없는 상황에서 자주라는 미명하에 외교 정책을 추진하다가 결국 망국의 길을 걷게 되었다. 후자의 경우 우리는 그 합의된 방향을 설정하기 위해 논쟁을 벌여 왔다. 그 대표적인 논쟁의 하나가 "균형(balancing)이냐?" 아니면 "편승(bandwagoning)이냐?"하는 21세기 우리 외교 전략의 방향과 관련된 것이었다.

오늘날 국가 간 인적·물적 교류는 복합적인 상호의존 양상을 보여 주고 있으며 세계 차원에서 결국 중국이 미국과 함께 가는 길을 택할 것이라는 주장을 하게 한다. 반면 동북아지역 차원에서 중국의 부상은 다른 해석을 하게 한다. 중국의 부상과 함께 동북아지역 내 패권 경쟁은 가속화되어 온 것이 사실이다. 예를 들어, 중국과 일본 간 해양영토분쟁은 양국의 군함과 전투기까지 동원되는 극도의 긴장과 갈등 상황으로 전개되기도 하였다. 더욱이 과거사 문제로 인한 갈등은 중국과 동북아 국가 간의 관계를 악화시켜 왔으며 특히 한국과 일본 간의 위안부 문제 해결의 합의에도 불구하고 다양한 역사인식 문제로 그 갈등은 잔존하는 것이 현실이다. 이는 세계질서에 대한 인식과는 달리 중국이 과거 일본이 주도한 동북아 지역질서에 변화를 주려는 움직임을 보일 것이라는 주장을 하게 한다.

21세기 첫 20년간 세계질서는 미국과 중국 간 안정된 관계 구조를 유지해 왔다. 경제력과 군사력으로 대별되는 경성국력을 기준으로 미국과 중국의 위상을 통계자료에 기초하여 살펴보면 다음과 같다. 영국 싱크탱크 경제경영연구소(CEBR) 2019년 기준 자료에 의하면 미국은 세계 GDP에서 24.8%를 차지하는 최대 강국이고 중국은 세계 GDP에서 2위(16.3%)를 차지하는 강국이다. CEBR이 예측한 미·중 경제 규모의 역전 시점은 2033년이다. 한편 미국이 2033년 중국에 세계 최대 경제대국의 지위를 내주지만 2056년 중국을 제치고 다시 세계 1위에 올라설 것이란 전망도 있다. 또한 1인당 명목 GDP는 2020년 기준 미국은 67,427 달러이고, 중국은 10,873 달러이다. 경제적 차원의 경성국력 측면에서 중국의 위상을 평가하면 아직 초강대국인 미국과 거리감이 있으나 최근 일본, 독일을 따라잡은 것을 보면 그 상승세를 무시할 수 없다.

한편, 군사력 지표에 따르면 중국의 위상은 인정할 만하나 아직 미국과는 큰 거리감이 있다. 2021년 군사비 지출(IISS, 국제전략연구소와 SIPRI, 스톡홀름국제평화문제연구소에서 발표한 국방비 통계 기준)에 있어서 중국(1,780억 달러)은 미국(7,400억 달러)에 이어 2위이나 미국과의 격차는 4분의 1의 수준에 머물고 있다. 2021년을 기준으로 한 군사비 총액 및 세계 순위 통계에 의하면, 3위 인도 730억 달러, 4위 독일 570억 달러, 5위 영국 560억 달러, 6위 일본 510억 달러, 7위 사우디아라비아 480억 달러이고 한국은 8위이다. 미국 군사비는 세계 2위~11위 국가의 총합을 능가한다. 경성국력에 기초한 중국의 위상은 세계 2위권의 강대국이며 경제력과 군사력 측면에서 모두 그 영향력이 급부상하고 있음을 파악할 수 있다.

위에 언급한 바와 같이, 경제력과 군사력의 측면에서 미국과 중국의 국력을 비교할 경우 중국은 미국과 더불어 양극 구조를 형성하고 있다고 판단할 수 있다. 아직 그 격차가 존재한다는 점은 부인할 수 없으나 지금의 성장속도가 지속될 경우 세력전이가 머지않아 가능할 수 있다는 예상을 하게 한다. 그렇다면 중국이 세계질서의 구조를 바꾸려는 현상타파 세력일지, 아니면 미국과 평화로운 공존을 추구하는 현상유지 세력일지를 파악해야 한다. 그 의도를 파악하는 대안적인 지표로 양국 간 상대국가 인식 자료를 활용할 필요가 있다. 미국이 인식하는 중국과 중국이 인식하는 미국이 긍정적인가, 아니면 부정적인가. 그러한 인식은 개선되고 있는가, 아니면 악화되고 있는가. 체제 만족도를 상대국에 대한 인식으로 파악한다면 세계질서의 안정성은 미국과 중국 상호 간 인식에 달려 있는 것이다.

영국 BBC 방송이 발표하는 각국의 상대국의 영향력에 대한 인식 설문조사(Views of Different Countries' Influence)에 의하면, 미국인이 중국에 대해 주로 긍정적(mainly positive)으로 평가하는 비율은 26%, 주로 부정적(mainly negative)으로 평가하는 비율은 60%로 부정적인 인식이 대다수이다. 즉 미국이 중국을 우방으로 인식하고 있지 않다고 볼 수 있다. 한편 중국인이 미국에 대해 주로 긍정적(mainly positive)으로 평가하는 비율은 31%, 주로 부정적(mainly negative)으로 평가하는 비율은 61%로 마찬가지로 부정적인 인식이 대부분이다. 중국이 미국을 우방으로 인식하지 않는다고 볼 수 있다. 결과적으로 보면 양국 간 인식은 부정적이며 이는 중국이 현존 세계질서에 불만을 가질 가능성이 크고 미국도 중국으로의 세력전이를 받아들일 가능성이 크지 않음을 드러내고 있다. 특히 중국의 부상과 함께 중국의 영향력에 대한 국제사회의 인식도 전반적으로 기대보다는 우려로 확산되고 있음을 각종 자료는 보여 주고 있다.

한편 동북아 지역질서는 중국과 일본 간 불안정한 관계 구조를 보여주고 있다. 경제력과 군사력으로 대별되는 경성국력을 기준으로 일본과 중국의 위상을 통계자료에 기초하여 살펴보면 다음과 같다. 2019년 국가별 기준 자료에 의하면 일본은 세계 GDP에서 3위를 차지하는 강국이고 중국은 세계 GDP에서 2위를 차지하는 강국으로 일본은 중국에 비교하면 3분의 1을 상회하는 정도로 열세에 놓여 있다. 경제적 차원의 경성국력 측면에서 일본과 중국의 위상을 비교하면 일본의 위상을 무시할 수는 없으나 중국이 이미 일본을 따라잡은 후 격차를 벌리고 있다. 군사력 지표에 따르면 중국의 위상은 일본을 능가하는 것으로 판단할 수 있다. 2021년 군사비 지출에 있어서 중국은 미국에 이어 2위이며 일본과의 격차는 거의 세 배에 달하는 수준이다. 하지만 2021년 추정치를 기준으로 한 군사비 세계 순위 통계에 의하면 일본은 세계 6위이다. 경성국력에 기초한 중국의 위상은 세계 2위권의 강대국이며 경제력과 군사력 측면에서 모두 그 영향력이 급부상하고 있어서 일본을 능가하고 있음을 파악할 수 있다.

위에 언급한 바와 같이, 경제력과 군사력의 측면에서 일본과 중국의 국력을 비교할 경우 일본은 중국에 비해 상대적으로 국력이 약화되고 있다고 할 수 있다. 중국의 부상이 지금의 성장속도를 지속할 경우 세력전이가 일어날 가능성이 큰 것이다. 그렇다면 중국이 동북아 지역질서의 구조를 바꾸려는 현상타파 세력인지, 아니면 일본과 평화로운 공존을 추구하는 현상유지 세력인지를 파악해야 한다. 그 의도를 파악하는 대안적인 지표로 양국 간 상대국가 인식 조사를 활용할 필요가 있다. 일본이 인식하는 중국과 중국이 인식하는 일본이 긍정적인가, 아니면 부정적인가. 그러한 인식은 개선되고 있는가, 아니면 악화되고 있는가. 체제 만족도를 상대국에 대한 인식으로 파악한다면 동북아 지역질서의 안정성은 일본과 중국 상호 간 인식에 달려 있는 것이다.

영국 BBC 방송이 발표하는 각국의 상대국의 영향력에 대한 인식 설문조사(Views of Different Countries' Influence)에 의하면, 일본인이 중국에 대해 주로 긍정적(mainly positive)으로 평가하는 비율은 14%, 주로 부정적(mainly negative)으로 평가하는 비율은 85%로 부정적인 인식이 압도적이다. 즉 일본이 중국을 적으로 인식하고 있다는 점을 보여 주는 것이다. 한편 중국인이 일본에 대해 주로 긍정적(mainly positive)으로 평가하는 비율은 22%, 주로 부정적(mainly negative)으로 평가하는 비율은 75%로 마찬가지로 부정적인 인식이 압도적이다. 즉 중국 역시 정도의 차이는 있으나 일본을 적으로 인식하고 있음을 알 수 있다. 결과적으로 보면 양국 간 인식은 매우 부정적이며 이는 중국이 현존 동북아 지역질서에 불만을 가질 가능성이 크고 일본도 중국으로의 세력전이를 받아들일 가능성이 거의 없음을 드러내고 있다. 특히 중국의 급부상과 함께 중국의 영향력에 대한 인식이 일본 내에서 큰 우려로 확산되고 있음을 각종 자료는 보여 주고 있다. 결론적으로, 중국은 동북아 지역질서의 패권국인 일본(미·일 동맹)의 패권에 도전하는 국가로서의 능력과 의도를 확실히 보여 주고 있다. 중국의 영향력을 긍정적으로 인식하는 일본의 수치가 아주 낮고 일본의 영향력을 부정적으로 인식하는 중국의 수치가 10% 높다는 점에서 양국 간 인식이 아주 부정적임을 알 수 있다. 특히 조사대상 국가 중 상호 간 최악의 인식을 서로 하고 있다는 점에서 비관적인 전망을 하지 않을 수 없다.

동북아의 약소국으로서 우리나라는 동북아의 세력배분구조가 변화할 때마다 항상 새로운 가능성을 찾으며 생존과 자주를 모색해 왔다. 역사적으로 회고해 볼 때, 우리나라는 중국과 북방민족들 사이에서 동맹외교, 중립외교, 또는 균형외교를 구사하기도 하였으며, 중국의 패권이 강할 경우 사대외교를 통해 생존과 자주를 추구하기도 하였다. 하지만 19세기 말 동북아의 전통 사대질서가 근대 국제질서로 전환하는 과정에서 우리나라는 자주외교에 실패함으로써 일제의 식민지로 추락하는 아픈 경험을 갖고 있다.(정용화, 2003: 202) 오늘날 우리의 전략적 선택에 관한 논의는 중첩된 양자구도(미-중, 중-일) 속에서 중견국으로서 취할 수 있는 바람직한 선택을 제시한다는 점에서 중요한 현실적 함의를 갖고 있다.

첫째로 우리가 취할 수 있는 전략적 선택은 균형(balancing) 전략이다. 19세기에서 20세기로 넘어가는 시점에서 우리는 어설픈 자주를 추구했고 이는 주권 상실이라는 최악의 결과를 맞이했다. 국력이 뒷받침되지 않은 가운데 균형 전략을 선택했고 이는 오히려 지나친 외세의 개입을 유발하여 우리나라의 자주·독립을 위협하는 상황을 초래하였다.

21세기 초 한동안 동북아균형자론이 학계의 뜨거운 감자로 논쟁을 야기한 적이 있다. 여기서 의제는 우리가 균형 전략을 추구해야 하느냐? 하는 점과 균형자로서의 역량을 갖고 있느냐? 하는 점이었다.

이러한 동북아균형자론은 균형자의 개념이 국제정치학에서 압도적인 국력을 바탕으로 지역질서를 조정하는 세력균형자로서 사용되어 왔다는 사실 때문에 그 진정한 의도에 대해 논란이 야기되었고, 또한 이에 대한 설명 과정에서 한국의 외교적 기축이 되어왔던 한·미동맹 및 한·미·일 정책공조 체제에서 이탈하는 뉘앙스가 풍겨 나왔기 때문에 오해를 받아 왔다. 이 논의가 제기된 시점이 공교롭게도 영토 문제에 대한 대일 강경정책 전개와 상대적인 대중 안보협력 강화의 시점과 맞물려 친중, 반일의 정책이 아닌가 하는 오해를 낳기도 하였다.(박영준, 2006:186) 현 시점에서 균형 전략은 자주외교라는 큰 틀에서 보면 매력적으로 보이나 우리의 역량을 감안하면 그 한계점이 보인다.

둘째로 우리가 취할 수 있는 전략은 편승(bandwagoning) 전략이다. 지난 반세기 간 우리나라는 미국의 핵우산하에서 자유진영의 첨병으로서 냉전적 질서 속에서 안보를 유지해 왔다. 한·미·일 남방 3각 구도 속에서 북·중·러 북방 3각 구도를 경계하며 살아온 것이 우리의 모습이다. 냉전적 구도 속에서 우리나라는 자연스럽게 미국의 군사력에 편승하여 생존을 확보해 왔다고 볼 수 있다. 이러한 냉전적 안보관은 탈냉전의 전개와 함께 사라지게 되고 우리는 새로운 안보관을 모색하게 되었다. 안보적인 측면에서 동북아는 아직 냉전적 구도가 남아 있으나 미국에 무조건 편승하는 것도 더이상 불가능하고 바람직한 것도 아니라는 공감대가 형성되어 가고 있다.

한편 북한은 독자적인 힘으로 중국의 부상을 좌절시키거나 지연시키는 것이 어렵다는 것을 인정하고 중국의 부상 과정과 부상의 결과를 자국의 이익에 맞도록 조절하고 자국에 대한 손해를 최소화하려는 편승전략을 취하고 있다. 북한이 중국의 부상에 대해 추구하는 편승 전략은 체제안정과 경제회복, 그리고 미국의 적대시 정책에 대한 견제 등이 주요한 목적이 되고 있다.(김예경, 2007)

이러한 편승 전략은 약소국이 생존을 위해 주로 취하는 정책적 선택인데, 이 경우에 약소국의 강대국에 대한 편승은 강대국의 직접적인 위협을 피하기 위한 외교정책이다.

하지만 미국에 대한 북한의 갈등적 편승외교전략은 안보 위협을 느끼는 약소국의 편승이 강대국에 대해 굴복을 의미하지 않을 수 있고, 약소국이 강대국의 요구를 일방적으로 수용할 수밖에 없는 과정을 반드시 경험하지 않을 수 있음을 보여 주고 있다.(장노순, 1999)

현시점에서 편승 전략은 생존이라는 목표를 달성하는 데 값싼 방식이라는 측면에서 보면 매력적으로 보이나 이러한 편승이 강대국 간 불필요한 갈등을 유발하고 냉전적 안보 구도 속에 한반도를 지속적으로 남겨 놓는다는 점에서 그 한계점이 보인다. 또한 편승의 대상국이 누구냐 하는 논쟁 속에서 기존의 우방국인 미국과 새로운 강자로 부상하는 중국 사이에서 줄다리기를 하는 과정에 우리나라를 놓이게 하면 걷잡을 수 없는 안보적 공황 상태에 빠질 수 있는 것이다. 이처럼 편승 대상국의 선정은 다른 일방을 적대국으로 전락시킬 위험이 있기때문에 신중을 기해야 한다.

셋째로 우리가 취할 수 있는 대안적 선택은 상쇄(offset) 전략이다. 균형 전략과 편승 전략이 주로 행위자를 중심으로 한 전략적 선택을 논의한다면 상쇄 전략은 행위자 중심이 아닌 이슈 중심의 균형 전략이라고 할 수 있다. 균형 기제(balancing instrument)로서 다수 국가의 지지를 받는 제도(institution) 즉 국제적 규범 혹은 기준을 제시하는 가치의 중재자로서의 지위를 얻는 방식으로, 즉 양 극단적 이견과 패권적 이해관계를 상쇄시키는 의견 수렴 과정을 주도함으로써 리더십을 발휘하는 방식으로 외교전략을 취하는 것이 상쇄 전략이다.

앞서 말한 동북아균형자론이 설득력을 갖기 위해서는 균형자라는 개념이 18세기 영국의 경우처럼 압도적인 군사력과 경제력으로 대륙의 평화유지를 조정하는 균형자를 의미하는 것이 아님은 분명하다. 다만 지금까지 주변국을 침략한 역사가 없는 한국의 도덕적 기반과 증진된 국가위상을 활용하여, 지역질서의 안정과 평화를 위해 보다 적극적인 역할을 담당하겠다는 의미를 갖고 있는 것으로 보인다. 동북아균형자론의 균형자란 힘의 균형자가 아니라 가치와 인식의 균형자라고 설명하는 주장은 이러한 점을 잘 반영하고 있다. 이외에 동북아 안정의 촉진자(faciliator), 갈등의 조정자(mediator), 국제적 아젠다의 창안자(initiator) 등의 개념과 맥을 같이 한다.(박영준, 2006: 177-178) 하지만 이러한 모든 주장은 아직도 행위자 중심의 사고방식에 갇혀 있다고 할 수 있으며 '상쇄' 전략과는 상이함을 파악할 수 있다.

이러한 '상쇄' 전략이 적절히 작동하기 위해서, 우리나라는 중견국으로서 '평화의 가교' 역할을 해야 하며 동맹 및 우방 관계를 소중한 대외적 자산으로 삼아 적대적 요소를 줄이고 우호적 요인을 늘려 나가는 대외정책을 전개해야 하고, 동북아 지역질서의 공동이익으로 될 수 있는 협력적 아젠다를 적극적으로 개발해야 하는 것이다.(박영준, 2006: 186) 또한 국제관계는 힘의 관계만이 아니라 규범의 관계임을 유념하여, 약소국의 입장에서는 국제규범을 활용하는 지혜가 자주외교의 중요한 수단임과 함께 자주외교의 조건으로서 국내 역량의 효율적 동원이 중요함을 인식해야 한다.(정용화, 2003) 아울러 21세기 새로운 동북아 질서 수립을 위해서는 관련 당사국들의 동북아 질서에 대한 구상과 인식의 과감한 수정 그리고 열강의 역할에 대한 발상의 전환이 요구되며, 이를 어길 시 21세기도 20세기의 실패를 되풀이할 수 있다는 점을 유념해야 한다.

세계질서 차원에서 중국은 아직 미국을 능가하는 세력으로서의 모습을 보여 주지 못하고 G2로서 현존 체제를 받아들이고 있다. 즉 세력전이이론이 말하는 전쟁을 야기하는 세력전이 가능성을 전망하기 어렵다. 반면에 동북아 지역질서 차원에서 중국은 일본을 능가하는 세력으로서의 모습을 보이고 있으며 지역 패권국으로서의 지위를 얻기 위해 노력하고 있다. 즉 세력전이이론이 주장하는 최악의 경우를 상정할 수 있을 정도로 우려를 하게 된다. 한마디로 말하여, 미－중간 세력전이 양상과 중－일간 세력전이 양상은 상충되게 진행되고 있다고 말할 수 있다. 문제는 이러한 상반된 이중적 세력전이 상황에서 어떠한 결과가 발생하느냐 하는 점이다.

첫 번째 시나리오는 세계질서의 안정성이 동북아 지역질서의 불안정성을 억지(deterrence)하여 중－일 간의 관계를 관리하는 경우이다. 이러한 상황하에서 미국, 중국, 일본은 현상유지 정책을 택하게 될 것이고 동북아 질서는 안정적인 모습을 보일 것이다. 남북관계도 대화의 분위기 속에서 북한을 제도적으로 변화시킬 수 있는 국제사회의 방안이 마련될 가능성이 크다. 북한이 기댈 수 있는 파트너가 없다는 점이 자칫 단기적으로 북한의 핵개발과 강경외교노선을 부추길 가능성은 있으나 그러한 자세를 지속적으로 취하기는 어려울 것이다.

두 번째 시나리오는 동북아 지역질서의 불안정성이 세계질서의 안정성을 압도하여 동북아 지역의 패권 경쟁이 가속화되고 중-일간 무력충돌이 발생하는 경우이다. 이러한 상황하에서 미국이 어떠한 외교정책을 취할지, 일본에 대해 어떠한 입장을 견지할지가 문제이다. 고립주의냐 국제주의냐, 개입이냐 방임이냐 등 미국의 세계전략이 선택의 기로에 직면하게 되는 상황이 발생할 것이다. 중국의 입장에서 보면 세계질서에서는 현상유지 세력, 동북아질서에서는 현상타파 세력으로서의 행동을 하게 되는 것이며 이는 미국의 묵인이 없으면 성공 가능성이 희박한 것이다. 이런 불안정성 속에서 남북관계도 불투명한 상황이 발생할 것이다. 한국은 편승이냐 균형이냐, 편승을 한다면 누구한테 편승하느냐 하는 전략적 선택상황에 직면할 것이다. 북한의 전략적 선택이 남북관계 및 한반도 통일에 미치는 영향이 클 것이다.

세 번째 시나리오는 세계질서의 불안정성과 동북아 지역질서의 불안정성이 동시에 작동하여 미-중 간 및 중-일간의 충돌이 발생하는 경우이다. 이러한 상황하에서 미국과 일본은 중국을 견제·봉쇄하는 선제적 조치를 취하게 될 것이고 세계 질서 및 동북아 질서는 불안정한 모습을 보일 것이다. 남북관계도 냉전적 남방 3각 구도와 북방 3각 구도 속에서 대결 구도로 가게 될 것이다. 단기적으로 북한을 통제할 수 있는 강국이 없다는 점이 자칫 북한의 도발을 초래할 가능성을 증폭시킬는지 모른다.

앞으로의 동북아 지역질서는 더욱 더 예측이 불가능한 모습을 띨 것이다. 중국의 부상에 따른 지역패권국인 일본의 경계, 그리고 이에 대응하는 세계패권국인 미국의 견제 등 복합적인 상황을 고려하여 동북아 지역질서는 물론 세계질서의 미래를 파악해야 할 것이다. 세 가지 시나리오 중 첫 번째로 갈 경우 남북관계의 미래도 낙관적 전망을 할 수 있으나 두 번째 혹은 세 번째로 갈 경우 비관적 전망을 할 수밖에 없다. 중국이 세계질서 속에서는 현상유지 세력으로서, 동북아 지역질서 속에서는 현상타파 세력으로서의 자세를 취할 경우 미국이 어떠한 외교적 자세를 취하느냐가 향후 동북아 지역질서 및 세계질서, 그리고 한반도 통일을 전망하는 데 중요한 판단기준이 된다고 할 수 있다. 더욱이 중국이 세계질서 및 동북아지역질서에 있어서 모두 현상타파적 전략을 취할 경우 국제질서는 파국으로 갈 가능성이 커진다고 할 수 있다.

오늘날 중국의 부상은 세계질서에 영향을 줄 수 있는 조건으로, 여기에는 두 가지 상반된 시각이 존재한다. 중국의 부상을 기회로 보는 시각은 중국이 세계질서를 존중하고 유지하는 국가로 성장할 것이라는 낙관적인 전망을 한다. 반면 중국의 부상을 위협으로 보는 시각에 의하면 중국이 향후 기존의 세계질서를 자국에게 유리하게 재조정할 것이며 이런 과정 속에서 미국과의 갈등을 증폭시킬 것이라는 비관적인 전망을 한다. 어느 전망이 맞을는지 확신할 수는 없으나 그동안 증가해 온 양국 간의 인적·물적 교류는 복합적인 상호의존 양상을 보여 주고 있으며 결국 중국이 미국과 함께 가는 길을 택할 것이라는 주장을 하게 한다.

반면 지역차원에서 중국의 부상은 다른 해석을 하게 한다. 중국의 부상과 함께 동북아 지역 내 패권 경쟁은 가속화된 것이 사실이다. 예를 들어, 중국과 일본 간 해양영토분쟁은 양국의 군함과 전투기까지 동원되는 극도의 긴장과 갈등상황으로 전개되기도 하였다. 더욱이 과거사 문제로 인한 갈등은 중국과 일본 간의 관계를 악화시키고 있다. 이는 세계질서에 대한 인식과는 달리 중국이 과거 일본이 주도한 동북아 지역질서에 변화를 주려는 움직임을 보일 것이라는 주장을 하게 한다.

앞으로의 동북아지역질서는 더욱 더 예측이 불가능한 모습을 띨 것이다. 중국의 부상에 따른 지역패권국인 일본의 경계, 그리고 이에 대응하는 세계패권국인 미국의 행태 등 복합적인 상황을 고려하여 동북아지역질서는 물론 세계질서의 미래를 파악해야 할 것이다.

세계질서 및 동북아지역질서의 일원으로서 한반도 통일을 지향하는 우리나라가 오늘날의 상반된 이중구조 상황 속에서 어떠한 전략적 선택을 해야 할지 우리에게 시사하는 바가 크다. 협력의 전이 양상이 지배하든, 갈등의 전이 양상이 지배하든, 우리는 변화를 강요받을 것이다. 기존의 한-미 관계는 물론, 한-중 관계 나아가 한-일 관계도 구조적 변화 속에서 재정립의 필요성을 느끼는 시점에 우리는 놓여 있다. 한반도 통일을 위한 접근법도 이러한 재정립의 과정에서 재고되어야 하는 것이다.

# PART 02

# Post COVID-19의 국제관계



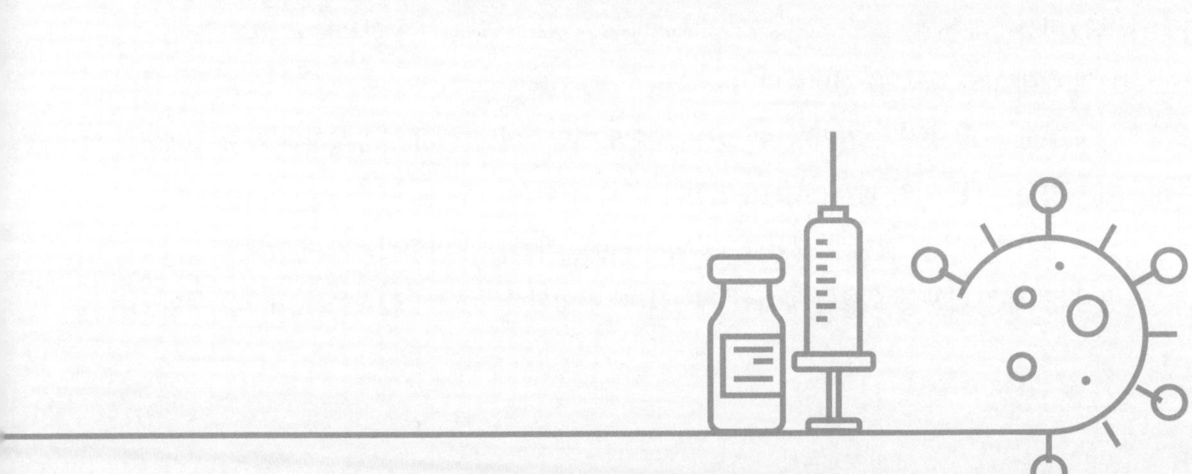

Chapter 04

# 국제사회와 COVID-19

## 1 COVID-19의 기원

COVID-19는 중증급성호흡기증후군 코로나바이러스로 인해 발생하는 코로나바이러스 2019를 말한다. 이 코로나바이러스는 2019년 12월 중국 우한에서 발생한 것으로 처음 확인되었다. 바이러스를 억제하려는 초기 시도가 실패하여 COVID-19는 아시아는 물론 전 세계로 퍼져 나갔다. 이에 세계보건기구(WHO)는 2020년 1월 30일 국제적 공중보건 비상사태(Public Health Emergency of International Concern; PHEIC)를 선포하고 2020년 3월 11일 팬데믹(Pandemic)을 선언했다.

COVID-19 증상은 감지할 수 없는 것부터 치명적인 것까지 다양하지만 가장 일반적으로 열, 마른 기침 및 피로를 수반한다. 중증 질환은 노인 환자와 특정 기저 질환이 있는 환자에게서 더 많이 발생한다. COVID-19는 사람들이 바이러스가 포함된 비말과 공기 중 작은 입자로 오염된 공기를 흡입할 때 전염된다. 이러한 물질을 들이마실 위험은 사람들이 가까이 있을 때 즉 실내에서 가장 높다. 감염된 환자는 일반적으로 10일 동안 전염성이 있으며 증상이 나타나지 않더라도 바이러스를 퍼뜨릴 수 있다. 또한 이는 다양한 정도의 감염성을 가진 많은 변종을 생성했다.

COVID-19 백신은 2020년 12월부터 여러 국가에서 승인되고 널리 배포되었다. 이와 함께 권장되는 예방조치는 사회적 거리두기, 마스크 착용, 환기 및 공기 여과 개선, 노출되었거나 감염된 사람 격리 등이 있다. 치료에는 새로운 항바이러스제와 증상 조절이 포함되고, 공중보건 완화조치에는 여행 제한, 봉쇄, 사업 제한 및 폐쇄, 작업장 위험 통제, 검역, 검사 시스템, 감염자 접촉 추적이 포함된다. 즉 치료와 함께 전염병을 통제하고 궁극적으로 종식하는 노력을 요하는 것이다.

팬데믹은 대공황 이후 가장 큰 글로벌 경기침체를 포함하여 전 세계적으로 심각한 사회적, 경제적 혼란을 촉발했다. 식량부족을 포함한 광범위한 공급 부족은 공급망 중단과 공황 구매로 인해 발생했다. 인간 활동의 감소는 전례 없는 오염 감소로 이어졌다. 많은 지역에서 교육 기관과 공공장소가 부분적으로 또는 완전히 폐쇄되었으며 2020년과 2021년에 많은 행사가 취소되거나 연기되었다. 잘못된 정보가 소셜미디어와 매스미디어를 통해 유포되었으며 정치적 긴장이 심화되었다. 감염병은 인종 및 지리적 차별, 건강 형평성, 공중보건 의무와 개인 권리 간의 균형 문제를 제기했다.

WHO는 2023년 3월 기준 COVID-19 팬데믹이 여전히 활성화된 것으로 간주하지만 일부 국가에서는 이를 풍토병 바이러스로 간주하는 방향으로 공중보건 접근방식을 전환하고 있다. 이 전염병은 처음에 여러 이름으로 알려졌다. 우한에서 처음 발생하는 동안 이는 일반적으로 '코로나바이러스', '우한 코로나바이러스', '우한 폐렴'으로 불렸다. WHO는 2020년 2월 11일 공식 명칭으로 COVID-19 및 SARS-CoV-2를 확정했다. 테워드로스(Tedros Adhanom Ghebreyesus) WHO 사무총장은 다음과 같이 설명했다. 코로나는 CO, 바이러스는 VI, 질병은 D, 발병이 처음 확인된 시기는 2019년 12월 31일이라는 것이다. WHO는 'COVID-19 바이러스'를 추가로 사용하고 있다. 한편 WHO는 그리스 문자를 사용하여 관심 변종의 이름을 지정한다. 변종이 식별된 위치에 따라 이름을 지정하는 초기 관행(Delta는 'Indian 변종')은 더 이상 일반적이지 않다.

## 1 배경

COVID-19는 2019년 11월 중국 후베이성 우한에서 시작되었다. 과학적인 합의는 바이러스가 박쥐 또는 다른 밀접한 관련이 있는 포유동물에서 유래한 동물원성 기원일 가능성이 가장 높다는 것이다. 바이러스의 기원에 대한 논쟁은 특히 미국과 중국 사이의 갈등을 고조시켰다. 가장 초기에 감염된 사람은 2019년 12월 1일에 병에 걸린 것으로 추정된다. 그러나 더 이른 경우는 2019년 10월 중순에서 11월 중순 사이에 감염되었을 가능성이 있음을 시사한다.

## 2 경과

2023년 4월 기준으로 코로나19로 인한 사망자는 690만 명 이상이었다. 첫 번째 확인된 사망은 2020년 1월 9일 우한에서 발생했다. 공식 사망자 수에는 일반적으로 양성 반응을 보인 후 사망한 사람들이 포함된다. 즉 확진 검사 없이 사망한 경우는 제외된다. 하지만 확진자로 판명된 후 기저 질환으로 사망한 사람은 포함될 수 있다. 일부 국가(예, 벨기에)에서는 검사를 받지 않은 경우를 포함하여 의심되는 사례로 인한 사망을 집계에 포함하기도 했다. 아울러 공식 사망자 수와 실제 사망자 수 간에 큰 괴리가 존재한다고 주장하는 보고도 다수 존재한다. 이코노미스트(The Economist)지가 발표한 2023년 2월 기준 전 세계 COVID-19로 인한 실제 사망자 수 추정치는 1,850만 명 이상으로 이는 WHO의 690만 명 이상과 큰 차이가 있다. 또한 증상 발현과 사망 사이의 시간은 6일에서 41일 사이이며 일반적으로 약 14일이다. 사망률은 나이에 따라 증가하고, 사망 위험이 가장 큰 사람은 노인과 기저 질환이 있는 사람으로 알려져 있다.

감염 치사율(Infection Fatality Ratio; IFR)은 질병으로 인한 누적 사망자 수를 감염된 개인의 누적 수로 나눈 값이다(무증상 감염 및 진단되지 않은 감염 포함, 백신 접종 감염자는 제외). IFR은 연령에 따라 증가한다(0-34세 0.004%, 35-44세 0.068%, 45-54세 0.23%, 55-64세 0.75%, 65-74세2.5%, 75-84세 8.5%, 85-세 28.3%). 이러한 비율은 연령대에 따라 약 10,000배 차이가 난다.

중년 성인의 IFR은 치명적인 자동차 사고의 연간 위험보다 두 자릿수 더 높고 계절성 인플루엔자로 사망할 위험보다 훨씬 더 높다.

## 2 COVID-19의 인과

COVID-19 발병지는 2019년 11월 우한이다. 발견 이전에 사람 간 전염이 발생했을 가능성이 있다. 12월 26일 폐렴 클러스터가 관찰되었고 12월 27일 우한 질병관리센터에 알렸으며 12월 28일 중국 질병통제예방센터(CCDC)에 신종 코로나바이러스의 발견을 보고했다. 12월 31일에 중국의 WHO 사무소는 폐렴 사례에 대한 보고를 받고 즉시 조사를 시작했다.

2020년 COVID-19의 대유행은 다음과 같다. 처음에는 감염 사례 수가 약 7.5일마다 두 배가 되었고, 1월 초순과 중순에 바이러스는 구정 명절 연휴 이동에 힘입어 다른 중국 지방으로 퍼져 나갔다. 우한은 교통의 중심지이자 주요 철도 환승지였다. 1월 30일에 7,800여 건의 감염이 확인되었고, WHO는 국제적 공중보건 비상사태(PHEIC)를 선언했다. 3월 11일에 WHO는 그것을 팬데믹으로 격상시켰다. 1월 31일경 이탈리아는 중국에서 온 두 명의 관광객에서 처음으로 감염이 확인되었다. 3월 19일에 이탈리아는 중국을 제치고 사망자 수가 가장 많은 국가가 되었다. 3월 26일까지 미국은 중국과 이탈리아를 제치고 감염 확진자가 가장 많은 국가가 되었고, 뉴욕에서 확인된 감염의 대부분은 아시아에서 직접 온 것이 아니라 유럽에서 온 것으로 나타났다.

10월에 WHO는 전 세계적으로 10명 중 1명, 즉 7억 8천만 명이 감염되었을 수 있다고 보고한 반면, 확인된 감염자는 3천 5백만 명에 불과했다. 11월 9일 화이자는 감염에 대해 90%의 효과를 보이는 후보 백신에 대한 시험 결과를 발표했다. 그날 Novavax는 백신에 대한 FDA 패스트 트랙 신청을 시작했다. 12월 14일 Public Health England는 영국

남동부, 주로 켄트에서 변종(Alpha)이 발견되었다고 보고했다.

영국에서 처음 발견된 알파 변종은 2021년 1월 2일에 33개국에서 확인되었다. 1월 6일, 감마 변종은 브라질에서 귀국하는 일본인 여행자에게서 처음으로 확인되었다. 1월 29일에 노바백스 백신이 남아프리카에서 진행된 임상 시험에서 베타 변종에 대해 49%의 효과가 있다고 보고되었다. 3월 12일, 여러 국가에서 혈액 응고 문제 즉 혈전증으로 인해 아스트라제네카 COVID-19 백신 사용을 중단했다가 3월 20일에 WHO와 유럽 의약품청은 혈전과의 연관성을 발견하지 못하여 백신 접종을 재개하도록 했다. 또한 델타 변종이 인도에서 처음 확인되었는데, 4월 중순에 이 변종은 영국에서 처음 발견되었었다. 11월 10일에 독일은 30세 미만의 사람들에게 모더나(Moderna) 백신을 접종하지 말라고 권고했다. 한편 11월 24일에 오미크론(Omicron) 변종이 남아프리카에서 발견되었고, 며칠 후 WHO는 이를 델타 변종보다 더 전염성이 강한 우려의 변종으로 선언했다.

2022년 1월에 유럽은 오미크론 변종이 급증하는 가운데 1억 건을 넘어섰다. 3월 6일, 팬데믹이 시작된 이후 전 세계적으로 총사망자 수가 600만 명을 넘어섰다고 보고되었다. 10월 21일에 미국은 코로나19 확진자가 9,900만 명을 넘어섰으며, 이는 모든 국가에서 가장 많은 사례이다. 10월 30일 하루, 전 세계적으로 바이러스로 인해 424명이 사망했다고 보고되었고, 이는 2020년 3월 12일 385명이 사망한 이후 가장 낮은 수치였다. 11월 17일은 중국 보건 당국이 COVID-19를 처음 발견한 지 3년이 되는 날이었다. WHO 테워드로스(Ghebreyesus) 사무총장은 2022년 9월 14일 이제 대유행병을 종식할 시점이라고 말하면서 2020년 3월 이후 주간 보고된 사망자 수가 가장 적었다고 언급했다. 11월 11일, 세계보건기구(WHO)는 2월 이후 사망자가 90% 감소했다고 보고했다.

반면 12월 21일에 중국 보건 당국의 데이터에 따르면 중국이 엄격한 봉쇄 조치를 갑자기 중단함에 따라 인구의 거의 18%인 2억 4,800만 명이 12월 첫 20일 이내에 감염되었다고 밝혀졌다. 2022년 12월 29일, 미국을 비롯한 상당수 국가는 중국인 여행자 및 중국 경유자에게 음성 COVID-19 테스트 결과를 요구했다.

2023년 1월 4일, 세계보건기구(WHO)는 최신 바이러스가 급증하는 동안 중국이 공유하고 있는 정보에 입원율과 같은 데이터가 부족하다고 밝혔다. 1월 27일에 세계보건기구(WHO)는 COVID-19가 여전히 국제적 공중보건 비상사태(PHEIC)의 기준을 충족하는지 결정하기 위해 모였다. 그 결정은 처음 선언된 날로부터 정확히 3년이 지난 1월 30일에 발표되었으며 여전히 PHEIC로 결정되었다. 3월 19일, WHO의 테워드로스 사무총장은 COVID-19 대유행이 올해 공중보건 비상사태로 전환될 것이라고 밝혔다. 개별국가적 반응은 엄격한 봉쇄에서 공공 교육 캠페인에 이르기까지 다양했다. WHO는 통금 시간과 봉쇄는 자원을 재구성, 재편성, 재조정하고 의료시스템을 보호하기 위한 단기 조치여야 한다고 권고했다. 이런 가운데 2023년 5월 5일에 WHO는 국제보건규칙(IHR) 긴급위원회 결정에 따라 COVID-19 국제공중보건위기상황(PHEIC) 선포를 해제한다고 발표했다.

## 1 변종(Variants), 징후 및 증상(Signs and Symptoms)

여러 변종은 WHO에 의해 명명되었으며 알파(α)는 영국에서 감지되고 190여 개국에 확산되었고, 베타(β)는 남아공에서 감지되고 140여 개국으로 확산되었다. 이어 감마(γ)와 델타(δ)는 각각 브라질과 인도에서 감지되어 90여 개국 및 170여 개국에 퍼져 나갔다. 또한 오미크론(ο)은 보츠와나에서 발생하여 150여 개국으로 전파된 것으로 알려졌다. 이외에도 램다(λ) 등도 존재한다.

COVID-19의 증상은 가벼운 증상에서 심각한 질병에 이르기까지 다양하다. 일반적인 증상으로는 두통, 후각 및 미각 상실, 코막힘 및 콧물, 기침, 근육통, 인후염, 발열, 설사, 호흡 곤란 등이 있다. 동일한 감염병을 가진 사람들도 증상이 다를 수 있으며 증상은 시간이 지남에 따라 변할 수 있다. 세 가지 일반적인 증상은 우선 기침, 가래, 호흡 곤란 및 열이 있는 호흡기 증상이 있고, 근육 및 관절통, 두통 및 피로를 동반한 근골격계 증상, 그리고 복통, 구토, 설사를 동반한 소화기 증상이 있다. 또한 미각 상실과 후각 상실이 COVID-19와 관련된 것으로 보고되었다.

## 2 감염, 원인, 진단(Transmission, Cause, Diagnosis)

이 질병은 주로 사람들이 숨을 쉬고, 말하고, 기침하고, 재채기할 때 내뿜는 작은 공기 중의 입자와 비말을 사람들이 흡입할 때 호흡기 경로를 통해 전염된다. 감염된 사람들은 물리적으로 가까이 있을 때 COVID-19를 전염시킬 가능성이 더 크다. 코로나바이러스는 인간, 가축 및 반려동물을 포함한 포유류 혹은 조류종을 감염시킨다. 인간 코로나바이러스는 일반적인 감기로부터 보다 심각한 중동호흡기증후군인 메르스(MERS)에 이르기까지 다양하다.

## 3 예방, 치료, 예후(Prevention, Treatment, Prognosis)

감염 가능성을 줄이기 위한 예방조치에는 예방 접종, 사람이 많은 장소 피하기, 공공장소에서 마스크 착용, 실내 환기, 비누로 자주 손 씻기, 그리고 좋은 호흡기 위생을 실천하고, 씻지 않은 손으로 눈, 코 또는 입을 만지지 않는 것이다. COVID-19 진단을 받았거나 감염되었다고 우려하는 사람은 질병관리센터로부터 진료를 받는 경우를 제외하고는 집에 머물고, 의료 제공자를 방문하기 전에 미리 전화를 걸고, 의료 제공자와 만나기 전에 안면 마스크를 착용할 것을 권고했다.

COVID-19 백신은 이를 유발하는 바이러스인 중증급성호흡기증후군 코로나바이러스 2에 대한 후천 면역을 제공하기 위한 것이다. COVID-19 대유행 이전에는 중증급성호흡기증후군(SARS) 및 중동호흡기증후군(MERS)과 같은 질병을 일으키는 코로나바이러스의 이해에 대한 체계가 존재했으나 2020년 초 동안 다양한 백신 플랫폼의 개발을 가속화했다. COVID-19 백신은 COVID-19로 인한 중증도와 사망을 줄이는 역할을 하는 것으로 널리 알려져 있다. 아스트라제네카(Oxford-AstraZeneca) 백신이 가장 널리 사용되었고, 노바백스(Novavax)의 COVID-19 백신 등이 개발되었다. 발병지인 중국에서도 중국 바이오 제약 회사인 바이오로직스(CanSino Biologics)가 개발한 백신이 도입되었다. 팬데믹의 첫 2년 동안 구체적이고 효과적인 치료법이 없었으나 성인 환자를 치료하기 위한 경구용 항바이러스 프로테아제 억제제인 팍스로비드(Paxlovid)가 개발되었다.

COVID-19의 심각성은 다양하다. 이 질병은 증상이 거의 없거나 전혀 없는 가벼운 과정을 거칠 수 있으며 감기와 같은 일반적인 상부 호흡기 질환과 유사하다. 경미한 경우는 일반적으로 2주 이내에 회복되는 반면 중증 또는 치명적인 질병을 가진 경우 회복하는 데 3~6주가 걸릴 수 있다. 사망자 중 증상 발현부터 사망까지의 시간은 2주에서 8주 사이였다. COVID-19 환자의 반수는 질병의 전형적인 회복기 이후에도 장기적인 증상을 가질 수 있다. 가장 일반적으로 보고되는 증상은 권태감, 두통, 호흡장애, 후각 상실, 근육 약화, 인지 기능 장애 및 기억력 문제이다.

Chapter 05

# 각국 COVID-19 대응사례의 유형학적 분석

2023년 5월 5일에 WHO는 국제보건규칙(IHR) 긴급위원회 결정에 따라 COVID－19 국제공중보건위기상황(PHEIC) 선포를 해제한다고 발표했다. 국제공중보건위기상황은 WHO가 내릴 수 있는 최고 수준의 공중보건 비상사태 선언으로, 질병이 타 국가로 추가 전파될 수 있거나 국제 사회의 공동 대응이 필요한 경우에 공지된다. WHO 긴급위원회는 전 세계 COVID－19 위험도는 여전히 높지만 변이 심각성이 낮고 확진자 발생이 감소하는 점, COVID－19 바이러스 유행이 지속되더라도 예상치 못한 위험을 초래하진 않는 점, COVID－19 환자 대응 및 기타 의료서비스 유지가 가능한 점 등을 종합적으로 고려했을 경우 COVID－19를 비상사태가 아닌 장기적인 관리체계로 다뤄야 할 시기라고 판단했다.

**그림 9** COVID-19 확진자 발생 현황(WHO, 2023.4.27. 기준)

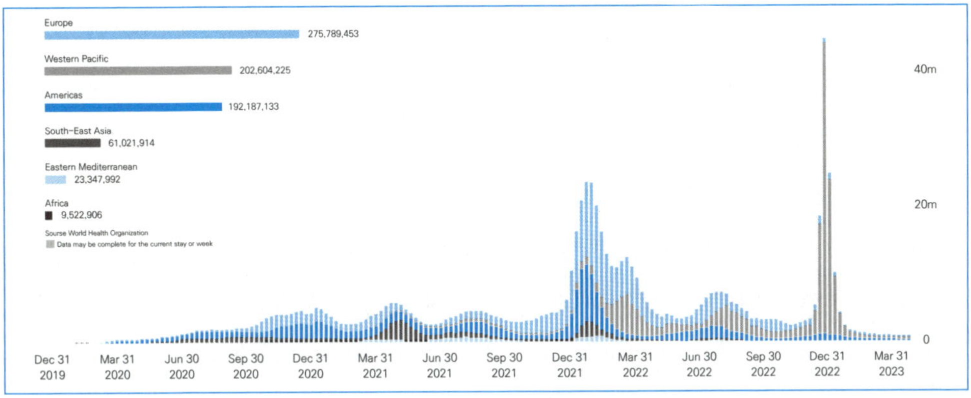


**그림 10** COVID-19 사망자 발생 현황(WHO, 2023.4.27. 기준)

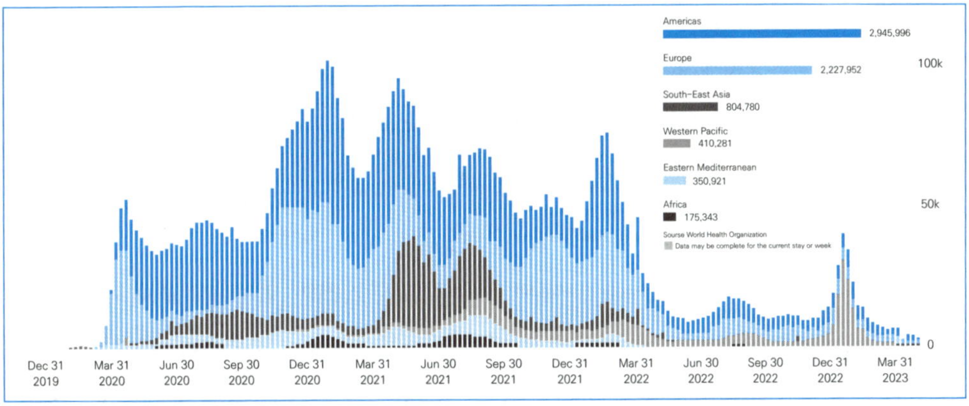


<그림 9>와 <그림 10>에 의하면, 2023년에 COVID-19의 확진자 및 사망자 수가 서태평양(Western Pacific) 지역 사무소 관내 일부 지역을 제외하고는 감소하는 추세가 유지되었다. 전 세계 총 누적 확진자 수는 약 7억 6,447만명이고, 총 누적 사망자 수는 692만명이다. [전 세계 총 764,474,387명 확진, 6,915,286명 사망, 4.26 기준] 2023년 17주차(4.17.~23.)에 확진자는 734,247명, 사망자는 6,732명으로, 16주차의 확진자 948,988명,

사망자 11,529명에 비해 감소한 것이다.(질병관리청, 2023)

다수 국가에서 행동 변화를 권장, 의무화 또는 금지함으로써 COVID-19의 확산을 늦추거나 중단하려고 시도한 반면, 상당수 국가는 주로 정보 제공에 의존했다. COVID-19에 대한 대응은 대중 권고에서 엄격한 봉쇄에 이르기까지 발병 통제를 위한 통제와 완화 등 다양했다.

첫 번째 대응책은 봉쇄(containment)이다. 봉쇄는 발병이 일반 대중에게 확산되는 것을 막기 위해 수행된다. 감염된 개인은 전염성이 있는 동안 격리되고 그들이 상호 작용한 사람은 그들이 감염되지 않거나 더 이상 전염되지 않도록 충분히 오랫동안 격리된다. 검열(screening)은 봉쇄의 출발점이다. 이는 감염된 개인을 식별하기 위해 증상을 확인함으로써 수행되며 격리되거나 치료를 제공받을 수 있다. Zero-COVID 전략은 접촉 추적, 대량 검사, 국경 검역 등과 같은 공중보건 조치를 사용한다.

다소 약한 수준의 봉쇄 전략이 락다운(lockdown)이다. COVID-19 팬데믹으로 인해 전 세계 수많은 국가 및 지역에서 락다운(자택 대기 명령, 통금 시간, 검역, 위생 소독 및 이와 유사한 사회적 제한을 포함)으로 알려진 여러 비약물적 개입이 시행되었다. 2020년 4월까지 세계인구의 약 절반이 어떤 형태로든 락다운되었으며 90개 이상의 국가 또는 영토에서 39억 명이 넘는 사람들이 정부로부터 집에 머물도록 요청 또는 명령을 받았다. 락다운은 일반적으로 COVID-19의 확산을 줄이는 데 효과적이나 세계보건기구(WHO)는 봉쇄(containment) 혹은 락다운(lockdown) 조치는 매우 짧고 단기적인 조치여야 한다고 말한다.

두 번째 대응책은 완화(mitigation) 혹은 약물적(Pharmaceutical) 대응이다. 봉쇄가 실패하면 확산을 늦추고 의료시스템과 사회에 미치는 영향을 제한하기 위한 조치인 완화에 노력을 집중한다. 성공적인 완화는 전염병 정점을 지연시키고 감소시킨다. 이것은 압도적인 의료서비스의 위험을 줄이고 백신 및 치료법 개발에 더 많은 시간을 제공한다. 이러한 과정에서 개인의 일상이 크게 변화되었다. 즉 많은 사람이 직장 대신 집에서 일했고 대면 활동이 줄고 온라인 활동이 늘어났다.

세 번째 대응책은 비약물적(non-pharmaceutical) 대응이다. WHO는 마스크가

COVID-19의 확산을 줄일 수 있다고 조언한다. 안면 마스크 착용, 자가 격리 및 손 위생과 같은 개인적인 조치가 이에 포함된다. 또한 직장 및 학교 폐쇄 및 대규모 모임 취소와 같은 대인 접촉을 줄이는 조치 등이 이에 해당한다.

네 번째 대응책은 집단면역(herd immunity)이다. 2021년 7월, 몇몇 전문가들은 델타가 백신을 접종한 개인들 사이에서도 전파될 수 있기 때문에 집단면역을 달성하는 것이 불가능할 수 있다는 우려를 표명했다. 질병관리센터(CDC)는 백신을 접종한 사람들이 델타를 전염시킬 수 있음을 보여 주는 데이터를 발표했다. 결과적으로 WHO와 CDC는 예방접종을 받은 사람들이 마스크 쓰기, 사회적 거리두기, 노출 시 격리와 같은 비약물적 개입을 계속하도록 권장했다.

COVID-19가 현존 인류에게는 새로운 현상이지만, 인류사의 관점에서 보면 전염병의 대유행 사례 중 하나일 수 있다. 세계화 이전 인류는 느리게 확산된 여러 전염병을 겪었다. 지구화 이후 이미 수차례 대유행을 경험했다. 20세기까지 이미 4종의 코로나바이러스가 인간 세상으로 들어왔지만, 인류는 이를 인지하지 못했다. 과학기술이 발달하지 못했기 때문에, 코로나바이러스가 세상에 들어올 때 일으키는 충격을 인지하지 못했고 상세하게 기록으로 남기지 않았을 개연성이 높다. 세계화는 전염병의 대유행이 가능한 환경을 조성했다. 세계화 이전에는 지역 차원의 전염병이 느리게 순차적으로 퍼지는 동안 사람과 바이러스의 상호작용으로 바이러스의 약화 현상이 나타났다. 인류는 순차적 전염병 확산을 겪으면서 약화된 바이러스와 공존하게 되었다. 반면, 세계화 이후에는 전염병을 일으키는 원인체가 발생하면, 사람의 초국경 활동으로 인하여 감염이 지역 사이에 시차를 두지 않고 진행된다. 이런 환경에서 코로나19가 대유행하게 되었다. 코로나19는 세계화를 일정 정도 되돌릴 개연성이 크다. 초국경 교역, 특히 서비스 교역이 줄게 되고, 초국경 인적 이동이 통제된다. 코로나19 국면이 진행 중이기 때문에 코로나19의 궤적을 예측하기 어렵지만, 세계분업망의 약화, 인적 이동의 통제가 불가피하다. 과거 영국 패권의 쇠퇴가 세계화의 퇴조로 이어졌듯이 미국의 퇴조가 세계화의 퇴조로 이어지는 국면에서 코로나19가 이를 가속하였다. 결국 미중관계가 나빠질 위험성이 커졌다. 양국 관계가 아직 본격적 대결 국면으로 접어들지 않았고 양국 갈등이 양국에게 모두 손해를 끼치지 때문에 양국관계의 미래를 예단하기 어렵지만, 양국 간 갈등의 위험성이 높아졌다.(조동준, 2020)

## 1 한국식 방역(Preventive Measures)

한국 정부는 2023년 5월 11일 사실상 '코로나19 엔데믹'을 선언했다. 이날 윤석열 대통령은 "3년 4개월 만에 국민께서 일상을 되찾으시게 돼서 기쁘게 생각한다"며 코로나19 중앙재난안전대책본부(중대본) 회의 모두발언을 통해 "오늘 중대본에서 코로나19 위기 경보를 심각에서 경계로 조정하고 6월부터 본격 적용하기로 했다"고 밝혔다. 또한 "확진자 7일 격리 의무를 5일 권고로 전환하고 또 입국 후 PCR 검사 권고를 해제한다"며 "입원 병실이 있는 병원 이외 모든 장소에서 실내 마스크 착용 의무를 해제하기로 했다"고 덧붙였다.

WHO의 보고에 의하면, 한국 내 총 누적 확진자는 31,157,272명이고 총 누적 사망자는 34,474명이다.(2023년 04월 29일 00시 기준) COVID－19는 2020년 1월 20일 한국에서 확인되었다. 감염 검사에서 3명의 군인이 확진자로 판명된 후 격리되었다. 한국은 당시 세계에서 가장 앞선 검사 프로그램으로 여겨졌던 감염자를 격리하고 접촉자를 추적 및 격리하는 프로그램을 도입했다. 선별 방법에는 모바일 애플리케이션을 통한 신규 해외 입국자에 대한 의무적 자가 보고, 드라이브스루(drive－thru) 테스트 및 테스트 용량을 하루 20,000명으로 늘리는 것이 포함되었다. 일부 초기 비판에도 불구하고 한국의 프로그램은 도시 전체 인구를 봉쇄하지 않고 확산을 통제하는 데 성공적인 것으로 평가되었다.

**그림 11** 통계청 COVID-19 전국 상황판(KOSIS 국가통계포털)

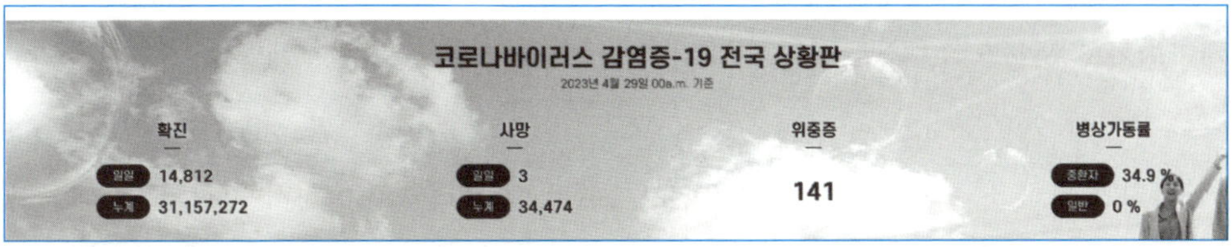


코로나바이러스 감염이 2020년 초 한국을 뒤흔들었다. 대구·경북 지역의 클러스터 감염이 발생하고 3월 초 확진자가 5천 명을 넘어섬에 따라 위기감이 고조되었다. 전 세계적으로도 COVID-19 유행이 지속적으로 확산되면서 세계보건기구(WHO)의 테워드로스 사무총장은 코로나19 유행이 결정적 시점에 와 있으며 각 국가는 이에 대비해야 한다고 경고하였다.

한국은 COVID-19 유행에 적극적으로 대응해 왔다. 중앙방역대책본부를 구성하고 질병관리본부를 중심으로 방역 조치를 취했으며 관련 정보를 모두 공개해 왔다. 질병관리본부는 메르스 대응의 경험을 바탕으로 국내에 환자가 나타나기 전부터 새로운 감염병 발생에 대비하였으며, 초기부터 적극적으로 방역 조치를 하였다. 또한 메르스 유행과 달리 첫 환자 발생 시점부터 역학조사 결과를 상세히 공개해 왔다. 대구·경북 지역에서 31번째 확진자가 발생한 이후, 예상하지 못한 감염클러스터가 발생하면서 정부는 공중보건위기를 최고 수준인 '심각 단계'로 올렸으며 컨트롤타워는 중앙방역대책본부에서 중앙재난안전대책본부로 격상되었다.

서울과 경기 지역을 포함한 지방자치단체에서 선별진료와 격리 등의 조치를 수행했으며 시민들이 위생수칙을 지킬 수 있도록 다양한 노력을 기울여 왔다. 세종, 고양시 등에서는 드라이브스루 선별진료소를 운영했으며, 드론을 이용해 방역소독을 실시하는 지역도 있었다. 또한 감염 위험이 높은 특정 종교 집단에 대해서는 전수조사를 했다. 일반 시민들도 코로나19가 쉽게 전파될 가능성이 있음을 인지하고 있으며 적극적으로 협력해 왔다. 대부분 시민이 '손 씻기'와 '마스크 착용' 등의 위생 관리 지침을 스스로 실천해왔다. 위험 지역을 방문했거나 증상이 있는 사람은 보건소 상담을 통해 선별진료소를 방문하거나 지침에 따라 '자가 격리'를 했다. 감염 위험이 큰 지역을 확인하는 스마트폰 앱이 개발되기도 하였으며, 시·도에서 보내는 재난 문자 등을 통해서도 해당 지역의 감염 현황을 확인할 수 있었다.

하지만 한국은 공중보건 전문인력이 부족하고 COVID-19 확진자 치료와 격리에 필요한 음압격리 병상도 부족한 상황이었다. 2019년 기준으로 국가지정격리병상은 198 병상, 민간병원에 있는 병상까지 포함해도 1,027 병상 수준에 그쳤다. 또한 국내 감염병 전문병원으로는 2017년에 국립중앙의료원과 조선대병원이 지정된 것이 전부이고 전북, 충북, 강원 지역에는 없는 상황이었다. 감염병을 전담하는 지역거점병원 및 격리병상은 지역 간 편차가 심한 편이어서, 해당 병원 및 병상이 부족한 지역의 환자를 다른 곳으로 이송하거나 일반 병원을 감염병 병원으로 지정하는 방법을 추진해 왔다. 당시 대구 지역은 확진자 수는 폭증하고 있는데 격리병상이 54개에 불과하여 중환자를 국립중앙의료원, 서울대학병원 등으로 이송했다.

한국 정부는 코로나19 예방수칙으로 개인위생과 마스크 착용을 강조하였다. 이와 함께 코로나19 감염이 지역사회로 퍼지면서 마스크 수요가 폭발적으로 증가하였으며, 심각한 마스크 수급 문제에 직면하게 되었다. 원활하지 못한 마스크 수급의 문제를 해결하기 위해 정부는 생산부터 공급까지 전체 프로세스를 컨트롤하는 방식을 택하였다. 마스크 수급 안정화 대책의 일환으로 정부가 공평한 보급을 위해 도입한 마스크 5부제의 경우 중복구매를 방지하기 위해서 중복구매 이력 시스템을 개발하였다.

한편 사회적 거리두기의 일환으로 휴원·휴교령이 내려졌으며, 정부는 공공행사를 취소·연기하고, 국민에게는 다수가 집합하는 종교활동과 실내 스포츠, 노래방, PC방 등 다중이용시설의 이용을 피할 것을 권고하였다. 더 나아가, 직장 내 밀집도를 낮추기 위해서 유연근무, 재택근무를 적극 활용할 수 있도록 사업장에 지침을 배포하였으며, 전 국민을 대상으로 외출 자제를 권고하였다. 정부는 4월 19일까지 고강도 사회적 거리두기 캠페인을 연장하기로 하였다. 반면, 사회적 거리두기로 인하여 산업은 물론 기초·기본교육에도 악영향을 미치면서 정부는 온라인 수업을 통한 초·중·고등학교 개학을 순차적으로 실시하였다.

아울러 정확한 정보전달을 위한 노력이 강구되었다. 코로나19의 대응에 있어서 국민의 적극적인 협조가 가능했던 것은 정부의 신속하고 정확한 정보전달이 기저에 있었기 때문이다. 정부는 매일 국민을 대상으로 COVID-19 국내 발생 현황을 브리핑하며 감염예방수칙 준수와 사회적 거리두기의 중요성을 강조하였다. 국민 대상 캠페인은 지역사회로의 감염으로 확산되면서 다양한 콘텐츠와 채널을 통해 전파되었다. 고강도 사회적 거리두기가 이어지면서 국민의 피로도가 높아지자 코로나19 스트레스 관리 방법과 같은 건강생활 수칙 또한 마련하였다. 가짜뉴스 확산 방지에 있어서 정부가 강조했던 것은 팩트체크였다. 그러나 정부 차원에서 활용할 수 있는 수단은 한계가 있어 민간차원의 팩트체크 활성화를 강조하였으며, 주요 언론매체에서는 자체적으로 코로나19 전문 팩트체크 페이지를 개설하거나 방송뉴스에서 팩트체크 코너를 운영하는 등 팩트체크를 강화하였다.

나아가 교민 수송 및 국제 공조도 이뤄졌다. 코로나19가 세계 곳곳에서 확산하고 있는 가운데 정부는 중국 우한의 교민 수송부터 코로나19 사태가 심각한 국가에 거주하는 교민들의 건강과 안전보호를 위한 선제적 예방조치 차원의 귀국 지원 등을 수행하였다. 한국의 코로나19 방역 및 진단 역량이 세계의 각광을 받으면서 정부는 감염병 방역 체계와 방법(K-방역)을 세계와 공유하고 진단키트를 수출하는 대신 국경폐쇄로 인해 발이 묶인 교민들을 데려오는 방식으로 발전시켰다.(이명화 외, 2020)

COVID-19 감염병이 우리 사회에 남긴 교훈은 적지 않다. 우선 유행 단계에 맞는 대응 전략 수립이 필요하다는 점이다. 국내에 첫 코로나19 확진자가 보고된 이래 철저한 검역과 역학조사, 광범위한 접촉자 관리를 통해 바이러스 전파를 차단해 왔다. 하지만 대구·경북 지역의 감염클러스터 발생과 그 영향으로 인해 전국으로 확산될 가능성을 배제하기 어려운 상황이었으므로 유행 단계에 적합한 대응 전략이 필요하다. 다음으로 시민이 주도하는 방역이 효과적이라는 점이다. COVID-19는 감염 초기에 전파되는 특성이 있어서 시민이 주도하는 방역이 필요하여 이를 통해 지역사회 감염으로 확산되는 것을 차단해야 한다. 특히 심리 방역이 필요하다는 점에 주의를 기울여야 한다.

COVID-19 유행이 지속되면서 시민들이 불안감과 스트레스를 느끼고 있어서 정신건강 관리도 필요하다. 일반 시민들이 감염병으로 인한 스트레스를 잘 관리하도록 하는 도와주는 캠페인과 홍보가 필요하며, 사회적으로 취약한 계층이나 고립된 상황에 처한 사람들을 지원하고 서로 연대해야 한다는 것이다. 마지막으로, 신종 감염병과의 장기전에 대한 대비가 필요하다는 점이다. 지구온난화와 같은 환경 변화 등의 영향으로 신종 감염병이 4~5년 주기로 반복해서 유행하고 있다. 신종 감염병과의 싸움은 우리에게 새로운 도전과제로서 앞으로 장기전에 대한 대비를 해야 한다. 신종 감염병에 대한 대응은 과학적 기술과 데이터에 근거한 방역이 되어야 하며, 선제적 방역, 다양한 시나리오를 적용하는 역동적 방역을 한다는 비전을 가지는 것이 중요하다.(김남순, 2020)

COVID-19를 겪으면서 또한 생각해 봐야 할 점은 다음과 같다. 우선 개인정보보호 이슈이다. 코로나19 대응과정에서 한국이 취한 확진자 동선 공개에 대해 국내외적으로 프라이버시 침해라는 우려들이 존재한다. 확진자 동선 공개는 확진자와의 접촉 여부를 신속하게 파악하여 감염 의심환자를 빠르게 선별하고 즉각적인 진단을 통해 격리 및 치료를 하였다는 점에서 효과적인 방역에 크게 기여하였지만, 확진자 동선이 구체적으로 공개되면서 사생활 침해라는 비판도 제기되었다. 또한 감염국으로부터의 입국 제한 문제도 고려할 만한 사항이다. 한국은 입국금지, 이동제한 등 고강도의 방역조치 없이도 효과적으로 대응하였다는 평가를 받고 있지만, 해외 코로나19 상황이 더 악화될 경우 보다 강도 높은 검역 조치가 필요할 것인가는 지속적으로 이슈가 되어 왔다. 나아가 디지털 격차 해소 문제도 고려사항이다. 한국은 우수한 ICT 인프라를 갖춘 나라로 알려져 있긴 하지만, 코로나19의 대응과정에서도 디지털 격차 이슈가 제기되었다. 우선 애플리케이션 기반의 자가 진단이나 자가격리 관리는 스마트폰이 익숙하지 않거나 2G폰을 사용하는 고령자의 경우 작동할 수 없다는 문제가 있다.(이명화 외, 2020)

한국의 대응 체계를 타 국가와 비교하면 다음과 같다. 한국과 싱가포르의 경우, 확진자 동선 및 접촉자 추적, 신속한 진단검사, 검역 강화 등의 조치를 시행하여 초기 방역에 성공하였다. 하지만 중국, 이탈리아, 미국의 경우 초기 대응이 지체되어 확진자가 폭증하는 현상이 나타났다. 한국은 대규모 진단검사, 마스크 권고, 생활치료센터, 고강도 사회적 거리두기 등을 특징으로 하며, 싱가포르는 확진자 동선추적, 빠른 진단검사, 중국발 입국금지, 사회적 거리두기 등을 특징으로 한다. 반면에 중국은 초기 정보은폐로 인해 확산을 경험했고, 의료물자 부족 및 품질 문제를 겪다가 지역 봉쇄, 나아가 강제 휴업령 등을 취했다. 이탈리아는 초기 대응 실패에 열악한 의료 인프라가 겹치면서 어려움을 경험했고, 전 국민 이동제한과 사업장 봉쇄로 대응했다. 미국은 불량 키트 문제와 초기 대응 실패로 어려움을 겪었고, 고가의 치료비로 무방비 상태가 되었으며, 주별 이동금지령 등의 조처로 상황을 탈피하고자 했다. 5개국의 입국관리 정책을 비교하면, 한국은 개방형 대량검사로 접촉자 집중 추적관리를 시행했다. 싱가포르는 차단형의 강력한 입국관리를 시행했고, 사회적 거리두기 및 의료체계 유지를 추구했다. 중국은 폐쇄형으로 도시 전체를 락다운(lockdown)했으며, 초기은폐 및 지연대응으로 의료체계가 완전히 붕괴되었다고 해도 과언이 아니다. 이탈리아 역시 폐쇄형으로 초기대응을 실패한 나머지 락다운(lockdown)으로 대응할 수밖에 없었고 의료체계 붕괴를 경험했다. 미국도 폐쇄형으로 초기대응 실패와 락다운(lockdown)을 특징으로 하고 의료체계 붕괴위험을 경험했다.(경제·인문사회연구회, 2020)

<그림 12>는 3년간 COVID-19 유행 상황과 의료 대응을 보여 준다. 코로나19는 2021년 하반기에서 2022년 상반기에 이르는 기간에 가장 기승을 부렸음을 알 수 있다. 1차 대유행(2020.2~5), 2차 대유행(2020.8~10), 3차 대유행(2020.11~2021.2), 4차 대유행(2021.7~11), 5차 대유행(2022.1~6) 등으로 주기적으로 확산과 정체를 반복했다. 1차 대유행 시에는 사회적 거리두기가 주요한 대응방안이었다. 4차 대유행 시기인 2021년 4월이 돼서야 75세 이상 노약자에 대해서 백신 1차 접종이 시행되었다. 10월에는 60세 이상 3차 백신접종이 가능해졌다. 또한 11월에는 단계적 일상 회복을 시작하였으나 12월 새로운 변종인 오미크론의 등장으로 주춤하였다. 5차 대유행 시점인 2022년 1월에 팍스로비드라는 치료제가 도입되었고, 4월에 60세 이상 4차 접종이 시행되었다. 아울러 사회적 거리두기도 해제되었다. 이후 코로나19는 정점을 지나 약화되어 간 것이다.

**그림 12** COVID-19 3년간 유행 상황 및 의료 대응방안

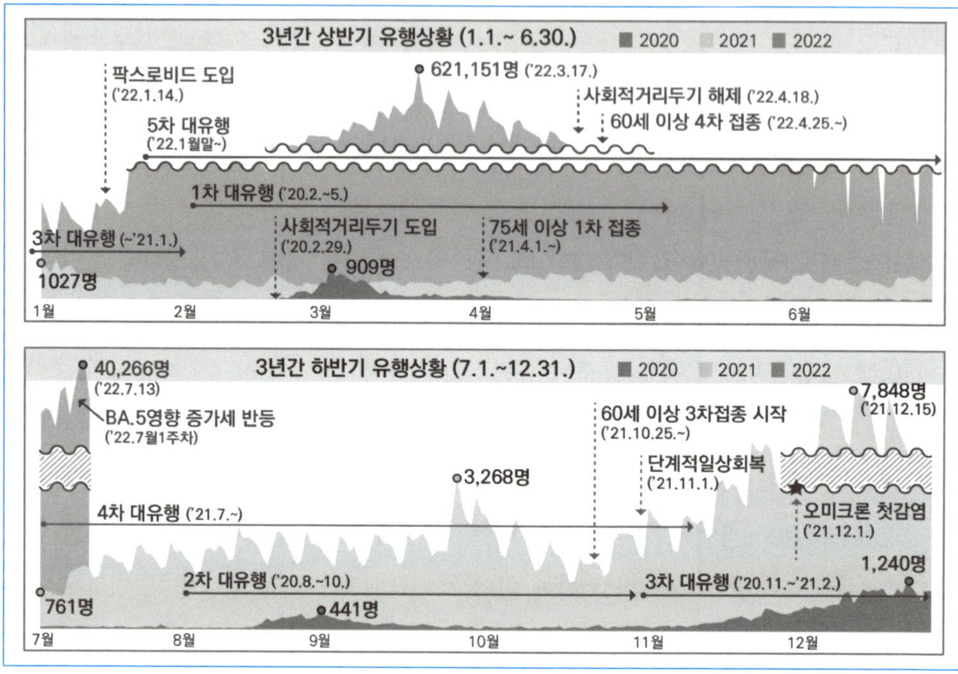


출처: 중앙사고수습본부. 2022. "코로나19 재유행 대비 의료 대응방안." 『중앙사고수습본부 보고서』.

지난 3년간 경험한 COVID-19와 같은 감염병을 향후 대비하기 위한 기본 목표는 국민 생명 보호를 위해 코로나19 환자를 신속·안전하게 치료하는 것이며, 진단부터 치료까지 확진자 중증도별 맞춤형 의료서비스를 제공하는 것이다. 즉 일반의료체계에서 보호가 어려운 특수·응급환자는 특별 관리하고 감염취약계층은 선제 예방에 집중하며 확진자는 신속 치료하는 것이다. 중앙사고수습본부의 보고서에 의하면, 대응방향은 첫째로 유증상자에 대해 진단검사 및 진료서비스를 신속 제공하는 것이다. 즉 동네 병·의원 중심 진단·검사체계를 운영해 진료 접근성을 확보하고 진단·검사 시행 의료기관을 지속적으로 확충해 진료 편의성을 제고하는 것 등을 말한다. 둘째로 일반환자에 대해 중증도별 맞춤형 치료를 제공하는 것이다. 무증상·경증 환자에 대해서는 가정에서도 안전한 재택치료체계를 구축하고 병상배정 및 의료자원 운영을 효율화하는 것 등을 말한다. 셋째

로 특수·응급환자에 대해 충분한 병상 확보 및 신속대응체계를 구축하는 것이다. 특히 응급환자에 대해서 응급실 기능을 유지하면서, 24시간 이송·진료에 대응하는 것이 필요하다는 것이다. 넷째로 의료인력을 보강하는 것으로 인력 지원(코로나19 대응 현장 의료인력 투입) 및 양성(전문인력 양성 및 관리)이 요구되는 것이다. 마지막으로 요양병원·시설 등 감염병 취약계층을 대상으로 선제적 의료대응을 행하는 것이다. 이는 선제검사 실시 등 외부 감염요인 차단, 확진자 대상 신속한 의료지원 조치, 감염병 대응체계 정비 및 종사자 교육 강화 등을 포함한다.(중앙사고수습본부, 2022)

## 2 미국식 봉쇄(Lockdown)

WHO의 보고에 의하면, 미국 내 총 누적 확진자는 103,081,453명이고 총 누적 사망자는 1,121,819명이다.(2023년 04월 26일 00시 기준) 2021 GHSI는 미국의 보건 상황을 다음과 같이 보여 준다.

<그림 13>에 의하면 미국은 조사대상 195개국 중 1위(75.9)로 세계 최고의 보건안보 상황을 보여 주나 최상위 등급인 80점 이상과는 거리감이 있다. 6개 세부부문(Prevention; Detection and Reporting; Rapid Response; Health System; Compliance with International Norms; Risk Environment)에서 미국의 점수는 모두 세계 평균치를 크게 웃돌고 있으나 2개 세부 항목에서 한계를 드러내고 있다. 하나는 급속대응 부문 중 통상 및 여행 제한(trade and travel restrictions)이고, 다른 하나는 보건체계 중 의료 접근성(healthcare access)이다. 전자는 경제 및 인권 차원에서의 판단이고, 후자는 미국의 비싼 의료비와 연관된 것이라고 할 수 있다. 이들 두 항목만 세계 1위의 국가가 세계 평균치에 못미치는 점수를 나타내고 있다.

**그림 13** 미국의 2021년 글로벌보건안보 지수(GHSI)

# United States of America

**75.9** Index Score **1**/195

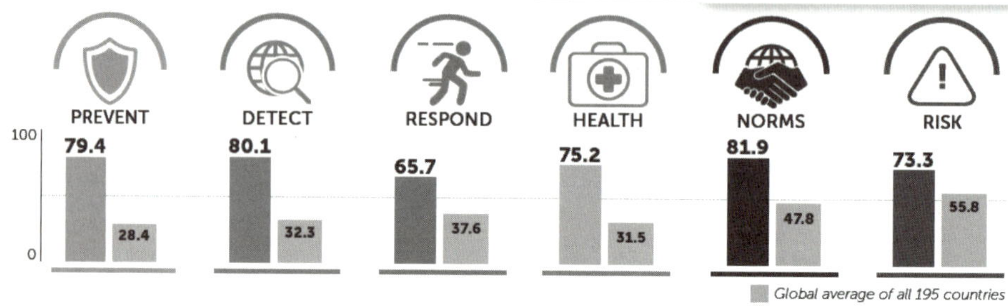


| | 2019 SCORE | 2021 SCORE | 2021 GLOBAL AVERAGE |
|---|---|---|---|
| **PREVENTION** | **78.6** | **79.4** | **28.4** |
| Antimicrobial resistance (AMR) | 83.3 | 83.3 | 45.3 |
| Zoonotic disease | 73.7 | 53.7 | 19.8 |
| Biosecurity | 89.3 | 89.3 | 18.7 |
| Biosafety | 100 | 100 | 20.9 |
| Dual-use research and culture of responsible science | 50 | 50 | 2.6 |
| Immunization | 75 | 100 | 63.3 |
| **DETECTION AND REPORTING** | **75.3** | **80.1** | **32.3** |
| Laboratory systems strength and quality | 75 | 75 | 44.9 |
| Laboratory supply chains | 50 | 50 | 15.9 |
| Real-time surveillance and reporting | 100 | 100 | 34.6 |
| Surveillance data accessibility and transparency | 76.7 | 93.3 | 34.7 |
| Case-based investigation | 50 | 62.5 | 16.9 |
| Epidemiology workforce | 100 | 100 | 46.5 |
| **RAPID RESPONSE** | **72.8** | **65.7** | **37.6** |
| Emergency preparedness and response planning | 83.3 | 83.3 | 30.4 |
| Exercising response plans | 0 | 25 | 21.1 |
| Emergency response operation | 66.7 | 66.7 | 27 |
| Linking public health and security authorities | 100 | 100 | 22.1 |
| Risk communication | 100 | 75 | 57.9 |
| Access to communications infrastructure | 84.4 | 84.8 | 65.7 |
| Trade and travel restrictions | 75 | 25 | 39 |

*Scores are normalized (0–100, where 100 = most favorable)*

| | 2019 SCORE | 2021 SCORE | 2021 GLOBAL AVERAGE |
|---|---|---|---|
| **HEALTH SYSTEM** | **75.2** | **75.2** | **31.5** |
| Health capacity in clinics, hospitals, and community care centers | 70.6 | 70.5 | 30 |
| Supply chain for health system and healthcare workers | 72.2 | 72.2 | 28.5 |
| Medical countermeasures and personnel deployment | 50 | 50 | 10.3 |
| Healthcare access | 33.5 | 33.5 | 55.2 |
| Communications with healthcare workers during a public health emergency | 100 | 100 | 10.8 |
| Infection control practices | 100 | 100 | 40.5 |
| Capacity to test and approve new medical countermeasures | 100 | 100 | 45.1 |
| **COMPLIANCE WITH INTERNATIONAL NORMS** | **81.9** | **81.9** | **47.8** |
| IHR reporting compliance and disaster risk reduction | 100 | 100 | 58.5 |
| Cross-border agreements on public and health emergency response | 100 | 100 | 50 |
| International commitments | 100 | 100 | 56.1 |
| JEE and PVS | 50 | 50 | 18.7 |
| Financing | 41.7 | 41.7 | 35.2 |
| Commitment to sharing of genetic and biological data and specimens | 100 | 100 | 68.4 |
| **RISK ENVIRONMENT** | **73.7** | **73.3** | **55.8** |
| Political and security risk | 73.2 | 69.1 | 58.1 |
| Socio-economic resilience | 73 | 73.1 | 60.9 |
| Infrastructure adequacy | 91.7 | 91.7 | 50.2 |
| Environmental risks | 54.4 | 56.6 | 54.7 |
| Public health vulnerabilities | 76.3 | 75.9 | 55.3 |

코로나바이러스는 2020년 1월 13일 미국에 상륙했다. COVID-19는 미국 역사상 가장 치명적인 전염병이며, 2020년 미국에서 심장병과 암에 이어 세 번째로 높은 사망 원인이었다. 2019년부터 2020년까지 미국의 기대 수명은 히스패닉계 미국인의 경우 3년, 아프리카계 미국인의 경우 2.9년, 백인 미국인의 경우 1.2년 감소했다. 이러한 효과는 2021년 COVID-19로 인한 미국의 사망자가 2020년을 초과함에 따라 지속되었다. 미국에서 COVID-19 백신은 2020년 12월 긴급 사용에 따라 국가 예방 접종 프로그램을 시작하여 2021년 8월 23일 식품의약국(FDA)의 공식 승인을 받은 첫 번째 백신과 함께 사용할 수 있게 되었다. 2022년 11월 18일, 미국에서 확진 사례가 감소했지만 COVID-19 변종이 미국에서 지배적이 되어 왔다.

미국 질병통제예방센터(CDC) 자료에 의하면, 미국은 2020년 1월 중순을 기점으로 코로나 확진 사례가 발생한 뒤로 3월 초 일 신규 확진자가 100명 이상을 지속적으로 넘어섰으며, 이후 한 달 만에 누적 확진자가 25만 명을 넘어서게 되었다. 트럼프 정부는 코로나 영향이 확산되기 이전에 공중보건위기를 선포하며 코로나 확산 방지를 위해 중국 입국자들을 대상으로 입국 중단을 시도하기도 하였다.

미국의 인접국인 캐나다의 경우 2020년 3월 지역사회 감염 사례가 확인되면서 모든 주가 비상사태를 선포했다. 각 주와 지역사회에서는 정도에 따라 학교 및 탁아소 폐쇄, 모임 금지, 비필수 사업체 폐쇄 및 입국 제한을 시행했다. 캐나다는 일부 예외를 제외하고 모든 국가의 여행자를 금지하여 국경 접근을 엄격히 제한했다. 캐나다 전역, 특히 브리티시 컬럼비아, 앨버타, 퀘벡 및 온타리오주에서 사례가 급증했으며, 국가의 여행 제한 지역(대서양 4개 주로 구성)인 Atlantic Bubble이 형성되었다. 백신 여권은 거의 모든 주에서 채택되었다.

2019년 11월, COVID-19 감염은 중국 우한에서 처음 발생했다. 중국이 2020년 1월 7일 신종 코로나바이러스에 의해 집단감염이 발생했음을 확인한 후, CDC는 다음 날 공식 보건 주의보를 발표했다. 1월 20일, 세계보건기구(WHO)와 중국은 COVID-19 감염병이 발생했음을 확인했다. CDC는 즉시 비상 운영 센터(EOC)를 가동하여 중국의 발병에 대응했다. 트럼프 행정부는 1월에 우한에서 미국인들을 대피시켰고, 2월 2일에 미국은 중국을 오가는 여행을 제한했다. 2월 6일, COVID−19로 확인된 최초의 미국인 사망(57세 여성 사망)은 캘리포니아주 산타클라라 카운티에서 발생했다. 2월 25일 CDC는 처음으로 미국 대중에게 지역 발병에 대비하라고 경고했다. 3월 11일까지 바이러스는 110개국으로 퍼졌고 WHO는 공식적으로 팬데믹을 선언했다. CDC는 이미 병원 치료가 필요한 많은 사람들에 의해 의료시스템에 과부하가 걸릴 수 있으며, 그렇지 않으면 예방 가능한 사망으로 이어질 수 있다고 경고했다.

3월 12일까지 미국에서 진단된 COVID−19 사례는 천 명을 초과했다. 3월 16일 백악관은 10명 이상의 모임을 자제하라고 권고했다. 3일 후 미국 국무부는 미국 시민들에게 모든 해외 여행을 피하라고 권고했다. 3월 중순까지 50개 주 모두 CDC나 상업용 실험실에서 의사의 승인을 받아 테스트를 수행할 수 있었다. 그러나 사용 가능한 테스트 키트의 수는 제한적이었다. 사례가 전국적으로 퍼지기 시작하면서 연방 및 주 기관은 급증하는 병원 환자에 대비하기 위해 긴급 조치를 취하기 시작했다. 3월과 4월 초에 걸쳐 여러 주, 시, 카운티 정부는 바이러스 확산을 막기 위해 주민들에게 '집에 머무르는' 검역을 시행했다. 3월 26일까지 각종 데이터는 미국이 모든 국가 중 가장 많은 알려진 사례를 가지고 있음을 보여 주었다. 3월 27일까지 미국은 100,000건이 넘는 사례를 보고했다. 4월 11일 미국의 사망자는 이탈리아를 제치고 사망자가 2만 명에 이르며 세계 최대 사망자가 됐다. 4월 28일에 전국의 누적 확진자 수는 100만 명을 넘어섰다.

팬데믹이 미국에 상륙한 지 4개월도 안 된 5월 27일까지 100,000명의 미국인이 COVID−19로 사망했다. 주 경제 재개와 광범위한 마스크 주문 부족으로 인해 북동부를 제외한 대부분의 미국 대륙에서 사례가 급격히 증가했다. 7월 6일, 미국 국무부는 2021년 7월 6일 발효되는 WHO 탈퇴를 발표했다. 7월 10일 CDC는 질병 심각도에 대한 새로운 지표로 '감염된 모든 개인(증상 및 무증상) 중 질병으로 사망한 개인의 수'인 감염 치사율(Infection Fatality Ratio; IFR)을 채택했다. 9월 22일, 미국은 200,000명의 사망자를 기록했다. 10월 초, 트럼프 대통령은 자신과 영부인이 COVID−19 양성 반응을 보였고 즉

시 격리될 것이라고 트위터에 발표했다. 11월 9일, 바이든 대통령 당선인 인수팀은 그의 COVID-19 자문위원회를 발표했다. 같은 날 총 건수는 천만 건을 넘어섰고 하루 평균 102,300건의 새로운 건수가 발생했다. 화이자(Pfizer)는 또한 자사의 COVID-19 백신이 최대 90%의 효과가 있을 수 있다고 발표했다. 11월에 트럼프 행정부는 약국과 슈퍼마켓을 포함한 여러 소매점과 COVID-19 백신을 무료로 제공하기로 합의했다. 여행을 자제하라는 정부의 권고에도 불구하고 추수감사절 기간동안 200만 명이 넘는 사람들이 비행기를 탔다.

2021년 1월 19일, 미국의 사망자 수는 400,000명을 넘어섰는데, 이는 미국에서 300,000명이 사망한 지 불과 5주 만에 일어난 일이다. 1월 22일, 미국인 13명 중 1명이 COVID-19에 양성 반응을 보였다. 1월 29일, 대중교통 및 기타 대중교통 수단에서 안면 마스크 사용에 대한 전국적인 요구 사항이 2월 1일부터 발효되도록 CDC와 연방 교통 보안국에서 발표했다. 2월 22일, 미국에서 400,000명이 사망한 지 불과 5주 만에 500,000명이 사망했다. 3월 5일까지 47개 주에서 2,750건 이상의 COVID-19 변이 사례가 발견되었다. 4월 7일까지 알파 변종은 미국에서 우세한 COVID-19 변종이 되었다. 4월 12일, 미국은 인도에서 온 새로운 '이중 돌연변이' 변종인 델타의 첫 사례를 캘리포니아에서 보고했다.

2021년 5월 4일, 바이든 대통령은 7월 4일까지 미국 전체 성인의 70%가 최소 1회의 COVID-19 백신 주사를 맞도록 하는 새로운 목표와 함께 10대 및 접근하기 어려운 인구에 대한 예방 접종 단계를 발표했다. 7월 4일까지 전체 성인 인구의 67%만이 목표를 달성했기 때문에 국가는 궁극적으로 그 목표에 도달하지 못했다. 5월 6일 건강 측정 및 평가 연구소(Institute for Health Metrics and Evaluation)의 연구에 따르면 미국의 실제 COVID-19 사망자 수는 900,000명 이상이라고 추정했다. 5월 13일, CDC는 지침을 변경하여 백신을 완전히 접종한 개인은 대부분 상황에서 마스크를 착용할 필요가 없다고 말했다. 일부 주에서는 곧 마스크 의무를 종료했지만 다른 주에서는 의무를 유지했다.

6월까지 COVID-19 사례는 특히 아칸소, 네바다, 미주리, 와이오밍에서 다시 증가했다. 증가하는 숫자는 델타 변형에 기인한 것으로 여겨졌다. CDC 데이터에 따르면 7월 7일까지 델타 변종은 알파 변종을 능가하여 미국에서 우세한 COVID-19 변종이 되었다. 8월까지 델타 변종은 모든 사례의 99%를 차지했으며 아직 백신을 접종하지 않은 사람들의 입원 위험을 두 배로 높이는 것으로 밝혀졌다. 8월 초와 중순까지 백신 접종률이 낮은 일부 주의 병원은 수용인원을 초과하기 시작했다. 미국 인구의 4분의 1이 앨라배마, 아칸소, 플로리다, 조지아, 루이지애나, 미시시피, 네바다, 텍사스 등 8개 주에 거주하고 있지만, 8월 중순까지 이들 주에서 전체 COVID-19 입원 환자의 절반이 발생했다. 2021년 9월 20일까지 COVID-19는 675,000명 이상의 미국인을 죽였으며, 이는 1918년 스페인 독감으로 인한 미국인 사망자 수와 유사하다. 그 결과 COVID-19는 최근 미국 역사상 가장 치명적인 호흡기 전염병이 되었다.

10월 1일에 미국은 700,000명의 사망자를 넘었다. 11월 26일 바이든은 미국이 오미크론(Omicron)이라고 불리는 이 지역의 새로운 변종에 대한 우려 때문에 남아프리카공화국과 다른 아프리카 7개국으로부터의 여행을 제한할 것이라 발표했다. 2022년 1월 초에는 하루 확진자가 100만 명을 넘어섰다. 2월 1일 현재 미국의 사망률은 다른 부유한 국가보다 63% 더 높았는데, 부분적으로는 해당 국가에 비해 예방 접종률이 훨씬 낮았기 때문이다. 3월 9일, 바이든 행정부는 의회에 테스트, 치료제 및 백신에 대한 자금 부족을 권고했지만 공화당은 전염병에 대한 새로운 지출을 계속 차단하여 민주당은 제안된 지출 법안에서 긴급 지원 패키지를 제거했다.

2022년 4월 CNN은 COVID-19 수치가 미국 전역에서 팬데믹 최저치에 도달하여 많은 테스트 장소가 문을 닫았다고 보도했다. 4월 18일, CDC의 조언에 따라 바이든 행정부에 의해 5월 3일까지 연장되었던 연방 교통 마스크 명령이 전국적으로 종료되었다. 미국의 사망자 수는 2022년 5월 4일에 1,000,000명에 이르렀고, 이는 단일 국가에서 기록된 사망자 수 중 가장 많은 수치이며, 브라질이 약 660,000명으로 그 뒤를 이었다. 6월에 미국은 5세 미만 어린이의 백신접종 승인 절차를 마쳤으며, 6월 12일에 미국은 국제 항공 여행자에 대한 COVID 테스트 요구 사항을 삭제했지만 국경 간 운송 수단을 사용하는 입국 여행자에 대한 예방 접종 요구 사항은 대부분 그대로 유지되었다. 2023년 1월 11일,

바이든 행정부는 전염성이 높은 Omicron 변이체와 관련된 사례가 겨울에 급증하는 가운데 COVID-19 공중보건 비상사태를 갱신하기로 결정했다.

2020년 초부터 전 세계적으로 70개 이상의 회사(주로 미국에서 운영되는 5~6개 회사)가 백신 연구를 시작했다. 2020년 11월 20일, Pfizer-BioNTech 파트너십은 FDA(Food and Drug Administration)에 백신에 대한 긴급 사용 승인 요청을 제출했으며 12월 11일 승인되었다. 2020년 12월 18일 FDA는 모더나(Moderna) 백신 긴급 사용 승인을 승인했으며, Moderna는 2020년 11월 30일에 요청했다. 2020년 12월 14일부터 COVID-19 백신의 첫 번째 용량이 투여되었다.

COVID-19 대유행이 병원에 미치는 영향은 COVID-19 대유행이 시작된 지 몇 달 후인 2020년 봄에 미국의 일부 병원 시스템에 심각해졌다. 일부는 간호사와 의사의 부족과 함께 침대가 부족하기 시작했다. 2020년 11월까지 1,300만 건의 사례로 전국의 병원은 기록적인 수의 COVID-19 환자로 압도당했다. 간호학과 학생들을 긴급 상황에 따라 채워야 했고, 환자를 처리하기 위해 야전 병원이 세워졌다. 2021년 초에 사례가 최고조에 이르렀고 일부 병원은 COVID-19 환자로 압도되어 주기적으로 문을 닫았다. 일부 지역에서는 병원 공간이 가득 차서 구급차가 환자를 이송하기 위해 종종 몇 시간을 기다렸다. 또한, 이미 입원한 환자는 다른 중증 환자를 위한 자리를 마련하기 위해 평소보다 일찍 퇴원할 수밖에 없었다. 9월 초까지 오레곤, 아이다호, 몬태나, 켄터키, 테네시, 조지아, 사우스캐롤라이나를 포함한 최소 7개 주에서 과로한 병원을 돕기 위해 주 방위군을 소집했다. 2021년 여름에는 새로운 델타 바이러스 변종으로 인해 또 다른 급증이 있었다. 일부 전문가들은 델타 변이가 종종 백신 접종률이 낮은 젊은 연령층에서 더 심각하다는 것을 발견했다.

미국 내에서도 코로나19 대응을 위한 다양한 정책이 이행되었으며, 지원책별 규모의 크기는 각각 다르나, 트럼프 정부에 이어 바이든 정부도 재정지출 확대 방향을 보이고 있다. 트럼프 정부의 공중보건 위기 선포 이후, 미국 의회(세출위원회)는 2020년 2월 4일 트럼프 정부에 코로나19에 대응한 긴급추경예산 편성을 요청하는 서한 발송을 시작으로

한 달여 간의 논의 끝에 코로나19에 대응한 첫 추경(83억달러)을 통과시켰다. 당시 1차 추경은 의회에서 하원 415:2, 상원 96:1의 초당적 표결을 보이며 통과되었다. 그 이후 2020년 4월 23일에 4차 지원책(Coronavirus Aid Package 3.5)이 의회를 통과했고, 이어 12월 21일에 5차 지원책(Consolidated Appropriations Act, 2021)이 의회를 통과했다.

2021년 1월 바이든 정부가 출범하면서, 대통령 후보 시절부터 지속적으로 강조해 온 "더 나은 재건(Build Back Better)" 아젠다의 첫 입법 결과물인 "American Rescue Plan(미국 구조계획법)"이 의회의 법안 발의를 시작으로 공식 논의가 시작된 지 약 20일 만인 3월 10일 의회를 통과(약 1.8조달러 규모)했다. 미국 구조계획법 통과 이후 한 달이 채 되지 않은 시점에 바이든 정부는 "American Jobs Plan(인프라 계획)"과 "American Families Plan(미국 가족계획)"이라는 대규모 정책을 시기의 간격을 두고 각각 발표했다.(윤성주·구윤모, 2021)

발병국인 중국과 패권 경쟁 중인 미국 간에 COVID-19를 둘러싼 갈등도 부각되었다. 미국과 중국의 접근방법은 서로 달랐다. 중국은 봉쇄정책을 엄격하게 추진하였고 이에 반해 미국은 봉쇄에 연방정부가 미온적이었고 주 정부도 몇몇 주 외에는 봉쇄에 미온적이었다. 팬데믹 보건복지 정책에도 차이가 났다. 중국은 적극적으로 신속하게 대처했고 진단과 치료비용과 관련하여 보험 처리가 안 되는 비용도 국가가 모두 책임지는 방향으로 갔으며 사회보장과 노동시장 접근을 통해 코로나를 극복하려 하였다. 이에 반해 미국은 확진자 증가에 따라 의료장비 부족현상이 발생하였고 진단과 치료비용과 관련 보험 처리가 되지 않는 비용을 국가가 부담하지 않았고 사회보장과 사회보험을 위주로 정책을 추진하였다. 중국이나 미국 모두 건강 재정지출을 확대한 것은 동일하다. 이러한 차이 등으로 미국에서는 기존의 불평등에 코로나로 인한 어려움이 겹쳐 플로이드 사건을 계기로 인종차별주의로 인한 폭동이 일어나기도 했다. 이에 반해 강력한 봉쇄를 취했던 중국에서 코로나 감염지역 사람들이 들어오지 못하도록 하는 지역적 이기주의가 나타나기는 했지만 심각한 수준으로 비화하지 않았고 인종자본주의 또는 종족자본주의와 같은 현상은 나타나지 않았다.

미국과 중국의 모델을 따라 코로나 퇴치에 노력하는 국가도 있지만 미국과 중국의 코로나 퇴치 공동협력은 현재로서는 거의 기대하기 어렵다. 특히 이번 코로나19로 인해 세계의 패권이 바뀔 가능성이 높아졌다는 주장도 있다. 흑사병은 유럽에 큰 영향을 미쳤고 베니스의 경제적 몰락을 가져왔다는 논의가 있다. 전염병이 제국의 몰락을 가져온 예로 비잔틴 로마 제국의 몰락, 유럽의 봉건질서 몰락 등을 예로 들기도 한다. 하지만 이번 코로나19로 인해 미국의 세계지배인 팍스아메리카나가 종식되는 결과를 가져올 가능성은 크지 않다. 경제에 미칠 평가와 관련해서도 1918년 스페인독감으로 인해 세계적으로 4,000만 명이 사망하였지만 미국에서의 영향은 오히려 긍정적이었다는 평가도 있는 것은 사실이다. 세계 제1의 부자나라이며 민주주의 국가로 자처하는 미국의 사망자가 세계 최대이고 확진자 역시 세계 최대 국가이다.(이양호, 2020)

## 3 스웨덴식 집단면역(Herd Immunity)

WHO의 보고에 의하면, 스웨덴 내 총 누적 확진자는 2,704,952명이고 총 누적 사망자는 23,971명이다.(2023년 04월 26일 00시 기준) 2021 GHSI는 스웨덴의 보건 상황을 다음과 같이 보여준다.

<그림 14>에 의하면 스웨덴은 조사대상 195개국 중 10위(64.9)로 상대적으로는 세계 최고 수준의 보건안보 상황을 보여 주나 64.9점은 100점과 거리가 멀다고 할 수 있다. 5개 세부부문(Prevention; Detection and Reporting; Rapid Response; Health System; Compliance with International Norms; Risk Environment)에서 스웨덴의 점수는 모두 세계 평균치를 크게 웃돌고 있으나 일부 급속대응 부문(Linking public health and security authorities; Trade and travel restrictions)에서는 세계 평균치에도 못미쳐서 개선이 요망된다. 이는 COVID-19 대응에서의 한계를 그대로 반영한 것으로 보인다.

**그림 14** 스웨덴의 2021년 글로벌보건안보 지수(GHSI)

# Sweden

**64.9** Index Score **10**/195

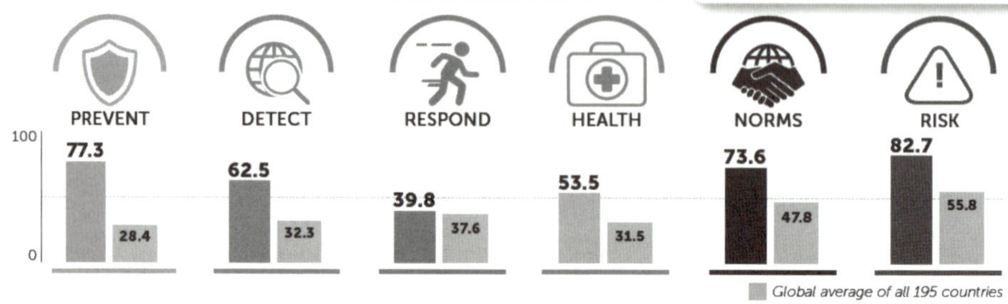


| | 2019 SCORE | 2021 SCORE | 2021 GLOBAL AVERAGE |
|---|---|---|---|
| **PREVENTION** | **80.6** | **77.3** | **28.4** |
| Antimicrobial resistance (AMR) | 100 | 100 | 45.3 |
| Zoonotic disease | 71.8 | 51.9 | 19.8 |
| Biosecurity | 78.7 | 78.7 | 18.7 |
| Biosafety | 100 | 100 | 20.9 |
| Dual-use research and culture of responsible science | 33.3 | 33.3 | 2.6 |
| Immunization | 100 | 100 | 63.3 |
| **DETECTION AND REPORTING** | **64.6** | **62.5** | **32.3** |
| Laboratory systems strength and quality | 75 | 75 | 44.9 |
| Laboratory supply chains | 50 | 50 | 15.9 |
| Real-time surveillance and reporting | 87.5 | 62.5 | 34.6 |
| Surveillance data accessibility and transparency | 100 | 100 | 34.7 |
| Case-based investigation | 25 | 37.5 | 16.9 |
| Epidemiology workforce | 50 | 50 | 46.5 |
| **RAPID RESPONSE** | **46.1** | **39.8** | **37.6** |
| Emergency preparedness and response planning | 25 | 41.7 | 30.4 |
| Exercising response plans | 37.5 | 25 | 21.1 |
| Emergency response operation | 33.3 | 33.3 | 27 |
| Linking public health and security authorities | 0 | 0 | 22.1 |
| Risk communication | 41.7 | 66.7 | 57.9 |
| Access to communications infrastructure | 85.5 | 86.6 | 65.7 |
| Trade and travel restrictions | 100 | 25 | 39 |

*Scores are normalized (0–100, where 100 = most favorable)*

| | 2019 SCORE | 2021 SCORE | 2021 GLOBAL AVERAGE |
|---|---|---|---|
| **HEALTH SYSTEM** | **53.6** | **53.5** | **31.5** |
| Health capacity in clinics, hospitals, and community care centers | 37.3 | 36.8 | 30 |
| Supply chain for health system and healthcare workers | 61.1 | 61.1 | 28.5 |
| Medical countermeasures and personnel deployment | 50 | 50 | 10.3 |
| Healthcare access | 51.5 | 51.4 | 55.2 |
| Communications with health-care workers during a public health emergency | 0 | 0 | 10.8 |
| Infection control practices | 100 | 100 | 40.5 |
| Capacity to test and approve new medical countermeasures | 75 | 75 | 45.1 |
| **COMPLIANCE WITH INTERNATIONAL NORMS** | **69.4** | **73.6** | **47.8** |
| IHR reporting compliance and disaster risk reduction | 100 | 100 | 58.5 |
| Cross-border agreements on public and health emergency response | 100 | 100 | 50 |
| International commitments | 100 | 100 | 56.1 |
| JEE and PVS | 0 | 0 | 18.7 |
| Financing | 50 | 75 | 35.2 |
| Commitment to sharing of genetic and biological data and specimens | 66.7 | 66.7 | 68.4 |
| **RISK ENVIRONMENT** | **83.8** | **82.7** | **55.8** |
| Political and security risk | 87.4 | 87.4 | 58.1 |
| Socio-economic resilience | 97.7 | 97.7 | 60.9 |
| Infrastructure adequacy | 91.7 | 91.7 | 50.2 |
| Environmental risks | 60.4 | 54.6 | 54.7 |
| Public health vulnerabilities | 81.7 | 81.8 | 55.3 |

‘집단면역’은 집단이 예방 접종을 통해 면역이 되거나 이전 감염을 통해 면역이 있을 경우 가능한 감염병으로부터의 간접적인 보호를 말한다. WHO는 백신 접종을 통한 ‘집단면역’ 달성을 강조한다. COVID-19에 대한 집단면역은 질병을 일으키는 병원체에 사람들을 노출시키는 것이 아니라 예방 접종을 통해 사람들을 보호함으로써 달성되어야 한다는 것이다. COVID-19에 대한 집단면역을 안전하게 달성하려면 인구의 상당 부분이 백신을 접종받아 전체 인구에 퍼질 수 있는 전체 바이러스의 양을 줄여야 한다. 집단면역을 달성하기 위한 면역이 필요한 사람들의 비율은 질병마다 다르다. 예를 들어, 홍역에 대한 집단면역은 인구의 약 95%가 예방 접종을 받아야 하고, 소아마비의 경우는 약 80%가 예방 접종을 받아야 한다. 집단면역 유도를 위해 COVID-19 예방 접종을 받아야 하는 인구의 비율은 아직 명확하지 않다.

COVID-19와 싸우는 방법으로 ‘집단면역’에 대한 WHO의 입장은 다음과 같다. 한마디로 말하여, 사람들을 바이러스에 노출시켜 ‘집단면역’에 도달하려는 시도는 과학적으로 문제가 있고 비윤리적이라는 것이다. 나이와 건강 상태에 관한 고려 없이 COVID-19가 인구 전체에 퍼지도록 방치하면 불필요한 감염, 고통 및 사망으로 이어질 수 있기 때문이다. 대부분 국가에서 대다수 사람이 이 바이러스에 취약한 상황이다.

한편 ‘락다운(lockdown)’에 대한 WHO의 입장은 이중적이다. ‘락다운’이라고 하는 대규모 물리적 거리두기 조치 및 이동 제한은 사람들 간의 접촉을 제한하여 COVID-19 전파를 늦출 수 있으나 사회 및 경제생활을 거의 중단시켜 개인, 지역사회 및 사회에 심각한 부정적인 영향을 미칠 수 있다는 것이다. 이러한 조치는 빈곤층, 이주민, 난민 등 취약계층에 불균형적으로 영향을 미친다고 한다.

지역사회가 집단면역에 도달하기 위해 얼마 동안의 시일을 요하는가는 재생산 수 또는 R0에 따라 다르다. R0은 바이러스에 감염된 한 사람이 아직 면역이 없는 경우 감염시킬 수 있는 평균 사람 수를 알려 준다. R0이 높을수록 집단면역에 도달하기 위해 더 많은 사람이 저항해야 한다. 2020년 당시 COVID-19의 R0을 2에서 3 사이로 추정했다. 이는 한 사람이 다른 2~3명을 감염시킬 수 있음을 의미한다. 또한 집단면역이 시작되어 감염률이 떨어지기 전에 인구의 50%에서 67%가 저항해야 한다는 것을 의미한다. Delta와 같은 새로운 변종은 R0을 5에서 7 사이로 올렸고, Omicron은 R0이 15에서 21 사이로 추정되어 Delta보다 약 3배 더 높은 전염성이 있는 것으로 알려졌다.

COVID－19에 대한 집단면역을 달성하기 어려웠던 이유는 질병을 일으키는 바이러스가 새로운 것이라는 점이다. 즉 이전에 사람을 감염시킨 적이 없으며 모든 사람이 감염 위험에 처해 있다는 것이다. 현재 COVID－19로부터 보호할 수 있는 백신(화이자, 존슨앤드존슨, 모더나, 노바백스 등)이 있지만 집단면역을 갖기 전에 인구의 75~80%가 예방 접종을 받아야 한다고 판단된다. 이 백신은 감염을 막고 감염될 경우 심각한 질병을 줄이는 데 효과적이다. 면역력은 사람마다 다르다. COVID－19 예방 접종을 받은 두 사람의 경우 동시에 동일한 코로나바이러스에 노출될 수 있으며, 한 사람은 감염을 완전히 피하거나 무증상 상태를 유지하는 반면 다른 한 사람은 심각한 증상이 나타나 결국 병원에 입원하게 될 수도 있다. 백신이 효과가 없는 사람들이 있다는 것이다.

COVID－19 대유행 초기에 집단면역 즉 대다수 사람이 바이러스에 면역이 있으면 전파가 멈출 수 있다는 주장에 대해 많은 논란이 있었다. 하지만 상당수의 연구자는 대유행의 종식은 집단면역이 아니라 확진자와 사망자 수를 통제할 수 있는 면역을 가진 충분한 사람들에 의해 가능하다고 한다. 한 변종에 대해 집단면역에 도달하려면 인구의 75%가 필요하고 다른 변종에 대해서는 90%가 필요할 수 있다. COVID－19 대유행이 종식되고 바이러스가 사회 내에서 풍토병이 될 만큼 충분한 지역사회 면역을 가질 수 있다. 집단면역에는 국경이 없어서 예방 접종 수준이 훨씬 낮은 인접 국가에서 바이러스가 여전히 높은 수준으로 돌고 있다면 관련 국가는 인구의 90%가 면역이 되는 것으로도 충분하지 않을 수 있다. 그러므로 전 세계적으로 가능한 한 많은 사람에게 계속해서 백신을 접종하는 것이 중요하다.

전 세계적인 코로나19 대유행은 2020년 1월 24일 프랑스 보르도에서 첫 확진 사례와 함께 유럽에 상륙했으며 이후 유럽 전역에 널리 퍼졌다. 2020년 3월 17일까지 유럽의 모든 국가에서 사례가 확인되었고 바티칸 시국을 제외한 모든 국가에서 최소 1명의 사망자가 보고되었다. 이탈리아는 2020년 초 대규모 발병을 경험한 최초의 유럽 국가로, 국가 폐쇄를 도입한 세계 최초의 국가가 되었다. 2020년 3월 13일까지 세계보건기구는 유럽을 대유행의 진원지로 선언했으며 WHO가 5월 22일 남아메리카에 추월당했다고 발표할 때까지 그대로 유지되었다. 2020년 3월 18일까지 유럽에서는 2억 5천만 명이 넘는 사람들이 락다운되었다. COVID－19 백신 접종에도 불구하고 유럽은 2021년 후반에 다시 한번 팬데믹의 진원지가 되었다.

스웨덴은 앞선 개방사회라는 점에서 대부분의 다른 유럽 국가들과 달랐다. 스웨덴 헌법에 따라 스웨덴 공중보건국은 정치적 간섭을 제한하는 자율성을 가지며 기관은 개방된 상태를 유지하는 것을 선호한다. 스웨덴의 전략은 봉쇄 혹은 락다운 후 바이러스가 다시 확산되어 같은 결과를 낳을 것이라는 가정에 기반한 장기적인 조치에 초점을 맞췄다. 스웨덴 정부가 국민에게 바이러스의 위험을 경고하였으나 학교와 기업은 계속 문을 열고 어떠한 의무 없이 거의 정상적인 생활을 계속할 수 있도록 허용한 것이다. 스웨덴 정부의 목표는 가능한 한 빨리 스웨덴 인구 내에서 집단면역을 달성하는 것이었다.

2020년 초 스웨덴의 코로나19 감염률과 사망률이 유럽에서 가장 높았고, 나머지 세계가 어떤 형태로든 봉쇄에 들어간 동안 스웨덴의 삶은 코로나19 대유행으로 인해 비교적 단계적으로 진행되지 않았다. 의무사항은 없었고 개인이 위험을 판단하고 그에 따라 행동해야 할 책임이 있었다. 많은 이웃 국가들이 스웨덴의 접근방식에 분노했고 집단면역 확립이라는 목표를 위해 스웨덴의 가장 취약한 계층이 큰 대가를 치러야 했다. 2020년 가을까지 WHO는 COVID－19에 대한 집단면역은 질병을 유발하는 병원균에 노출하는 것이 아니라 백신접종을 통해 인구를 보호함으로써 달성되어야 한다고 발표했다.

대유행 초기 몇 달 동안 스웨덴 인구 내에서 다수의 감염에 기여한 주요 대응 중 하나는 안면 마스크 사용과 사회적 거리두기와 같은 느슨한 접근방식이었다. 실제로 안면 마스크 착용은 일반 대중의 공포를 완화하는 데 도움이 되도록 적극적으로 권장되지 않았으나, 5,000명 이상이 사망한 후 2020년 6월까지 병원에서만 안면 마스크 사용이 권장되었다.(Bjorklund and Ewing, 2020; Sörensen, 2020) 한편 대유행 초기에도 사회적 거리두기가 권장되었지만 엄격한 여행 제한 의무는 없었고 많은 스웨덴 가족이 2020년 2월 방학 동안 스키를 타기 위해 이웃 국가로 여행했다. 2020년 3월 7일, 30,000명 이상의 스웨덴인이 유럽 송 콘테스트 결승전에 참석하기 위해 스톡홀름을 방문했다. 두 행사 모두 스웨덴 전역과 이웃 국가에 대해 첫 번째 감염 물결에 기여했다. 결국 스웨덴도 사망자 수가 5,000명 이상이 되면서 500명 이상이 모이는 공개 집회를 금지했고 연말에는 50명 미만으로 줄였다. 70세 이상의 사람들은 예외로 사회적 거리를 유지하도록 권장되었고 2020년 3월 말까지 은퇴자 주택 방문이 금지되었다(Tegnell, 2021). 그럼에도 COVID－19는 양로원 내에서 만연하여 거주자와 그들을 돌보는 직원의 높은 감염률로 이어졌다. 스웨덴 정부는 결국 노인에 대한 코로나19 위험을 잘못 이해했고 그 결과 양로원에서 막대한 손실을 입었다고 인정했다. 또한 대유행 초기에 스웨덴 정부는 아이들이 COVID－19에 감염될 수 없으며 아이들이 전염에 미미한 역할을 했다고 잘못 주장했다. 처음에는 모든 학교와 탁아소가 최소한의 중단 없이 열려 있었지만 2020년 3월에 고등학교와 대학은 온라인 수업으로 전환되었다. 이는 스웨덴 어린이의 COVID－19 사례가 더 엄격한 봉쇄 전략을 시행한 인접 국가보다 몇 배 더 높다는 것을 나타낸다.(Vogel, 2020)

스웨덴은 2017년 세계보건기구(WHO) 지침과 질병예방법을 기반으로 팬데믹 대비에 대한 강력한 조건을 보유하고 있다. 그러나 코로나19 팬데믹이 시작되면서 어떤 기관도 나서서 권고를 내리지 않고 오히려 자료를 모으고 거의 모든 책임을 주민 개개인에게 떠넘겼다. 이러한 추세는 처음 2년 동안 계속되었고 2022년 2월 스웨덴 정부는 증상을 보이는 사람들 사이에서도 COVID－19에 대한 모든 광범위한 테스트를 중단했다. 테스트의 비용과 관련성이 더 이상 정당화될 수 없는 지점에 도달했다는 것이다. 모임에 대한 모든 제한이 해제되었고 스웨덴인들은 바이러스가 풍토병이라는 사실을 받아들이고 있는 것 같았다. 스웨덴의 초기 백신 접종률은 유럽의 다른 지역에 비해 가장 높은 수준이었으나 부스터 백신 접종률은 뒤떨어져 있었다.

**그림 15** EU/EEA 내 COVID-19 백신 접종 상황(2022.3.6. 기준)

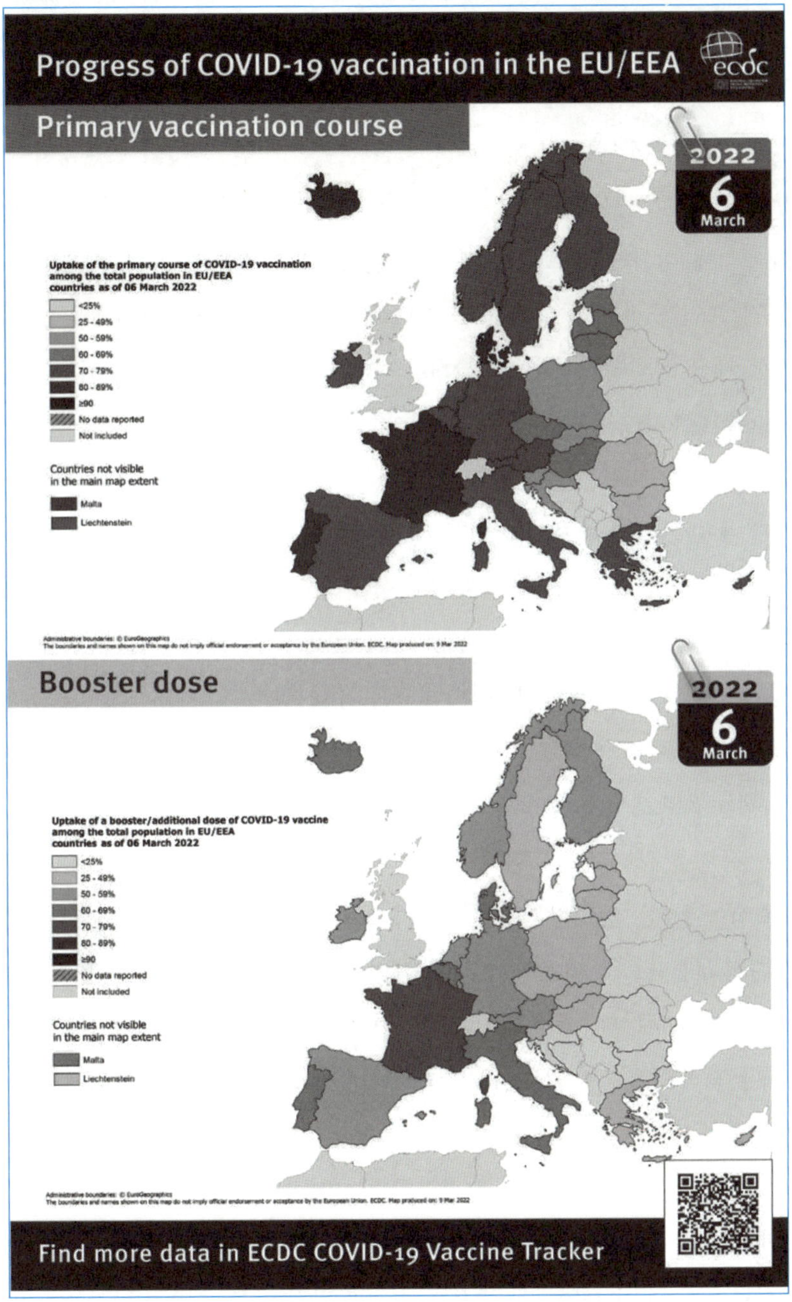

COVID-19의 첫 번째 물결은 스웨덴의 노인 인구에게 치명적이었다. 핀란드와 덴마크와 같은 북유럽 국가는 가장 취약한 사람들을 보호하는 데 큰 효과가 있는 봉쇄 및 테스트 전략을 도입했고, 이는 의심할 여지 없이 많은 생명을 구했으며 귀중한 의료자원이 보다 효과적으로 활용될 수 있게 했다. 이제 스웨덴에서도 다수 전문가는 락다운이 많은 생명, 특히 가장 취약한 생명을 구했을 것이라고 믿는다. 이는 팬데믹 초기에 정부가 중앙집권화되고 군사 및 의료 자원이 강력하게 동원되는 프랑스와 극명한 대조를 이룬다. 팬데믹에 대처하기 위한 만병통치약은 없고, 응답은 국가마다 다른 다양한 문화적, 제도적 요인을 통해 형성된다. 2019년에 GHSI라는 전염병 및 대유행에 대한 국가의 준비 상태를 평가하는 시스템이 개발되었다. 미국은 가장 높은 점수를 받았지만 COVID-19에 대한 대응에서 눈에 띄게 저조했다.(Baum, 2021)

스웨덴은 상대적으로 느슨한 감염병 확산억제 전략을 선택한 국가로 유행 시작부터 지금까지 계속 논란의 대상이 되어 왔다. 특히 집단면역(herd immunity)과 관련된 논의에서 가장 많이 언급되고 있는 국가임에도 불구하고, 스웨덴의 공식 입장은 집단면역을 목표로 하지 않았다는 것이어서 혼란을 주기도 한다. 왜 스웨덴은 락다운을 선택하지 않은 것인가. 감염병 유행에 대한 방역 대책을 봉쇄전략(containment strategy)과 완화전략(mitigation strategy)으로 나눌 때 스웨덴은 처음부터 완화전략을 선택한 국가라고 볼 수 있다. 전파 억제를 목표로 하는 봉쇄전략과는 달리, 완화전략은 의료시스템의 과부하가 없는 수준에서 유행을 관리하면서 환자의 진단과 치료에 집중하는 전략으로 그 목표는 건강피해 최소화에 있다. 병원체에 대한 정보가 부족한 상태에서 신종 감염병 유행이 시작되면 대부분 봉쇄전략으로 대응하게 된다. 그러나 많은 경우 시간이 지나감에 따라 완화전략으로 옮겨가게 되는데, 통상적으로 감염원을 알 수 없는 지역사회 전파가 시작되면 완화전략이 본격적으로 고려되기 시작한다.(이덕희, 2020)

2020년 3월 11일에 있었던 WHO의 팬더믹 선언은 국가간 교류가 활발한 현대사회에서 더 이상 이 감염병을 봉쇄전략으로 관리하기는 어렵다는 것을 의미한다. 그럼에도 불구하고 전파력이 높은 COVID-19의 특성상 환자 수 급증이 예상되었으므로 의료시스템의 과부하를 막는 것이 무엇보다 중요하였다. 따라서 많은 유럽권 국가들은 환자 발생

수를 의료시스템에서 관리 가능한 수준으로 신속히 낮추기 위한 방법으로 전면 락다운을 선택하였다. 그러나 전면 락다운은 장기간 유지하는 것이 불가능하므로 어느 시점이 되면 완화할 수밖에 없는데, 사람들 간의 접촉이 증가하면 다시 환자 수가 증가하게 된다. 즉 지역사회 전파가 발생한 상황에서의 락다운은 반복적인 락다운으로 이어질 가능성이 높아진다.(이덕희, 2020)

이러한 판단에 기초하여 스웨덴 방역당국은 전면 락다운이 아닌 고위험군과 저위험군간의 위험도 차이를 고려한 장기간 유지 가능한 방역정책을 선택하였다. 사회구성원들이 받아들일 수 있는 수준에서 전파 속도를 늦추기 위한 방법들로 50명 이상 모임 금지, 요양시설 면회 금지, 고등학생과 대학생 온라인 교육을 실시하였으며 사회적 거리두기와 재택근무를 권고하였다. 그러나 16세 미만의 영유아, 어린이, 청소년을 위한 보육시설과 학교는 폐쇄하지 않았으며 식당, 상점, 체육시설 등도 운영을 계속하였다. 특히 마스크 착용이 권장되지 않았으며 감염자들에 대한 강제 격리 조치도 취해지지 않았다. 이러한 스웨덴의 방역 대책은 큰 변화 없이 유지되어 오다가 확진자 수 급증과 함께 전파 속도를 늦추기 위한 추가적인 조치가 더해지게 되었다. 즉 스웨덴은 처음부터 의료시스템의 과부하를 방지하는 선에서 환자 발생을 관리하는 완화전략으로 COVID－19의 유행에 대처하고자 한 국가로 볼 수 있다.(이덕희, 2020)

스웨덴의 높은 COVID－19 사망률은 락다운을 하지 않았기 때문인 것인가. 스웨덴의 이러한 선택은 유행 초기인 4~5월경 노인요양시설에서 많은 사망자가 발생하면서 위기에 봉착하였다. 특히 주위 북유럽 국가들에 비하여 10배 이상 높은 사망률을 보였다는 점에서 신랄한 비판의 대상이 되었다. 그러나 노인요양시설의 많은 사망자는 전면 락다운을 선택한 국가에서도 흔하게 발생한 일이었기 때문에 그 자체만으로 스웨덴 방역정책을 비판하기는 힘들며, 정책의 실패보다는 정책 실행 과정 중의 오류로 보는 것이 더 적절할 것으로 판단된다.(이덕희, 2020)

스웨덴의 방역 대책은 집단면역과 어떤 관계가 있는 것인가. 감염병 유행 시 감염을 경험하고 회복되는 사람들이 일정 비율 이상이 되면 유행 곡선이 꺾이는 패턴을 관찰할 수 있는데 이를 자연감염을 통한 집단면역이라 한다. 이런 형태의 수동적 집단면역은 완화전략의 필연적 결과물로, 능동적 집단면역과는 구분되어야 한다. 능동적 집단면역이란 면역을 가진 사람의 비율을 단기간에 높이기 위하여 의도적으로 특정 방역정책을 추진하는 것으로, 백신접종을 제외한 다른 방법들은 사회적으로 용인될 수 없다. 스웨덴은 집단면역을 정책으로 선택하지 않았다고 여러 번 공식적으로 표명한 바 있는데, 이는 능동적 집단면역을 선택하지 않았다는 의미이다.(이덕희, 2020)

스웨덴의 방역 대책이 우리에게 던지는 시사점은 무엇인가. 현재 COVID-19에 대한 대부분 국가의 방역 대책은 백신 개발이 될 때까지 전파를 최소화하는 데 맞추어져 있다. 그러나 전파 억제를 목표로 한 방역 대책은 유행이 장기화될수록 실효성이 떨어지며 방역 대책 그 자체로 신체 및 정신 건강, 경제, 교육, 문화 등 사회 전 분야에 악영향을 미치게 된다. 이러한 문제의식에 기반하여 2020년 10월 4일에 발표된 그레이트 배링턴 선언문(Great Barrington Declaration)에서는 스웨덴과 유사한 고위험군 집중 보호 전략을 대안으로 제시하고 있다. 그러나 이에 반대하는 연구자들이 존 스노우 비망록(John Snow Memorandum)을 발표하면서 현재 학계에서는 COVID-19에 대한 방역 대책을 두고 첨예하게 대립하고 있다. 존 스노우 비망록에서는 신속한 검사-추적-격리 시스템을 일상생활과 공존 가능한 전파 억제 정책으로 제안하고 있으나, 추적 시스템의 효과는 유행 시기에 따라 다르다는 점이 간과되고 있다. 유행 초기에는 추적 시스템이 효과적이나 지역사회 전파가 시작된 후에는 그 효과가 의문시되며 오히려 부작용이 발생할 위험도 크다. 예를 들면, COVID-19와 같이 무증상자 비율이 높으면서 전파력이 큰 병원체의 경우 특정 개인과 특정 집단이 유행 확산의 원인으로 오인되어 사회적 희생양이 될 가능성을 배제할 수 없다.(이덕희, 2020)

스웨덴의 코로나19 대응은 바이러스가 퍼지도록 내버려두는 집단면역 실험이 아니며, 제한된 의료자원하에 현실적인 정책 목표를 세우고 시민의 자발적 참여를 유도하는 완화전략으로 이해할 수 있다. 이 전략의 장점은 지속가능하고, 의료자원 집중의 부작용을 최소화할 수 있으며, 휴교 등으로 인한 필수 서비스 인력 전용을 막을 수 있다는 점을 꼽을 수 있다. 그러나 확산이 지속될수록 고위험군, 중증환자에 대한 의료자원 배분이 어려워지므로, 확산 초기 적절한 수준의 통제는 필수적이다. 느슨한 대응이 강도 높은 봉쇄보다 경제에 부작용을 적게 미치는지는 불확실하다. 정부 대응과 상관없이 바이러스가 확산되면 경제활동은 위축될 수밖에 없으며, 특히 무역의 비중이 큰 나라일수록 주변국의 대응에 따라 자국 경제에 상대적으로 영향을 많이 받는다. 장기화 국면에서 의료진의 피로도와 사회적 거리두기의 부작용을 고려할 때 방역과 일상의 균형을 모색해온 스웨덴의 전략을 참고할 수 있다. 또한 고위험군 보호에 실패하여 사망자가 많이 발생한 점은 타산지석으로 삼을 필요가 있다.(장영욱·윤형준, 2020)

## 4 아세안식 방역(Preventive Measures)

아세안 국가들의 발생 현황(2023년 04월 26일 00시 기준)은 다음과 같다. 브루나이는 총 누적 확진자 285,740명, 사망자 155명이고, 캄보디아는 각각 138,731명 및 3,056명이다. 인도네시아의 경우 총 누적 확진자 수는 6,765,727명, 총 누적 사망자 수는 161,190명이다. 라오스의 경우 총 누적 확진자 수는 218,069명 및 총 누적 사망자 수는 671명이다. 말레이시아의 경우 각각 5,066,877명 및 37,011명이고, 미얀마의 경우 각각 634,471명 및 19,490명이다. 필리핀의 총 누적 확진자 수는 4,087,964명, 총 누적 사망자 수는 66,444명이다. 또한 총 누적 확진자 수와 사망자 수는 싱가포르의 경우 각각 2,340,779명, 1,722명, 태국의 경우 4,730,490명, 33,947명, 베트남의 경우 11,544,777명, 43,187명이다.

2020년을 기준으로 동남아시아 지역 코로나 상황 및 추세를 살펴보면, 동남아시아 지역의 코로나19 확진사례는 꾸준히 증가하는 추세로 10월 말 기준으로 90만 건을 돌파했다. 2020년 1월 5일 태국에서 처음으로 5명의 확진사례가 발생한 후 2020년 10월 31일 기준으로 931,686건의 확진사례가 확인되었으며, 이는 전 세계 확진사례의 2.05%를 차지했다.

<그림 16>에서 확인되는 것과 같이 ASEAN 지역에서는 2020년 4월부터 본격적인 확진 사례들이 발견되기 시작하여 꾸준히 증가하다가 8월 이후 급격히 증가하는 추세를 보였다.

**그림 16** ASEAN 코로나19 신규 및 누적 확진사례(ASEAN 전체)

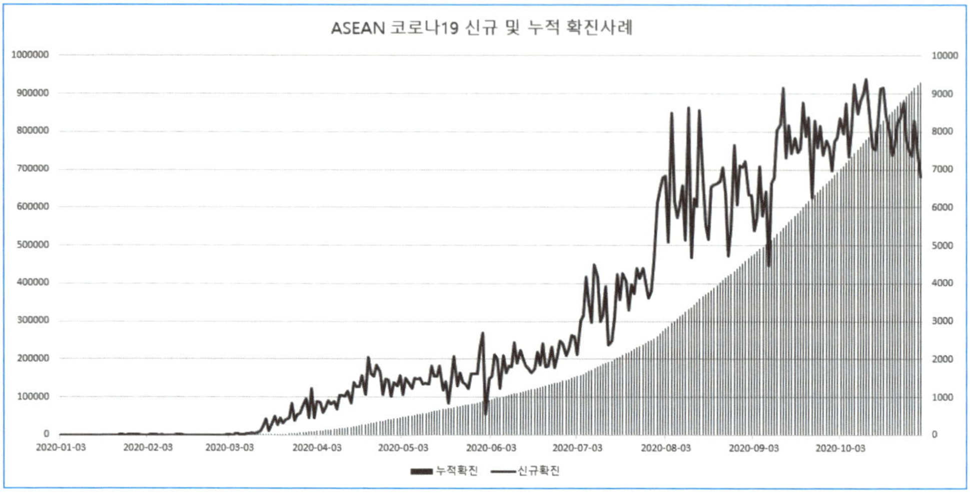


* 출처: 세계보건기구(WHO)

**그림 17** ASEAN 코로나19 누적 확진사례 (국가별)

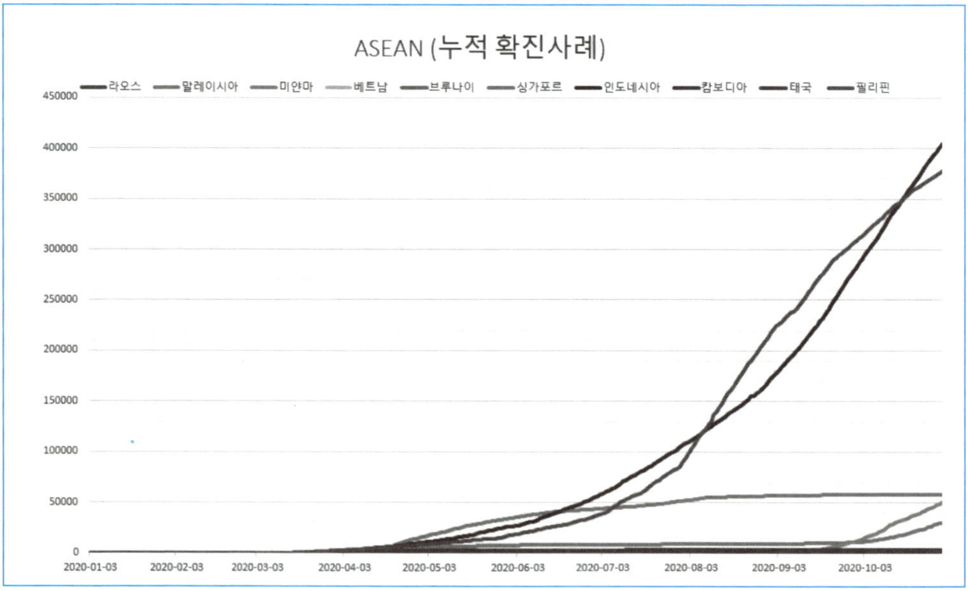


* 출처: 세계보건기구(WHO)

<그림 17>에서 확진 사례 증가추세를 국가별로 살펴보면 역내의 일부 국가에 발생이 집중되는 현상을 알 수 있다. 2020년 4월에는 싱가포르를 중심으로 대규모 발생하였으나, 싱가포르는 8월 이후 확진자 증가세가 통제되었다. 8월 이후에는 인도네시아와 필리핀을 중심으로 신규 확진 사례가 급격히 증가하는 현상이 나타났다. 10월부터 말레이시아와 미얀마에서도 확진 사례가 급속히 증가하고 있음을 확인할 수 있다. 10월 말 기준으로 인도네시아(406,945건), 필리핀(378,933건), 싱가포르(58,003건), 미얀마(51,496건), 말레이시아(30,889건)가 누적 확진 사례의 대부분을 차지했다.

당시 코로나19로 인한 역내의 전체 사망자는 22,560명을 기록했다. 전 세계 사망자의 1.90%를 차지하여 다른 지역에 비해 상대적으로 경미한 피해를 기록 중이었다. 확진사례 대비 사망률은 2.42%로 세계 평균(2.61%)에 비해 약간 낮았다. 확진사례 대비 사망자 수도 국가별로 큰 편차가 나타났다. <표 21>에 의하면, 싱가포르(0.05%), 말레이시아(0.81%), 태국(1.56%)은 전 세계 평균(2.61%)에 비해 현저히 낮은 사망률을 기록했고, 반면에 인도네시아(3.39%), 베트남(2.97%)은 전 세계 기준보다 높은 사망률을 보였다.

**표 21 ASEAN 국가별 누적 확진사례 및 사망자 비교**

| 국가 | 누적 확진사례 | 누적 사망 | 확진사례 대비 사망률 |
|---|---|---|---|
| 라오스 | 24 | 0 | 0% |
| 말레이시아 | 30,889 | 249 | 0.81% |
| 미얀마 | 51,496 | 1,219 | 2.37% |
| 베트남 | 1,177 | 35 | 2.97% |
| 브루나이 | 148 | 3 | 2.03% |
| 싱가포르 | 58,003 | 28 | 0.05% |
| 인도네시아 | 406,945 | 13,782 | 3.39% |
| 캄보디아 | 291 | 0 | 0% |
| 태국 | 3,780 | 59 | 1.56% |

| 필리핀 | 378,933 | 7,185 | 1.90% |
|---|---|---|---|
| 합계 | 931,686 | 22,560 | 2.42% |
| 전 세계 평균 | 45,533,267 | 1,188,352 | 2.61% |

*출처: 세계보건기구 (WHO). 2020. 10. 31 기준

아세안 차원에서 보건협력 논의의 전환은 사스(SARS) 사태 이전과 이후로 구분된다. 아세안 설립 후 2000년까지 지역 내 보건협력은 보건의료에 대한 접근, 건강한 생활 습관 증진, 감염병 통제 능력 향상, 그리고 마약 퇴치 등과 같은 공통의 관심 분야를 '확인'하는 것에만 중점을 두었고 협력을 위한 제도적인 성과는 나타나지 않았다. 그 이유는 다음과 같다.

첫째, 보건 분야는 지극히 국내적인 문제로 인식되고 있었다. 아세안은 역내 회원국 간의 내정 불간섭(non-interference)에 관한 규범을 주요 제도적 장치로 두고 있다.(변창구 2011) 이 때문에 회원국 국민의 건강과 관련된 민감한 문제를 다른 회원국과의 협력 의제로 다루는 데 소극적이었다.

둘째, 건강은 주로 개별 국가의 발전과 경제 성장을 위한 중요한 문제로 고려되었고 자국 국민의 건강을 어떻게 관리하고 향상시킬 것인가의 문제로 귀결되었다. 1980년대와 2000년의 보건장관 선언문의 주요 내용을 살펴보면, 주로 국가와 국민의 건강 그리고 빈곤과 산업화 등의 문제에 주목하고 있다. 역내 회원국 간의 경제발전의 격차로 인하여 건강과 보건의료 수준 역시 차이가 나는 상황에서 이에 대한 합의된 의견을 도출하기는 쉽지 않았다.

끝으로, 세계보건기구(WHO)가 개별 국가와의 양자 수준에서 건강 문제를 해결하는 데 주도적인 역할을 했기 때문이다(Stevenson and Cooper 2009; Lamy and Puah 2012). 1948년 4월 7일에 61개 국가가 WHO 헌장을 비준하여 정식 발족된 WHO는 7월에 유엔 전문기구가 되었다. 1978년 9월에 구소련에서 개최된 일차보건의료에 대한 알마아타 국제회의(Alma-Ata International Conference)에서 "모든 사람에게 건강을" (Health for All)이라는 표제하

에 2000년까지 일차보건의료를 이용한 인간의 건강 증진을 목표로 하였다. 동남아시아 지역은 항상 자연재해에 노출되어 있었고 지역 및 국가의 재난 대비 및 대응 프로그램을 체계화해야 했다. HIV/AIDS, 매종(yaws), 말라리아 등에 대한 주의를 요구했다.(WHO 2018, 65, 89-90)

아세안 창설 이후부터 사스(SARS) 사태 이전까지 아세안 국가들은 보건에 관한 공통의 관심 분야를 확인하는 수준에서 협력을 꾀했다. 하지만 사스(SARS) 사태 이후부터 2008년까지는 감염병 위기 대응을 위한 보건협력의 중요성을 인식하고 이를 제도화하려는 노력을 도모했다. 특히 금번 COVID-19로 인해 아세안 국가들은 이를 더욱 발전시키고자 협력을 취하고 있다.

아세안 국가들의 보건안보 현황을 살펴보면, ASEAN 국가들은 보건 및 방역 체계의 수준에 있어서 큰 편차를 보이고 있다. 태국은 선진국에 버금가는 수준의 보건 의료 환경을 갖추고 있고, 싱가포르, 말레이시아, 인도네시아 등도 중진국 가운데 높은 수준이다. 그러나 베트남, 필리핀, 미얀마, 라오스, 캄보디아와 브루나이 등은 세계적으로 평균 또는 그에 못 미치는 낮은 수준을 보이고 있다. 특히 이들 국가는 코로나19의 확진자 수 및 사망자 수 파악에 있어서도 부정확한 한계를 보일 만큼 아직 보건안보 체계가 낮은 수준이다.

**표 22 아세안 국가들의 2019 글로벌 보건안보 지수**

| 국가(순위별) | 전체(순위) | 예방 | 검출 및 보고 | 신속대응 | 보건 시스템 | 국제규범 수용 | 위험환경 |
|---|---|---|---|---|---|---|---|
| 태국 | 73.2(6) | 75.7(3) | 81(15) | 78.6(5) | 70.5(2) | 70.9(12) | 56.4(93) |
| 말레이시아 | 62.2(18) | 51.4(35) | 73.2(28) | 61.3(16) | 57.1(15) | 58.5(45) | 72(33) |
| 싱가포르 | 58.7(24) | 56.2(23) | 64.5(40) | 64.6(11) | 41.4(38) | 47.3(101) | 80.9(15) |
| 인도네시아 | 56.6(30) | 50.2(38) | 68.1(37) | 54.3(30) | 39.4(42) | 72.5(7) | 53.7(106) |
| 베트남 | 49.1(50) | 49.5(39) | 57.4(51) | 43(73) | 28.3(74) | 64.6(21) | 53.4(107) |

| | | | | | | | |
|---|---|---|---|---|---|---|---|
| 필리핀 | 47.6(53) | 38.5(71) | 63.6(41) | 43.8(68) | 38.2(47) | 49.8(84) | 50.3(124) |
| 미얀마 | 43.4(72) | 30.3(106) | 59.2(47) | 50.4(41) | 19.5(111) | 59.1(40) | 38.2(164) |
| 라오스 | 43.1(73) | 18.9(165) | 70.4(34) | 52(34) | 19.4(112) | 45.9(113) | 46.8(133) |
| 캄보디아 | 39.2(89) | 28.6(110) | 57.7(50) | 36.7(95) | 12(146) | 60(36) | 38.5(162) |
| 브루나이 | 32.6(128) | 24.8(129) | 30.5(127) | 33.4(110) | 24.2(88) | 23.3(195) | 66.7(49) |
| **ASEAN 평균** | **50.57** | **42.41** | **62.56** | **51.81** | **35.00** | **55.19** | **55.69** |
| 전 세계 평균 | 40.2 | 34.8 | 41.9 | 38.4 | 26.4 | 48.5 | 55 |

*출처: 2019 Global Health Security Index

2019 글로벌 보건안보 지수(Global Health Security Index)에 의하면 ASEAN 국가들은 전 세계 평균보다는 높은 수준의 보건 및 의료 수준을 나타내고 있다. 전 세계 195개 국가 평균은 40.2점으로 ASEAN 국가들은 평균 50.57점을 기록하며 비교적 양호한 수준으로 평가된다. ASEAN 국가들 가운데 유일하게 태국이 선두그룹인 '최우수(Most prepared)'에 소속되어 있다. 대부분의 ASEAN 국가들은 중간그룹인 '우수(More prepared)'에 소속되어 있으며, 유일하게 브루나이가 하위그룹인 '준비 미비(Least prepared)'에 속해 있다. ASEAN 국가들은 정치적 안정성, 사회경제적 회복력, 사회간접시설, 자연 환경적 위험 등을 의미하는 '위험환경' 분야에서 전 세계 평균 이하를 기록하여 보건 및 의료 외적 환경의 취약성을 보여 준다.

COVID-19 발생 이전 보건안보 상황을 반영한 2019년 ASEAN 국가별 글로벌 보건안보 지수를 분석하면 다음과 같다.

라오스는 43.1점으로 전 세계 순위에서 73위를 기록했고, 검출 및 보고 분야(70.4점)와 신속대응 분야(52점)는 ASEAN 평균을 앞서는 점수를 기록했다. 그러나 예방 분야는 18.9점(165위)으로 ASEAN 국가들 가운데 가장 낮은 점수를 기록했다. 그 밖에 보건시스템 분야 19.4점(112위), 국제규범 수용 분야 45.9점(113위) 및 위험환경 분야 46.8점(133위) 등 대부분 분야에서 전 세계 평균을 밑도는 수준을 보여 주었다.

말레이시아는 전체 점수 62.2점(18위)으로 ASEAN 국가들 가운데 두 번째로 높은 지수를 기록했다. ASEAN 국가들 가운데 거의 모든 분야에서 고르게 상위권을 기록했는데, 예방 분야 51.4점(35위), 검출 및 보고 분야 73.2점(28위), 신속대응 분야 61.3점(16위), 보건시스템 분야 57.1점(15위), 국제규범 수용 분야 58.5점(45위), 위험환경 분야 72점(33위) 등이다.

미얀마는 43.4점으로 72위를 기록하였으며, 이는 라오스를 근소한 차이(0.3점)로 앞선 점수이다. 검출 및 보고 분야(59.2점), 신속대응 분야(50.4점) 및 국제규범 수용 분야(59.1점)에서는 전 세계 평균을 앞서고 있다. 그러나 정치적 불안정성과 사회간접시설의 부족, 자연 환경적 위험과 공중보건 취약성으로 인해 위험환경 분야는 38.2점으로 ASEAN 국가들 가운데 가장 낮은 점수를 기록하였으며, 전 세계 순위는 164위였다. 그 밖에 예방 분야 30.3점(106위)과 보건시스템 분야 19.5점(111위)도 ASEAN 평균 이하를 기록하였다.

베트남은 49.1점(50위)을 기록하였으며 전 세계 평균보다는 나은 보건안보 점수를 기록했다. 그러나 위험환경 분야에서는 전 세계 평균보다 낮은 53.4점(107위)을 기록했다. 그 밖에 예방 분야 49.5점(39위), 검출 및 보고 분야 57.4점(51위), 신속대응 분야 43점(73위), 보건시스템 분야 28.3점(74위), 국제규범 수용 분야 64.6점(21위)을 기록했다.

브루나이는 ASEAN 국가들 가운데 가장 낮은 32.6점(128위)을 기록하여 매우 취약한 보건안보 현황을 보였다. 그러나 다른 ASEAN 국가들과 달리 말레이시아와 더불어 유일하게 위험환경 분야에서 세계 평균 이상인 66.7점(49위)을 기록했다. 그 밖의 모든 분야에서는 전 세계 평균 이하를 기록하였다. 검출 및 보고 분야 30.5점(127위), 신속대응 분야 33.4점(110위)은 ASEAN 최하위를 기록했다. 국제규범 수용 분야는 23.3점으로 전 세계 최하위(195위)를 기록했다. 이 밖에 예방 분야 24.8점(129위) 및 보건시스템 분야 24.2점(88위)을 기록했다.

싱가포르는 전체 점수 58.7점(24위)으로 ASEAN 국가들 가운데 세 번째를 차지했다. 특히 위험환경 분야에서는 ASEAN에서 가장 뛰어난 80.9점(15위)을 기록하여 정치·경제·사회 및 환경적 요인이 잘 통제되고 있음을 보여 주었다. 단, 유일하게 국제규범 수용 분야에서 47.3점으로 전 세계 평균 이하로 101위를 차지했다. 국제규범 수용 분야 항목

중 공중 및 동물 보건 비상대응에 대한 국가 간 합의 분야에서 0점을 기록한 것이 결정적 영향을 끼쳤다. 그 밖에 예방 분야 56.2점(23위), 검출 및 보고 분야 64.5점(40위), 신속대응 분야 64.5점(11위), 보건시스템 분야 41.4점(38위)을 기록했다.

인도네시아는 56.6(30위)로 ASEAN에서 4위를 차지했다. 다음 순위를 차지하는 베트남과 큰 격차를 차지하여 역내에서 보건안보 순위에 있어서는 선두권 그룹에 속하는 것으로 평가할 수 있다. 인도네시아는 국제규범 수용 분야에 있어서 72.5점으로 전 세계 7위를 차지하며 ASEAN 국가들 가운데 가장 높은 순위를 보여 주었다. 이 외에 예방 분야 50.2점(38위), 검출 및 보고 분야 68.1점(37위), 신속대응 분야 54.3점(30위), 보건시스템 분야 39.4점(42위) 및 위험환경 분야 53.7점(106위)을 기록했다.

캄보디아는 전체 점수 39.2점으로 전 세계 89위를 기록하며 평균 이하 보건안보 수준을 보여 주었다. 검출 및 보고 분야(47.5점, 50위) 및 국제규범 수용 분야(60점, 36위)에서는 평균 이상의 점수를 기록했다. 그러나 두 분야를 제외한 대부분의 분야에서 전 세계 평균 이하 점수를 드러냈다. 특히 보건시스템은 12점(146위)으로 ASEAN 국가들 가운데 최하위를 기록했다. 그 외에 예방 분야 28.6점(110위), 신속대응 분야 36.7점(95위), 보건시스템 분야 12점(146위), 위험환경 분야 38.5점(162위)을 기록했다.

태국은 전체 평가에서 73.2점으로 전 세계 순위 6위를 차지하며 ASEAN 국가들 가운데 유일하게 글로벌 보건안보 준비태세에서 '최우수(Most prepared)' 등급을 기록했다. 예방 분야 75.7점(3위), 검출 및 보고 분야 81점(15위), 신속대응 분야 78.6점(5위), 보건시스템 분야 70.5점(2위), 국제규범 수용 분야 70.9점(12위)으로 ASEAN 국가들 가운데 수위를 차지했다. 유일하게 위험환경 분야에서 56.4점(93위)으로 상대적으로 낮은 점수를 기록하였으며, 세부 평가지표 중 정치적 불안정성을 의미하는 '정치 및 안보위험'에서 평균 이하인 39.3점을 기록한 것이 부정적으로 작용하였다.

필리핀은 47.6점으로 53위를 기록하여 전 세계 평균보다는 양호하지만 ASEAN 기준으로는 평균 점수를 보여 주었다. 구체적으로는 예방 분야 38.5점(71위), 검출 및 보고 분야 63.6점(41위), 신속대응 분야 43.8점(68위), 보건시스템 분야 38.2점(47위), 국제규범 수용 분야 49.8점(84위) 및 위험환경 분야 50.3점(124위)을 기록했다.

2020년 4월 7일에 아세안 보건장관회의가 화상으로 개최되었다. 회원국들이 코로나19 팬데믹의 확산을 통제하고 그 영향을 완화하기 위한 조치로서 다양한 이해관계자들과의 지역협력을 강화하기 위한 것이었다. 주요 합의 내용은 다음과 같다. 잘못된 정보와 가짜뉴스를 방지하기 위하여 지역협력을 강화하고, 공개적(open)이고, 즉각적(real-time)이며, 투명한(transparent) 방식으로 정보 공유 및 연구를 지속하고, 국경 간 보건 대응 협조, 효율적인 정보 교환을 위한 디지털 기술 및 인공지능 이용을 확대하며, 아세안의 준비, 감시, 예방, 발견(검출), 대응 메커니즘을 다른 파트너들과 함께 강화 및 제도화하는 것등이다.(ASEAN Secretariat, 2020)

그리고 4월 14일에 아세안 지도자들은 코로나19에 관한 아세안 특별정상회의 선언(Declaration of the Special ASEAN Summit on Covid-19)을 채택했다. 아세안 의장국을 맡고 있는 베트남의 응우옌쑤언푹(Nguyen Xuan Phuc) 총리는 "암울한 시기에 아세안 공동체의 연대가 어둠 속의 등불처럼 빛난다."라고 발표했다. 그리고 이러한 정서를 반영하여 아세안은 집단주의를 강화하며 코로나19에 대응하기로 합의했다. 캄보디아의 훈센 총리는 "이 질병의 격리는 한 국가 내에서 이루어질 수 없다. 코로나19 퇴치의 성공을 위해서는 분야 전반에 걸쳐 심층적이고 포괄적인 협력이 필요하다. 아세안이 코로나19 퇴치를 위하여 단결해야 한다."는 점을 강조했다.(The Diplomat, 2020) 선언문에는 다음과 같은 세부 사항이 포함되어 있다. 아세안은 공중보건 조치뿐만 아니라 의약품, 의료 용품, 그리고 장비의 제공에 관한 협력을 강화하기로 약속했다. 그리고 사회안전망, 식량 안보, 그리고 경제 회복을 위한 계획 역시 포함되었다. 즉, 회원국은 코로나19와의 싸움에서 협력이 시급하다는 점을 인식했고 이에 따라 건강 협력 조치를 강화하고 정보를 공유하며 공급망을 개방해야 한다는 논의를 진행했다.(ASEAN Secretariat, 2020)

그리고 보건 분야의 발전에 관한 고위관료급회의(SOMHD)는 팬데믹 위기에 대응하기 위하여 다양한 메커니즘을 동원했다. 중국 보건당국이 질병에 대한 첫 번째 정보를 공유한 이후 말레이시아가 이끄는 아세안 공중보건위기에 관한 비상운영센터 네트워크(ASEAN Emergency Operations Centre (EOC) Network for public health emergencies)는 아세안 사무국의 지원으로 매일 상황에 대한 업데이트를 공유했다. 필리핀이 주도하는 빅데이터 분석 및 시각화를 위한 아세안 바이오 디아스포라 가상 센터(ASEAN BioDiaspora Regional

Virtual Centre: ABVC)는 국가 위험 평가, 준비 그리고 대응 계획 노력 등을 보완한다. 코로나 바이러스의 상황 개괄, 아세안 지역에서 바이러스의 잠재적 확산에 대한 위험 프로파일, 입국-출국 지점에서 바이러스의 유입에 대한 경감 조치의 필요성 등에 관한 보고서(Risk Assessment for International Dissemination of 2019-nCoV across ASEAN Region)를 발간했다. 그리고 아세안 회원국들은 태국이 주도하는 지역보건소실험실네트워크(Regional Public Health Laboratories Network)를 통해 실험실 준비 및 대응 조치를 교환했다. 소셜미디어에서 배포되는 거짓 뉴스 및 정보에 대한 대처를 포함하여 예방 및 통제 조치를 전파하기 위한 국가 위험 커뮤니케이션 행동은 말레이시아가 주최하는 아세안 위험 평가 및 위험 커뮤니케이션 센터(ASEAN Risk Assessment and Risk Communication Centre)의 준비 및 역량 구축 프로그램의 혜택을 받았다.(OECD, 2020)

사스 사태 이후 제도화된 지역협력의 프레임워크가 적절하게 조정된(coordinated) 방식으로 활용되지 못했다는 점에서 감염병 위기에 대한 아세안의 보건협력은 여전히 한계가 있다. 그리고 이러한 한계는 한국과 아세안 개별 회원국 간의 양자 협력이 더욱 필요하다는 점을 시사한다. 한편, 아세안이 당면한 보건협력 과제는 다음과 같다. 보다 확장된 지역 및 글로벌 건강 의제는 아세안이 감염병에 대한 대응뿐만 아니라 건강에 대한 보다 포괄적인 접근, 즉 인간안보의 측면에서 건강을 고려하는 것을 강요하고 있다. 따라서 아세안은 감염병뿐만 아니라 비전염성 만성질환을 해결하고 기후변화 관련 문제 등 보다 포괄적인 보건안보를 달성하기 위하여 공중보건 시스템 역량 구축 및 강화에 노력을 기울여야 할 것이다. 이러한 작업은 국가에만 국한되지 않고 비국가행위자와 민간부문의 자원을 활용할 수 있어야 할 것이다. 즉, 제도적 차원에서 볼 때 현재의 보건장관급 회의 수준을 넘어서 정부, 학술단체, 보건의료 기업, 관련 NGO 등 다양한 행위자가 참여 역시 제도화되어야 할 것이다. 아세안의 보건협력에 대한 또 다른 장애 요소 중 하나는 아세안 회원국들이 WHO 동남아시아지역 사무소(SEARO)와 WHO 서태평양지역 사무소(WPRO)로 분할되어 있다는 점이다. 그리고 아세안과 WHO 지부 간 장기적인 협력 메커니즘이 부재하다. 이러한 구분은 국가보다 선행하는 역사 및 지리적 관계의 맥락이 반영되어 있다. 두 기관 간에 지속적인 지식 공유와 기술 자원 그리고 전문 지식을 효과적으로 사용하여 상호 보완적인 제도화된 협력의 혜택을 누릴 수 있지만 연속적이고 구조화된 대화에 적합한 환경을 제공하지 못한다. 동아시아, 남아시아 등 지역을 중심으로 경제적, 정치적, 역학적 중요성이 커지고 있는 시점에서 이를 재검토할 필요가 있다.(용훈, 2020)

코로나19 감염병 사태는 개인 차원의 보건 문제에 국한되지 않고 국가적 정치, 경제, 사회 등 제 분야에 걸쳐 심각한 영향을 끼치며 국가 차원의 안보 위협으로 부상했다. 초국경적 전파라는 특성으로 인해 전례 없이 강력한 국경 통제 및 폐쇄 조치가 취해졌다. 이러한 국경 통제는 유럽연합과 같이 공동체 제도 통합이 후퇴하는 현상을 낳고 있다. 역설적으로 국경 이동은 제한되지만 국가 간 협력은 더욱 절실해지고 있다. 국가별 상황과 대응 수준이 다른 점을 고려할 때 지역적 차원의 조율과 협력은 사태 진정을 위해 매우 중요한 요인이다. 1967년 아세안이 설립 이래 전통적 안보 분야 특히 상호 신뢰구축에 기여한 바가 크지만 다양한 형태의 비전통적 안보 위협에 대한 신속한 대처에는 한계를 가졌다. 아세안 자체 메커니즘이 효율적으로 활용되는 계기는 동아시아 차원의 위기 발생으로 인한 한-중-일 3개국이 참여한 ASEAN+3차원의 협력체계로의 발전이었다. 아세안은 개별 국가의 단순한 합 이상의 유기적 결합과 상호작용의 결과를 만들어 낸다. 한국의 인태전략은 아세안과의 규범적 공유를 추구한다는 점에서 아세안공동체의 성공적 추진과 밀접한 연관을 갖는다. 한마디로 말하여, 과거 신남방정책을 포괄하는 한국의 인태전략은 가치, 범주, 규범, 전략으로서 일관성을 확보할 필요가 있다.(김형종, 2020)

## BRUNEI

<그림 19>에 의하면 브루나이는 조사대상 195개국 중 64위(43.5)로 상대적으로는 세계 평균치(38.9)를 넘어서나 43.5점은 100점과 거리가 멀어서 갈 길이 멀다고 할 수 있다. 6개 세부부문 중 5개 분야(Prevention; Detection and Reporting; Rapid Response; Health System; Risk Environment)에서 브루나이의 점수는 모두 세계 평균치를 웃돌며 앞서 있으나 국제규범 준수 부문(IHP reporting compliance; international commitments; commitments to sharing

of genetic and biological data and specimens)에서는 많은 개선이 요망된다.

<그림 18>에 의하면, 2020년 초기 단계에서 브루나이는 3월 10일 첫 확진자가 발생한 후 3월에 급격한 확산을 경험하여, 특히 3월 14일 인구 백만 명 당 21.14명의 신규 확진 사례를 기록한 후 3월 말까지 지속적으로 백만 명 당 10명 이상의 비율로 확산을 경험했다. 2020년 10월 31일 기준으로 누적 확진자 수 148명, 누적 사망자 수 3명으로 상대적으로 적은 수이지만 인구 백만 명 당 비율로 계산할 경우 누적 확진자는 338.3명, 사망자는 6.86명 비율로 매우 높은 수준이었다.

**그림 18** 브루나이 신규 확진사례 발생 현황 (인구 백만 명당 비율)

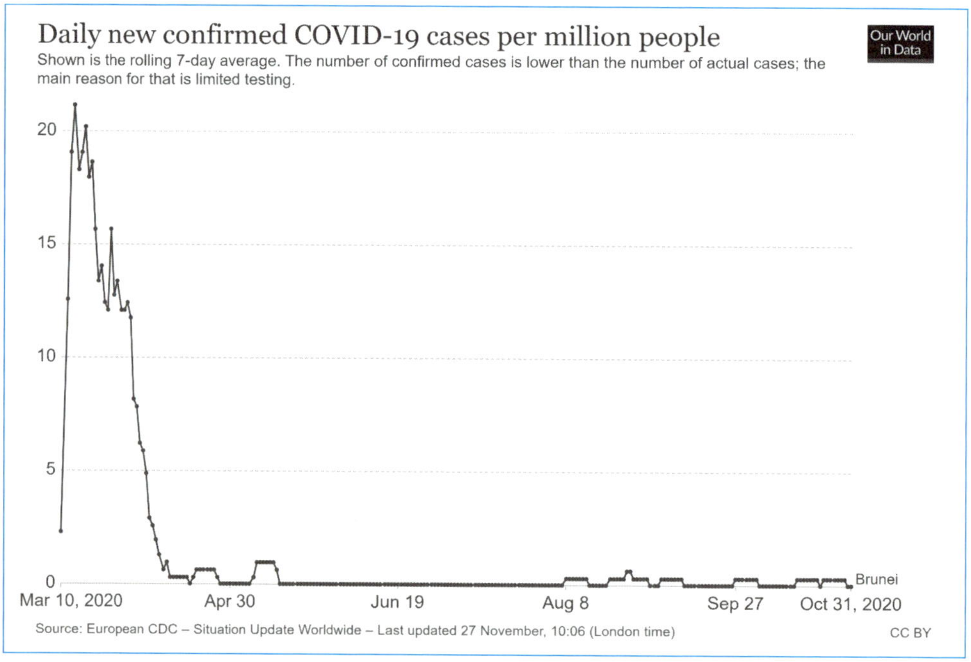


*출처: Our World in Data (https://ourworldindata.org/coronavirus)

## 그림 19 브루나이의 2021년 글로벌보건안보 지수(GHSI)

# Brunei

**43.5** Index Score **64**/195

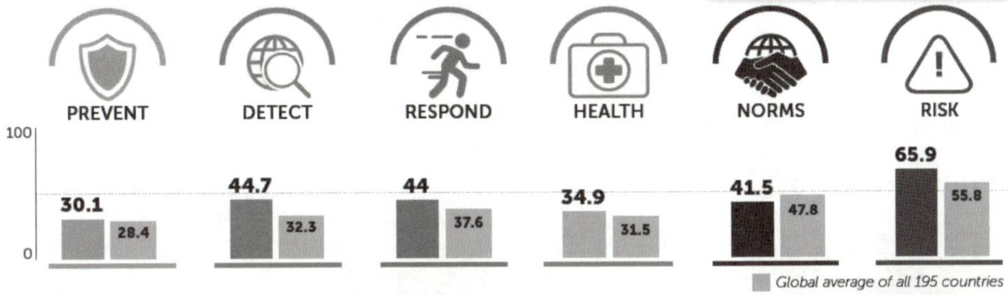


| | 2019 SCORE | 2021 SCORE | 2021 GLOBAL AVERAGE |
|---|---|---|---|
| **PREVENTION** | **22** | **30.1** | **28.4** |
| Antimicrobial resistance (AMR) | 25 | 58.3 | 45.3 |
| Zoonotic disease | 7 | 18.4 | 19.8 |
| Biosecurity | 0 | 4 | 18.7 |
| Biosafety | 0 | 0 | 20.9 |
| Dual-use research and culture of responsible science | 0 | 0 | 2.6 |
| Immunization | 100 | 100 | 63.3 |
| **DETECTION AND REPORTING** | **21** | **44.7** | **32.3** |
| Laboratory systems strength and quality | 50 | 62.5 | 44.9 |
| Laboratory supply chains | 0 | 50 | 15.9 |
| Real-time surveillance and reporting | 37.5 | 75 | 34.6 |
| Surveillance data accessibility and transparency | 13.3 | 43.3 | 34.7 |
| Case-based investigation | 0 | 12.5 | 16.9 |
| Epidemiology workforce | 25 | 25 | 46.5 |
| **RAPID RESPONSE** | **37.5** | **44** | **37.6** |
| Emergency preparedness and response planning | 8.3 | 33.3 | 30.4 |
| Exercising response plans | 0 | 25 | 21.1 |
| Emergency response operation | 33.3 | 33.3 | 27 |
| Linking public health and security authorities | 0 | 0 | 22.1 |
| Risk communication | 37.5 | 83.3 | 57.9 |
| Access to communications infrastructure | 83.3 | 83.3 | 65.7 |
| Trade and travel restrictions | 100 | 50 | 39 |

*Scores are normalized (0–100, where 100 = most favorable)*

| | 2019 SCORE | 2021 SCORE | 2021 GLOBAL AVERAGE |
|---|---|---|---|
| **HEALTH SYSTEM** | **22.6** | **34.9** | **31.5** |
| Health capacity in clinics, hospitals, and community care centers | 27.8 | 61.3 | 30 |
| Supply chain for health system and healthcare workers | 0 | 27.8 | 28.5 |
| Medical countermeasures and personnel deployment | 0 | 0 | 10.3 |
| Healthcare access | 55.1 | 55.1 | 55.2 |
| Communications with healthcare workers during a public health emergency | 50 | 50 | 10.8 |
| Infection control practices | 0 | 0 | 40.5 |
| Capacity to test and approve new medical countermeasures | 25 | 50 | 45.1 |
| **COMPLIANCE WITH INTERNATIONAL NORMS** | **29.7** | **41.5** | **47.8** |
| IHR reporting compliance and disaster risk reduction | 0 | 0 | 58.5 |
| Cross-border agreements on public and health emergency response | 50 | 50 | 50 |
| International commitments | 28.1 | 40.6 | 56.1 |
| JEE and PVS | 0 | 25 | 18.7 |
| Financing | 33.3 | 66.7 | 35.2 |
| Commitment to sharing of genetic and biological data and specimens | 66.7 | 66.7 | 68.4 |
| **RISK ENVIRONMENT** | **65.1** | **65.9** | **55.8** |
| Political and security risk | 74.6 | 75.7 | 58.1 |
| Socio-economic resilience | 49.9 | 49.9 | 60.9 |
| Infrastructure adequacy | 75 | 75 | 50.2 |
| Environmental risks | 61.2 | 65 | 54.7 |
| Public health vulnerabilities | 64.6 | 63.7 | 55.3 |

이후 브루나이는 산발적인 신규 확진 사례만 나타나는 가운데 사회적 거리두기 완화 및 경제 활성화 조치를 확대하고자 했다. 당시 5월부터 사회적 거리두기 완화조치 1단계로 일부 학교 및 보육시설, 운동 및 상업시설 재개장 등이 있었고, 6월에는 완화조치 2단계로 공공시설 및 상업시설 재개장 및 조건부 식당 개장(60% 입객율) 등이 있었다. 7월에는 완화조치 3단계로 100인 이하 모임, 식당, 종교시설 전면 허용, 중등교육 대면 수업이 진행되었다. 8월 이후 성공적인 코로나19 대응을 중심으로 일부 국가들과 여행 재개 및 경제 활성화 조치를 진행했다.

브루나이는 첫 확진자 발생 후 비교적 신속한 방역정책을 시행하여 3월 10일 첫 확진 사례 확인 후 외출금지(3.16) 및 해외입국 금지(3.24) 등을 시행하였고, 4월부터 모바일 어플리케이션을 이용한 자가격리자 및 완치자들의 위치추적 및 일반인에 대한 접촉추적을 시행하였다.(6.29, 전 국민 88% 등록) 브루나이가 성공적으로 코로나를 억제한 데에는 여행 제재조치 등의 신속한 적용, 검사 확대와 엄격한 격리원칙의 적용이 가장 큰 요인으로 꼽히고 있다. 직접적으로 국경을 접한 국가가 말레이시아뿐이라는 지리적 특징도 영향을 끼친 것으로 평가된다.

## CAMBODIA

<그림 21>에 의하면 캄보디아는 조사대상 195개국 중 126위(32.1)로 상대적으로는 낮은 수준의 보건안보 상황을 보여 주고 32.1점은 세계 평균치인 38.9점에도 못 미치는 점수로 갈 길이 멀다고 할 수 있다. 6개 세부부문 중 4개 분야(Prevention; Rapid Response; Health System; Risk Environment)에서 캄보디아의 점수는 세계 평균치를 웃돌며 앞서 있으나 감지 및 보고(detection and reporting) 부문과 국제규범 준수(compliance with international norms) 부문에서는 많은 개선이 요망된다.

<그림 20>에 의하면, 2020년 초기 발생 단계에서 캄보디아는 비교적 이른 2020년 1월 27일 첫 확진 사례가 발생했다. 2020년 3월 및 7월에 비교적 급속한 확산을 경험했고 이후에는 산발적 감염 외에는 보고되는 사례가 거의 없었다. 10월 31일까지 291명의 누적 확진

사례가 보고되었으나 사망자 발생은 없었다. 이는 인구 백만 명 당 비율로 봤을 때 17.35명 수준에 해당한다. 따라서 상당수의 보건의료 전문가들은 이러한 통계에 의문을 제기한다.

캄보디아의 코로나19 대응 및 방역은 낙후된 수준이었다. 신규 확진자가 본격적으로 발생한 3월 중순에 이르러서 방역조치를 시행했고, 캄보디아 정부는 경제규제 완화를 계속 추진해 왔으나 이는 정부가 취한 조치들의 일관성 결여로 인해 정치적 이해관계에 따른 조치로 평가되었다. 당시 캄보디아의 취약한 의료 환경과 느린 초기 대응 등을 고려할 때 감염사례 자체가 제대로 집계되지 않았다는 의심을 불러일으켰다.

**그림 20 캄보디아 신규 확진사례 발생 현황 (인구 백만명 당 비율)**

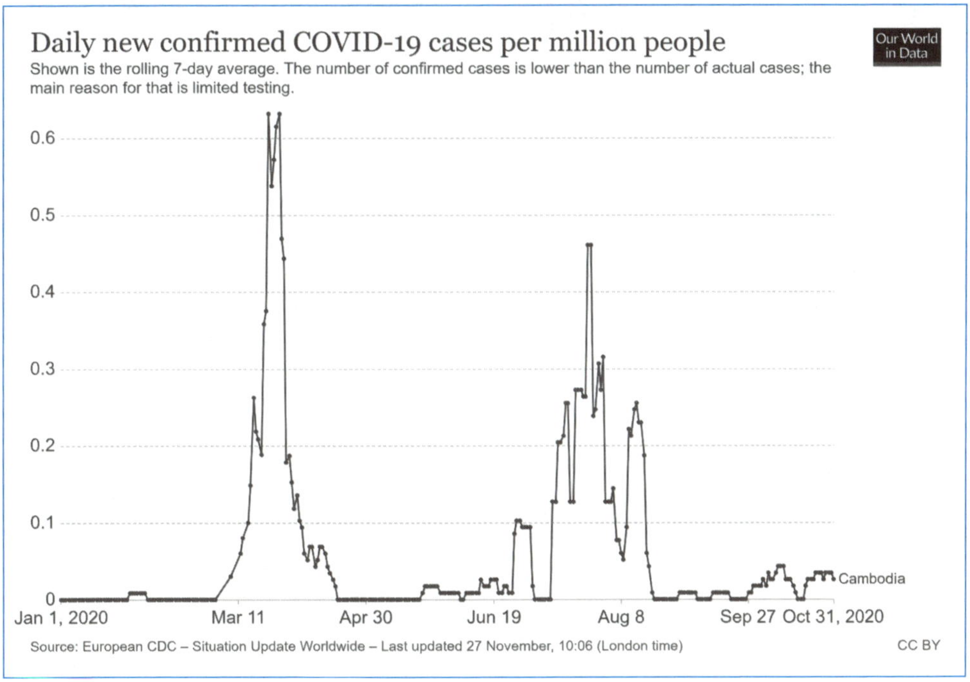


*출처: Our World in Data (https://ourworldindata.org/coronavirus)

**그림 21** 캄보디아의 2021년 글로벌보건안보 지수(GHSI)

## Cambodia

**31.1** Index Score **126**/195

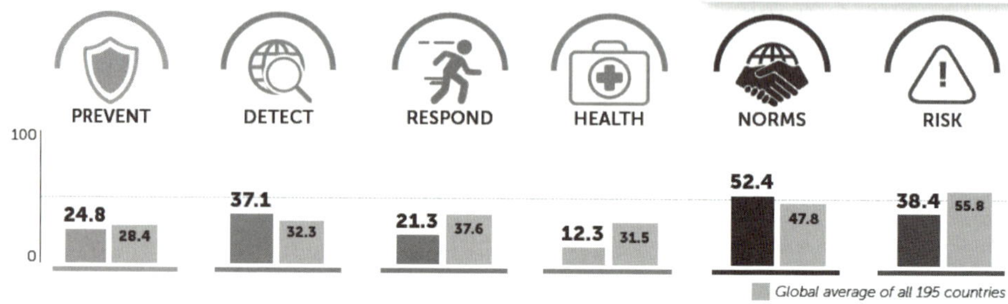


| | 2019 SCORE | 2021 SCORE | 2021 GLOBAL AVERAGE |
|---|---|---|---|
| **PREVENTION** | **17.5** | **24.8** | **28.4** |
| Antimicrobial resistance (AMR) | 33.3 | 33.3 | 45.3 |
| Zoonotic disease | 21.6 | 40.6 | 19.8 |
| Biosecurity | 0 | 0 | 18.7 |
| Biosafety | 0 | 0 | 20.9 |
| Dual-use research and culture of responsible science | 0 | 0 | 2.6 |
| Immunization | 50 | 75 | 63.3 |
| **DETECTION AND REPORTING** | **32.9** | **37.1** | **32.3** |
| Laboratory systems strength and quality | 50 | 50 | 44.9 |
| Laboratory supply chains | 0 | 0 | 15.9 |
| Real-time surveillance and reporting | 37.5 | 62.5 | 34.6 |
| Surveillance data accessibility and transparency | 60 | 60 | 34.7 |
| Case-based investigation | 0 | 0 | 16.9 |
| Epidemiology workforce | 50 | 50 | 46.5 |
| **RAPID RESPONSE** | **27.5** | **21.3** | **37.6** |
| Emergency preparedness and response planning | 4.2 | 4.2 | 30.4 |
| Exercising response plans | 0 | 25 | 21.1 |
| Emergency response operation | 0 | 33.3 | 27 |
| Linking public health and security authorities | 0 | 0 | 22.1 |
| Risk communication | 37.5 | 29.2 | 57.9 |
| Access to communications infrastructure | 51.1 | 57.2 | 65.7 |
| Trade and travel restrictions | 100 | 0 | 39 |

*Scores are normalized (0–100, where 100 = most favorable)*

| | 2019 SCORE | 2021 SCORE | 2021 GLOBAL AVERAGE |
|---|---|---|---|
| **HEALTH SYSTEM** | **12.3** | **12.3** | **31.5** |
| Health capacity in clinics, hospitals, and community care centers | 1.7 | 1.8 | 30 |
| Supply chain for health system and healthcare workers | 0 | 0 | 28.5 |
| Medical countermeasures and personnel deployment | 0 | 0 | 10.3 |
| Healthcare access | 59.1 | 59.1 | 55.2 |
| Communications with healthcare workers during a public health emergency | 0 | 0 | 10.8 |
| Infection control practices | 0 | 0 | 40.5 |
| Capacity to test and approve new medical countermeasures | 25 | 25 | 45.1 |
| **COMPLIANCE WITH INTERNATIONAL NORMS** | **57.5** | **52.4** | **47.8** |
| IHR reporting compliance and disaster risk reduction | 50 | 50 | 58.5 |
| Cross-border agreements on public and health emergency response | 50 | 50 | 50 |
| International commitments | 78.1 | 81.3 | 56.1 |
| JEE and PVS | 50 | 25 | 18.7 |
| Financing | 50 | 41.7 | 35.2 |
| Commitment to sharing of genetic and biological data and specimens | 66.7 | 66.7 | 68.4 |
| **RISK ENVIRONMENT** | **38.6** | **38.4** | **55.8** |
| Political and security risk | 50.1 | 47.7 | 58.1 |
| Socio-economic resilience | 44.4 | 44.3 | 60.9 |
| Infrastructure adequacy | 25 | 25 | 50.2 |
| Environmental risks | 29.4 | 29.3 | 54.7 |
| Public health vulnerabilities | 44.3 | 45.8 | 55.3 |

당시 상황을 언급하면, 코로나19 확산으로 인해 학교와 국경폐쇄 결정(3.16)이 내려졌고, 코로나19로 인해 통신 및 소셜미디어 모니터링과 통제가 강화(4.10) 되었으며, 코로나19 관련 가짜뉴스 배포 혐의로 30여 명이 체포되기도 했다. 이 가운데 12명이 해산된 야당(Cambodian National Rescue Party) 소속으로 정치적 악용 및 권력남용에 대한 우려가 제기되었다. 1차 확산이 자자든 이후 이란, 이탈리아, 독일, 스페인, 프랑스, 미국으로부터의 입국금지 해제(5월)되고 베트남과의 육상 국경 통제가 해제(6.22)되었다. 7월부터 모든 입국자에게 14일 간의 자가격리가 시행되고, 8월부터 본격적으로 규제 완화가 시작되었다. 8월 재확산으로 인해 다시금 필리핀 항공 여행금지(8.12)와 물축제 취소(8.14) 등 제한 조치가 시행되기도 했다. 재확산이 잦아든 10월부터 공립 대학교가 수업 재개(10.12)를 준비했다.

## INDONESIA

<그림 23>에 의하면 인도네시아는 조사대상 195개국 중 45위(50.4)로 상대적으로는 앞선 보건안보 상황을 보여 주나 50.4점은 100점과 거리가 멀어서 갈 길이 멀다고 할 수 있다. 6개 세부부문 중 5개 분야(Prevention; Detection and Reporting; Rapid Response; Health System; Compliance with International Norms)에서 인도네시아의 점수는 모두 세계 평균치를 넘어서고 있으나 위험환경 부문(infrastructure adequacy; environmental risks; public health vulnerabilities)에서는 개선이 요망된다.

**그림 22** 인도네시아 신규 확진사례 발생 현황(인구 백만 명당 비율)

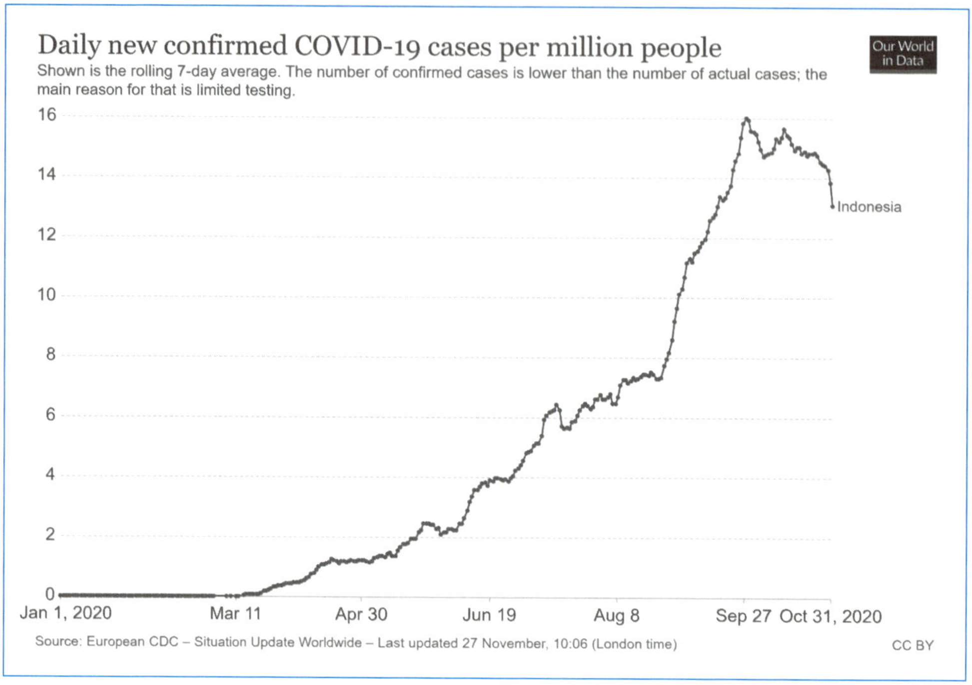


*출처: Our World in Data (https://ourworldindata.org/coronavirus)

2020년 초기 단계를 살펴보면, 3월 2일 첫 확진 사례가 발생한 이후 발생 추세가 한 번도 통제되지 못하고 지속적으로 증가하였다. 특히 9월 1일 인구 백만 명 당 하루 신규 확진 비율이 10명을 돌파했고, 9월 27일 16.01명 비율을 기록하여 최대치에 도달했다. 10월 중순까지 하루 15명 이상의 비율로 지속적으로 발생했으며, 10월 31일 기준으로 누적 확진자가 406,945명으로 인구 백만 명 당 1,487.79명의 비율을 기록했다. 누적 사망자는 13,782명으로 인구 백만 명 당 50.39명의 높은 비율을 기록했다. 확진자 가운데 사망한 비율도 3.39%로 아세안 평균인 2.42%는 물론이고 세계 평균인 2.61%를 크게 상회했다.

인도네시아는 3월 2일 첫 확진 사례 6건 발생 후 3월 11일 첫 사망자가 발생했다. 첫 사례 발생 이후 급속하게 확진자가 증가했으며, 증가세를 통제하지 못해 왔다. 당시 인도네시아의 중앙과 지방정부 간 엇박자가 가장 큰 문제로 지적되었다. 중앙정부는 경제

활성화를 위해 사회적 거리두기 등 제한조치 완화 및 경제 활성화 조치를 추진했고, 반면 지방정부는 코로나19 확진자 통제를 위해 자체적인 제한조치를 강구했다. 낮은 인구당 검사비율과 정부의 제한조치에 대한 불신과 거부의 확산이 문제로 지적되었으며 이로 인해 정부에 대한 신뢰도가 꾸준히 감소했다.

특히 중앙정부의 위기대응 혼선이 가장 큰 문제였는데, 첫 확진자 발생 이후 거의 한 달이 지난 3월 31일에 이르러 중앙정부의 국가 위기사태가 선언되고, 6월에는 20만 명이 참가할 것으로 예상되던 이슬람 하지순례(Haji Pilgrimage)가 취소되었으나, 반대로 국내선 항공편 운항이 재개되는 등 정책의 혼선이 드러났다. WHO가 전 세계에서 가장 낮은 검사비율을 보이는 국가로 지적되는 가운데, 중앙 정부에 의한 코로나 현황 일일 브리핑이 취소되는 등 중앙정부의 소극적 대응이 문제를 야기했다.

## 그림 23 인도네시아의 2021년 글로벌보건안보 지수(GHSI)

# Indonesia

**50.4** Index Score **45**/195

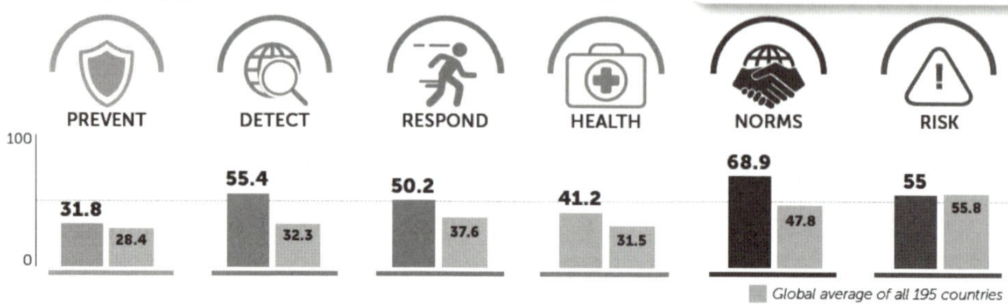


| | 2019 SCORE | 2021 SCORE | 2021 GLOBAL AVERAGE |
|---|---|---|---|
| **PREVENTION** | **35.2** | **31.8** | **28.4** |
| Antimicrobial resistance (AMR) | 75 | 75 | 45.3 |
| Zoonotic disease | 62 | 42 | 19.8 |
| Biosecurity | 24 | 24 | 18.7 |
| Biosafety | 0 | 0 | 20.9 |
| Dual-use research and culture of responsible science | 0 | 0 | 2.6 |
| Immunization | 50 | 50 | 63.3 |
| **DETECTION AND REPORTING** | **45.4** | **55.4** | **32.3** |
| Laboratory systems strength and quality | 62.5 | 75 | 44.9 |
| Laboratory supply chains | 50 | 50 | 15.9 |
| Real-time surveillance and reporting | 50 | 75 | 34.6 |
| Surveillance data accessibility and transparency | 10 | 20 | 34.7 |
| Case-based investigation | 50 | 62.5 | 16.9 |
| Epidemiology workforce | 50 | 50 | 46.5 |
| **RAPID RESPONSE** | **60.4** | **50.2** | **37.6** |
| Emergency preparedness and response planning | 50 | 58.3 | 30.4 |
| Exercising response plans | 0 | 25 | 21.1 |
| Emergency response operation | 33.3 | 33.3 | 27 |
| Linking public health and security authorities | 100 | 100 | 22.1 |
| Risk communication | 66.7 | 41.7 | 57.9 |
| Access to communications infrastructure | 72.8 | 67.9 | 65.7 |
| Trade and travel restrictions | 100 | 25 | 39 |

*Scores are normalized (0–100, where 100 = most favorable)*

| | 2019 SCORE | 2021 SCORE | 2021 GLOBAL AVERAGE |
|---|---|---|---|
| **HEALTH SYSTEM** | **38.9** | **41.2** | **31.5** |
| Health capacity in clinics, hospitals, and community care centers | 20.8 | 37.2 | 30 |
| Supply chain for health system and healthcare workers | 38.9 | 38.9 | 28.5 |
| Medical countermeasures and personnel deployment | 50 | 50 | 10.3 |
| Healthcare access | 62.3 | 62.2 | 55.2 |
| Communications with healthcare workers during a public health emergency | 50 | 50 | 10.8 |
| Infection control practices | 0 | 0 | 40.5 |
| Capacity to test and approve new medical countermeasures | 50 | 50 | 45.1 |
| **COMPLIANCE WITH INTERNATIONAL NORMS** | **61.6** | **68.9** | **47.8** |
| IHR reporting compliance and disaster risk reduction | 100 | 100 | 58.5 |
| Cross-border agreements on public and health emergency response | 50 | 50 | 50 |
| International commitments | 78.1 | 84.4 | 56.1 |
| JEE and PVS | 25 | 50 | 18.7 |
| Financing | 50 | 62.5 | 35.2 |
| Commitment to sharing of genetic and biological data and specimens | 66.7 | 66.7 | 68.4 |
| **RISK ENVIRONMENT** | **53.8** | **55** | **55.8** |
| Political and security risk | 65.4 | 61.8 | 58.1 |
| Socio-economic resilience | 67 | 67.1 | 60.9 |
| Infrastructure adequacy | 41.7 | 50 | 50.2 |
| Environmental risks | 46.7 | 47.5 | 54.7 |
| Public health vulnerabilities | 47.9 | 48.6 | 55.3 |

중앙정부와 지방정부 간 엇박자를 설명하면, 중앙정부가 아닌 각 지방정부에 학교 및 직장 폐쇄, 종교 및 공공집회 제한 등을 취할 수 있는 권한을 허용하여, 이로 인해 각 지방별 자가격리 기준 및 제한조치 적용에 차이가 있었다. 7월 중 자카르타 지역에서 PSBB가 연장되는 등 지방자치단체를 중심으로 제한조치를 강화했다. 자카르타 지역에서 PSBB 완화(10.11), 극장 영업 재개 (10.21) 등 코로나19의 확산이 감소되지 않음에도 불구하고 경제 활성화 조치가 시행되었다. 5월에 이르러 전국적인 사회적 제한조치(PSBB)가 적용(5.4)되고, PSBB는 각 지역별 검사–접촉추적–격리, 외국인 노동자에 대한 모니터링 강화, 저소득 가정에 대한 강화된 사회안전망 제공, 전염병에 대한 정부 핫라인 운용 등을 중심으로 이루어졌다. 조코위 대통령에 의해 군 병력을 동원한 PSBB 이행 강화조치(5.26)가 내려지기도 했다.

인도네시아는 코로나19 백신의 도입을 위해 중국의 Sinovac Biotech의 임상실험 지원(8.11) 및 유니세프 등 국제기구의 협조를 강화(9.16)한 바 있다. 10월 5일에 의회에서 통과된 일자리 창출 법안으로 인해 새로운 핫스팟이 형성될 수 있다는 의료 전문가들의 경고(10.5)도 있었다. 인도네시아는 정책적 혼선 속에서 코로나19 위기를 넘긴 상태이다.

## LAOS

<그림 25>에 의하면 라오스는 조사대상 195개국 중 99위(34.8)로 상대적으로는 평균 이하의 낮은 수준의 보건안보 상황을 보여 주며 세계 평균치인 38.9점과도 거리가 멀다. 6개 세부부문 중 2개 분야(Detection and Reporting; Rapid Response)에서 라오스의 점수는 세계 평균치를 웃돌고 있으나 나머지 4개 부문(Prevention; Health System; Compliance with International Norms; Risk Environment)에서는 많은 개선이 요망된다. 특히 위험환경 부문(political & security risk; socio–economic resilience; infrastructure adequacy; environmental risks; public health vulnerabilities)은 가장 낙후된 분야로 지속적인 변화가 요구된다.

**그림 24** 라오스 신규 확진사례 발생 현황 (인구 백만명 당 비율)

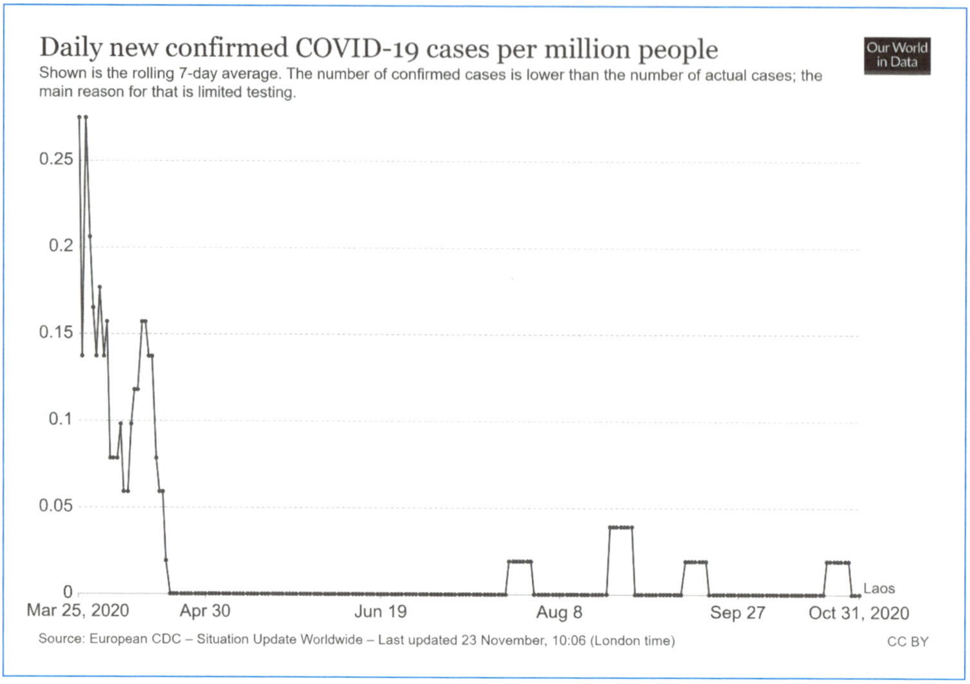


*출처: Our World in Data (https://ourworldindata.org/coronavirus)

<그림 24>에 의하면, 라오스는 동남아 국가들 가운데 가장 늦은 2020년 3월 24일 2명의 확진자가 최초로 발생하였다. 10월 31일까지 총 24명의 확진자가 확인되었고, 공식적인 코로나19로 인한 사망자는 0명으로 집계되었다. 인구 백만 명 당 신규 확진사례 발생 비율은 최대 0.27(3월 25일)을 초과하지 않았다. 7월 말에 국내적인 제재조치들은 대부분 해제 되었으나 국경통제, 관광 및 방문비자 발급 중단 등 외국인 입국자에 대한 제한은 유지되었다. 10월 이후 지역감염이 발생하지 않은 일부 국가부터 여행객 입국을 허용 등 경제 활성화 조치로 전환하였다.

**그림 25** 라오스의 2021년 글로벌보건안보 지수(GHSI)

# Laos

**34.8** Index Score **99**/195

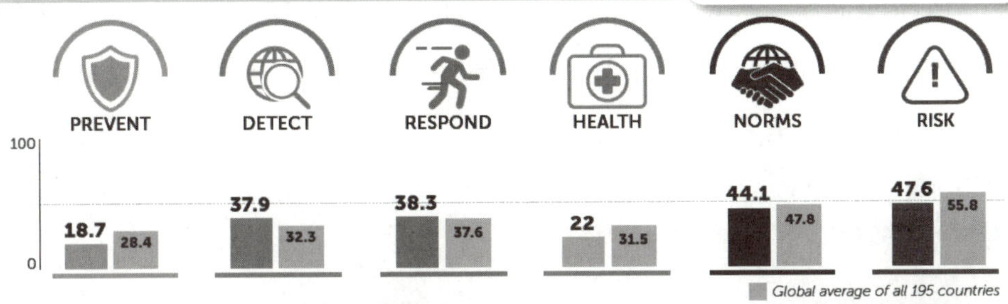


| | 2019 SCORE | 2021 SCORE | 2021 GLOBAL AVERAGE |
|---|---|---|---|
| **PREVENTION** | **10.8** | **18.7** | **28.4** |
| Antimicrobial resistance (AMR) | 8.3 | 50 | 45.3 |
| Zoonotic disease | 2.3 | 8 | 19.8 |
| Biosecurity | 4 | 4 | 18.7 |
| Biosafety | 0 | 0 | 20.9 |
| Dual-use research and culture of responsible science | 0 | 0 | 2.6 |
| Immunization | 50 | 50 | 63.3 |
| **DETECTION AND REPORTING** | **37.9** | **37.9** | **32.3** |
| Laboratory systems strength and quality | 50 | 50 | 44.9 |
| Laboratory supply chains | 0 | 0 | 15.9 |
| Real-time surveillance and reporting | 37.5 | 37.5 | 34.6 |
| Surveillance data accessibility and transparency | 40 | 40 | 34.7 |
| Case-based investigation | 0 | 0 | 16.9 |
| Epidemiology workforce | 100 | 100 | 46.5 |
| **RAPID RESPONSE** | **38.4** | **38.3** | **37.6** |
| Emergency preparedness and response planning | 37.5 | 54.2 | 30.4 |
| Exercising response plans | 0 | 25 | 21.1 |
| Emergency response operation | 33.3 | 33.3 | 27 |
| Linking public health and security authorities | 0 | 0 | 22.1 |
| Risk communication | 41.7 | 54.2 | 57.9 |
| Access to communications infrastructure | 56 | 51.5 | 65.7 |
| Trade and travel restrictions | 100 | 50 | 39 |

*Scores are normalized (0–100, where 100 = most favorable)*

| | 2019 SCORE | 2021 SCORE | 2021 GLOBAL AVERAGE |
|---|---|---|---|
| **HEALTH SYSTEM** | **21.6** | **22** | **31.5** |
| Health capacity in clinics, hospitals, and community care centers | 19.8 | 19.8 | 30 |
| Supply chain for health system and healthcare workers | 27.8 | 27.8 | 28.5 |
| Medical countermeasures and personnel deployment | 0 | 0 | 10.3 |
| Healthcare access | 53.4 | 56.4 | 55.2 |
| Communications with healthcare workers during a public health emergency | 0 | 0 | 10.8 |
| Infection control practices | 0 | 0 | 40.5 |
| Capacity to test and approve new medical countermeasures | 50 | 50 | 45.1 |
| **COMPLIANCE WITH INTERNATIONAL NORMS** | **42.2** | **44.1** | **47.8** |
| IHR reporting compliance and disaster risk reduction | 50 | 50 | 58.5 |
| Cross-border agreements on public and health emergency response | 50 | 50 | 50 |
| International commitments | 28.1 | 31.3 | 56.1 |
| JEE and PVS | 25 | 25 | 18.7 |
| Financing | 33.3 | 41.7 | 35.2 |
| Commitment to sharing of genetic and biological data and specimens | 66.7 | 66.7 | 68.4 |
| **RISK ENVIRONMENT** | **45.9** | **47.6** | **55.8** |
| Political and security risk | 60.3 | 56.2 | 58.1 |
| Socio-economic resilience | 47.7 | 47.6 | 60.9 |
| Infrastructure adequacy | 33.3 | 41.7 | 50.2 |
| Environmental risks | 43.4 | 46.1 | 54.7 |
| Public health vulnerabilities | 44.9 | 46.5 | 55.3 |

라오스 정부는 첫 코로나 확진사례가 발생(3.24)한 직후 외출금지명령 및 해외여행과 입국에 대한 금지 등의 조치를 시행(3.30)하였다. 이후 6월 11일 코로나19 위기에 대한 종결을 선언(3개월 중 확진사례 19건)했다. 동남아 국가들 가운데에서도 농촌비율이 가장 높아 인구밀도가 낮고 주변국과의 경제적·인적 교류가 적은 것이 코로나 확산이 적은 원인으로 평가되었다. 하지만 상당수 보건의료 전문가들은 이러한 통계에 대해 의구심을 갖고 있다.

## MALAYSIA

<그림 27>에 의하면 말레이시아는 조사대상 195개국 중 27위(56.4)로 상대적으로는 높은 수준의 보건안보 상황을 보여 주나 56.4점은 100점과 거리가 멀어서 많은 개선을 요한다. 6개 세부부문(Prevention; Detection and Reporting; Rapid Response; Health System; Compliance with International Norms; Risk Environment)에서 말레이시아의 점수는 모두 세계 평균치를 웃돌고 있으나 보건체계 부문(health capacity in clinics, hospitals, and community care centers; medical countermeasures personnel deployment; healthcare access; communications with healthcare workers during a public health emergency)에서는 적지 않은 개선이 요망된다.

말레이시아는 비교적 이른 1월 25일에 첫 확진사례가 확인되었다. 3~4월 사이에 첫 번째 대유행이 발생했다. 3월에 2,400명, 4월에 3,500명의 확진자가 발생하였다. 이 기간 인구 백만 명 기준 최대 5.35명(4월 9일)의 신규 확진 사례가 발생했다. 6~9월 사이에 일일 신규 확진자가 두 자릿수 이하로 통제되었다. 10월 들어 다시 급속한 확산세(2차 유행)로 돌아섰고 10월 말에는 인구 백만 명당 25명 이상의 비율로 확진사례가 급속히 증가(10월 29일 최대치인 28.49명 기록)하였다. 10월 31일까지 누적 확진자는 30,889명으로 인구 백만 명당 사망자로 평가할 경우 956.67명을 기록하였다. 반면 누적 사망자는 249명을 기록하여 인구 백만 명당 7.69로 비교적 낮은 수치를 유지하였다.

**그림 26** 말레이시아 신규 확진사례 발생 현황 (인구 백만명 당 비율)

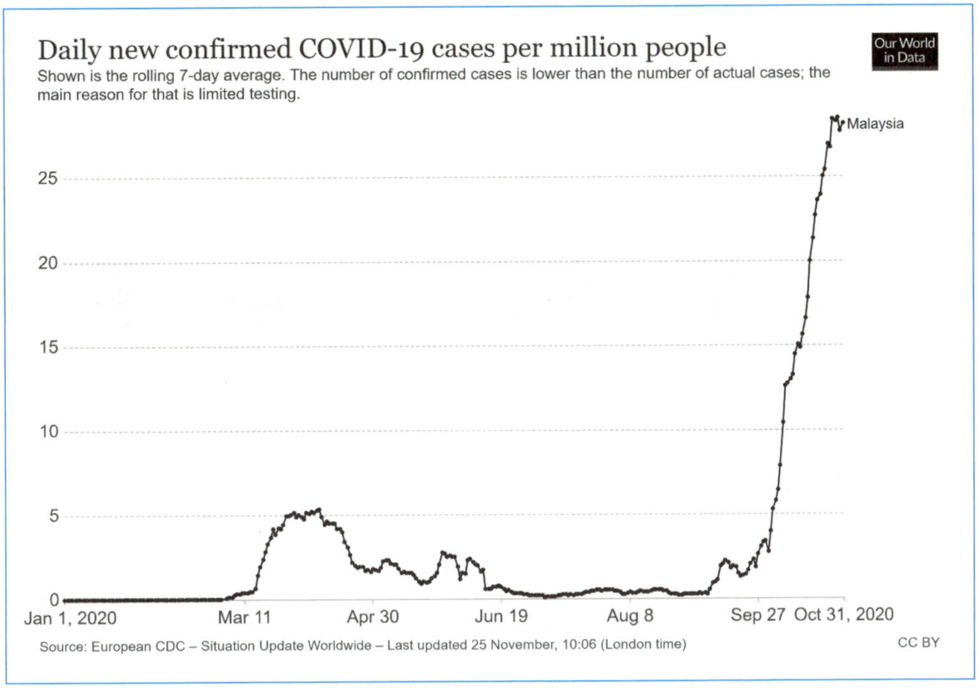


*출처: Our World in Data (https://ourworldindata.org/coronavirus)

말레이시아의 코로나19 대응 및 방역은 다음과 같다. 확진자가 급속히 증가한 3월부터 이동제한 명령이 발표(3.18)되었다. 이동제한 및 통제를 위해 군 병력이 투입되고 드론 등의 장비를 이용한 단속 등이 강력히 시행되었다. 1차 대유행(3~5월)이 통제된 이후 방역조치가 완화(6~9월) 되었고, 10월 들어 시작된 재유행으로 인해 방역조치가 다시 강화되고 있으나 정책적 혼선 등으로 인해 급속한 확산에 효과적으로 대응하지 못하였다.

**그림 27** 말레이시아의 2021년 글로벌보건안보 지수(GHSI)

## Malaysia

**56.4** Index Score **27**/195

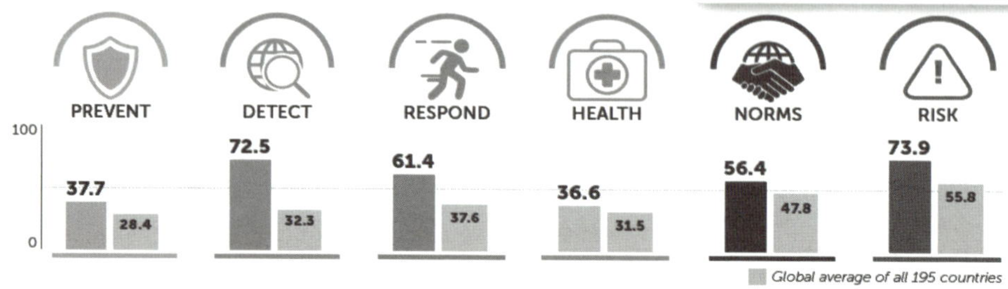


| | 2019 SCORE | 2021 SCORE | 2021 GLOBAL AVERAGE |
|---|---|---|---|
| **PREVENTION** | **45.2** | **37.7** | **28.4** |
| Antimicrobial resistance (AMR) | 83.3 | 83.3 | 45.3 |
| Zoonotic disease | 43.9 | 23.9 | 19.8 |
| Biosecurity | 44 | 44 | 18.7 |
| Biosafety | 0 | 0 | 20.9 |
| Dual-use research and culture of responsible science | 0 | 0 | 2.6 |
| Immunization | 100 | 75 | 63.3 |
| **DETECTION AND REPORTING** | **57.5** | **72.5** | **32.3** |
| Laboratory systems strength and quality | 75 | 87.5 | 44.9 |
| Laboratory supply chains | 50 | 100 | 15.9 |
| Real-time surveillance and reporting | 100 | 100 | 34.6 |
| Surveillance data accessibility and transparency | 70 | 60 | 34.7 |
| Case-based investigation | 0 | 37.5 | 16.9 |
| Epidemiology workforce | 50 | 50 | 46.5 |
| **RAPID RESPONSE** | **65** | **61.4** | **37.6** |
| Emergency preparedness and response planning | 41.7 | 41.7 | 30.4 |
| Exercising response plans | 0 | 50 | 21.1 |
| Emergency response operation | 66.7 | 66.7 | 27 |
| Linking public health and security authorities | 100 | 100 | 22.1 |
| Risk communication | 66.7 | 66.7 | 57.9 |
| Access to communications infrastructure | 80.2 | 79.8 | 65.7 |
| Trade and travel restrictions | 100 | 25 | 39 |

*Scores are normalized (0–100, where 100 = most favorable)*

| | 2019 SCORE | 2021 SCORE | 2021 GLOBAL AVERAGE |
|---|---|---|---|
| **HEALTH SYSTEM** | **39** | **36.6** | **31.5** |
| Health capacity in clinics, hospitals, and community care centers | 24.7 | 8 | 30 |
| Supply chain for health system and healthcare workers | 44.4 | 44.4 | 28.5 |
| Medical countermeasures and personnel deployment | 0 | 0 | 10.3 |
| Healthcare access | 53.6 | 53.5 | 55.2 |
| Communications with healthcare workers during a public health emergency | 0 | 0 | 10.8 |
| Infection control practices | 100 | 100 | 40.5 |
| Capacity to test and approve new medical countermeasures | 50 | 50 | 45.1 |
| **COMPLIANCE WITH INTERNATIONAL NORMS** | **50.3** | **56.4** | **47.8** |
| IHR reporting compliance and disaster risk reduction | 50 | 50 | 58.5 |
| Cross-border agreements on public and health emergency response | 50 | 50 | 50 |
| International commitments | 93.8 | 96.9 | 56.1 |
| JEE and PVS | 0 | 25 | 18.7 |
| Financing | 41.7 | 50 | 35.2 |
| Commitment to sharing of genetic and biological data and specimens | 66.7 | 66.7 | 68.4 |
| **RISK ENVIRONMENT** | **73.3** | **73.9** | **55.8** |
| Political and security risk | 73.6 | 73.7 | 58.1 |
| Socio-economic resilience | 83 | 83.2 | 60.9 |
| Infrastructure adequacy | 75 | 75 | 50.2 |
| Environmental risks | 64.9 | 67.5 | 54.7 |
| Public health vulnerabilities | 70.2 | 70.2 | 55.3 |

첫 번째 대유행이 진행되던 4월, 코로나 확산을 이유로 로힝야(Rohingya) 난민을 태운 선박의 진입을 거부하여 국제 비정부기구인 휴먼라이츠워치(Human Rights Watch)의 비난을 받는 등 강력한 제한조치의 부작용을 드러내기도 했다. 신규확진자 발생이 줄어든 6월 이후 통제 완화 조치가 9월까지 이어졌다. 5월에 이동제한 조치 조건부 완화(5.4) 시행 후, 6월 들어 '회복기 이동제한 명령(Recovery Movement Control Order)'으로 완화(6.9) 되었다. 6월 이후 의료관광객 및 유학생 입국이 허용(6.19) 되었고, 식당 및 요식업 전면 재개(6.30)와 사회적 모임 재개(7.1) 등이 시행되었다.

9월부터 사바(Sabah)주를 중심으로 2차 유행이 발생했다. 정책적 혼선과 방역정책의 비효율성이 2차 대유행을 촉진한 것이다. 확진자가 다수 발생하는 지방을 중심으로 이동금지 및 확산방지 조치가 시행되었다. 그러나 쿠알라룸푸르를 비롯한 주요 지역은 공원 재개장(10.19) 등 사회적 거리두기 조치 완화가 지속되어 정책적 혼선이 발생했다.

## MYANMAR

<그림 29>에 의하면 미얀마는 조사대상 195개국 중 85위(38.3)로 상대적으로는 세계 중간 수준의 보건안보 상황을 보여 주고 38.3점은 세계 평균치인 38.9점과 유사하다고 할 수 있다. 6개 세부부문 중 3개 분야(Prevention; Health System; Risk Environment)에서 미얀마의 점수는 세계 평균치를 밑돌고 있으며 이들 중 위험환경 부문(political & security risk; infrastructure adequacy; environmental risks)에서는 많은 개선이 요망된다.

미얀마는 동남아시아 국가들 가운데 가장 늦은 2020년 3월 24일 첫 확진사례가 보고되었다. 첫 확진자 발생 이후 8월 말까지는 두 자리 수 이하의 일일 신규발생을 기록하며 코로나19 확산이 억제되는 양상을 보였다. 그러나 9월 들어 급격한 대유행이 발생했다. 인구 백만 명당 신규 확진사례 기준으로 10월 13일 27.66명으로 최고치를 기록하였고, 이후 지속적으로 20명 이상의 발생률을 유지해 왔다. 10월 31일 기준 51,496건의 누적 확진사례가 보고되어 인구 백만 명당 946.45명을 기록했다. 당시 총 1,219명의 사망자 발생하여 인구 백만 명당 22.4명의 높은 사망률을 기록한 바 있다.

**그림 28** 미얀마 신규 확진사례 발생 현황 (인구 백만명 당 비율)

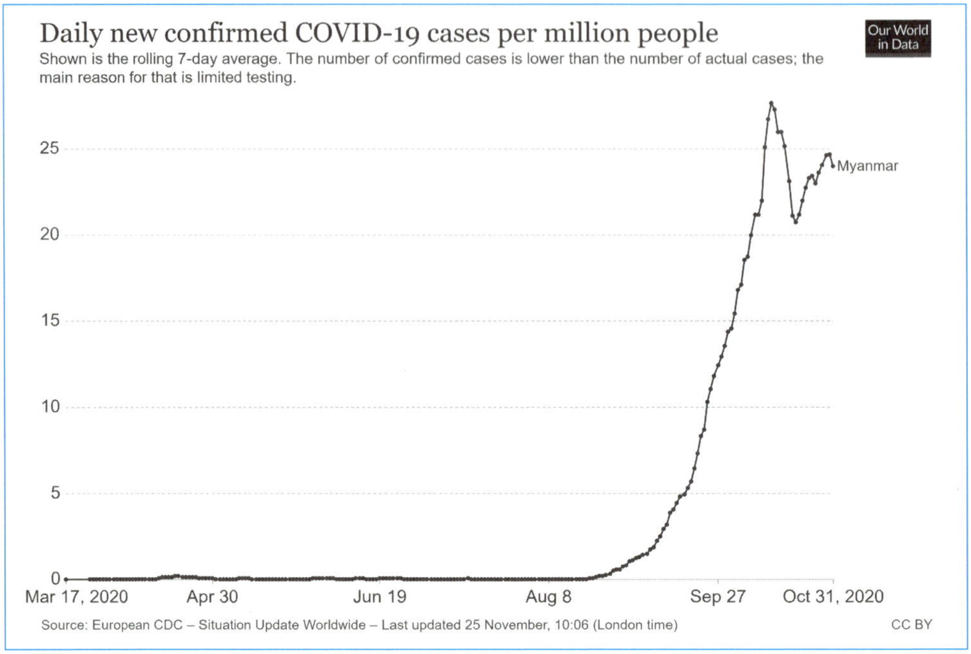


*출처: Our World in Data (https://ourworldindata.org/coronavirus)

2020년 6월 이후 방역조치 완화가 시행되었다. 6월 중 국내 장거리 여행 허용, 조건부 식당 및 시장 재개(사회적 거리두기 조치 및 수용인원 제한), 양곤과 인근지역 외출금지명령 해제 등이 시행되었다. 하지만 외국인 비자발급 중단, 국제항공편 운항 중단, 중국·인도 및 태국 국경폐쇄, 야간통행금지 등은 유지되었다. 7월부터 고등학교 일부에 대한 수업이 재개되고 8월부터 일부 지역감염 사례가 발견된 이후 9월부터 확진자 급증에 따른 제한조치를 다시 시행하게 되었다. 확진자가 주로 발생하는 라카인(Rakhine)주 지역에 대한 통행이 금지(8.26) 되었다. 양곤과 행정수도인 네피도 지역의 락다운 강화로 외출금지, 학교 폐쇄 등 조치가 취해졌고, 단지 일반 사업체는 정상 업무(9.10) 수행이 가능했고, 국내 여행 금지(9.11)와 양곤 지역에 대한 군 야전병원 긴급설치(9.15) 등이 행해졌다. 코로나19 확진 및 의심자, 밀접접촉자, 해외 귀국 이주노동자 등 45,000명을 학교, 사원, 정부청사 등의 시설에 수용한다는 발표(9.25)가 있었다.

미얀마 정부의 코로나19 대응 및 방역정책은 이중적 방역 시스템이라고 할 수 있다. 2020년 3월 중순 아웅산 수치를 중심으로 코로나19 위원회를 설치하여 위기대응 시스템을 수립하였으나 3월 31일 부통령 우민쉐를 중심으로 군부의 독자적인 태스크포스(TF)가 별도로 설치되었다. 군부의 TF는 독자적으로 코로나19 사례에 대한 추적 및 조사와 언론과 소셜미디어를 통제할 권한을 보유하게 되었다. 한편, 미얀마 내 정치적 불안정이 효율적인 방역에 걸림돌이 되었다. 분쟁지역 내 WHO 조사단에 대한 공격으로 UN이 긴급휴전 요청(4.21)을 했고, 이양희 UN특별보고관은 미얀마 군부가 코로나19를 명분으로 소수민족을 대상으로 한 전쟁범죄를 자행하고 있다고 비판(4.30) 했다. 6월 이후 코로나19 방역 및 통제조치가 점차 완화되고 9월 이후 확진자 확산을 억제하기 위해 다시 제한조치가 시행되었으나 미얀마의 낙후된 보건의료 시스템으로 인해 효과성에 의문이 제기되었다. 분쟁의 영향으로 인한 인터넷 등 정보통신 수단 사용 제한 등으로 효율적인 코로나 방역을 위한 정보 접근성 부족에 대한 우려가 커졌다.

**그림 29** 미얀마의 2021년 글로벌보건안보 지수(GHSI)

## Myanmar

**38.3** Index Score **85**/195

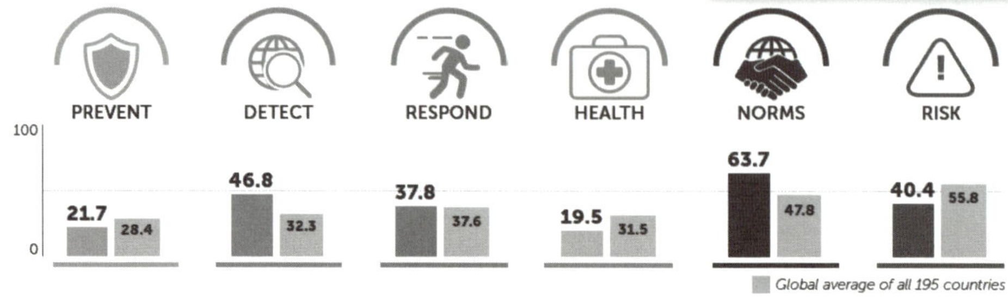


| | 2019 SCORE | 2021 SCORE | 2021 GLOBAL AVERAGE |
|---|---|---|---|
| **PREVENTION** | **25** | **21.7** | **28.4** |
| Antimicrobial resistance (AMR) | 25 | 25 | 45.3 |
| Zoonotic disease | 46.1 | 26.3 | 19.8 |
| Biosecurity | 4 | 4 | 18.7 |
| Biosafety | 0 | 0 | 20.9 |
| Dual-use research and culture of responsible science | 0 | 0 | 2.6 |
| Immunization | 75 | 75 | 63.3 |
| **DETECTION AND REPORTING** | **38.5** | **46.8** | **32.3** |
| Laboratory systems strength and quality | 75 | 75 | 44.9 |
| Laboratory supply chains | 0 | 0 | 15.9 |
| Real-time surveillance and reporting | 12.5 | 37.5 | 34.6 |
| Surveillance data accessibility and transparency | 43.3 | 43.3 | 34.7 |
| Case-based investigation | 0 | 25 | 16.9 |
| Epidemiology workforce | 100 | 100 | 46.5 |
| **RAPID RESPONSE** | **42.5** | **37.8** | **37.6** |
| Emergency preparedness and response planning | 54.2 | 70.8 | 30.4 |
| Exercising response plans | 0 | 37.5 | 21.1 |
| Emergency response operation | 33.3 | 33.3 | 27 |
| Linking public health and security authorities | 0 | 0 | 22.1 |
| Risk communication | 54.2 | 54.2 | 57.9 |
| Access to communications infrastructure | 55.9 | 44 | 65.7 |
| Trade and travel restrictions | 100 | 25 | 39 |

*Scores are normalized (0–100, where 100 = most favorable)*

| | 2019 SCORE | 2021 SCORE | 2021 GLOBAL AVERAGE |
|---|---|---|---|
| **HEALTH SYSTEM** | **14.7** | **19.5** | **31.5** |
| Health capacity in clinics, hospitals, and community care centers | 19.7 | 36.6 | 30 |
| Supply chain for health system and healthcare workers | 0 | 16.7 | 28.5 |
| Medical countermeasures and personnel deployment | 0 | 0 | 10.3 |
| Healthcare access | 58 | 58 | 55.2 |
| Communications with healthcare workers during a public health emergency | 0 | 0 | 10.8 |
| Infection control practices | 0 | 0 | 40.5 |
| Capacity to test and approve new medical countermeasures | 25 | 25 | 45.1 |
| **COMPLIANCE WITH INTERNATIONAL NORMS** | **61.8** | **63.7** | **47.8** |
| IHR reporting compliance and disaster risk reduction | 100 | 100 | 58.5 |
| Cross-border agreements on public and health emergency response | 50 | 50 | 50 |
| International commitments | 37.5 | 40.6 | 56.1 |
| JEE and PVS | 50 | 50 | 18.7 |
| Financing | 66.7 | 75 | 35.2 |
| Commitment to sharing of genetic and biological data and specimens | 66.7 | 66.7 | 68.4 |
| **RISK ENVIRONMENT** | **44.4** | **40.4** | **55.8** |
| Political and security risk | 27.6 | 12.8 | 58.1 |
| Socio-economic resilience | 65.8 | 65.7 | 60.9 |
| Infrastructure adequacy | 33.3 | 25 | 50.2 |
| Environmental risks | 39.2 | 42.3 | 54.7 |
| Public health vulnerabilities | 56.1 | 56.3 | 55.3 |

## PHILIPPINES

<그림 31>에 의하면 필리핀은 조사대상 195개국 중 57위(45.7)로 상대적으로는 보통 수준의 보건안보 상황을 보여 주나 45.7점은 100점과 거리가 멀어서 갈 길이 멀다고 할 수 있다. 6개 세부부문 중 4개 분야(Detection and Reporting; Rapid Response; Health System; Compliance with International Norms; )에서 필리핀의 점수는 세계 평균치를 웃돌며 앞서있으나 2개 분야(Prevention; Risk Environment)에서는 개선이 요망된다. 특히 위험환경 분야(political & security risk; infrastructure adequacy; environmental risks)에서 지속적인 개선이 요구된다.

<그림 30>에 의하면, 필리핀은 1월 30일 첫 확진자 발생 이후 지속적으로 신규 확진자가 증가하여 3월 말부터 하루 세 자릿수 이상의 확진자가 발생했고, 5월 30일 이후 하루 네 자릿수 이상의 확진자가 발생할 정도로 바이러스 확산 통제에 실패했다. 8~9월 사이에는 ASEAN 국가 중 가장 많은 확진자를 기록하기도 했고, 특히 8월 3일에서 9월 4일 사이에는 하루 신규 확진자 발생이 인구 백만 명당 30명 이상을 기록했다. 8월 17일에는 하루에 인구 백만 명당 40.86명의 신규확진 사례를 기록했다. 10월 31일 기준으로 378,933명의 누적 확진자 및 7,185명의 누적 사망자를 기록했다. 누적 확진자는 인구 백만 명당 3,458명, 누적 사망자는 인구 백만 명당 65.57명에 달했다. 인도네시아에 이어 두 번째로 많은 확진자를 기록했으나, 신규 확진 사례의 증가세는 다소 줄어드는 경향이 나타났다.

필리핀 정부의 비일관적인 대응정책이 가장 큰 실책으로 평가되었다. 정부가 제한조치를 해제한 6월 이후 대규모 확산이 빠르게 진행되었다. 이로 인해 공공 의료 및 보건 시스템의 붕괴를 가져온 것으로 평가되었다. 전국적 격리조치 재도입과 검사확대를 통해 신규 확진사례는 줄어가는 경향을 보였다. 그러나 실직, 식량부족 등으로 인한 경제 상황 악화와 반정부 시위가 확산되어 불안정성이 증가하였다.

필리핀은 2020년 3월 16일부터 국가적인 방역조치가 시행되기 시작한 가운데 5월까지 매우 강력한 사회적 통제를 실시했다. 특히 4월 1일 두테르테 대통령이 격리조치를 위반한 시위대에 대한 발포를 허용하는 등 공권력을 동원한 통제를 실시했다. 휴먼라이츠워치 등 국제인권단체들이 공중보건 조치의 이행과정에서 공권력을 남용한 사례로 비판을 행했다. 유엔에서도 통행금지 위반 등으로 12만 명이 체포되는 등 고도로 군사화된 대응(highly militarized response)이 나타나고 있다고 우려를 표명했다.

**그림 30** **필리핀 신규 확진사례 발생 현황 (인구 백만 명당 비율)**

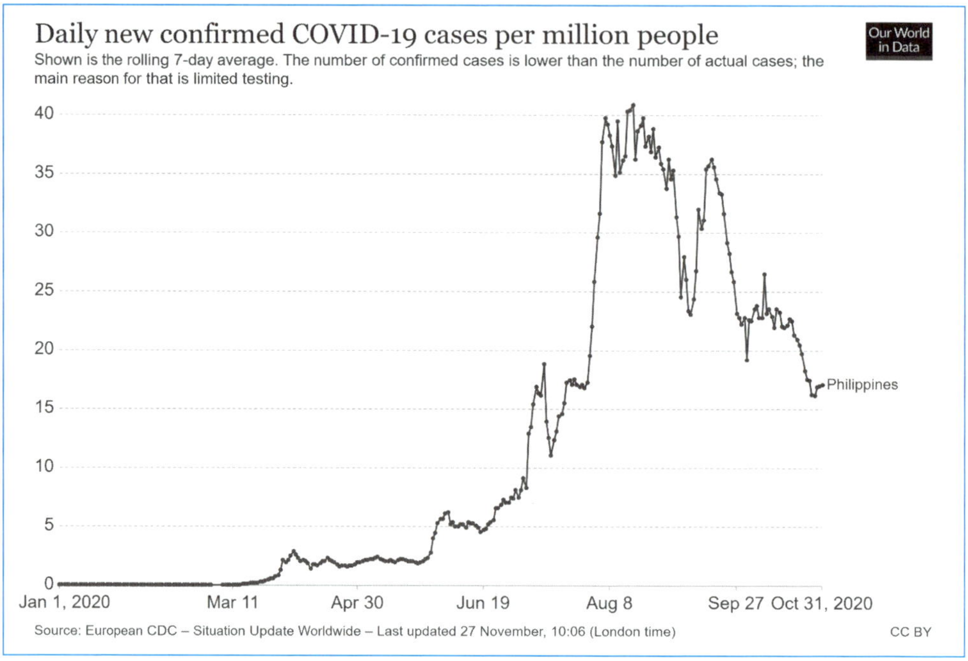


*출처: Our World in Data (https://ourworldindata.org/coronavirus)

### 필리핀의 5단계 사회적 거리두기 정책

5단계: ECQ(Enhanced Community Quarantine) 강화된 지역사회 격리조치
4단계: MECQ(Modified Enhanced Community Quarantine) 수정된(완화된) ECQ
3단계: GCQ(General Community Quarantine) 일반적 사회격리
2단계: MGCQ(Modified General Community Quarantine) 수정된(완화된) GCQ
1단계: New Normal 새로운 표준

## 그림 31 필리핀의 2021년 글로벌보건안보 지수(GHSI)

# Philippines

**45.7** Index Score **57**/195

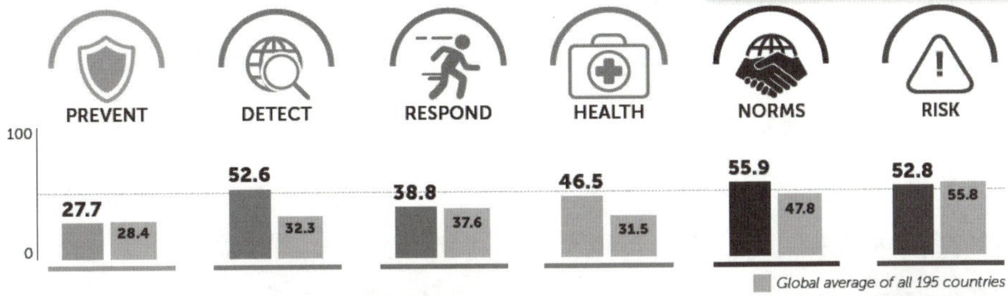


| | 2019 SCORE | 2021 SCORE | 2021 GLOBAL AVERAGE |
|---|---|---|---|
| **PREVENTION** | **27.7** | **27.7** | **28.4** |
| Antimicrobial resistance (AMR) | 75 | 75 | 45.3 |
| Zoonotic disease | 17.4 | 17.3 | 19.8 |
| Biosecurity | 24 | 24 | 18.7 |
| Biosafety | 0 | 0 | 20.9 |
| Dual-use research and culture of responsible science | 0 | 0 | 2.6 |
| Immunization | 50 | 50 | 63.3 |
| **DETECTION AND REPORTING** | **34.3** | **52.6** | **32.3** |
| Laboratory systems strength and quality | 75 | 87.5 | 44.9 |
| Laboratory supply chains | 0 | 0 | 15.9 |
| Real-time surveillance and reporting | 37.5 | 87.5 | 34.6 |
| Surveillance data accessibility and transparency | 43.3 | 53.3 | 34.7 |
| Case-based investigation | 0 | 37.5 | 16.9 |
| Epidemiology workforce | 50 | 50 | 46.5 |
| **RAPID RESPONSE** | **46.7** | **38.8** | **37.6** |
| Emergency preparedness and response planning | 16.7 | 33.3 | 30.4 |
| Exercising response plans | 25 | 25 | 21.1 |
| Emergency response operation | 66.7 | 66.7 | 27 |
| Linking public health and security authorities | 0 | 0 | 22.1 |
| Risk communication | 41.7 | 41.7 | 57.9 |
| Access to communications infrastructure | 76.8 | 79.6 | 65.7 |
| Trade and travel restrictions | 100 | 25 | 39 |

*Scores are normalized (0–100, where 100 = most favorable)*

| | 2019 SCORE | 2021 SCORE | 2021 GLOBAL AVERAGE |
|---|---|---|---|
| **HEALTH SYSTEM** | **46.3** | **46.5** | **31.5** |
| Health capacity in clinics, hospitals, and community care centers | 23 | 22.9 | 30 |
| Supply chain for health system and healthcare workers | 44.4 | 44.4 | 28.5 |
| Medical countermeasures and personnel deployment | 50 | 50 | 10.3 |
| Healthcare access | 56.9 | 58.3 | 55.2 |
| Communications with healthcare workers during a public health emergency | 0 | 0 | 10.8 |
| Infection control practices | 100 | 100 | 40.5 |
| Capacity to test and approve new medical countermeasures | 50 | 50 | 45.1 |
| **COMPLIANCE WITH INTERNATIONAL NORMS** | **53.5** | **55.9** | **47.8** |
| IHR reporting compliance and disaster risk reduction | 50 | 50 | 58.5 |
| Cross-border agreements on public and health emergency response | 50 | 50 | 50 |
| International commitments | 87.5 | 93.8 | 56.1 |
| JEE and PVS | 0 | 25 | 18.7 |
| Financing | 66.7 | 50 | 35.2 |
| Commitment to sharing of genetic and biological data and specimens | 66.7 | 66.7 | 68.4 |
| **RISK ENVIRONMENT** | **52.5** | **52.8** | **55.8** |
| Political and security risk | 38 | 43.9 | 58.1 |
| Socio-economic resilience | 77.4 | 77.4 | 60.9 |
| Infrastructure adequacy | 33.3 | 33.3 | 50.2 |
| Environmental risks | 50.5 | 46 | 54.7 |
| Public health vulnerabilities | 63.1 | 63.5 | 55.3 |

필리핀의 코로나19 방역정책은 일관적으로 추진되지 못하며 혼란이 발생되었다. 6월 들어 마닐라를 비롯한 여러 지역에서 통제조치 완화가 실시되어 사업체들의 정상적 운영 및 항공운항 재개 등이 결정(6.1) 되었다. 그러나 사회적 거리두기 3단계가 적용 중이던 종교시설에 대해서 7월 10일부터 재개장이 허용되었다. 또한 교육부는 8월 24일 개학과 일부 학교의 대면수업 진행이 발표되었다.

마닐라 일대 코로나19 확진자 증가로 7월 16일부터 제한조치가 재적용되었다. 7월 한 달간 마스크 미착용시 구속명령과 해외출국 제한조치가 시행되었다. 8월 4일부터 강화된 4단계 적용으로 마닐라를 오가는 여행 제한, 도로통제, 대중교통 중단 및 유증상자를 찾기 위한 가택방문 조사 등이 실시되었다. 그러나 8월 19일부터 마닐라 일대에 대해 다시 3단계 완화가 시행되었다. 세부 지역에서도 코로나19의 대응조치가 혼선을 야기했고 코로나19 재확산으로 6월 15일에 5단계 조치가 재적용(6.15) 되었다. 한 달 후인 7월 16일에는 4단계로 조정(7.16) 되었다. 다시 2주 후인 7월 31일에 5단계 유행이 다시 상향(7.31) 되었다.

당시 두테르테 대통령의 돌발행동이 방역조치에 부담을 가중했다. 필리핀 의료보험공단 공단장으로 비전문가인 전직 국립수사원 원장을 임명(8.31)하였다가 비판을 받기도 했다. 코로나 방지 TF에서 소셜미디어 모니터링을 지시(9.5)했다. 9월 들어 국가재난상태를 연말까지 연장(9.13)하였으나 정책적 혼선은 지속되었고, 대중교통에서 사회적 거리두기 완화 등 물리적 거리두기 규정의 지속적 완화조치를 시행(9.11)했다. 보라카이 등 주요 관광지가 부분 재개장(10.1)했고, 마닐라 통행금지 시간이 단축(10.19)되었다. 해외여행 금지 해제(10.21) 등의 조치가 시행되었다.

## SINGAPORE

<그림 33>에 의하면 싱가포르는 조사대상 195개국 중 24위(57.4)로 상대적으로는 높은 수준의 보건안보 상황을 보여 주나 57.4점은 100점과 거리가 멀다고 할 수 있다.

6개 세부부문(Prevention; Detection and Reporting; Rapid Response; Health System; Compliance with International Norms; Risk Environment)에서 싱가포르의 점수는 모두 세계 평균치를 웃돌며 앞서 있으나 국제규범 준수 부문(IHR reporting compliance and disaster risk reduction; cross-border agreements on public & health emergency response; commitment to sharing of genetic & biological data & specimens)에서는 개선이 요망된다.

싱가포르는 2020년 1월 23일 처음으로 첫 확진자 발생 후 4월 들어 대유행 사태가 발생했다. 4월 27일 인구 백만 명당 171.81명의 신규 확진자 발생을 정점으로 5월 30일까지 100명 이상의 비율로 확진자가 발생했다. 7월 말 2차 유행을 겪으며, 인구 백만 명 당 68.45명의 신규 확진자가 발생했다. 8월 말부터 신규 확진사례 발생 통제에 성공하여 9월 이후에는 사실상 확진자 증가 그래프의 평탄화에 성공했다. 10월 31일 기준으로 총 58,003명이 확진되었으며, 이는 인구 백만 명 당 비율로 9,914.46명에 해당하는 높은 비율을 기록했다. 코로나19 확진자 가운데 사망한 경우는 단 28명으로 인구 백만 명 당 비율로 4.79명의 비율에 해당한다. 이는 전체 확진자 중에 0.05%만이 사망한 낮은 비율을 보였다.

싱가포르는 코로나19 확산 초기부터 광범위한 검사의 시행, 종합적인 접촉자 추적, 의무적 자가 격리 조치 등을 통해 효과적으로 대응했다. 인구밀도가 높은 도시국가의 특성상 급속한 확산을 피할 수 없었으나 집중적이고 효율적인 대응으로 단기간에 코로나19의 통제에 성공했다. 주요 집단발병 사례들의 경우 대부분 외국인 노동자 기숙사 등 비위생적이고 높은 인구밀도를 가진 열악한 주거시설을 중심으로 확산되었다. 당시 싱가포르 정부는 해외 입국자 통제에 초점을 맞추었다. 1월 31일부터 중국으로부터의 모든 입국을 금지했고, 3월부터 단기체류 외국인 포함 필수적이지 않은 외국인의 입국을 금지했다. 또한 6월부터 중국 일부, 유럽, 일본, 홍콩, 호주 등과의 항공운항 재개도 논의했고, 8월 들어 해외 입국자에 의한 확산 재발로 모든 입국자에 대한 격리 모니터링 장비 착용을 의무화(8.11)했다. 9월 브루나이, 한국, 일본과 공적업무 방문자를 위한 그린래인 설치를 하기도 했다.

**그림 32** 싱가포르 신규 확진사례 발생 현황 (인구 백만명 당 비율)

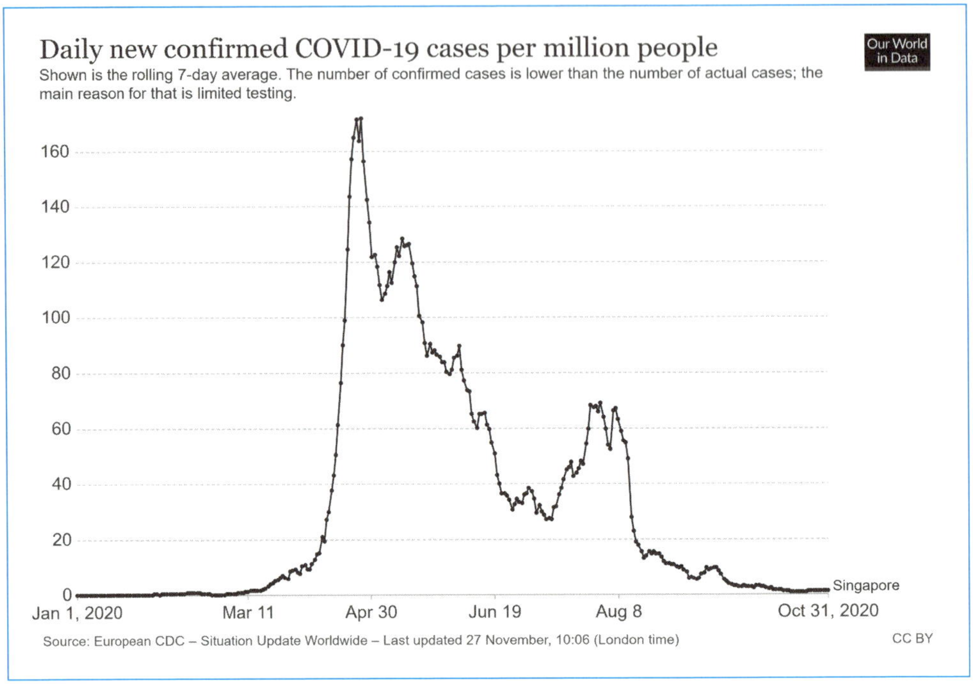


*출처: Our World in Data (https://ourworldindata.org/coronavirus)

싱가포르 정부는 고집적 주거시설(외국인 노동자 기숙사)에 대한 집단격리를 시행했다. 이는 확진자가 급증하기 시작한 4월부터 외국인 노동자 기숙사 시설에 대한 집단격리 시행(4.5)을 말한다. 그럼에도 불구하고 외국인 노동자 기숙사를 중심으로 클러스터 발병(8.22)이 있어서 건설 및 생산직 외국인 노동자에 대한 접촉추적, 검진 등이 강화(10.16)되었다. 한편, 사회적 거리두기 조치는 지속되었다. 싱가포르 전체에 대해 6월 1일까지 외출금지 명령(4.21)이 있었고, 블루투스 기기를 이용한 접촉추적 시범사업이 실시(7.29)되었다. 9월부터 접촉추적 토큰 및 TraceTogether 앱 배포 등 IT 기술을 이용한 접촉추적 시스템을 구축하기 위한 지속적인 노력이 있었다. 또한 6월부터 점진적으로 차단조치들의 완화 및 해제가 시작되었다. 이는 5인 이하 모임, 식당, 상점 등 허용(6.19), 50명 이하 종교 활동 허용(6.26) 및 초중등 및 전문대학교 등교(6.29) 등을 포함한다.

**그림 33** 싱가포르의 2021년 글로벌보건안보 지수(GHSI)

# Singapore

**57.4** Index Score **24**/195

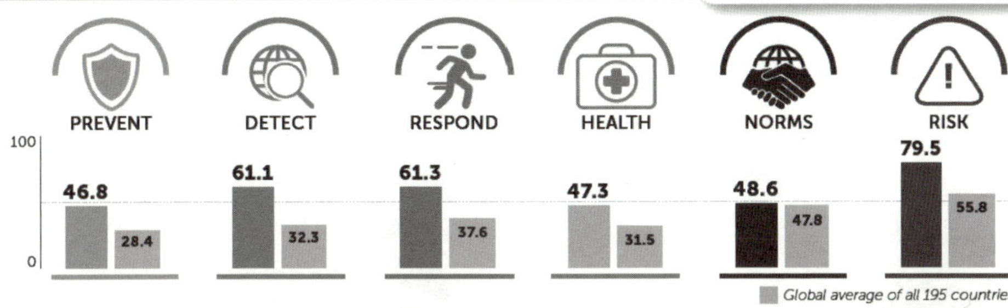


| | 2019 SCORE | 2021 SCORE | 2021 GLOBAL AVERAGE |
|---|---|---|---|
| **PREVENTION** | **50.2** | **46.8** | **28.4** |
| Antimicrobial resistance (AMR) | 58.3 | 58.3 | 45.3 |
| Zoonotic disease | 39.6 | 19.7 | 19.8 |
| Biosecurity | 28 | 28 | 18.7 |
| Biosafety | 100 | 100 | 20.9 |
| Dual-use research and culture of responsible science | 0 | 0 | 2.6 |
| Immunization | 75 | 75 | 63.3 |
| **DETECTION AND REPORTING** | **49** | **61.1** | **32.3** |
| Laboratory systems strength and quality | 87.5 | 87.5 | 44.9 |
| Laboratory supply chains | 50 | 50 | 15.9 |
| Real-time surveillance and reporting | 62.5 | 87.5 | 34.6 |
| Surveillance data accessibility and transparency | 56.7 | 66.7 | 34.7 |
| Case-based investigation | 12.5 | 50 | 16.9 |
| Epidemiology workforce | 25 | 25 | 46.5 |
| **RAPID RESPONSE** | **64.6** | **61.3** | **37.6** |
| Emergency preparedness and response planning | 50 | 50 | 30.4 |
| Exercising response plans | 0 | 25 | 21.1 |
| Emergency response operation | 33.3 | 33.3 | 27 |
| Linking public health and security authorities | 100 | 100 | 22.1 |
| Risk communication | 83.3 | 83.3 | 57.9 |
| Access to communications infrastructure | 85.8 | 87.2 | 65.7 |
| Trade and travel restrictions | 100 | 50 | 39 |

*Scores are normalized (0–100, where 100 = most favorable)*

| | 2019 SCORE | 2021 SCORE | 2021 GLOBAL AVERAGE |
|---|---|---|---|
| **HEALTH SYSTEM** | **44.9** | **47.3** | **31.5** |
| Health capacity in clinics, hospitals, and community care centers | 45.8 | 62.5 | 30 |
| Supply chain for health system and healthcare workers | 44.4 | 44.4 | 28.5 |
| Medical countermeasures and personnel deployment | 0 | 0 | 10.3 |
| Healthcare access | 49.3 | 49.1 | 55.2 |
| Communications with healthcare workers during a public health emergency | 0 | 0 | 10.8 |
| Infection control practices | 100 | 100 | 40.5 |
| Capacity to test and approve new medical countermeasures | 75 | 75 | 45.1 |
| **COMPLIANCE WITH INTERNATIONAL NORMS** | **46.7** | **48.6** | **47.8** |
| IHR reporting compliance and disaster risk reduction | 50 | 50 | 58.5 |
| Cross-border agreements on public and health emergency response | 0 | 0 | 50 |
| International commitments | 96.9 | 100 | 56.1 |
| JEE and PVS | 25 | 25 | 18.7 |
| Financing | 41.7 | 50 | 35.2 |
| Commitment to sharing of genetic and biological data and specimens | 66.7 | 66.7 | 68.4 |
| **RISK ENVIRONMENT** | **79.6** | **79.5** | **55.8** |
| Political and security risk | 89.8 | 86.9 | 58.1 |
| Socio-economic resilience | 77.6 | 77.6 | 60.9 |
| Infrastructure adequacy | 100 | 100 | 50.2 |
| Environmental risks | 50.8 | 52.7 | 54.7 |
| Public health vulnerabilities | 79.9 | 80.4 | 55.3 |

# THAILAND

<그림 35>에 의하면 태국은 조사대상 195개국 중 5위(68.2)로 상대적으로는 세계 최고 수준의 보건안보 상황을 보여 주나 68.2점은 100점과 거리가 멀어서 아직 개선을 요한다고 할 수 있다. 6개 세부부문(Prevention; Detection and Reporting; Rapid Response; Health System; Compliance with International Norms; Risk Environment)에서 태국의 점수는 모두 세계 평균치를 웃돌며 앞서 있으나 위험환경 부문(political & security risk; infrastructure adequacy)에서는 개선이 요망된다.

**그림 34 태국 신규 확진사례 발생 현황 (인구 백만 명당 비율)**

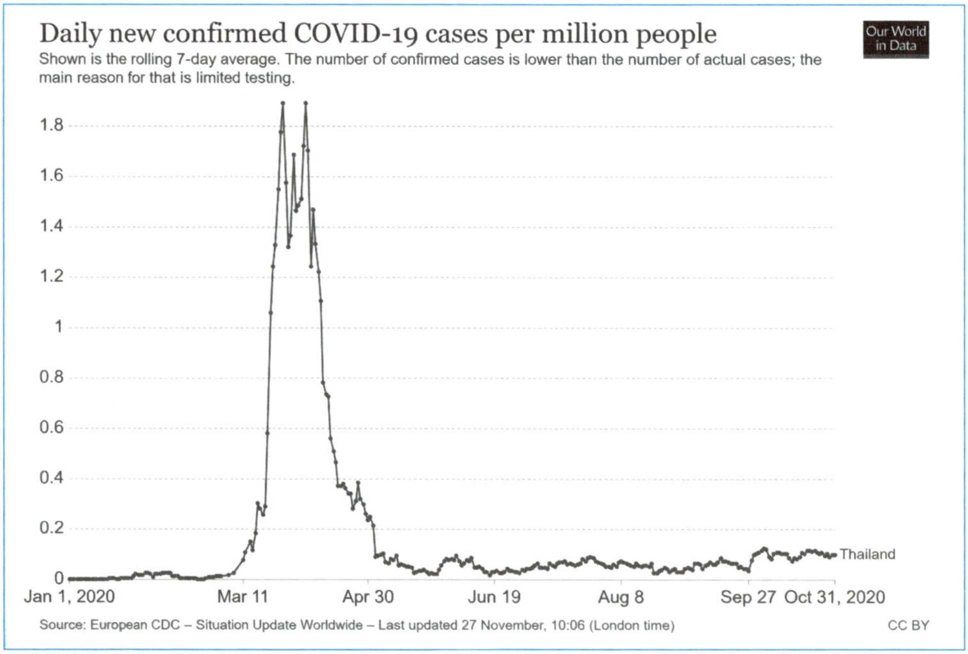


*출처: Our World in Data (https://ourworldindata.org/coronavirus)

태국은 ASEAN 국가들 가운데 가장 이른 1월 13일부터 확진자가 발생했다. 3월 중순부터 급속한 확진사례의 증가가 나타났다. 3월 27일에 인구 백만 명당 일일 신규확진자가 1.89명으로 최대치를 기록했다. 그러나 4월 중순을 기점으로 확산을 성공적으로 통제한 것으로 평가되었다. 2020년 10월 31일 기준 3,780명의 누적 확진사례와 59명의 사망자 발생이 있었다. 누적 확진자는 인구 백만 명당 54.15명 수준이고, 사망자는 인구 백만 명당 0.85명 수준으로 매우 낮은 수준을 유지했다.

당시 태국은 수준 높은 의료 인프라를 바탕으로 신속하고 효과적인 통제와 검사-추적 정책 시행 등으로 코로나19의 확산에 잘 대처한 것으로 평가되었다. 그러나 관광과 수출에 의존하는 경제구조상 동남아시아 국가들 가운데 가장 심각한 경제피해가 예상되었다. 또한 코로나19로 인해 정치적 불안정성이 더욱 커지고 있는 점도 우려되었다.

2020년 3월 26일 국가비상사태가 선포되었다. 3월 외국인 입국 금지 및 국경폐쇄(3.22)가 이뤄졌고, 국가비상사태 연장으로 8월까지 국내 여행 제한, 사회적 모임 금지, 언론 검열 권한 등이 시행되었다. 국가비상사태의 반복적인 연장으로 10월 말까지 유지되었다. 4월 $580억 상당(GDP의 10%)의 경기부양 계획이 발표(4.7)되었다. 5월부터 제한조치 완화가 본격적으로 시행되어 한국 및 중국과의 여행 재개(5.15), 사업체 업무 재개 및 백화점 등 재개장, 코로나19 접촉추적 어플리케이션 배포 등이 이뤄졌다. 6월에는 대중교통 부분 허용 후 7월부터 전면 재개가 시행되었다. 7월 중 국경통제가 완화되어, 입국 항공편 금지조치 해제, 미얀마, 라오스, 캄보디아, 말레이시아와의 육로 국경검문소 37곳에 대한 화물 수송을 위한 재오픈(7.1)이 있었다. 8월 경제 완화조치가 지속되어, 외국인 거주자, 노동 허가 보유자와 가족, 외국인 노동자 귀국 허가(8.4), 모든 학교 대면수업 재개 및 3,000명의 외국인 교사 입국 허가(8.13), 미얀마의 대규모 감염 확산으로 인한 국경 경비 강화 명령(8.28) 등이 있었다. 또한 9월 들어 관광산업 재개(9.26)가 이뤄졌다. 10월 1일부터는 특별 관광비자 업무 재개 및 외국인 장기 관광객 입국 허용이 가능해졌다. 아울러 중국과 유럽으로부터 단체 여행객 유치 발표(10월 및 11월 입국 예정)가 있었다.

**그림 35** 태국의 2021년 글로벌보건안보 지수(GHSI)

# Thailand

**68.2** Index Score **5/195**

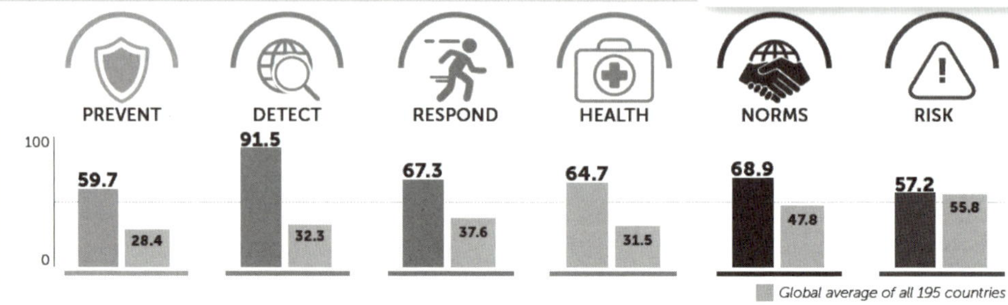


| | 2019 SCORE | 2021 SCORE | 2021 GLOBAL AVERAGE |
|---|---|---|---|
| **PREVENTION** | **63.9** | **59.7** | **28.4** |
| Antimicrobial resistance (AMR) | 66.7 | 66.7 | 45.3 |
| Zoonotic disease | 64.1 | 64.1 | 19.8 |
| Biosecurity | 69.3 | 69.3 | 18.7 |
| Biosafety | 50 | 50 | 20.9 |
| Dual-use research and culture of responsible science | 33.3 | 33.3 | 2.6 |
| Immunization | 100 | 75 | 63.3 |
| **DETECTION AND REPORTING** | **83.2** | **91.5** | **32.3** |
| Laboratory systems strength and quality | 87.5 | 87.5 | 44.9 |
| Laboratory supply chains | 100 | 100 | 15.9 |
| Real-time surveillance and reporting | 75 | 100 | 34.6 |
| Surveillance data accessibility and transparency | 86.7 | 86.7 | 34.7 |
| Case-based investigation | 50 | 75 | 16.9 |
| Epidemiology workforce | 100 | 100 | 46.5 |
| **RAPID RESPONSE** | **78.6** | **67.3** | **37.6** |
| Emergency preparedness and response planning | 100 | 100 | 30.4 |
| Exercising response plans | 25 | 25 | 21.1 |
| Emergency response operation | 66.7 | 66.7 | 27 |
| Linking public health and security authorities | 100 | 100 | 22.1 |
| Risk communication | 100 | 100 | 57.9 |
| Access to communications infrastructure | 83.5 | 79.7 | 65.7 |
| Trade and travel restrictions | 75 | 0 | 39 |

*Scores are normalized (0–100, where 100 = most favorable)*

| | 2019 SCORE | 2021 SCORE | 2021 GLOBAL AVERAGE |
|---|---|---|---|
| **HEALTH SYSTEM** | **62.3** | **64.7** | **31.5** |
| Health capacity in clinics, hospitals, and community care centers | 39.6 | 56.2 | 30 |
| Supply chain for health system and healthcare workers | 50 | 50 | 28.5 |
| Medical countermeasures and personnel deployment | 0 | 0 | 10.3 |
| Healthcare access | 96.8 | 96.8 | 55.2 |
| Communications with healthcare workers during a public health emergency | 50 | 50 | 10.8 |
| Infection control practices | 100 | 100 | 40.5 |
| Capacity to test and approve new medical countermeasures | 100 | 100 | 45.1 |
| **COMPLIANCE WITH INTERNATIONAL NORMS** | **66.5** | **68.9** | **47.8** |
| IHR reporting compliance and disaster risk reduction | 100 | 100 | 58.5 |
| Cross-border agreements on public and health emergency response | 50 | 50 | 50 |
| International commitments | 90.6 | 96.9 | 56.1 |
| JEE and PVS | 25 | 25 | 18.7 |
| Financing | 66.7 | 75 | 35.2 |
| Commitment to sharing of genetic and biological data and specimens | 66.7 | 66.7 | 68.4 |
| **RISK ENVIRONMENT** | **58.9** | **57.2** | **55.8** |
| Political and security risk | 35.1 | 41.6 | 58.1 |
| Socio-economic resilience | 62.8 | 63.1 | 60.9 |
| Infrastructure adequacy | 50 | 50 | 50.2 |
| Environmental risks | 75.9 | 60.4 | 54.7 |
| Public health vulnerabilities | 70.6 | 70.7 | 55.3 |

## VIETNAM

<그림 37>에 의하면 베트남은 조사대상 195개국 중 65위(42.9)로 상대적으로는 세계 보통 수준의 보건안보 상황을 보여 주나 42.9점은 100점과 거리가 멀어서 갈 길이 멀다고 할 수 있다. 6개 세부부문 중 3개 분야(Prevention; Detection and Reporting; Compliance with International Norms)에서 베트남의 점수는 모두 세계 평균치를 웃돌며 앞서 있으나 나머지 3개 분야(Rapid Response; Health System; Risk Environment)에서는 많이 뒤떨어져 있다. 특히 보건체계 분야는 개선의 여지가 많이 존재한다.

**그림 36 베트남 신규 확진사례 발생 현황 (인구 백만 명당 비율)**

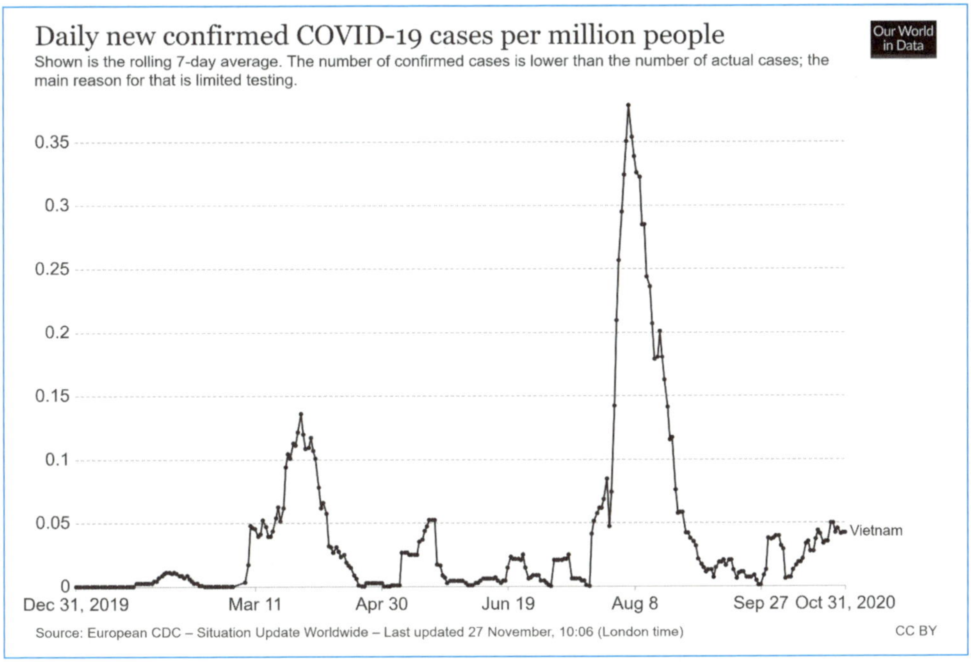


*출처: Our World in Data (https://ourworldindata.org/coronavirus)

베트남은 2020년 1월 23일에 첫 확진 사례가 보고되었다. 3월과 8월에 대유행을 경험했고, 3월에는 인구 백만 명당 최대 0.14명의 신규 확진사례(3.24)를 기록했다. 이후 8월에는 인구 백만 명당 최대 0.38명의 신규 확진사례(8.16)를 기록했다. 10월 31일까지 총 1,177명의 확진 사례와 35명의 사망자가 발생했다. 인구 백만 명당으로 환산할 경우 누적 확진 사례는 12.09명이고, 사망자 비율은 인구 백만 명 당 0.36명으로 매우 낮은 비율을 유지했다.

베트남의 코로나19 대응 및 방역정책은 중국과의 국경 인접, 부족한 의료자원에도 불구하고 코로나19 확산을 효과적으로 저지한 것으로 평가되었다. 특히 두 차례의 대유행을 비교적 짧은 기간 내에 성공적으로 통제했다.

베트남은 첫 확진자가 발생한 후 일주일 만에 국가비상령 선포 및 신속한 대응이 있었다. 즉 중국과의 국경 통제(1.30), 모든 항공편 운항 중단(2.1) 등이 시행되었고, 베트남에서 최초로 지역격리 명령이 발효(2.15)되었다. 전국적인 외출금지(락다운)조치도 시행(4.1)되었다.

4월 하순부터 사회적 거리두기 조치 완화 및 해제가 이뤄졌다. 예를 들면, 대중교통 및 상업적 운송 재개(5.7) 및 중국과의 육상 국경 개방(5월), 캄보디아 여행금지 해제(6.22), 전자비자 발급 재개(7.1) 및 일본, 중국과의 항공편 운항 재개(6~7월) 등이 있다. 7월 중순 다낭을 중심으로 한 재확산으로 락다운 등 방역조치가 강화(7.3)되었다. 9월 이후 경제 활성화 조치가 시행되었다. 9월 일부 외국인(전문가, 투자자, 관리자 및 외교관)은 입국 후 14일 이하로 체류할 경우 격리 면제조치가 시행(9.2)되었다. 상업 항공 운항 재개를 앞두고 외국인에 대한 격리조치 7일을 요구(9.11)하기도 했다. 해외 투자유입 활성화를 위해 광저우, 서울, 도쿄, 타이베이, 프놈펜 및 비엔티안 사이의 항공편 운항 재개가 발표(9.15)되었다. 코로나19로 인해 출국 불가능한 외국인을 대상으로 10월 말까지 체류 연장(10.1)이 이뤄졌다. 베트남과 일본 사이에 단기 방문시 11월 1일부터 격리절차 면제가 시행되었다. 또한 국가적 격리절차 수립을 위해 입국 항공편에 대한 일시 중지가 발표(10.8)되고, 호치민시 지역 모든 시민에 대해 마스크 착용 의무화(10.9)가 있었다.

**그림 37** 베트남의 2021년 글로벌보건안보 지수(GHSI)

## Vietnam

**42.9** Index Score **65**/195

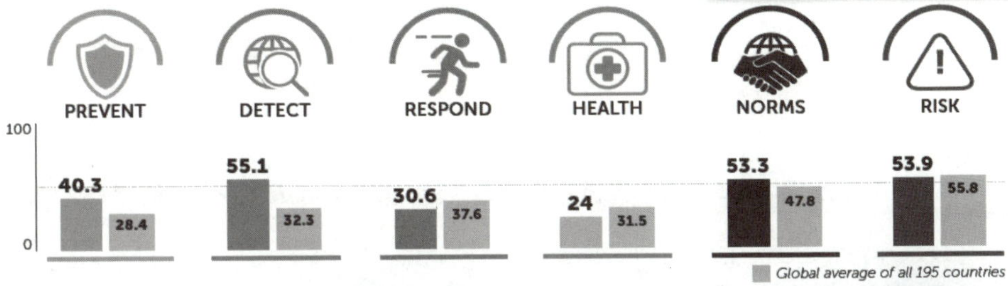


| | 2019 SCORE | 2021 SCORE | 2021 GLOBAL AVERAGE |
|---|---|---|---|
| **PREVENTION** | **43.7** | **40.3** | **28.4** |
| Antimicrobial resistance (AMR) | 66.7 | 66.7 | 45.3 |
| Zoonotic disease | 46.2 | 26.1 | 19.8 |
| Biosecurity | 24 | 24 | 18.7 |
| Biosafety | 50 | 50 | 20.9 |
| Dual-use research and culture of responsible science | 0 | 0 | 2.6 |
| Immunization | 75 | 75 | 63.3 |
| **DETECTION AND REPORTING** | **42.1** | **55.1** | **32.3** |
| Laboratory systems strength and quality | 75 | 87.5 | 44.9 |
| Laboratory supply chains | 0 | 0 | 15.9 |
| Real-time surveillance and reporting | 37.5 | 62.5 | 34.6 |
| Surveillance data accessibility and transparency | 40 | 43.3 | 34.7 |
| Case-based investigation | 0 | 37.5 | 16.9 |
| Epidemiology workforce | 100 | 100 | 46.5 |
| **RAPID RESPONSE** | **35.3** | **30.6** | **37.6** |
| Emergency preparedness and response planning | 8.3 | 29.2 | 30.4 |
| Exercising response plans | 0 | 25 | 21.1 |
| Emergency response operation | 33.3 | 33.3 | 27 |
| Linking public health and security authorities | 0 | 0 | 22.1 |
| Risk communication | 41.7 | 54.2 | 57.9 |
| Access to communications infrastructure | 63.5 | 72.6 | 65.7 |
| Trade and travel restrictions | 100 | 0 | 39 |

*Scores are normalized (0–100, where 100 = most favorable)*

| | 2019 SCORE | 2021 SCORE | 2021 GLOBAL AVERAGE |
|---|---|---|---|
| **HEALTH SYSTEM** | **24** | **24** | **31.5** |
| Health capacity in clinics, hospitals, and community care centers | 22.5 | 22.5 | 30 |
| Supply chain for health system and healthcare workers | 33.3 | 33.3 | 28.5 |
| Medical countermeasures and personnel deployment | 0 | 0 | 10.3 |
| Healthcare access | 62.4 | 62.3 | 55.2 |
| Communications with healthcare workers during a public health emergency | 0 | 0 | 10.8 |
| Infection control practices | 0 | 0 | 40.5 |
| Capacity to test and approve new medical countermeasures | 50 | 50 | 45.1 |
| **COMPLIANCE WITH INTERNATIONAL NORMS** | **54.7** | **53.3** | **47.8** |
| IHR reporting compliance and disaster risk reduction | 50 | 50 | 58.5 |
| Cross-border agreements on public and health emergency response | 50 | 50 | 50 |
| International commitments | 78.1 | 78.1 | 56.1 |
| JEE and PVS | 50 | 25 | 18.7 |
| Financing | 33.3 | 50 | 35.2 |
| Commitment to sharing of genetic and biological data and specimens | 66.7 | 66.7 | 68.4 |
| **RISK ENVIRONMENT** | **53.6** | **53.9** | **55.8** |
| Political and security risk | 63.1 | 63.1 | 58.1 |
| Socio-economic resilience | 54.2 | 54 | 60.9 |
| Infrastructure adequacy | 33.3 | 33.3 | 50.2 |
| Environmental risks | 65 | 66 | 54.7 |
| Public health vulnerabilities | 52.5 | 53.3 | 55.3 |

동남아시아 지역 코로나19 방역에 대한 종합평가를 하자면 다음과 같다.

첫째, 코로나19 확진사례로부터 최초의 국가 단위의 방역조치 시행까지 소요된 시간이 상당한 차이를 나타냈다. 태국(+69일), 말레이시아(+53일), 캄보디아(+49일), 필리핀(+46일), 인도네시아(+29일) 등은 최소 한 달에서 2달 이상이 소요되기도 했다. 반대로 라오스, 미얀마, 베트남, 브루나이, 싱가포르는 일주일 내외의 기간에 국가적 방역대책이 시행되었다.

**표 23 아세안 국가들의 최초 확진자 발생과 최초 방역조치 시행 간 시차**

| 국가 | 최초 확진자 발생 | 최초 방역조치 시행 | 확진자 발생과 방역조치 시행 격차 |
|---|---|---|---|
| 태국 | 1월 13일 | 3월 22일 | +69일 |
| 베트남 | 1월 23일 | 1월 30일 | +7일 |
| 싱가포르 | 1월 23일 | 1월 31일 | +8일 |
| 말레이시아 | 1월 25일 | 3월 18일 | +53일 |
| 캄보디아 | 1월 27일 | 3월 16일 | +49일 |
| 필리핀 | 1월 30일 | 3월 16일 | +46일 |
| 인도네시아 | 3월 2일 | 3월 31일 | +29일 |
| 브루나이 | 3월 10일 | 3월 16일 | +6일 |
| 라오스 | 3월 24일 | 3월 30일 | +6일 |
| 미얀마 | 3월 24일 | 3월 31일 | +7일 |

*출처: Our World in Data (https://ourworldindata.org/coronavirus), 국제전략문제연구소 (https://www.csis.org/programs/southeast-asia-program/southeast-asia-covid-19-tracker-0)

둘째, 각국의 상이한 정치·경제·사회·지리·문화·인구적 특성상 확진자 및 사망자 수의 단순비교는 각국의 피해상황을 정확히 비교하기 힘들었다. 이를 위해 인구 백만 명당 누적 확진자 및 사망자 수를 통해 비교할 수 있다. 전체 확진자 규모로 평가했을 때 싱가포르가 인구 백만 명당 9,914.46명으로 가장 큰 피해를 기록했다. 필리핀과 인도네시아는 단순비교에서는 비슷한 누적 확진자를 기록했으나 실질적으로는 필리핀이 2.5배 이상의 피해를 기록했다. 미얀마와 말레이시아도 누적 확진자 수에서는 미얀마가 더 많은 숫자를 기록했으나 인구 백만 명당 비율로 평가할 경우 말레이시아가 더 큰 피해를 입은 것으로 파악되었다.

**표 24 ASEAN 국가별 인구 백만 명당 누적 확진자 및 사망자**

| 국가 | 누적 확진자 (인구 백만 명 당 비율) | 누적 사망자 (인구 백만 명 당 비율) |
|---|---|---|
| 라오스 | 3.30 | 0 |
| **말레이시아** | **956.67** | **7.69** |
| **미얀마** | **946.45** | **22.4** |
| 베트남 | 12.09 | 0.36 |
| 브루나이 | 338.3 | 6.86 |
| **싱가포르** | **9,914.46** | **4.79** |
| **인도네시아** | **1,487.79** | **50.39** |
| 캄보디아 | 17.35 | 0 |
| 태국 | 54.15 | 0.85 |
| **필리핀** | **3,458** | **65.57** |

*출처: 세계보건기구(WHO)

셋째, 인구 백만 명당 확진자 수의 변화를 시간적 흐름에 따라 비교했을 때 코로나19의 확산의 지리적 특성을 보여 준다. 2020년 3월 초 브루나이가 인구 백만 명당 20명을 초과하며 대유행이 시작되었다. 4월 하순부터 5월 말에 이르는 기간 동안 싱가포르가 인구 백만 명당 신규 확진자 100명 이상(최고 171명)을 기록하며 가장 큰 피해를 가져왔다. 싱가포르는 7월 말에서 8월 초에 이르는 기간 동안 2차 유행을 경험하였으나, 이후 신규 확진자 발생이 급격하게 줄며 방역의 효과가 입증되었다. 8월부터 필리핀과 인도네시아에서 확진자 발생이 급격하게 증가하기 시작하며, 이후 9월부터 미얀마와 말레이시아에서 확진자가 증가했다. 10월 말을 기준으로 단순 확진자 수에서 수위를 다투는 인도네시아와 필리핀은 백만 명당 신규 확진자 수에서 각각 13.06명 및 17.12명을 기록했다. 백만 명당 신규 확진자 수에서는 말레이시아(28.18명)와 미얀마(23.97명)가 인도네시아 및 필리핀보다 더 높은 수치를 나타내서 실제 확산의 임팩트는 더 큰 것으로 나타났다.

**그림 38** 인구 백만 명당 신규 확진자 발생 추이

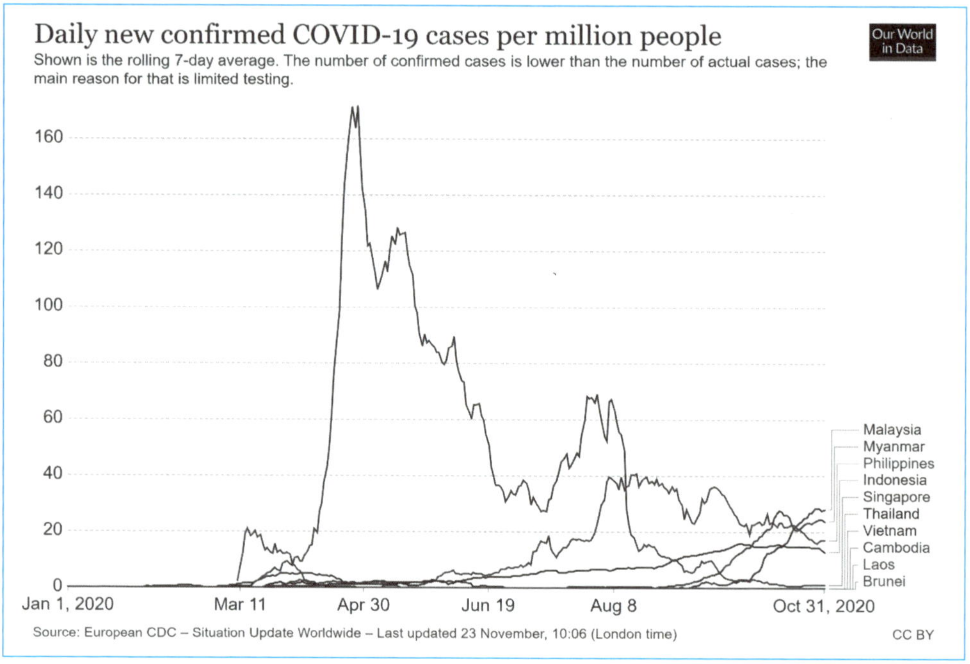


*출처: Our World in Data (https://ourworldindata.org/coronavirus)

넷째, 인구 백만 명당 누적 확진자 수를 시간적 흐름에 따라 비교함으로서 방역정책의 효율성을 간접적으로 확인할 수 있다. 싱가포르는 두 차례의 대유행을 겪으며 가장 높은 수치를 보이나, 8월 중순 기점으로 확진자 증가추세 평탄화로 방역에 성공했음을 알 수 있다. 그러나 필리핀, 인도네시아, 말레이시아, 미얀마는 누적 확진자 그래프가 지속적으로 가팔라지는 것을 통해 확진자 증가추세가 더욱 늘어나고 있음을 확인했다.

**그림 39** 인구 백만 명당 누적 확진자 추세

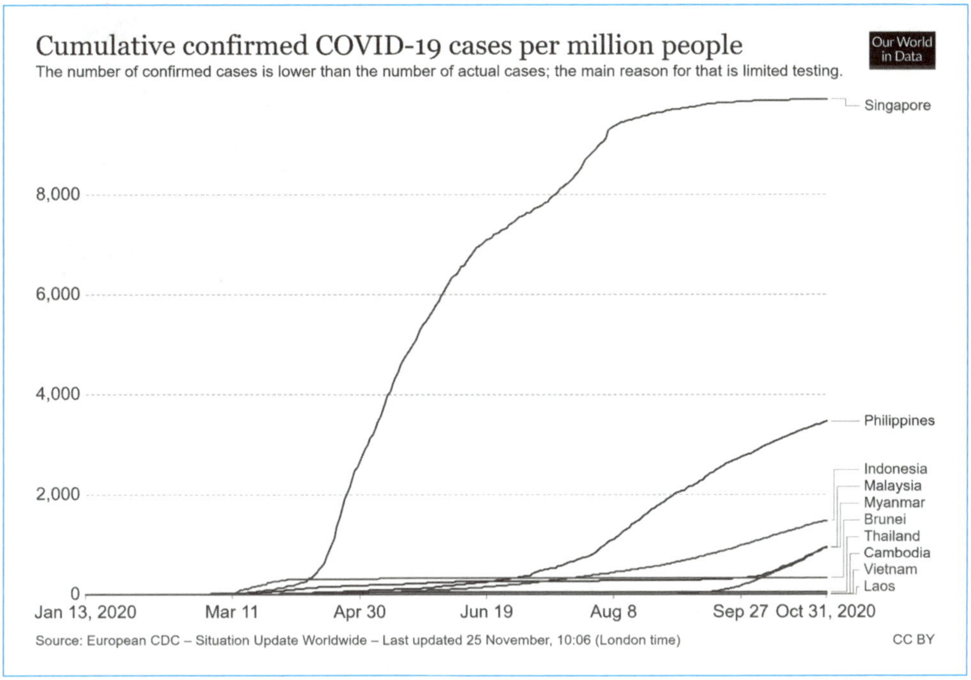


*출처: Our World in Data (https://ourworldindata.org/coronavirus)

다섯째, 인구 백만 명당 누적 사망자 수에서 의료 및 방역환경의 차이를 확인할 수 있다. 사망자 비율에서는 필리핀, 인도네시아, 미얀마가 상대적으로 높은 수치를 기록했다. 필리핀은 인구 백만 명당 누적 사망자 수에서 65.52로 가장 높은 수치를 기록했으며, 특히 대유행이 시작된 6월 이후 사망자 증가세가 급격히 높아졌다. 인도네시아(50.39)와 미얀마(22.4) 대유행의 시작 이후 사망자가 지속적으로 증가하며 효과적인 대응에 필수적인 의료체계가 작동하지 못하고 있음이 확인되었다.

**그림 40** 인구 백만 명당 누적 사망자 추세

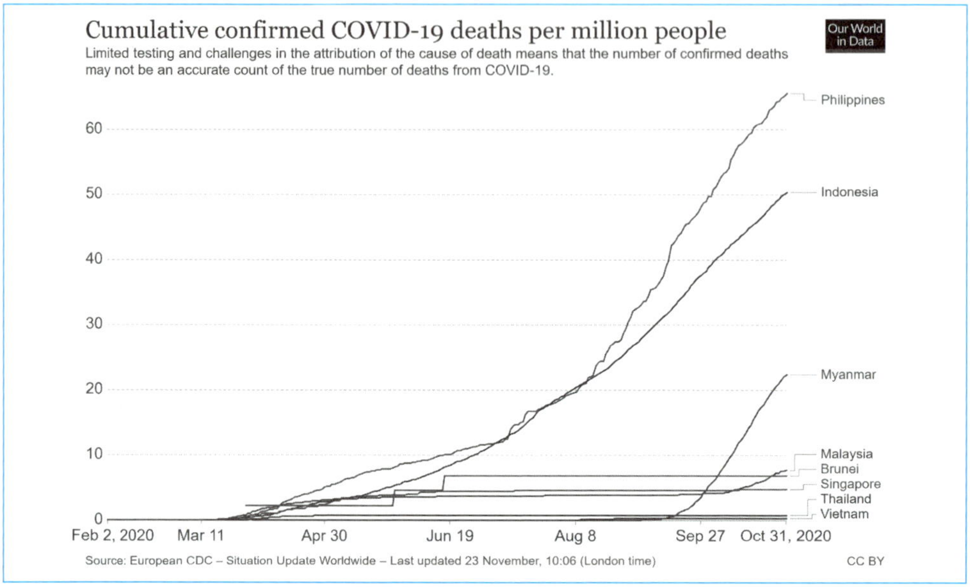


*출처: Our World in Data (https://ourworldindata.org/coronavirus)

마지막으로, 확진자 규모에 비해 싱가포르, 말레이시아는 낮은 사망자 비율을 보여주어 확진자에 대한 적절한 의료적 대응이 이루어졌음을 확인할 수 있다. 싱가포르와 말레이시아는 글로벌 보건안보 지수(Global Health Security Index)에서 태국과 더불어 신속대응 지수가 가장 높은 국가이다. 보건안보 지수가 전염병의 확산에 미치는 영향은 제한적이나 전염병 환자에 대한 의료적 대응체계의 효율성에는 긍정적 평가를 가진다.

여기서 COVID－19 방역정책 효과에 대한 결정요인을 지적하면 다음과 같다.

첫째, 방역정책의 일관성을 들 수 있다. 각국 정부의 방역 거버넌스의 일관성이 확산의 규모와 대응의 효과에 직접적인 영향을 끼쳤다. 코로나19의 확산에 대응하는 중앙정부 기관 혹은 정치세력들 간의 일관성과 통일성이 방역정책의 효율성에 직접적 영향을 미쳤다. 또한 국가적 차원에서 방역정책을 수립하고 집행하는 중앙정부와 실제 현장에서 정책을 시행하는 지방정부의 대응의 일관성의 유무도 중요한 영향을 미쳤다.

미얀마의 경우 중앙정부 내의 정파적 이해관계에 따라 이중적 구조로 방역정책의 효율성에 문제가 발생했다. 미얀마 정부는 주변 국가의 코로나19 확산에 따라 3월 중순 아웅산 수치를 위원장으로 하는 대응기구를 설치하였으나 3월 말 다시 부통령 우민쉐를 수장으로 하는 독자적 태스크포스를 설치했다. 정부 내에 복수의 코로나19 대응기구가 운영됨으로써 의사결정 및 정책의 집행 과정에서 비효율성과 혼선이 나타났다. 이러한 비효율성과 혼선은 9월 들어 급속히 확산되는 대유행 상황에서 효과적인 국가적 대응을 어렵게 한 원인으로 파악되었다.

인도네시아의 경우 중앙정부와 지방정부 사이에 일관성 없는 방역정책이 문제점으로 드러났다. 인도네시아는 코로나19 대응 초기 지방정부에 학교 및 직장 폐쇄, 종교집회 및 공공모임 제한 등을 결정할 수 있는 권한을 허용했으나 이로 인해 지방 간에 자가격리 기준 및 제한조치 적용에 차이가 발생했다. 또한 지방정부가 방역 강화를 위한 제한조치를 강화하려는 기조와 경제활성화 조치를 시행하려는 중앙정부 간 혼선이 발생했다. 특히 중앙정부의 소극적 대응과 낮은 검사율로 인해 정부에 대한 불신의 확산을 가져왔다. 중앙정부의 경제활성화 강조와 소극적 대응은 12월 9일로 예정된 지방선거를 염두에 둔 정치적 판단으로 보였다.

필리핀의 경우 방역정책의 일관성이 부족하고 방역조치를 정치적으로 이용한다는 비판을 받았다. 방역 조치의 이행과정에서 군경의 발포 허용, 광범위한 위반자 체포 등 공권력의 남용이 나타났다. 시위대에 대한 발포 허용, 의료보험공단장에 정보기관 출신 임명 시도 등 대통령 개인의 돌발적이고 정치적 이해관계에 따른 정책결정으로 혼란이 유발되었다. 8월 이후 대규모 확산이 이뤄지고 있는 가운데 9~10월 사이 사회적 거리두기 정책의 완화가 이어지는 등 정책적 혼선이 발생했다.

둘째, 방역정책의 연속성을 들 수 있다. 방역정책의 섣부른 후퇴 혹은 정치·경제적 이해관계에 따른 완화가 2차 대유행과 같은 더 큰 부작용을 가져왔다. 역내에서 코로나

19의 대규모 확산을 경험하는 국가들 대부분이 1차 유행에 이은 2차 유행을 경험했다. 싱가포르를 제외한 대부분 국가는 2차 유행이 더 치명적이고 광범위하게 나타나는 경향을 보였다.

말레이시아의 경우 3월에 시작된 1차 유행에 대한 방역조치를 6월부터 완화한 뒤 10월 들어 2차 유행이 더 큰 규모로 발생했다. 3~4월 사이에 나타난 1차 유행을 군병력까지 투입되는 강력한 대응을 통해 성공적으로 대응한 것으로 평가되었다. 그러나 코로나19 일일 확진자가 두 자리 수 범위 내에서 발생함에도 불구하고 6~9월 사이에 제한조치가 점진적으로 완화되었다. 9월부터 신규 확진자가 급속하게 증가하는 2차 유행을 겪고 있으며, 1차 유행에 비해 월등히 빠른 속도와 치명적인 형태를 보였다.

필리핀의 경우 3월부터 시행된 국가적 방역조치를 6월 들어 완화한 뒤, 7월부터 대규모 확산이 발생했다. 필리핀 정부는 3월 16일부터 국가적인 방역조치를 시행하였다. 그러나 6월부터 신규 확진사례가 급증함에도 불구하고 사업체의 정상운영, 항공운항 재개, 종교시설 허용, 대면수업 진행 등이 이뤄졌다. 결국 7월부터 제한조치가 일부 재개되었음에도 불구하고 대규모 확산을 피하지 못한채 ASEAN 국가들 가운데 두 번째로 높은 누적 확진자 발생비율과 가장 높은 사망자 발생 비율을 불러왔다.

싱가포르의 경우 4월부터 1차 유행 이후 통제조치가 완화되었다가 8월에 2차 유행을 경험했으나 신속하고 성공적으로 대응했다. 싱가포르는 4월 초 외국인 노동자 기숙시설을 비롯한 집단거주시설을 중심으로 1차 유행이 발생하여 광범위한 검사, 체계적인 접촉자 추적, 강력한 사회적 제한조치를 시행했다. 6월 들어 1차 유행이 진정되기 시작하여 점진적으로 제한조치를 완화했다. 7월 말부터 2차 유행을 경험했으나, 오히려 1차 유행보다 낮은 강도를 나타내며 신속하게 진정국면으로 접어들었다. 방역정책의 일시적 완화에도 불구하고 감염병 확산에 대한 지속적인 모니터링, 신속한 의사결정 및 대응, 정부 정책의 투명성 등이 재유행의 효과적 통제에 영향을 미친 것으로 평가되었다.

셋째, 정보·통신 수단과 사회적 소통의 과도한 통제의 부작용을 들 수 있다. 코로나19로 인한 위기를 정파적으로 이용하려는 시도들이 나타나는 가운데 과도한 정보·통신 수단 및 사회적 소통의 통제에 따른 부작용이 부각되었다. 특히 언론과 인터넷의 통제가 시민들의 자발적 방역 참여에 필요한 정보전달을 저해한다는 평가가 있었다.

미얀마의 경우 과도한 정보 통제가 방역정책 효과에 악영향을 끼친다는 평가가 있었다. 미얀마는 군부의 태스크포스에 언론과 소셜미디어 등을 통제할 수 있는 권한을 부여했다. 또한 국내 소수민족과의 분쟁을 이유로 코로나19가 가장 크게 확산되고 있는 라카인(Rakhine)주와 이에 인접한 친(Chin)주에 대해 인터넷을 차단했다. 이로 인해 지리적·정치적으로 소외된 소수민족 거주지에 방역에 필요한 정보, 물자 및 인력의 접근이 차단되어 심각한 문제로 지적되었다.

캄보디아와 필리핀도 가짜뉴스 확산의 차단을 이유로 언론과 소셜미디어에 대한 모니터링 강화 등을 시행했다. 그러나 이러한 언론과 소셜미디어에 대한 통제가 방역에 긍정적 영향을 주기보다는 정치적 남용에 대한 우려를 낳았다. 캄보디아에서는 코로나19 관련 가짜뉴스 배포 혐의로 12명의 전 야당 소속 인사들이 포함되어 있어 정파적 악용에 대한 우려가 있었다. 필리핀 두테르테 대통령의 소셜미디어 모니터링 지시도 방역조치로서 갖는 의미보다는 정치적 목적을 가진 정책이었다.

한편 반정부 집회로 인한 코로나19의 확산 여부도 주목할 문제이다. 태국의 경우 코로나19가 유행하는 기간에 대규모 반정부시위 등이 발생했음에도 불구하고 성공적으로 코로나19에 대응했다는 평가를 받았다. 인도네시아에서도 '일자리 창출 법안' 반대 시위가 이어지는 가운데 추후 코로나19 확산에 대한 종합적인 평가가 요구되었다.

넷째, 정치체제와 정치문화, 방역정책 효과성 간의 관계를 들 수 있다. 정치체제가 코로나19 방역의 효과성에 뚜렷한 영향력을 보이고 있다고 보기는 어렵다. 백만 명당 확진자 수를 통해 보면, 베트남, 라오스, 브루나이, 캄보디아, 태국과 같이 권위주의 국가이거나 결함이 매우 심한 민주주의 국가들의 방역성과는 아세안 내 비교적 민주적 규범이 준수되는 국가들에 비해 상대적으로 양호한 것으로 확인되었다. 단, 방역조치를 시행하는 속도는 브루나이, 싱가포르, 베트남, 라오스, 미얀마 등 권위주의적 성격이 강한 국가들에서 더 빨리 이루어졌기 때문에 방역조치 시행의 신속성 측면에서는 권위주의 국가가 더 우수하다고 평가할 수 있다.

미얀마의 경우 민주화를 이루어 내기는 했으나 군부세력을 완전히 정치에서 퇴출하지 못했으며 이러한 불완전한 민주화는 정부 내에 두 개의 코로나19 대응기구가 만들어지는 결과를 야기하여 방역정책 결정과 집행에 있어 비효율성과 혼란이 야기되었다.

그러나 권위주의적 통치가 만연한 국가의 경우 코로나19를 빌미로 소수자 집단에 대한 탄압을 가하는 사례가 발견되었다. 감염병 확산 방지를 위한 방역조치들은 불가피하게 개인의 자유를 제한하고, 국가의 사회에 대한 침투력을 강화하는 속성을 갖는데 권위주의적 통치방식을 추구하는 지도자들은 코로나19 방역 조치라는 미명하에 정치적 반대파와 소수자 집단을 억압했다. 권위주의적 통치행태를 보이고 있는 필리핀의 두테르테 대통령은 방역정책 결정에 있어 충동적이고 자의적인 결정을 내리거나, 정치적 이해관계에 이끌린 결정을 내리는 등의 문제를 보였다. 미얀마의 경우, 소수민족이 거주하는 지역에 인터넷을 차단함으로써 시민의 코로나19 방역 참여에 필수적인 정확한 정보가 충분히 공급되지 못하고 이에 따라 코로나19에 의한 피해가 특정 소수자 집단에 가중되는 것을 확인할 수 있었다. 국가 내의 사회집단 간 갈등이 효과적으로 관리되지 못하고 정치적 불안정성이 존재하는 경우, 그러한 정치적 불안정성이 방역의 효과성을 감소시키는 것으로 판단되었다.

동북아시아를 비롯하여, 아시아 전역은 서구권에 비해 비교적 코로나19에 의한 피해를 덜 경험하고 있는 것으로 평가되었다. 서유럽이 아시아에 비해 더 높은 수준의 경제력, 의료체계와 선진화된 정치를 갖고 있다는 것이 주지의 사실이나, 그럼에도 불구하고 많은 부분이 서유럽에 비해 상대적으로 낙후된 아시아가 더 나은 대처를 보여 줄 수 있는 이유는 동아시아인들의 순응적 태도(혹은 서유럽인의 자유주의적 성향)에 있다고 볼 수 있다. 방역조치는 필연적으로 개인의 자유가 일정부분 제한되는 방식으로 나타날 수 있으므로, 국가가 개인의 삶에 지나치게 개입하거나, 개인의 기본적 자유권을 제한하는 것을 엄격한 관점에서 바라보는 서구에 비해 오히려 민주주의의 역사가 짧고 서구에서 발달한 민주적 가치관을 그대로 수용하고 있지 않은 아시아 지역은 시민들이 정부 방역조치에 원만히 협조하고 순응함으로써 성공적 방역이 가능했다고 판단된다.

Chapter 06

# COVID-19와 양자관계

COVID－19의 대유행은 국제사회에 많은 갈등과 협력의 기회를 제공해 왔다. 인접 국가 간 인적 및 물적 이동의 제한 혹은 금지는 갈등을 초래했다. 그 갈등은 원인 규명과 책임 정도를 둘러싼 이견으로 증폭되어 왔다. 인접 국가 간 환경 갈등과 유사한 이유로 인해 그 해결이 쉽지 않은 것이 현실이다. 인접 국가 간 정책적 차이는 형평성 문제로 외교적 마찰을 야기하기도 하고 개별국가의 정책으로 인해 감염병의 전이가 확대된 경우 원인을 제공한 인접 국가에 책임을 물어야 하는데 설사 원인 제공을 인정하더라도 피해의 정도에 대한 합의는 불가능하다고 해도 과언이 아니다.

국제사회에서 국가군 간 갈등 구조는 크게 세 가지로 나눌 수 있다. 우선 발병국 대 피해국 간 갈등이 있고, 선진국 대 개도국 간 갈등이 존재한다. 이에 더하여 미국(서구) 진영 대 중국(비서구) 진영 간 패권 경쟁의 부분으로서 보건 갈등이 차지한다. 첫째, 감염병의 1차적 책임은 발병국에 있으며 발병 후 가능한 한 빨리 발병 사실을 WHO에 알리고 이것의 확산을 차단하려는 노력을 경주해야 한다. 감염병의 주요한 발병지는 국제사회 내 저발전된 지역이고 국내사회에서도 낙후된 지역이다. 그러다 보니 때로는 주권 혹은 인권 제한의 우려를 감내하면서도 봉쇄 등을 통해 감염병의 확산을 막아 내어 왔다. 그게 가능할 수 있었던 것은 사회적으로 역학 구도상 밀리기 때문이었다. 하지만 발병국이 강대국이라면 상황은 달라진다. 그 대표적인 예가 이번 COVID-19인 것이다.

둘째, 선진국은 주로 개도국에서 발생한 감염병으로 인한 피해를 막아 내기 위해 초기 단계에서는 차단, 나아가서는 백신 개발 등 의학적 처방에 진력해야 한다. 문제는 이러한 과정에서 양 국가군 간 시각차가 존재한다. 선진국이든 개도국이든 자국 우선주의가 팽배해 있다. 선진국의 개도국 차단은 갈등의 소지가 있고 그럼에도 불구하고 개도국은 초기 진압을 위해 감내해 낸다. 이어 치료약 및 백신 개발 단계에 들어서면 이들 의학적 처방에 대한 접근 가능성을 두고 갈등이 증폭된다. 일반 보건 이슈와는 달리 감염병 이슈는 서로 협력하지 않으면 해결이 난망하다. 개도국에 대한 무상 지원 없이 감염병의 원천 해결은 불가능하기 때문이다. COVID-19의 진행 과정에서 폐쇄(lockdown)가 사회적 이슈가 되고 백신 개발에 따른 공급 문제로 선·개도국 간 갈등이 고조된 시점이 있었다. 선진국의 딜레마는 사기업에서 개발한 백신을 개도국에게 무상으로 지원하기가 쉽지 않지만 결국 감염병 종식을 위해서는 글로벌한 퇴치 없이는 불가능한 것이 현실이기 때문이다. 따라서 개도국에 대한 무상 지원을 위한 선진국 간 기여 할당 문제도 또 다른 갈등 사항이 되기도 한다. 아울러 빨리 많은 지원을 얻어 내려는 개도국 간 갈등도 존재한다. 선진국 대 개도국 간 갈등을 중심으로 선진국 간 및 개도국 간 갈등이 존재하고 이를 해결하려는 국제사회의 노력이 요구되는 것이다.

셋째, 오늘날 감염병 이슈는 미국과 중국 간 패권 경쟁 시대에 중요한 갈등·협력의 의제가 된다. COVID-19는 미·중 패권 경쟁에 커다란 의제로 자리 잡았다. 그 근본적 이유는 중국이 인정하든 말든 코로나19의 발병지가 중국 우한이라는 것이 WHO의 기본 입장이기 때문이다. 발병국 중국 대 피해국 미국과 전 세계로 특징지어지는 갈등 구도가 양국 간 패권 경쟁과 맞물려 갈등이 증폭되는 것이다. 아울러 감염병 확산을 막아 내려는 1차적 방안이 발병국으로부터 유입되는 인적 및 물적 자원의 차단이 중국의 반발을 불러일으켜 결국 미·중간 나아가 중·서구 간 갈등을 초래했다. 예를 들어, 중국 관광객의 입국을 막는 미국은 물론 선진국의 제한 조치는 중국의 외교적 불만 표출과 서구국가의 관광수입 감소로 인한 경제적 피해를 증가시켰다. 나아가 중국산 제품의 수입제한은 선진국 및 세계 경제에 막대한 피해를 초래했다. 최근 서구 선진국가에서 가장 큰 이슈인 공급망(supply chain) 다원화(reshoring 혹은 near-shoring)도 COVID-19 여파로 실감한 정책적 변화인 것이다. 이러한 미국을 중심으로 한 서구 자본주의 강국들의 탈중국 경제 정책은 중국의 경제 성장 감소와 서구 경제의 인플레이션·성장률 감소를 수반하여 결국 세계 경제를 정체 상태로 빠지게 하고 있다. COVID-19는 미·중 관계와 양국 간 패권 경쟁의 양상을 근본적으로 바꾸어 놓았다. 결국 신냉전이 도래한 것이다.

이 장에서는 <표 25>에서 보여 주는 바와 같이 우선 2021년 글로벌보건안보 지수(GHSI)를 토대로 전 세계적인 보건안보 상황을 종합지수 및 6개 세부 지수에 기초하여 살펴보고, 이를 <표 26>의 COVID-19 상황(발병, 백신 등), WHO 관련 상황, 경제 상황, 그리고 미·중 패권 경쟁 상황과 연계하여 통계적으로 다루고자 한다. 이어 COVID-19를 둘러싼 갈등과 협력을 발병국 대 피해국, 선진국 대 개도국, 그리고 미국(서구) 대 중국(비서구) 등 세 가지 양자 대결구도 차원에서 논의하고자 한다.

**표 25 2021 GHSI와 국제사회**

| 국가명 | 2021 GHSI | | | | | | | |
|---|---|---|---|---|---|---|---|---|
| | 종합 순위 | 종합 지수 | 세부항목 | | | | | |
| | | | 예방 지수 | 조기감지/보고지수 | 신속대응 지수 | 보건 체계 지수 | 보건역량 개선/국제규범 준수지수 | 위험 환경 지수 |
| United States of America | 1 | 75.9 | 79.4 | 80.1 | 65.7 | 75.2 | 81.9 | 73.3 |
| Australia | 2 | 71.1 | 65.2 | 82.2 | 61.6 | 69.2 | 72.2 | 76.0 |
| Finland | 3 | 70.9 | 58.2 | 67.5 | 70.7 | 68.7 | 77.8 | 82.6 |
| Canada | 4 | 69.8 | 70.4 | 70.8 | 49.2 | 67.3 | 79.2 | 81.8 |

| 국가명 | 2021 GHSI | | | | | | | |
|---|---|---|---|---|---|---|---|---|
| | 종합 순위 | 종합 지수 | 세부항목 | | | | | |
| | | | 예방 지수 | 조기감지/보고지수 | 신속대응 지수 | 보건 체계 지수 | 보건역량 개선/국제규범 준수지수 | 위험 환경 지수 |
| Thailand | 5 | 68.2 | 59.7 | 91.5 | 67.3 | 64.7 | 68.9 | 57.2 |
| Slovenia | 6 | 67.8 | 51.3 | 70.8 | 59.9 | 72.8 | 63.9 | 73.4 |
| United Kingdom | 7 | 67.2 | 63.5 | 70.8 | 64.8 | 68.3 | 62.5 | 73.0 |
| Germany | 8 | 65.5 | 49.1 | 72.4 | 56.3 | 56.0 | 75.0 | 83.9 |
| South Korea | 9 | 65.4 | 48.8 | 73.8 | 65.0 | 62.5 | 69.4 | 73.1 |
| Sweden | 10 | 64.9 | 77.3 | 62.5 | 39.8 | 53.5 | 73.6 | 82.7 |
| Netherlands | 11 | 64.7 | 57.8 | 57.1 | 58.2 | 66.7 | 68.1 | 80.2 |
| Denmark | 12 | 64.4 | 64.3 | 64.6 | 51.8 | 64.5 | 61.1 | 79.9 |
| New Zealand | 13 | 62.5 | 45.0 | 75.3 | 50.3 | 48.9 | 77.8 | 77.7 |
| France | 14 | 61.9 | 59.4 | 45.7 | 47.7 | 70.4 | 65.3 | 82.9 |
| Latvia | 14 | 61.9 | 51.6 | 77.1 | 51.2 | 60.6 | 59.7 | 71.3 |
| Armenia | 16 | 61.8 | 79.3 | 69.6 | 56.3 | 58.8 | 59.2 | 47.6 |
| Spain | 17 | 60.9 | 47.5 | 70.8 | 54.6 | 52.9 | 63.9 | 75.6 |
| Japan | 18 | 60.5 | 43.1 | 71.1 | 59.5 | 51.6 | 66.7 | 70.9 |
| Norway | 19 | 60.2 | 53.8 | 46.3 | 57.5 | 45.0 | 69.4 | 89.0 |
| Bulgaria | 20 | 59.9 | 66.8 | 61.7 | 38.9 | 60.8 | 69.4 | 61.7 |
| Lithuania | 21 | 59.5 | 38.2 | 64.3 | 58.7 | 59.9 | 62.5 | 73.3 |
| Belgium | 22 | 59.3 | 54.2 | 52.9 | 46.4 | 64.2 | 61.1 | 77.2 |
| Switzerland | 23 | 58.8 | 50.2 | 42.5 | 64.9 | 50.9 | 59.7 | 84.6 |

| 국가명 | 2021 GHSI | | | | | | | |
|---|---|---|---|---|---|---|---|---|
| | 종합 순위 | 종합 지수 | 세부항목 | | | | | |
| | | | 예방 지수 | 조기감지/보고지수 | 신속대응 지수 | 보건 체계 지수 | 보건역량 개선/국제규범 준수지수 | 위험 환경 지수 |
| Singapore | 24 | 57.4 | 46.8 | 61.1 | 61.3 | 47.3 | 48.6 | 79.5 |
| Mexico | 25 | 57.0 | 41.9 | 54.3 | 64.8 | 54.7 | 68.1 | 57.9 |
| Austria | 26 | 56.9 | 53.3 | 41.4 | 41.8 | 54.0 | 63.9 | 87.2 |
| Malaysia | 27 | 56.4 | 37.7 | 72.5 | 61.4 | 36.6 | 56.4 | 73.9 |
| Chile | 28 | 56.2 | 47.2 | 58.1 | 59.5 | 52.9 | 53.1 | 66.2 |
| Poland | 29 | 55.7 | 43.5 | 42.5 | 53.3 | 52.7 | 72.2 | 70.1 |
| Estonia | 30 | 55.5 | 42.5 | 41.3 | 56.2 | 49.4 | 66.7 | 76.9 |
| Ireland | 31 | 55.3 | 52.9 | 50.4 | 41.4 | 51.7 | 55.6 | 79.9 |
| Peru | 32 | 54.9 | 37.7 | 57.8 | 45.8 | 71.7 | 61.5 | 55.0 |
| Portugal | 33 | 54.7 | 52.8 | 42.6 | 41.5 | 53.9 | 59.7 | 77.5 |
| Argentina | 34 | 54.4 | 41.5 | 56.7 | 43.6 | 64.4 | 59.7 | 60.6 |
| Hungary | 34 | 54.4 | 49.4 | 38.1 | 50.1 | 54.6 | 62.5 | 71.7 |
| Slovakia | 34 | 54.4 | 51.3 | 37.1 | 43.7 | 62.7 | 59.7 | 72.2 |
| Panama | 37 | 53.5 | 42.3 | 50.4 | 63.5 | 55.0 | 43.2 | 66.4 |
| Colombia | 38 | 53.2 | 50.9 | 57.9 | 49.8 | 48.5 | 61.5 | 51.0 |
| Czech Republic | 39 | 52.8 | 46.1 | 37.8 | 50.1 | 55.8 | 51.4 | 75.6 |
| Georgia | 40 | 52.6 | 55.2 | 65.1 | 46.1 | 33.7 | 63.9 | 51.6 |
| Italy | 41 | 51.9 | 47.2 | 49.7 | 43.2 | 40.2 | 65.3 | 65.9 |
| Greece | 42 | 51.5 | 44.8 | 48.9 | 46.7 | 46.2 | 63.9 | 58.3 |

| 국가명 | 2021 GHSI | | | | | | | |
|---|---|---|---|---|---|---|---|---|
| | 종합 순위 | 종합 지수 | 세부항목 | | | | | |
| | | | 예방 지수 | 조기감지/ 보고지수 | 신속대응 지수 | 보건 체계 지수 | 보건역량 개선/ 국제규범 준수지수 | 위험 환경 지수 |
| Brazil | 43 | 51.2 | 49.7 | 53.6 | 56.3 | 50.3 | 41.7 | 55.9 |
| Ecuador | 44 | 50.8 | 50.5 | 51.5 | 42.0 | 56.7 | 53.1 | 50.9 |
| Indonesia | 45 | 50.4 | 31.8 | 55.4 | 50.2 | 41.2 | 68.9 | 55.0 |
| Turkey | 46 | 50.0 | 51.1 | 41.4 | 36.6 | 53.9 | 59.7 | 57.2 |
| Russia | 47 | 49.1 | 45.5 | 43.6 | 44.7 | 58.9 | 51.4 | 50.5 |
| Croatia | 48 | 48.8 | 47.7 | 37.8 | 31.0 | 51.4 | 59.7 | 65.0 |
| Qatar | 49 | 48.7 | 36.4 | 39.7 | 55.2 | 42.4 | 46.7 | 71.7 |
| Iceland | 50 | 48.5 | 40.0 | 36.4 | 47.9 | 52.2 | 34.4 | 79.9 |
| Luxembourg | 51 | 48.4 | 30.3 | 33.3 | 46.4 | 36.7 | 56.9 | 86.5 |
| China | 52 | 47.5 | 43.9 | 48.5 | 38.5 | 51.8 | 38.9 | 63.4 |
| Israel | 53 | 47.2 | 41.6 | 46.7 | 44.4 | 55.2 | 30.9 | 64.2 |
| Liechtenstein | 54 | 46.4 | 41.2 | 17.1 | 37.7 | 46.6 | 51.4 | 84.4 |
| Kazakhstan | 55 | 46.1 | 54.9 | 29.2 | 36.5 | 34.6 | 58.7 | 62.9 |
| South Africa | 56 | 45.8 | 32.1 | 50.0 | 62.0 | 29.2 | 43.1 | 58.5 |
| Philippines | 57 | 45.7 | 27.7 | 52.6 | 38.8 | 46.5 | 55.9 | 52.8 |
| Romania | 57 | 45.7 | 39.0 | 44.0 | 24.7 | 47.9 | 55.6 | 63.3 |
| Albania | 59 | 45.0 | 42.0 | 40.0 | 38.1 | 47.4 | 52.1 | 50.6 |
| Serbia | 59 | 45.0 | 44.0 | 28.6 | 36.3 | 50.9 | 51.4 | 58.5 |
| Saudi Arabia | 61 | 44.9 | 33.4 | 52.1 | 32.7 | 40.7 | 49.5 | 61.2 |
| Montenegro | 62 | 44.1 | 33.8 | 32.1 | 39.7 | 41.7 | 59.2 | 57.9 |

| 국가명 | 2021 GHSI | | | | | | | |
|---|---|---|---|---|---|---|---|---|
| | 종합 순위 | 종합 지수 | 세부항목 | | | | | |
| | | | 예방 지수 | 조기감지/보고지수 | 신속대응 지수 | 보건 체계 지수 | 보건역량 개선/국제규범 준수지수 | 위험 환경 지수 |
| Belarus | 63 | 43.9 | 34.0 | 34.4 | 42.2 | 45.7 | 55.6 | 51.6 |
| Brunei | 64 | 43.5 | 30.1 | 44.7 | 44.0 | 34.9 | 41.5 | 65.9 |
| Vietnam | 65 | 42.9 | 40.3 | 55.1 | 30.6 | 24.0 | 53.3 | 53.9 |
| India | 66 | 42.8 | 29.7 | 43.5 | 30.3 | 46.1 | 47.2 | 60.2 |
| Jordan | 66 | 42.8 | 30.3 | 32.5 | 41.8 | 47.1 | 48.1 | 57.1 |
| Kyrgyz Republic | 68 | 42.4 | 27.8 | 26.7 | 32.8 | 40.4 | 66.1 | 60.4 |
| North Macedonia | 69 | 42.2 | 35.7 | 37.1 | 35.2 | 38.3 | 47.4 | 59.7 |
| Cyprus | 70 | 41.9 | 44.1 | 25.0 | 34.0 | 32.3 | 52.8 | 62.9 |
| Moldova | 71 | 41.0 | 41.6 | 34.2 | 35.7 | 48.3 | 38.9 | 47.5 |
| Mongolia | 71 | 41.0 | 30.2 | 37.9 | 41.1 | 24.3 | 46.2 | 66.3 |
| Costa Rica | 73 | 40.8 | 31.9 | 33.1 | 42.6 | 32.8 | 38.5 | 65.9 |
| El Salvador | 73 | 40.8 | 11.7 | 52.5 | 35.5 | 38.4 | 53.1 | 53.4 |
| Paraguay | 75 | 40.3 | 40.5 | 28.3 | 36.9 | 40.0 | 44.1 | 51.7 |
| Uruguay | 75 | 40.3 | 45.3 | 15.0 | 37.7 | 36.3 | 33.9 | 73.6 |
| Malta | 77 | 40.2 | 36.2 | 21.8 | 27.4 | 26.4 | 55.6 | 73.8 |
| Bhutan | 78 | 39.8 | 26.6 | 33.3 | 47.2 | 37.7 | 37.3 | 56.6 |
| Mauritius | 79 | 39.7 | 27.3 | 32.2 | 35.0 | 23.1 | 54.5 | 65.8 |
| United Arab Emirates | 80 | 39.6 | 39.0 | 22.6 | 37.5 | 19.5 | 43.9 | 74.7 |

| 국가명 | 2021 GHSI | | | | | | | |
|---|---|---|---|---|---|---|---|---|
| | 종합 순위 | 종합 지수 | 세부항목 | | | | | |
| | | | 예방 지수 | 조기감지/보고지수 | 신속대응 지수 | 보건 체계 지수 | 보건역량 개선/국제규범 준수지수 | 위험 환경 지수 |
| Oman | 81 | 39.1 | 35.4 | 33.5 | 31.7 | 28.6 | 41.5 | 64.2 |
| Uzbekistan | 82 | 39.0 | 40.6 | 18.5 | 28.6 | 30.3 | 62.8 | 53.3 |
| Ukraine | 83 | 38.9 | 31.4 | 32.8 | 26.1 | 49.1 | 47.2 | 46.7 |
| Kenya | 84 | 38.8 | 31.0 | 55.7 | 19.3 | 21.5 | 62.3 | 43.1 |
| Myanmar | 85 | 38.3 | 21.7 | 46.8 | 37.8 | 19.5 | 63.7 | 40.4 |
| Nigeria | 86 | 38.0 | 20.1 | 37.9 | 43.2 | 23.4 | 62.8 | 40.7 |
| Ethiopia | 87 | 37.8 | 22.5 | 29.7 | 45.9 | 28.2 | 59.4 | 41.2 |
| Kuwait | 88 | 36.8 | 27.2 | 17.9 | 40.3 | 42.5 | 29.2 | 63.9 |
| Trinidad and Tobago | 88 | 36.8 | 22.3 | 12.6 | 43.2 | 33.7 | 46.4 | 62.7 |
| Iran | 90 | 36.5 | 42.9 | 28.9 | 36.4 | 39.4 | 27.1 | 44.4 |
| Uganda | 90 | 36.5 | 19.5 | 35.6 | 33.8 | 20.4 | 67.2 | 42.4 |
| Bahrain | 92 | 36.3 | 28.6 | 37.2 | 33.5 | 41.2 | 21.9 | 55.2 |
| Nicaragua | 92 | 36.3 | 37.3 | 23.3 | 28.0 | 47.5 | 43.4 | 38.3 |
| Liberia | 94 | 35.7 | 7.6 | 24.6 | 32.6 | 36.4 | 66.5 | 46.6 |
| Bangladesh | 95 | 35.5 | 23.7 | 43.8 | 28.6 | 25.6 | 42.2 | 48.9 |
| Bosnia and Herzegovina | 96 | 35.4 | 30.4 | 13.9 | 36.7 | 41.7 | 38.9 | 50.7 |
| Suriname | 97 | 35.0 | 14.8 | 24.2 | 54.5 | 21.3 | 44.8 | 50.5 |
| Barbados | 98 | 34.9 | 23.8 | 13.8 | 36.0 | 12.0 | 54.7 | 69.5 |
| Laos | 99 | 34.8 | 18.7 | 37.9 | 38.3 | 22.0 | 44.1 | 47.6 |

| 국가명 | 2021 GHSI | | | | | | | |
|---|---|---|---|---|---|---|---|---|
| | 종합 순위 | 종합 지수 | 세부항목 | | | | | |
| | | | 예방 지수 | 조기감지/ 보고지수 | 신속대응 지수 | 보건 체계 지수 | 보건역량 개선/ 국제규범 준수지수 | 위험 환경 지수 |
| Andorra | 100 | 34.7 | 27.1 | 2.2 | 39.5 | 15.4 | 43.2 | 80.5 |
| Azerbaijan | 100 | 34.7 | 32.6 | 21.7 | 32.4 | 24.1 | 38.4 | 59.3 |
| St. Lucia | 100 | 34.7 | 14.0 | 20.6 | 40.1 | 14.4 | 56.1 | 62.7 |
| Dominican Republic | 103 | 34.5 | 20.9 | 30.0 | 39.5 | 16.8 | 44.6 | 54.9 |
| Ghana | 104 | 34.3 | 27.0 | 33.1 | 31.4 | 22.7 | 34.4 | 57.2 |
| Cabo Verde | 105 | 34.1 | 22.3 | 14.7 | 38.5 | 23.1 | 43.6 | 62.5 |
| Sri Lanka | 105 | 34.1 | 21.7 | 35.6 | 26.2 | 16.1 | 39.6 | 65.5 |
| Nepal | 107 | 34.0 | 30.6 | 28.1 | 26.9 | 37.9 | 31.1 | 49.2 |
| Botswana | 108 | 33.6 | 14.7 | 29.3 | 25.3 | 20.9 | 48.3 | 63.3 |
| Morocco | 108 | 33.6 | 29.3 | 27.9 | 28.0 | 30.8 | 33.2 | 52.5 |
| St. Vincent and the Grenadines | 110 | 33.5 | 17.1 | 9.4 | 37.2 | 29.8 | 48.3 | 59.0 |
| Lebanon | 111 | 33.4 | 8.6 | 38.9 | 52.0 | 21.6 | 40.1 | 39.0 |
| Monaco | 112 | 33.3 | 7.5 | 20.6 | 35.6 | 40.9 | 19.1 | 76.0 |
| Rwanda | 113 | 33.1 | 25.4 | 34.6 | 30.5 | 18.5 | 39.4 | 50.1 |
| San Marino | 114 | 32.9 | 17.4 | 21.4 | 36.6 | 28.6 | 18.8 | 74.7 |
| Senegal | 115 | 32.8 | 11.0 | 28.3 | 41.3 | 14.6 | 54.0 | 47.8 |
| Sierra Leone | 116 | 32.7 | 9.0 | 31.4 | 37.3 | 31.0 | 47.2 | 40.3 |
| Zimbabwe | 117 | 32.4 | 18.1 | 40.4 | 31.4 | 16.8 | 42.7 | 44.9 |

| 국가명 | 2021 GHSI | | | | | | | |
|---|---|---|---|---|---|---|---|---|
| | 종합 순위 | 종합 지수 | 세부항목 | | | | | |
| | | | 예방 지수 | 조기감지/보고지수 | 신속대응 지수 | 보건 체계 지수 | 보건역량 개선/국제규범 준수지수 | 위험 환경 지수 |
| Maldives | 118 | 32.0 | 20.8 | 20.8 | 35.3 | 18.8 | 35.9 | 60.2 |
| Turkmenistan | 119 | 31.9 | 22.1 | 27.6 | 21.8 | 30.6 | 38.0 | 51.1 |
| Jamaica | 120 | 31.8 | 13.7 | 19.3 | 35.5 | 19.3 | 43.6 | 59.4 |
| Seychelles | 120 | 31.8 | 8.6 | 18.8 | 32.5 | 18.2 | 45.7 | 67.3 |
| St. Kitts and Nevis | 122 | 31.7 | 16.7 | 10.1 | 37.3 | 9.1 | 53.0 | 64.1 |
| Tunisia | 123 | 31.5 | 21.9 | 20.4 | 41.9 | 13.0 | 33.7 | 57.7 |
| Tanzania | 124 | 31.3 | 15.4 | 25.6 | 26.4 | 11.0 | 58.9 | 50.5 |
| Côte d'Ivoire | 125 | 31.2 | 12.4 | 29.6 | 35.3 | 17.1 | 47.7 | 45.2 |
| Cambodia | 126 | 31.1 | 24.8 | 37.1 | 21.3 | 12.3 | 52.4 | 38.4 |
| Lesotho | 127 | 30.9 | 12.5 | 8.5 | 45.8 | 27.2 | 42.7 | 48.8 |
| Guyana | 128 | 30.8 | 21.1 | 11.0 | 35.7 | 18.5 | 47.7 | 50.5 |
| Cuba | 129 | 30.5 | 27.2 | 13.1 | 32.5 | 19.5 | 37.5 | 53.2 |
| Haiti | 130 | 30.4 | 18.9 | 38.3 | 32.9 | 11.9 | 46.2 | 34.4 |
| Madagascar | 130 | 30.4 | 17.5 | 31.7 | 28.5 | 15.8 | 52.6 | 36.6 |
| Mozambique | 130 | 30.4 | 19.2 | 28.3 | 26.9 | 24.0 | 43.6 | 40.5 |
| Pakistan | 130 | 30.4 | 17.1 | 29.2 | 18.8 | 26.8 | 45.8 | 44.8 |
| Namibia | 134 | 30.3 | 9.2 | 31.8 | 31.1 | 16.8 | 40.6 | 52.2 |
| Bahamas | 135 | 30.1 | 19.1 | 14.2 | 30.8 | 16.3 | 47.7 | 52.7 |
| Antigua and Barbuda | 136 | 30.0 | 16.7 | 5.8 | 32.1 | 16.7 | 45.5 | 63.2 |

| 국가명 | 2021 GHSI | | | | | | | |
|---|---|---|---|---|---|---|---|---|
| | 종합 순위 | 종합 지수 | 세부항목 | | | | | |
| | | | 예방 지수 | 조기감지/보고지수 | 신속대응 지수 | 보건 체계 지수 | 보건역량 개선/국제규범 준수지수 | 위험 환경 지수 |
| Bolivia | 137 | 29.9 | 37.4 | 21.3 | 28.0 | 17.2 | 26.0 | 49.3 |
| Burkina Faso | 138 | 29.8 | 9.7 | 33.9 | 32.4 | 13.7 | 51.9 | 37.4 |
| Belize | 139 | 29.7 | 27.7 | 20.4 | 22.1 | 10.9 | 46.4 | 50.7 |
| Eswatini | 140 | 29.3 | 24.0 | 21.7 | 25.9 | 11.8 | 40.1 | 52.1 |
| Tajikistan | 140 | 29.3 | 22.1 | 10.6 | 29.3 | 24.8 | 41.1 | 48.0 |
| Angola | 142 | 29.1 | 14.7 | 13.3 | 31.6 | 23.1 | 47.7 | 43.9 |
| Guatemala | 142 | 29.1 | 16.3 | 30.8 | 27.9 | 16.8 | 42.0 | 40.9 |
| Mali | 144 | 29.0 | 10.5 | 25.1 | 32.2 | 17.3 | 56.1 | 32.7 |
| Afghanistan | 145 | 28.8 | 12.0 | 20.6 | 24.5 | 23.0 | 60.9 | 31.6 |
| Samoa | 145 | 28.8 | 10.6 | 4.2 | 38.2 | 11.7 | 43.6 | 64.3 |
| Gambia | 147 | 28.7 | 10.8 | 22.9 | 30.9 | 15.5 | 40.6 | 51.4 |
| Niger | 147 | 28.7 | 18.9 | 24.2 | 26.7 | 24.0 | 46.4 | 31.9 |
| Cameroon | 149 | 28.6 | 6.5 | 30.8 | 29.5 | 20.3 | 51.0 | 33.8 |
| Malawi | 150 | 28.5 | 17.3 | 10.6 | 24.9 | 22.3 | 51.9 | 44.2 |
| Micronesia, Federated States of | 150 | 28.5 | 10.9 | 25.0 | 38.6 | 8.4 | 33.2 | 54.7 |
| Sudan | 152 | 28.3 | 22.5 | 15.8 | 42.9 | 12.8 | 41.7 | 34.1 |
| Egypt | 153 | 28.0 | 15.7 | 18.9 | 20.9 | 18.8 | 33.3 | 60.3 |
| Timor-Leste | 154 | 27.8 | 16.7 | 24.6 | 24.0 | 12.1 | 41.5 | 48.0 |
| Togo | 154 | 27.8 | 10.2 | 34.6 | 27.0 | 13.8 | 38.5 | 42.6 |

| 국가명 | 2021 GHSI | | | | | | | |
|---|---|---|---|---|---|---|---|---|
| | 종합 순위 | 종합 지수 | 세부항목 | | | | | |
| | | | 예방 지수 | 조기감지/보고지수 | 신속대응 지수 | 보건 체계 지수 | 보건역량 개선/국제규범 준수지수 | 위험 환경 지수 |
| Guinea | 156 | 26.8 | 14.6 | 28.3 | 25.4 | 20.3 | 37.3 | 35.1 |
| Grenada | 157 | 26.7 | 5.3 | 10.0 | 22.6 | 14.2 | 45.0 | 63.4 |
| São Tomé and Príncipe | 158 | 26.6 | 14.4 | 7.9 | 32.1 | 25.2 | 33.9 | 46.0 |
| Zambia | 159 | 26.5 | 5.6 | 19.3 | 34.9 | 21.1 | 34.4 | 43.5 |
| Dominica | 160 | 26.4 | 13.6 | 14.2 | 30.2 | 9.4 | 38.0 | 52.9 |
| Tonga | 160 | 26.4 | 16.9 | 8.3 | 33.6 | 8.9 | 31.1 | 59.2 |
| Congo (Brazzaville) | 162 | 26.3 | 1.1 | 9.6 | 36.2 | 8.2 | 63.0 | 40.0 |
| Algeria | 163 | 26.2 | 15.3 | 12.6 | 25.6 | 15.0 | 38.9 | 49.7 |
| Honduras | 163 | 26.2 | 14.6 | 12.5 | 30.6 | 18.9 | 40.6 | 40.0 |
| Kiribati | 163 | 26.2 | 8.3 | 4.7 | 44.3 | 8.7 | 37.8 | 53.3 |
| Mauritania | 163 | 26.2 | 1.9 | 26.7 | 28.5 | 21.0 | 37.8 | 41.3 |
| Congo (Democratic Republic) | 167 | 26.1 | 12.4 | 29.2 | 26.2 | 16.2 | 42.7 | 29.9 |
| Vanuatu | 168 | 25.9 | 8.3 | 6.8 | 29.5 | 13.0 | 42.2 | 55.8 |
| Fiji | 169 | 25.8 | 16.0 | 6.3 | 36.3 | 10.1 | 23.8 | 62.3 |
| Palau | 170 | 25.5 | 4.2 | 17.5 | 32.8 | 6.6 | 34.4 | 57.3 |
| Benin | 171 | 25.4 | 9.3 | 14.2 | 29.3 | 7.7 | 46.9 | 45.0 |
| Libya | 172 | 25.3 | 11.1 | 28.3 | 31.1 | 13.0 | 31.3 | 36.7 |

| 국가명 | 2021 GHSI | | | | | | | |
|---|---|---|---|---|---|---|---|---|
| | 종합 순위 | 종합 지수 | 세부항목 | | | | | |
| | | | 예방 지수 | 조기감지/보고지수 | 신속대응 지수 | 보건 체계 지수 | 보건역량 개선/국제규범 준수지수 | 위험 환경 지수 |
| Djibouti | 173 | 25.2 | 16.1 | 14.2 | 29.1 | 14.0 | 33.2 | 45.0 |
| Papua New Guinea | 174 | 25.0 | 11.1 | 14.6 | 36.5 | 16.1 | 29.2 | 42.3 |
| Comoros | 175 | 24.9 | 8.4 | 17.9 | 22.4 | 14.0 | 47.9 | 38.8 |
| Marshall Islands | 176 | 24.6 | 0.0 | 20.4 | 34.7 | 10.6 | 33.0 | 49.0 |
| Iraq | 177 | 24.0 | 15.4 | 24.2 | 21.3 | 20.2 | 32.8 | 30.1 |
| Chad | 178 | 23.9 | 18.1 | 18.3 | 25.7 | 10.2 | 46.4 | 25.0 |
| Cook Islands | 178 | 23.9 | 9.7 | 3.8 | 37.5 | 13.1 | 22.9 | 56.1 |
| Solomon Islands | 180 | 23.3 | 1.1 | 4.2 | 31.6 | 18.9 | 38.5 | 45.2 |
| Burundi | 181 | 22.1 | 14.2 | 14.2 | 21.5 | 9.1 | 34.4 | 39.4 |
| Gabon | 182 | 21.8 | 4.6 | 7.5 | 28.4 | 11.7 | 37.5 | 41.2 |
| Eritrea | 183 | 21.4 | 12.5 | 10.4 | 19.9 | 8.6 | 37.5 | 39.3 |
| Guinea-Bissau | 183 | 21.4 | 8.4 | 16.7 | 25.3 | 7.2 | 41.7 | 29.1 |
| South Sudan | 185 | 21.3 | 12.1 | 14.6 | 25.4 | 19.5 | 31.3 | 25.1 |
| Venezuela | 186 | 20.9 | 13.0 | 4.2 | 25.4 | 18.1 | 30.2 | 34.7 |
| Niue | 187 | 20.1 | 9.4 | 0.0 | 25.1 | 5.4 | 21.5 | 59.1 |
| Tuvalu | 188 | 20.0 | 4.2 | 0.0 | 24.0 | 8.3 | 28.1 | 55.5 |

| 국가명 | 2021 GHSI | | | | | | | |
|---|---|---|---|---|---|---|---|---|
| | 종합 순위 | 종합 지수 | 세부항목 | | | | | |
| | | | 예방 지수 | 조기감지/보고지수 | 신속대응 지수 | 보건 체계 지수 | 보건역량 개선/국제규범 준수지수 | 위험 환경 지수 |
| Central African Republic | 189 | 18.6 | 10.5 | 12.5 | 20.6 | 8.3 | 33.9 | 26.2 |
| Nauru | 190 | 18.0 | 8.3 | 0.0 | 27.7 | 7.6 | 16.3 | 47.8 |
| Equatorial Guinea | 191 | 17.4 | 0.0 | 0.0 | 21.2 | 8.3 | 29.2 | 46.0 |
| Syria | 192 | 16.7 | 12.9 | 4.2 | 18.0 | 13.4 | 24.5 | 27.4 |
| North Korea | 193 | 16.1 | 16.7 | 0.0 | 3.6 | 7.0 | 32.6 | 36.6 |
| Yemen | 193 | 16.1 | 0.8 | 4.2 | 17.5 | 12.0 | 37.5 | 24.9 |
| Somalia | 195 | 16.0 | 11.4 | 11.7 | 25.8 | 1.3 | 21.9 | 23.6 |

*출처: Global Health Security Index Report: http://www.ghsindex.org

세계 195개국을 대상으로 조사한 GHSI 종합지수에 의하면, 이들 국가는 5개 그룹으로 나누어진다. 첫 그룹은 종합지수 80(이상)~100 구간의 국가로 보건안보 최우수 국가군(most prepared nations)이다. 그 다음은 60~80 구간의 국가로 우수 국가군(more prepared nations)이다. 나머지 세 구간(40~60, 20~40, 0~20)의 국가군은 모두 보통 이하의 국가군(not prepared nations)으로 불린다. 글로벌보건안보 지수가 처음 발표된 2019 GHSI에 의하면 80 이상의 국가가 존재했으나 COVID-19를 경험하면서 그 취약성이 드러나자 2021 GHSI 즉 그 두 번째 GHSI는 이를 반영하면서 80 이상의 국가가 하나도 없는 상황이 되었다. 보건안보 우수 국가군은 1위 미국(75.9)으로부터 19위 노르웨이(60.2)까지 19개국이다. 이들 국가를 나열하면 미국, 호주, 핀란드, 캐나다, 태국, 슬로베니아, 영국, 독일, 한국, 스웨덴, 네덜란드, 덴마크, 뉴질랜드, 프랑스, 라트비아, 아르메니아, 스페인, 일본, 노르웨이 순이다. 아시아의 태국, 한국, 일본, 북미의 미국, 캐나다, 오세아니아의 호주, 뉴질랜드를 제외하면 모두 유럽 국가이다. <표 26>을 고려하면 태국과 아르메니아를 예외로 하고 모두 선진국이다.

6개 보건안보 항목에 근거하여 파악하면, 6개 지수는 예방 지수, 조기감지/보고 지수, 신속대응 지수, 보건체계 지수, 보건역량개선/국제규범준수 지수, 위험환경 지수 등을 말한다. 첫째, 예방지수를 기준으로 우수 국가군은 미국, 아르메니아, 스웨덴, 카나다 4개국에 불가리아, 호주, 덴마크, 영국을 포함한 총 8개국에 한정된다. 조사대상 195개국 중 81개국이 최악의 상황인 20 미만이다. 감염병 발생에 속수무책인 국가가 대부분이라는 얘기다. 결국 전 세계가 감염병 전이에 노출되어 있다고 할 수 있다.

둘째, 조기감지/보고 지수를 살펴보면 태국(91.5)이 압도적으로 앞서 있으며 호주(82.2), 미국(80.1)이 뒤를 잇고 이들 3개국이 최우수 국가군에 속한다. 우수 국가는 라트비아, 뉴질랜드, 한국을 비롯하여 17개국이며, 가장 취약한 국가군은 55개국이다. 예방에 비해서 조기 감지 및 보고 분야는 나은 상황임을 파악할 수 있다. 하지만 전반적인 상황은 열악함을 알 수 있다.

셋째, 신속대응 지수는 이전 2개 항목에 비해 더 개선을 요하고 있다. 종합순위 1위 국가인 미국도 65.7로 우수 국가군에 속해는 있으나 상대적으로 준비가 덜 되어 있음을 알 수 있다. 신속대응 지수에 따른 순위는 핀란드(70.7)를 필두로 하여, 태국, 미국, 한국, 스위스, 영국/멕시코, 파나마, 남아공, 호주, 말레이시아, 싱가포르 등 12개국만이 우수 국가에 해당한다. 대부분 국가가 20~60구간에 머물고 있어서 미흡한 상황이나 최악 상황의 국가는 단지 6개국(에리트리아, 케냐, 파키스탄, 시리아, 예멘, 북한)에 불과하다.

넷째, 일국의 보건체계의 수준을 나타내는 보건체계 지수에 의하면, 1위는 미국으로 75.2, 2위는 슬로베니아로 72.8, 3위는 페루로 71.7, 4위는 프랑스로 70.4이다. 미국만이 유일하게 최우수 국가군에 속하고, 우수 국가군에는 2, 3, 4위 국가 외에 호주를 포함한 13개국이 포함된다. 즉 16개국이 우수 국가이다. 반면에 최악의 상황을 드러내는 20 미만의 국가는 73개국으로 보건체계가 아주 열악한 국가가 많음을 파악할 수 있다. 최하위인 소말리아의 경우 1.3으로 국가 보건체계가 사실상 붕괴되어 있음을 보여 준다.

다섯째, 보건역량 개선 및 국제규범 준수 분야의 경우 비교적 다른 분야에 비해 나은 상황인데, 여전히 최우수 국가군에는 미국(81.9) 1개국만 존재한다. 우수 국가군에는 캐나다, 핀란드/뉴질랜드, 독일, 스웨덴, 호주/폴란드 등을 포함한 38개국이 속해 있다. 모나코, 산마리노, 나우루 등 3개국만이 최악의 국가군에 속한다. 종합순위 1~19위 국가 중 이 항목에서 우수 국가가 아닌 국가는 라트비아, 아르메니아 2개국뿐이다. 특히 G2 국가인 중국이 국제규범준수 항목에서 열악한 모습을 보인다는 것이 매우 안타까운 현실이다.

여섯째, 위험환경 지수는 감염병 발생을 유발하는 위험환경의 상황을 보여주는데, 미국의 경우 취약한 항목의 하나이다. 이 지수와 관련한 최우수 국가는 노르웨이(89.0)를 비롯하여 오스트리아, 룩셈부르크, 스위스, 리히텐슈타인, 독일, 프랑스, 스웨덴, 핀란드, 캐나다, 안도라, 네덜란드 등으로 12개국이다. 우수 국가군에는 60개국이 있고 20 미만 국가가 없어서 다른 분야에 비해서는 상황이 나음을 알 수 있다.

6개 항목 모두에 있어서 최우수 혹은 우수 등급을 받은 국가는 미국, 호주, 영국 3개국뿐으로 이들 국가는 보건안보 상황이 우수함을 보여 준다. 특히 미국은 2개 항목에서 최우수 평가를 받은 유일한 국가이다. 한국의 경우 종합순위 세계 9위의 우수 국가이나 예방지수에 있어서 취약한 상황을 나타내고 있다. 반면에, 20 미만의 종합지수를 갖고 있는 중앙아프리카공화국, 나우루, 적도기니, 시리아, 북한, 예멘, 소말리아 7개국은 보건안보 최악의 국가로 감염병 사각지대에 있음을 알 수 있다.

## 표 26 COVID-19와 국제사회

| 국가명 | 발병/백신 상황 (2023.5) | | | | WHO 관련 상황 | | 경제 상황 | | 진영 상황 |
|---|---|---|---|---|---|---|---|---|---|
| | 누적 확진자 수 | 누적 사망자 수 | 인구 100명당 백신 접종 완수자 | 인구 100명당 부스터샷 완수자 | 소속 지역 사무소 | 거버넌스 참여 | 선진국·개도국 여부 | 1인당 GDP | 친미 친중 여부 |
| United States of America | 103,436,829 | 1,127,152 | 65.53 | 31.4 | AM | ○ | ○ | 70,248 | ○○ ○○ ○○ |
| Australia | 11,299,954 | 20,553 | 84.9 | 56.35 | WP | ○ | ○ | 60,443 | ○○ ○● |
| Finland | 1,477,021 | 9,492 | 78.99 | 55.87 | E | × | ○ | 53,654 | ○○ |
| Canada | 4,669,364 | 52,301 | 82.96 | 52.38 | AM | ○ | ○ | 51,987 | ○ |
| Thailand | 4,736,356 | 33,989 | 77.6 | 39.24 | SEA | × | × | 7,066 | ○● |
| Slovenia | 1,343,721 | 9,317 | 56.98 | 31.09 | E | ○ | ○ | 29,291 | ○○ |
| United Kingdom | 24,603,076 | 225,324 | 74.59 | – | E | × | ○ | 46,510 | ○○ |
| Germany | 38,418,899 | 173,834 | 76.43 | 62.69 | E | × | ○ | 51,203 | ○○ |
| South Korea | 31,415,280 | 34,610 | 83.8 | 65.62 | WP | × | ○ | 34,997 | ○○ ● |
| Sweden | 2,708,122 | 24,166 | 71 | 53.64 | E | × | ○ | 61,028 | ○○ |
| Netherlands | 8,610,372 | 22,992 | 68.69 | 54.1 | E | × | ○ | 57,767 | ○○ |
| Denmark | 3,413,017 | 8,643 | 81.43 | 62.57 | E | ○ | ○ | 68,007 | ○○ |
| New Zealand | 2,282,861 | 2,792 | 84.69 | 56.39 | WP | × | ○ | 48,781 | ○● |
| France | 38,989,402 | 163,279 | 78.99 | 60.94 | E | ○ | ○ | 43,659 | ○○ |
| Latvia | 977,848 | 6,360 | 68.39 | 28.85 | E | × | ○ | 21,148 | ○○ |
| Armenia | 449,148 | 8,749 | 33.62 | 1.51 | E | × | × | 4,966 | ● |
| Spain | 13,845,825 | 120,964 | 79.19 | 56.09 | E | × | ○ | 30,103 | ○○ |

| 국가명 | 발병/백신 상황 (2023.5) | | | | WHO 관련 상황 | | 경제 상황 | | 진영 상황 |
|---|---|---|---|---|---|---|---|---|---|
| | 누적 확진자 수 | 누적 사망자 수 | 인구 100명당 백신 접종 완수자 | 인구 100명당 부스터샷 완수자 | 소속 지역 사무소 | 거버넌스 참여 | 선진국·개도국 여부 | 1인당 GDP | 친미 친중 여부 |
| Japan | 33,803,572 | 74,694 | 81.72 | 68.28 | WP | ○ | ○ | 39,312 | ○○ |
| Norway | 1,484,030 | 5,496 | 75.67 | 56.25 | E | × | ○ | 89,154 | ○ |
| Bulgaria | 1,306,103 | 38,356 | 29.91 | 11.97 | E | × | × | 12,221 | ○○ |
| Lithuania | 1,319,639 | 9,673 | 68.25 | 32.28 | E | × | ○ | 23,723 | ○○ |
| Belgium | 4,797,108 | 34,298 | 79.48 | 62.87 | E | Regional Director | ○ | 51,247 | ○○ |
| Switzerland | 4,404,327 | 14,008 | 66.5 | 58.04 | E | ○ | ○ | 91,991 | |
| Singapore | 2,414,394 | 1,722 | 87.5 | 79.11 | WP | × | ○ | 72,794 | ○● |
| Mexico | 7,603,871 | 334,013 | 63.09 | 44.22 | AM | × | × | 10,045 | |
| Austria | 6,072,229 | 22,478 | 75.07 | 60.72 | E | × | ○ | 53,637 | ○ |
| Malaysia | 5,079,436 | 37,028 | 85.12 | 50.46 | WP | ○ | × | 11,109 | ○● |
| Chile | 5,285,311 | 61,437 | 92.66 | 82.41 | AM | × | × | 16,265 | |
| Poland | 6,515,812 | 119,590 | 59.81 | 32.98 | E | × | × | 17,999 | ○○ |
| Estonia | 618,608 | 3,001 | 60.37 | 36.66 | E | × | ○ | 27,943 | ○○ |
| Ireland | 1,711,233 | 8,905 | 81.82 | 61.55 | E | × | ○ | 100,172 | ○ |
| Peru | 4,505,220 | 220,516 | 86.86 | 67.01 | AM | ○ | × | 6,621 | |
| Portugal | 5,584,388 | 26,668 | 86.44 | 68.49 | E | × | ○ | 24,567 | ○○ |
| Argentina | 10,044,957 | 130,472 | 83.72 | 68.17 | AM | × | × | 10,636 | |
| Hungary | 2,202,179 | 48,775 | 62.97 | 39.6 | E | × | × | 18,728 | ○○ |
| Slovakia | 1,866,745 | 21,167 | 51.14 | 30.89 | E | ○ | ○ | 21,391 | ○○ |
| Panama | 1,037,978 | 8,622 | 73.56 | 41.01 | AM | × | × | 14,617 | |
| Colombia | 6,365,994 | 142,727 | 72.75 | 29.07 | AM | × | × | 6,104 | |
| Czech Republic | 4,641,431 | 42,789 | 64.41 | 40.82 | E | × | ○ | 26,821 | ○○ |

| 국가명 | 발병/백신 상황 (2023.5) | | | | WHO 관련 상황 | | 경제 상황 | | 진영 상황 |
|---|---|---|---|---|---|---|---|---|---|
| | 누적 확진자 수 | 누적 사망자 수 | 인구 100명당 백신 접종 완수자 | 인구 100명당 부스터샷 완수자 | 소속 지역 사무소 | 거버넌스 참여 | 선진국·개도국 여부 | 1인당 GDP | 친미 친중 여부 |
| Georgia | 1,842,046 | 17,070 | 29.75 | 6.29 | E | × | × | 5,023 | |
| Italy | 25,828,252 | 190,080 | 82.97 | 75.3 | E | × | ○ | 35,657 | ○○ |
| Greece | 6,044,517 | 36,863 | 72.25 | 55.06 | E | × | ○ | 20,192 | ○○ |
| Brazil | 37,511,921 | 702,116 | 80.24 | 51.71 | AM/ Regional Director | × | × | 7,507 | |
| Ecuador | 1,061,766 | 36,019 | 80.67 | 43.69 | AM | × | × | 5,965 | |
| Indonesia | 6,799,760 | 161,646 | 63.14 | 24.84 | SEA | × | × | 4,332 | ○● |
| Turkey | 17,004,677 | 101,419 | 60.94 | 33.55 | E | × | × | 9,661 | ○● |
| Russia | 22,900,755 | 398,736 | 54.62 | – | E | × | × | 12,194 | ● |
| Croatia | 1,273,508 | 18,230 | 55.3 | 23.53 | E | × | ○ | 17,685 | ○○ |
| Qatar | 510,596 | 690 | 99 | 66.11 | EM | ○ | × | 66,838 | |
| Iceland | 209,191 | 260 | 81.82 | 69.91 | E | × | ○ | 68,727 | ○ |
| Luxembourg | 319,959 | 1,232 | 73.9 | 58.85 | E | × | ○ | 133,590 | ○○ |
| China | 99,256,991 | 121,073 | 87.3 | 56.67 | WP | ○ | × | 12,556 | ●● |
| Israel | 4,824,551 | 12,509 | 73.78 | 18.32 | E | × | ○ | 52,170 | |
| Liechtenstein | 21,468 | 87 | 68 | 47.26 | – | × | × | 157,755 | |
| Kazakhstan | 1,502,857 | 19,072 | 69.59 | 35.96 | E | × | × | 10,373 | ● |
| South Africa | 4,072,533 | 102,595 | 35.47 | 7.38 | AF | × | × | 7,055 | |
| Philippines | 4,115,327 | 66,453 | 66.53 | 31.4 | WP | × | × | 3,460 | ○● |
| Romania | 3,399,977 | 2,612 | 42.12 | 9.15 | E | × | × | 14,858 | ○○ |
| Albania | 334,090 | 3,604 | 44.91 | 14.03 | E | × | × | 6,492 | ○ |
| Serbia | 2,538,899 | 1,319 | 43 | – | E | × | × | 9,230 | |
| Saudi Arabia | 841,469 | 9,646 | 73.06 | 46.13 | EM | × | × | 23,185 | |

| 국가명 | 발병/백신 상황 (2023.5) | | | | WHO 관련 상황 | | 경제 상황 | | 진영 상황 |
|---|---|---|---|---|---|---|---|---|---|
| | 누적 확진자 수 | 누적 사망자 수 | 인구 100명당 백신 접종 완수자 | 인구 100명당 부스터샷 완수자 | 소속 지역 사무소 | 거버넌스 참여 | 선진국·개도국 여부 | 1인당 GDP | 친미 친중 여부 |
| Montenegro | 289,292 | 2,808 | 40.46 | – | E | × | × | 9,465 | ○ |
| Belarus | 994,037 | 7,118 | 67.25 | 60.32 | E | ○ | × | 7,302 | ● |
| Brunei | 299,505 | 160 | 102.09 | 77.81 | WP | × | × | 31,449 | ○● |
| Vietnam | 11,590,617 | 43,201 | 88.28 | 59.51 | WP | × | × | 3,756 | ○● |
| India | 44,983,152 | 531,794 | 68.99 | 16.58 | SEA | Regional Director | × | 2,256 | ○○ ● |
| Jordan | 1,746,997 | 14,122 | 44.68 | 6.69 | EM | × | × | 4,103 | |
| Kyrgyz Republic | 206,888 | 2,991 | 20.33 | 4.23 | E | × | × | 1,276 | ● |
| North Macedonia | 348,281 | 9,677 | 40.37 | 7.79 | E | × | × | 6,694 | ○ |
| Cyprus | 660,854 | 1,364 | 73.88 | 31.4 | E | × | ○ | 31,551 | ○ |
| Moldova | 620,519 | 12,118 | 26.73 | 9.97 | E | ○ | × | 5,230 | |
| Mongolia | 1,008,265 | 2,136 | 66.66 | 32.3 | WP | × | × | 4,566 | ● |
| Costa Rica | 1,230,552 | 9,366 | 85.34 | 57.45 | AM | × | × | 12,472 | |
| El Salvador | 201,785 | 4,230 | 67.72 | 29.23 | AM | × | × | 4,551 | |
| Paraguay | 735,759 | 19,880 | 49.72 | 23.26 | AM | ○ | × | 5,891 | |
| Uruguay | 1,037,893 | 7,625 | 83.55 | 59.87 | AM | × | × | 17,313 | |
| Malta | 118,631 | 835 | 86.46 | 68.52 | E | × | ○ | 33,486 | ○ |
| Bhutan | 62,668 | 21 | 87.83 | 82.25 | SEA | × | × | 3,266 | |
| Mauritius | 304,233 | 1,050 | 85.56 | 50.35 | AF | × | × | 9,106 | |
| United Arab Emirates | 1,065,607 | 2,349 | 99.01 | 51.96 | EM | × | × | 44,315 | |
| Oman | 399,449 | 4,628 | 59.7 | 15.27 | EM | Regional Director | × | 19,509 | |

| 국가명 | 발병/백신 상황 (2023.5) | | | | WHO 관련 상황 | | 경제 상황 | | 진영 상황 |
|---|---|---|---|---|---|---|---|---|---|
| | 누적 확진자 수 | 누적 사망자 수 | 인구 100명당 백신 접종 완수자 | 인구 100명당 부스터샷 완수자 | 소속 지역 사무소 | 거버넌스 참여 | 선진국·개도국 여부 | 1인당 GDP | 친미 친중 여부 |
| Uzbekistan | 253,526 | 1,637 | 54.22 | 46.17 | E | × | × | 1,983 | ● |
| Ukraine | 5,544,969 | 112,271 | 34.65 | 1.7 | E | ○ | × | 4,835 | |
| Kenya | 343,074 | 5,688 | 20.63 | 3.72 | AF | × | × | 2,081 | |
| Myanmar | 637,483 | 19,494 | 50.63 | 4.09 | SEA | × | × | 1,209 | ● |
| Nigeria | 266,675 | 3,155 | 33.86 | 5.97 | AF | × | × | 2,065 | |
| Ethiopia | 500,871 | 7,574 | 32.74 | 2.48 | AF | ○/ Director General | × | 925 | |
| Kuwait | 665,885 | 2,570 | 78.34 | 34.13 | EM | × | × | 24,300 | |
| Trinidad and Tobago | 191,496 | 4,390 | 51.37 | 12.49 | AM | × | × | 16,032 | |
| Iran | 7,610,676 | 146,204 | 69.72 | 34.01 | EM | × | × | 4,091 | ● |
| Uganda | 170,775 | 3,632 | 28.52 | 1.63 | AF | × | × | 883 | |
| Bahrain | 696,614 | 1,536 | 72.1 | 59.28 | EM | × | × | 26,563 | |
| Nicaragua | 15,713 | 245 | 91.95 | 43.66 | AM | × | × | 2,045 | |
| Liberia | 8,090 | 294 | 73.77 | 0.04 | AF | × | × | 675 | |
| Bangladesh | 2,038,539 | 29,446 | 84.92 | 40.96 | SEA | × | × | 2,457 | |
| Bosnia and Herzegovina | 402,918 | 16,346 | 25.79 | – | E | × | × | 7,143 | |
| Suriname | 82,495 | 1,404 | 40.55 | 8.33 | AM | × | × | 4,869 | |
| Barbados | 107,794 | 593 | 53.95 | 21.86 | AM | ○ | × | 17,225 | |
| Laos | 218,101 | 671 | 77.64 | 32.43 | WP | × | × | 2,535 | ● |
| Andorra | 48,015 | 159 | 70.23 | 56.53 | E | × | ○ | 42,137 | |
| Azerbaijan | 831,469 | 10,268 | 48.19 | 34.54 | E | × | × | 5,388 | ● |

| 국가명 | 발병/백신 상황 (2023.5) | | | | WHO 관련 상황 | | 경제 상황 | | 진영 상황 |
|---|---|---|---|---|---|---|---|---|---|
| | 누적 확진자 수 | 누적 사망자 수 | 인구 100명당 백신 접종 완수자 | 인구 100명당 부스터샷 완수자 | 소속 지역 사무소 | 거버넌스 참여 | 선진국·개도국 여부 | 1인당 GDP | 친미 친중 여부 |
| St. Lucia | 30,052 | 409 | 29.94 | 4.28 | AM | × | × | 9,414 | |
| Dominican Republic | 661,103 | 4,384 | 56.17 | 23.52 | AM | × | × | 8,476 | |
| Ghana | 171,653 | 1,462 | 32.73 | 13.08 | AF | × | × | 2,363 | |
| Cabo Verde | 63,779 | 414 | 55.53 | 0.14 | AF | × | × | 3,293 | |
| Sri Lanka | 672,317 | 16,856 | 68.9 | 38.39 | SEA | × | × | 4,013 | ● |
| Nepal | 1,003,260 | 12,031 | 83.62 | 33.33 | SEA | × | × | 1,208 | ● |
| Botswana | 329,862 | 2,797 | 70.74 | 21.59 | AF | Regional Director | × | 6,805 | |
| Morocco | 1,274,180 | 16,297 | 63.73 | 18.65 | EM | ○ | × | 3,795 | |
| St. Vincent and the Grenadines | 9,631 | 124 | 28.51 | 3.86 | AM | × | × | 8,666 | |
| Lebanon | 1,237,556 | 10,914 | 35.37 | 9.67 | EM | × | × | 4,136 | |
| Monaco | 16,771 | 67 | 63.53 | 45.37 | E | × | × | 234,315 | |
| Rwanda | 133,194 | 3,632 | 76.42 | 45.39 | AF | ○ | × | 822 | |
| San Marino | 24,247 | 125 | 68.59 | 56.16 | E | × | ○ | 45,320 | |
| Senegal | 88,997 | 1,971 | 8.62 | 4.87 | AF | ○ | × | 1,636 | |
| Sierra Leone | 7,762 | 125 | 54.05 | 9.52 | AF | × | × | 480 | |
| Zimbabwe | 264,848 | 5,690 | 36.2 | 13.34 | AF | × | × | 1,773 | |
| Maldives | 186,589 | 314 | 71.25 | 30.95 | SEA | ○ | × | 10,366 | |
| Turkmenistan | 0 | – | 55.68 | 52.59 | E | × | × | 7,344 | |
| Jamaica | 154,874 | 3,536 | 25.6 | 1.55 | AM | × | × | 5,183 | |
| Seychelles | 50,937 | 172 | 84.97 | 45.69 | AF | × | × | 14,653 | |

| 국가명 | 발병/백신 상황 (2023.5) | | | | WHO 관련 상황 | | 경제 상황 | | 진영 상황 |
|---|---|---|---|---|---|---|---|---|---|
| | 누적 확진자 수 | 누적 사망자 수 | 인구 100명당 백신 접종 완수자 | 인구 100명당 부스터샷 완수자 | 소속 지역 사무소 | 거버넌스 참여 | 선진국·개도국 여부 | 1인당 GDP | 친미 친중 여부 |
| St. Kitts and Nevis | 6,600 | 46 | 50.76 | 6.51 | AM | × | × | 18,082 | |
| Tunisia | 1,153,063 | 29,407 | 54.15 | 10.64 | EM | × | × | 3,807 | |
| Tanzania | 43,078 | 846 | 53.85 | – | AF | × | × | 1,099 | |
| Côte d'Ivoire | 88,330 | 834 | 46.12 | 11.9 | AF | × | × | 2,549 | |
| Cambodia | 138,736 | 3,056 | 87.68 | 63.61 | WP | × | × | 6,104 | ●● |
| Lesotho | 34,490 | 706 | 43.79 | 8.3 | AF | ○ | × | 1,094 | |
| Guyana | 73,207 | 1,298 | 48.56 | 9.9 | AM | × | × | 9,998 | |
| Cuba | 1,113,594 | 8,530 | 88.41 | 77.03 | AM | × | × | 9,499 | |
| Haiti | 34,228 | 860 | 2.58 | – | AM | × | × | 1,829 | |
| Madagascar | 68,266 | 1,424 | 8.99 | 0.56 | AF | × | × | 500 | |
| Mozambique | 233,417 | 2,243 | 63.24 | 4.03 | AF | × | × | 491 | |
| Pakistan | 1,580,631 | 30,656 | 63.57 | 23.07 | EM | × | × | 1,505 | ● |
| Namibia | 171,310 | 4,091 | 21.2 | 11.75 | AF | × | × | 4,865 | |
| Bahamas | 38,084 | 844 | 42.46 | 8.57 | AM | × | × | 27,478 | |
| Antigua and Barbuda | 9,106 | 146 | 63.7 | 10.05 | AM | × | × | 15,781 | |
| Bolivia | 1,197,983 | 22,382 | 53.9 | 21.2 | AM | × | × | 3,345 | |
| Burkina Faso | 22,056 | 396 | 19.75 | – | AF | × | × | 893 | |
| Belize | 70,782 | 688 | 55.68 | 12.62 | AM | × | × | 6,228 | |
| Eswatini | 74,670 | 1,425 | 36.42 | 14.86 | AF | × | × | 3,978 | |
| Tajikistan | 17,786 | 125 | 54.21 | 54.53 | E | × | × | 897 | ● |
| Angola | 105,384 | 1,934 | 26.84 | 6.17 | AF | × | × | 1,953 | |
| Guatemala | 1,250,268 | 20,199 | 39.77 | 20.74 | AM | × | × | 5,025 | |

| 국가명 | 발병/백신 상황 (2023.5) | | | | WHO 관련 상황 | | 경제 상황 | | 진영 상황 |
|---|---|---|---|---|---|---|---|---|---|
| | 누적 확진자 수 | 누적 사망자 수 | 인구 100명당 백신 접종 완수자 | 인구 100명당 부스터샷 완수자 | 소속 지역 사무소 | 거버넌스 참여 | 선진국·개도국 여부 | 1인당 GDP | 친미 친중 여부 |
| Mali | 33,147 | 743 | 17.47 | – | AF | × | × | 873 | |
| Afghanistan | 218,720 | 7,908 | 36.56 | 2.9 | EM | ○ | × | 368 | ● |
| Samoa | 16,763 | 31 | 89.69 | 41.46 | WP | × | × | 3,857 | |
| Gambia | 12,626 | 372 | 22.31 | 2.22 | AF | × | × | 772 | |
| Niger | 9,513 | 315 | 22.53 | – | AF | × | × | 590 | |
| Cameroon | 125,036 | 1,972 | 11.71 | 2.88 | AF | ○ | × | 1,666 | |
| Malawi | 88,638 | 2,686 | 21.29 | 5.7 | AF | × | × | 634 | |
| Micronesia, Federated States of | 26,453 | 65 | 70.34 | 26.55 | WP | ○ | × | 3,571 | |
| Sudan | 63,993 | 414 | 55.53 | 0.14 | EM | × | × | 751 | |
| Egypt | 516,023 | 24,830 | 41.25 | 14.72 | EM | × | × | 3,698 | |
| Timor-Leste | 23,443 | 138 | 60.62 | 25.38 | SEA | ○ | × | 2,741 | |
| Togo | 39,491 | 290 | 18.77 | 5.17 | AF | ○ | × | 973 | |
| Guinea | 38,563 | 468 | 35.99 | 2.3 | AF | × | × | 1,189 | |
| Grenada | 19,693 | 238 | 34.69 | 6.59 | AM | × | × | 9,010 | |
| São Tomé and Príncipe | 6,575 | 80 | 51.1 | 15.74 | AF | × | × | 2,360 | |
| Zambia | 343,995 | 4,058 | 49.76 | 6.19 | AF | × | × | 1,137 | |
| Dominica | 15,760 | 74 | 42.59 | 5.55 | AM | × | × | 7,635 | |
| Tonga | 16,817 | 12 | 73.2 | 36.47 | WP | × | × | 4,426 | |
| Congo (Brazzaville) | 25,195 | 389 | 11.85 | – | AF | × | × | 2,290 | |

| 국가명 | 발병/백신 상황 (2023.5) | | | | WHO 관련 상황 | | 경제 상황 | | 진영 상황 |
|---|---|---|---|---|---|---|---|---|---|
| | 누적 확진자 수 | 누적 사망자 수 | 인구 100명당 백신 접종 완수자 | 인구 100명당 부스터샷 완수자 | 소속 지역 사무소 | 거버넌스 참여 | 선진국·개도국 여부 | 1인당 GDP | 친미친중 여부 |
| Algeria | 271,817 | 6,881 | 14.78 | 1.31 | AF | × | × | 3,690 | |
| Honduras | 472,594 | 11,114 | 59.1 | 45.57 | AM | × | × | 2,771 | |
| Kiribati | 5,025 | 24 | 68.21 | 31.48 | WP | × | × | 1,606 | |
| Mauritania | 63,663 | 997 | 33.08 | 8.25 | AF | × | × | 2,166 | |
| Congo (Democratic Republic) | 96,652 | 1,476 | 14.37 | – | AF | × | × | 577 | |
| Vanuatu | 12,016 | 14 | 52.83 | 5.39 | WP | × | × | 2,996 | |
| Fiji | 68,921 | 883 | 71.51 | 19.14 | WP | × | × | 4,646 | ○ |
| Palau | 6,000 | 9 | 101.03 | 71.22 | WP | × | × | 12,083 | |
| Benin | 28,014 | 163 | 22.63 | – | AF | × | × | 1,319 | |
| Libya | 507,253 | 6,437 | 17.99 | 2.72 | EM | × | × | 6,357 | |
| Djibouti | 15,690 | 189 | 35.6 | – | EM | × | × | 3,150 | |
| Papua New Guinea | 46,864 | 670 | 3.61 | 0.39 | WP | × | × | 2,672 | |
| Comoros | 9,109 | 160 | 45.66 | – | AF | ○ | × | 1,577 | |
| Marshall Islands | 16,081 | 17 | 68.74 | 31.36 | WP | × | × | 6,172 | |
| Iraq | 2,465,545 | 25,375 | 19.75 | 0.68 | EM | × | × | 4,775 | |
| Chad | 7,698 | 194 | 37.3 | 24.61 | AF | × | × | 685 | |
| Cook Islands | 7,079 | 2 | 83.85 | 58.3 | WP | × | × | – | |
| Solomon Islands | 24,575 | 153 | 36.77 | 4 | WP | × | × | 2,304 | |
| Burundi | 53,749 | 15 | 0.29 | 0 | AF | × | × | 221 | |

| 국가명 | 발병/백신 상황 (2023.5) | | | | WHO 관련 상황 | | 경제 상황 | | 진영 상황 |
|---|---|---|---|---|---|---|---|---|---|
| | 누적 확진자 수 | 누적 사망자 수 | 인구 100명당 백신 접종 완수자 | 인구 100명당 부스터샷 완수자 | 소속 지역 사무소 | 거버넌스 참여 | 선진국·개도국 여부 | 1인당 GDP | 친미 친중 여부 |
| Gabon | 48,992 | 307 | 11.57 | 0.12 | AF | × | × | 8,635 | |
| Eritrea | 10,189 | 103 | – | – | AF | × | × | 643 | |
| Guinea-Bissau | 9,614 | 177 | 27.12 | 2.48 | AF | × | × | 795 | |
| South Sudan | 18,368 | 138 | 37.7 | 3.93 | AF | × | × | 1,071 | |
| Venezuela | 552,695 | 5,856 | 50.24 | 2.29 | AM | × | × | 15,975 | |
| Niue | 801 | – | 101.05 | 75.71 | WP | × | × | – | |
| Tuvalu | 2,779 | – | 80.61 | 48.72 | WP | × | × | 5,632 | |
| Central African Republic | 15,367 | 113 | 46.93 | 4.7 | AF | × | × | 461 | |
| Nauru | 5,393 | 1 | 104.73 | 71.12 | WP | × | × | 10,648 | |
| Equatorial Guinea | 17,130 | 163 | 15.26 | 0.33 | AF | × | × | 7,506 | |
| Syria | 57,423 | 3,163 | 13.48 | 0.43 | EM | ○ | × | 533 | |
| North Korea | 0 | – | – | – | SEA | ○ | × | – | ● |
| Yemen | 11,945 | 2,159 | 2.64 | 0.21 | EM | ○ | × | 701 | |
| Somalia | 27,334 | 1,361 | 44.27 | – | EM | × | × | 447 | |

*출처: International Monetary Fund: http://www.imf.org
World Bank: http://www.worldbank.org
World Health Organization: http://www.who.org

*소속지역 사무소: AF=African Region, EM=East Mediterranean Region, E=European Region, AM=Region of the Americas, SEA=South-East Asia Region, WP=Western Pacific Region / 거버넌스 참여: WHO 집행위원회 등 참여 여부

**IMF 기준, 선진국·개도국 여부 / World Bank 2021 기준, 1인당 GDP (current US$)

***친미·친중 여부 (○, ●)

COVID-19의 발병과 확산은 국제사회를 충격으로 내몰았다. 국제관계 나아가 국제질서를 바꾼 획기적인 사건이었다. 세계의 거의 모든 국가가 크든 작든 그 피해를 벗어날 수 없었다. 방역이냐 백신이냐 하는 논쟁도 제기되고 WHO도 명확한 해법을 제공하지 못했다. GHSI를 기준으로 보건안보에 앞선 국가들이 오히려 큰 피해를 입는 상황이 조성되었다. 예를 들어, 발병국인 중국보다 피해국인 미국이 더 고통을 감내해야 했다. 초기 단계에서 즉 백신 개발 전 단계에서 민주국가보다 비민주국가가 감염병의 확산에 적절해 보이는 대응이 가능했다. 지역 봉쇄 혹은 폐쇄가 쉽게 이뤄질 수 있는 국가는 전체주의 혹은 권위주의 국가뿐이다. 이들 국가는 강력한 방역을 통해 COVID-19의 확산을 막아 냈다. 인권 침해 요소가 있었지만 이에 대한 저항이 적다 보니 모두 수용되었다. 하지만 민주국가에서는 사회적 저항으로 인해 봉쇄 혹은 폐쇄 적용 지역과 정도에 있어서 한계가 분명했다. 이분법적으로 말하면 비민주국가는 방역에 성공적이라서 코로나19 확산에 적절히 대처했고 민주국가는 그 반대로 실패했다는 주장이 나올 수 있다. 그러나 이러한 주장의 타당성은 오래가지 않았다. 결국 초기 단계의 주장은 한계를 드러내고 최종적인 주장에 묻혀 버리게 되었다. 백신 없이 감염병의 퇴치는 불가능하다는 주장만 남게 되었다. 백신 개발과 접종 여부가 COVID-19의 퇴치를 결정하는 핵심적인 요소라는 결론을 내리게 되었다는 것이다.

WHO 누적 확진자 수(2023.5)에 따르면, 미국은 103,436,829명, 중국은 99,256,991명, 인도는 44,983,152명, 프랑스는 38,989,402명, 독일은 38,418,899명, 브라질은 37,511,921명, 일본은 33,803,572명, 한국은 31,415,280명, 이탈리아는 25,828,252명, 영국은 24,603,076명, 러시아는 22,900,755명이다. 이들 국가는 인구가 많고 대부분 강대국에 해당한다. 이들 국가의 누적 사망자 수는 미국 1,127,152명, 중국 121,073명, 인도 531,794명, 프랑스 163,279명, 독일 173,834명, 브라질 702,116명, 일본 74,694명, 한국 34,610명, 이탈리아 190,080명, 영국 225,324명, 러시아 398,736명이다. 문제는 의도적이든 아니든 WHO에 보고되는 확진자 수와 사망자 수는 정확성에 한계가 있다. 특히 전체주의 혹은 권위주의 국가들은 이들을 감추고 왜곡시키면서 주민통제를 강화하는 이유로 감염병을 활용하는 경우도 있다. 예를 들어, 투르크메니스탄은 누적 확진자 수가 0명이라 하고, 북한도 마찬가지다. COVID-19가 전 세계를 강타했는데 개방사회일수록 세계화의 흐름 속에서 피해가 컸고 폐쇄사회인 경우 그 피해가 적었던 것이 현실이다. 하지만 폐쇄사회일지라도 북한의 누적 확진자 수와 누적 사망자 수가 0명이라는 보고를 믿기는 어렵다.

COVID-19의 확산으로 주요 선진국과 세계굴지의 제약회사는 백신 개발에 박차를 가했다. 감염병에 즉각 대처하기 위한 백신의 개발은 쉬운 일이 아니다. 더욱이 발병국인 중국의 비협조는 백신 개발에 마이너스 요인이었다. 백신 기술이 떨어지는 가운데 백신 개발에 뛰어든 중국의 비협조는 상황을 악화시키기에 충분했다. 아무튼 화이자, 모더나, 아스트라제네카, 얀센 등 서구 제약회사들의 백신 제품에 대해 중국은 자체 개발한 백신인 시노백 등으로 대항했다. 백신 개발을 서구국가들이 주도했다면 백신접종은 개별국가 상황에 따라 달리 진행되었다. 백신 접근이 어려운 개도국은 사각지대에 놓이게 되고 선진국 내에서는 백신의 부작용과 효용성 논쟁으로 백신접종을 거부하는 사태가 벌어지기도 했다. 백신 무상지원을 요청하는 개도국의 목소리가 커가고 이를 분담하려는 선진국 간의 기여 논쟁이 불붙기도 했다. <표 26>에 의하면, 인구 100명당 백신접종 완수자 수 90명이 넘는 나라는 나우루(104.73명), 브루나이(102.09명), 팔라우(101.03명), UAE(99.01명), 카타르(99명), 칠레(92.66명), 니카라구아(91.95명) 등이다. GHSI 종합지수를 기준으로 보건안보 우수 국가군 중 인구 100명당 백신접종 완수자수 80명이 넘는 나라는 19개국 중 6개국으로 호주(84.9명), 뉴질랜드(84.69명), 한국(83.8명), 캐나다(82.96명), 일본(81.72명), 덴마크(81.43명) 순이다. 이들 국가의 인구 100명당 부스터샷 완수자 수는 각각 56.35명, 56.39명, 65.62명, 52.38명, 68.28명, 62.57명이다. 한국의 경우 백신접종 시기는 늦은 감이 없지 않으나 백신접종 수용은 가장 모범생이라고 할 수 있다. 미국은 백신접종 캠페인에도 불구하고 인구 100명당 백신접종 완수자 65.53명, 인구 100명당 부스터샷 완수자 31.4명으로 상대적으로 미흡한 상황이다.

당시 WHO 관련 상황을 언급하면, 세계 각국과 지역은 회원으로 6개 관할 소속 지역 사무소에 속해 있다. 이는 아프리카 지역(African Region) 47개 회원, 미주 지역(Region of the Americas) 55개 회원, 유럽 지역(European Region) 53개 회원, 동지중해 지역(East Mediterranean Region) 21개 회원, 동남아시아 지역(South-East Asia Region) 11개 회원, 서태평양 지역(Western Pacific Region) 37개 회원 등이다. 한국은 서태평양 지역 사무소에 소속되어 있다. 현재 각 지역 사무소의 장은 아프리카 사무소는 보츠와나, 미주 사무소는 브라질, 유럽 사무소는 벨기에, 동지중해 사무소는 오만, 동남아 사무소는 인도, 서태평양 사무소는 헝가리 출신이다. WHO 사무총장은 에티오피아의 테워드로스이다. 또한 집행위원회(Executive Board)의 의장은 Dr. Hanan Mohamed Al Kuwari (카타르)이고, 부의장은 Dr. Sabin Nsanzimana (르완다), Dr. Yasuhiro Suzuki (일본), Dr. Odette Maria Freitas Belo (동티모르), Dr. Julio César Borba Vargas (파라과이) 등 4인이다. 각 지역 사무소별 집행위원은 아프리카 지역(African Region) 47개 회원 중 에티오피아, 르완다, 세네갈, 레소토, 토고, 코모로스, 카메룬 출신이고, 미주 지역(Region of the Americas) 55개 회원 중 미국, 캐나다, 페루, 파라과이, 바베이도스 출신이며, 유럽 지역(European Region) 53개 회원 중 슬로베니아, 덴마크, 프랑스, 스위스, 벨라루스, 몰도바, 우크라이나 출신이다. 또한 동지중해 지역(East Mediterranean Region) 21개 회원 중 WHO 집행위원은 카타르, 모로코, 몰디브, 아프가니스탄, 시리아, 예멘 출신이고, 동남아시아 지역(South-East Asia Region) 11개 회원 중 집행위원은 동티모르, 북한 출신이며, 서태평양 지역(Western Pacific Region) 37개 회원 중 호주, 일본, 말레이시아, 중국, 마이크로네시아 출신이 집행위원직을 수행하고 있다. 다른 주요 국제기구, 특히 경제기구와는 달리 거버넌스에서 개도국의 비중과 목소리가 크다. 선진국의 이해관계와는 달리 운영되고 친중 개도국이 많이 참여하다 보니 미국이 분담금 지급을 보류하고 WHO를 탈퇴하는 사건까지 벌어진 바 있다.

집행위원 국가별 GHSI는 아프리카 지역(African Region)의 경우 에티오피아(37.8; 87위), 르완다(33.1; 113위), 세네갈(32.8; 115위), 레소토(30.9; 127위), 카메룬(28.6; 149위), 토고(27.8; 154위), 코모로스(24.9; 175위) 순이고, 미주 지역(Region of the Americas)의 경우 미국(75.9; 1위), 캐나다(69.8; 4위), 페루(54.9; 32위), 파라과이(40.3; 75위), 바베이도스(34.9; 98위) 순이며, 유럽 지역(European Region)의 경우 슬로베니아(67.8; 6위), 덴마크(64.4; 12위), 프랑스(61.9; 14위), 스위스(58.8; 23위), 벨라루스(43.9; 63위), 몰도바(41.0; 71위), 우크라이나(38.9; 83위) 순

이다. 또한 동지중해 지역(East Mediterranean Region)의 경우 카타르(48.7; 49위), 모로코(33.6; 108위), 몰디브(32.0; 118위), 아프가니스탄(28.8; 145위), 시리아(16.7; 192위), 예멘(16.1; 193위) 순이고, 동남아시아 지역(South-East Asia Region)의 경우 동티모르(27.8; 154위), 북한(16.1; 193위) 순이며, 서태평양 지역(Western Pacific Region)의 경우 호주(71.1; 2위), 일본(60.5; 18위), 말레이시아(56.4; 27위), 중국(47.5; 52위), 마이크로네시아(28.5; 150위) 순이다. 다양한 보건 상황의 국가들이 WHO의 집행위원회를 구성하고 있다. GHSI 1위인 미국으로부터 193위인 북한이 집행위원회에서 보건 관련 정책 논의와 결정을 행하는 것이다.

IMF 기준에 의하면, 41개국이 선진국이고 155개국이 개도국이다. 선진국 중 GHSI 최고 순위는 1위인 미국이고 최저 순위는 114위인 산마리노이다. 개도국 중 최고 순위는 5위인 태국이고 최저 순위는 195위인 소말리아이다. 보건안보 우수 국가군 19개국 중 개도국은 태국, 아르메니아 2개국뿐이다. 또한 이들 국가 중 World Bank 2021 기준, 1인당 GDP(current US$) 30,000 달러 이상 국가가 15개국(최고 $89,154)이고 30,000 달러 미만 국가는 태국($7,066), 슬로베니아($29,291), 라트비아($21,148), 아르메니아($4,966) 4개국뿐이다. 결국 개별 국가의 경제 상황이 그 국가의 보건 상황을 결정한다고 말해도 과언이 아니다.

신냉전 시대에 미국과 중국 간 패권 경쟁 속에서 친미 진영과 친중 진영 간 보건안보 상황을 비교 분석하기 위해 친미(○)·친중(●) 여부를 결정하는 기준을 설정하면 다음과 같다.

미국 진영의 안보 네트워크화는 유럽의 나토(NATO: 북대서양조약기구)와 아시아의 쿼드(QUAD)로 대변된다. 유럽에서 구소련의 위협을 봉쇄하기 위해 형성된 나토가 구냉전기 집단방위기구에서 탈냉전기 집단안보기구로 성격 변화를 거쳤다면, 쿼드는 오늘날 아시아에서 급부상한 중국의 위협을 견제하기 위해 형성된 것으로 미국, 일본, 호주, 인도 4개국 안보 대화를 일컫는다. 2022년 6월 말 스페인 마드리드에서 열린 나토 정상회의는 나토 회원국 30개국(2023.4. 핀란드 가입 후 31개국, 이후 2024.3. 스웨덴 가입으로 32개국) 외에 아시아의 한국, 일본, 호주, 뉴질랜드가 초청국으로 참석하여 별도의 회담을 가졌다. 유럽의 나토와 아시아의 쿼드의 연결은 러시아와 중국을 안보적으로 견제하는 안보 동맹이 구축됨을 의미한다.

북대서양조약기구(NATO)의 회원국은 알바니아(2009), 벨기에(1949), 불가리아(2004), 캐나다(1949), 크로아티아(2009), 체코(1999), 덴마크(1949), 에스토니아(2004), 핀란드(2023), 프랑스(1949), 독일(1955), 그리스(1952), 헝가리(1999), 아이슬란드(1949), 이탈리아(1949), 라트비아(2004), 리투아니아(2004), 룩셈부르크(1949), 몬테네그로(2017), 네덜란드(1949), 북마케도니아(2020), 노르웨이(1949), 폴란드(1999), 포르투갈(1949), 루마니아(2004), 스웨덴(2024), 슬로바키아(2004), 슬로베니아(2004), 스페인(1982), 튀르키예(1952), 영국(1949), 미국(1949) 총 32개국이다. 이들 중 G20 국가는 캐나다, 프랑스, 독일, 이탈리아, 튀르키예, 영국, 미국 7개국이고, EU 회원국은 벨기에, 불가리아, 캐나다, 크로아티아, 체코, 덴마크, 에스토니아, 핀란드, 프랑스, 독일, 그리스, 헝가리, 이탈리아, 라트비아, 리투아니아, 룩셈부르크, 네덜란드, 폴란드, 포르투갈, 루마니아, 스웨덴, 슬로바키아, 슬로베니아, 스페인 24개국이다. 나토회원국이나 EU회원국이 아닌 국가는 알바니아, 캐나다, 아이슬란드, 몬테네그로, 북마케도니아, 노르웨이, 터키, 영국, 미국 9개국이고, EU회원국이나 나토회원국이 아닌 국가는 아일랜드, 오스트리아, 사이프러스, 몰타 4개국이다.

한편 4개국 안보대화는 미국, 일본, 인도, 호주를 참여국으로 한다. NATO 32개국과 QUAD 4개국 및 ANZUS 3개국을 포함한 36개국에다가 한국과 필리핀을 합하면 38개국이 미국의 주요 군사동맹이라고 할 수 있다. 한편 이러한 안보 동맹은 정치적 민주주의 국가 동맹인 D－10(G7과 한국, 인도, 호주)과 정보동맹인 Five Eyes(미국, 영국, 캐나다, 호주, 뉴질랜드)를 확대한 Five Eyes＋(9 Eyes, 14 Eyes, 한국 포함) 논의와 연계된다. 위에 언급한 쿼드를 확대한 QUAD＋에도 한국을 포함할 것이 논의된 바 있다. 결국 한국은 지난 6월 나토 정상회의에서 자유진영의 안보동맹에 편입됨을 공고히 했다. 한－미－일 삼각동맹의 복원과 나토와의 공조 합의는 이를 잘 보여 준다.

한편 중국의 경우 공식 군사동맹이 없다고도 할 수 있으나 안보 네트워크의 기본 축으로 상하이협력기구(SCO)를 들 수 있다. SCO의 회원국은 인도, 카자흐스탄, 중국, 키르기스스탄, 파키스탄, 러시아, 타지키스탄, 우즈베키스탄 총 8개국이며, 옵서버 국가로서 아프가니스탄, 벨라루스, 이란, 몽골을 들 수 있다. 여기에 대화 파트너 국가로서 6개국이 참가하는데, 이는 아제르바이잔, 아르메니아, 캄보디아, 네팔, 튀르키예, 스리랑카 등이다. 중국 안보 네트워크의 국가들 중 인도는 QUAD의 회원이기도 하고 튀르키예는 NATO의 회원국이기도 한 중첩된 네트워크 속에 놓여 있다. 중국의 군사동맹 연대는 SCO 관련 16개국(인도와 튀르키예 제외)이라고 할 수 있다. 이들 중 G20 국가는 중국과 러시아 2개국에 불과하다. 이를 G20 국가 중 미국의 군사동맹 연대 11개국(G7, 한국, 호주, 인도, 튀르키예)과 비교하면 열세라고 평가할 수 있다.

미국 진영의 경제 네트워크는 유럽에서의 EU(27개국)[3]와 아시아 및 오세아니아에서의 인도·태평양 경제프레임워크(IPEF)를 들 수 있다. IPEF의 참가국은 미국과 한국, 일본을 비롯해 호주, 인도, 브루나이, 인도네시아, 말레이시아, 뉴질랜드, 필리핀, 싱가포르, 태국, 베트남, 피지 등 14개국이다. 또한 최근 논의되고 있는 칩4 혹은 Fab4도 미국, 한국, 일본, 대만을 연결하는 반도체 동맹이고, 밧데리 동맹도 중국을 견제하기 위한 미국 중심의 경제네트워크화 노력의 일환이다.

반면에 중국은 아시아인프라투자은행(AIIB)과 역내포괄적경제동반자협정(RCEP)을 활용하여 경제력 영향력을 제고하고 있다. AIIB는 중국이 처음으로 주도해 만든 국제금융기구로 '중국판 세계은행(WB)'을 꿈꾸며 개발도상국의 기초시설(인프라) 투자 지원을 목적으로 창립했다. 이는 시진핑 주석이 2013년 설립을 처음 제안한 뒤 미국의 견제에도 57개 회원국으로 성공적으로 출발했다. 2025년 3월 기준, AIIB에 가입한 나라는 110개국(지역 회원국은 49개국, 비지역 회원국은 51개국, 그리고 예비 회원국은 10개국)으로 경쟁 상대인 아시아개발은행(ADB)의 회원국(69개국) 수를 능가한다. 문제는 회원국 수는 ADB를 앞질렀지만, 기금과 대출 규모로 비교하면 ADB에 못 미친다. 미국의 국제전략문제연구소(CSIS)

---

3 1952년 ECSC창설국 (6개국): 독일, 프랑스, 이탈리아, 네덜란드, 벨기에, 룩셈부르크
1973년 (3개국): 영국, 아일랜드, 덴마크
1981년 (1개국): 그리스
1986년 (2개국): 스페인, 포르투갈
1995년 (3개국): 스웨덴, 핀란드, 오스트리아
2004년 (10개국): 헝가리, 폴란드, 체코, 슬로베니아, 에스토니아, 사이프러스, 라트비아, 리투아니아, 몰타, 슬로바키아
2007년 (2개국): 루마니아, 불가리아
2013년 7월 (1개국): 크로아티아
2020년 1월: 영국 탈퇴

에 따르면 AIIB의 전체 기금 규모는 307억 8000만 달러다. ADB(2500억 달러)의 8분의 1, 세계은행(6000억 달러)의 20분의 1 수준이다. 또한 개도국은 AIIB와 중국 국유은행 등에서 빌린 자금으로 도로와 항만 등 사회기반시설(SOC) 건설에 나섰지만 상대적으로 높은 금리로 빌린 돈을 갚지 못하게 되면서 해당 시설의 이용권을 중국에 넘겨야 하는 상황에 빠져서 신제국주의 논란까지 빚어지고 있다.

한편 중국 주도의 통상블록인 역내포괄적경제동반자협정(RCEP)은 ASEAN 10개국(브루나이, 캄보디아, 인도네시아, 라오스, 말레이시아, 미얀마, 필리핀, 싱가포르, 태국, 베트남)과 한국, 중국, 일본, 호주, 뉴질랜드 등이 회원국으로 역내 통상협력을 도모하고 있다. RCEP는 일본·호주 주도의 통상블록인 포괄적·점진적 환태평양 경제동반자 협정(CPTPP)과 경쟁관계로 양 통상블록은 중첩된 회원국으로 일본, 호주, 뉴질랜드, 브루나이, 싱가포르, 베트남, 말레이시아 7개국이 있다.

COVID-19는 새로운 국제관계를 초래했다. 국제사회의 새로운 흐름인 탈세계화와 디지털화를 촉진했고 새로운 가치논쟁(인권·민주화, 국가투명성 등)을 유발했다. 탈세계화·디지털화 시대의 국제사회에서 미·중 패권 경쟁은 새로운 이념 갈등을 야기하고 새로운 진영 논리로 국가들을 이합집산하게 하며 결국 신냉전의 국제질서를 조성하고 있다. 포스트 코로나19 시대의 국제관계는 '진영 내 결속(네트워크화)'과 '진영 간 대결(경쟁·갈등)'을 특징으로 한다. 미국연대는 북대서양조약기구(NATO), 4국 안보대화(QUAD), 한·미·일 안보동맹, 오커스 3국동맹(AUKUS), 유럽연합(EU), 인도·태평양 경제프레임워크(IPEF)를 기반으로 하고, 중국연대는 상하이협력기구(SCO), 아시아인프라투자은행(AIIB), 역내포괄적경제동반자협정(RCEP)에 기초한다.

<표 26>에서 친미(○) 국가는 상기한 6가지 기준에 따른 판단에 근거한 것이고, 친중(●) 국가는 언급한 세 가지 기준 중 첫 번째 기준 그리고 AIIB와 RCEP에 동시에 가입한 국가에 해당한다. 예를 들어, 한국의 경우 한미일 안보동맹(○), IPEF 회원(○)이자 AIIB 및 RCEP의 동시 가입국(●)으로 최종 친미 국가로 분류된다. ○가 많은 국가일수록 친미적이고, ●가 많은 국가일수록 친중적이다. 선진국 중에 친미 국가가 다수이고 개도국 중에 친중 국가가 다수이다.

미국과의 가치공유 국가군은 미국, 영국, 프랑스, 독일, 일본, 캐나다, 이탈리아, 호주, 한국 9개국으로 확정할 수 있고, 중국과의 가치공유 국가군은 중국, 러시아, 튀르키예 3개국에 한정할 수 있다. 가치공유에 기초한 진영 대결 구도에서는 미국이 중국에 비해 우세임을 파악할 수 있다. 하지만 그 결속력은 구냉전기에 비해 약화되어 있음도 알 수 있다. 이익공유 측면에 의하면, 군사패권은 미국 진영이 중국 진영에 비해 앞서 있으나 핵대결 구도에서 양 진영 간 공포의 균형이 유지되고 있다. 통상패권은 중국, 금융·통화 패권은 미국, 이를 모두 고려한 경제패권은 아직은 미국에 있음을 알 수 있고, 따라서 '이익공유'에 기초한 미·중 패권 경쟁 상황에서도 중국이 미국보다 우위에 있다고 얘기하기는 어렵다. 한편 양 국간 및 양 진영 간 경제적 상호의존의 심화가 그들 간 관계를 파국으로 가지 않게 하는 제어장치가 되리라 본다. 가치공유냐 이익공유냐의 기로에서 단기적인 이익공유 우선의 외교 노선보다는 중장기적인 가치공유 우선의 외교 노선이 바람직하다. 여기서 미국의 진영 내 네트워크화는 가치공유를 전제로 한 이익공유를 의미하고, 중국의 진영 내 네트워크화는 이익공유를 우선하며 가치공유를 등한시하는 것을 말한다. 가치공유와 이익공유 측면에서 양 진영의 역량과 결속을 고려하면 미국연대가 중국연대에 비해 앞서 있다.

## 1 발병국 대 피해국

감염병의 1차적 책임은 발병국에 있다. 2021 GHSI에 의하면 일국의 보건안보는 예방, 조기 감지 및 보고, 신속대응, 보건체계, 보건역량 개선 및 국제규범 준수, 위험환경 등 6가지 역량 수준에 달려 있다. 안타깝게도 최우수(most prepared) 등급을 받은 국가는 전 세계에 하나도 없다. 우수(more prepared) 등급 국가도 19개국에 불과하여 결국 조사대상 195개국 중 19개국을 제외한 176개국이 감염병의 사각지대에 놓여 있다고 해도 과언이 아니다. 19개국도 감염병의 성격상 그 피해 위험에서 벗어날 수가 없다. 특히 인적 및 물적 이동이 자유로운 세계화의 시대에 감염병의 무풍지대는 없다고 할 수 있고 더욱이 세계화에 앞선 선진국들이 속수무책으로 당하기 쉽다. 국제사회는 2020년 이래 COVID－19라는 감염병으로 인해 거의 모든 국가가 피해를 보았다.

**그림 41** WHO COVID-19 현황(2023.05)

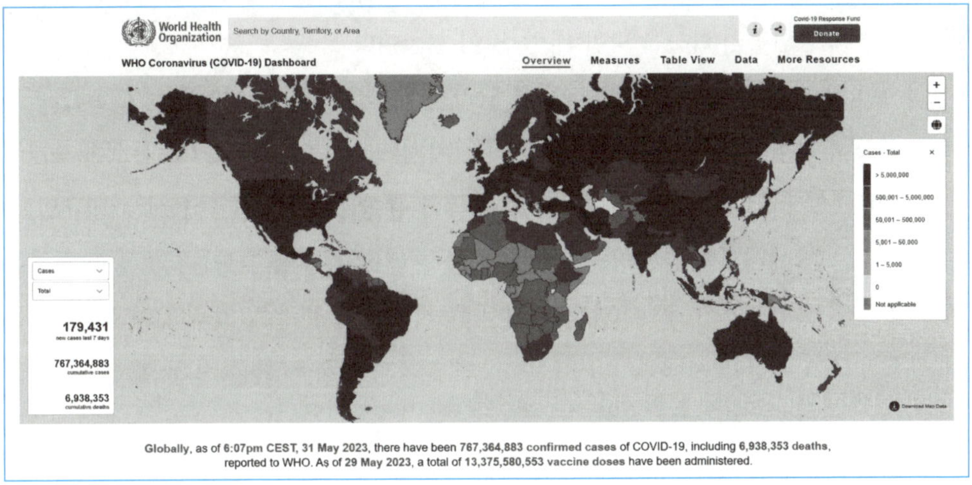


일반적 질병과는 달리 감염병은 발병국에서 차단되지 않으면 전이될 수밖에 없다. 감염병의 전염 능력에 따라 그 확산의 속도와 규모가 결정된다. 전 세계적으로 영향을 미치는 주요한 감염병은 대부분 중증 호흡기 질환이다. 21세기에 사스로부터 시작된 감염병 위기는 현재 코로나19로 이어지며 반복되고 있다. 앞으로 어떠한 감염병 위기가 오든 그것 역시 중증 호흡기 질환의 하나일 가능성이 크다. 에이즈 등의 감염병도 전 세계적인 파장을 일으켰으나 이는 그 전염 능력이 중증 호흡기 질환에 비하면 어느 정도 차단이 가능한 것이다.

감염병의 1차적 책임이 발병국에 있다 보니 인접국이 최우선 피해국이 될 가능성이 크다. 발병국이 발병 즉시 적절한 조치(조기 감지 및 보고, 신속대응, 국제규범 준수 등)를 취하지 않을 경우 그 피해는 걷잡을 수 없이 늘어날 수밖에 없다. 문제는 감염병의 발병지가 대부분 저발전국의 낙후된 지역에서 비롯된다는 데에 있다. 감염병의 주요 발병지에 WHO의 지역 사무소 혹은 관련 연락 사무소 등이 파견되어 있어 즉각적인 조치를 취할 수 있는 체계가 있으나 해당 지역이 열악한 상황에 있다 보니 때로는 적절한 조치가 취해질 수 없는 상황이 조성되기도 한다. 대부분의 발병국이 개도국 혹은 약소국이다 보니 감염병 발생 시 역학 구도상 WHO의 개입이 비교적 쉬운 점이 감염병 확산 차단에는 이로운 점이 있었다. 때로는 이들 국가의 주권 혹은 인권 제한의 우려를 감내하면서도 봉쇄 등을 통해 감염병의 확산을 막아 내 온 것이 현실이다.

하지만 발병국이 강대국이라면 상황은 달라진다. 그 대표적인 예가 이번 COVID-19이다. 중국이 사스 때와는 달리 비교적 조기 감지 및 보고 조치를 취했지만, 국제사회와 협력하여 신속대응하는 데는 한계를 보였다. 특히 강대국의 지위를 악용한 국제규범 준수의 미흡은 전 세계적인 감염병 대응에 혼선을 초래했다. 예를 들어, 초기 병원체 공유 협조 등이 있었다면 백신 개발이 앞당겨져서 그 피해를 줄일 수 있었을 것이고, 인적·물적 이동의 조기 차단을 시행했더라면 인접국인 한국과 일본은 물론 전 세계적인 피해를 감소시킬 수 있었을 것이다.

감염병의 피해를 발병국에 묻는다는 것은 현실적으로 어렵다. 발병국의 대부분이 개도국이고 보건체계 자체가 부재하며 위험환경이 방치되어 있어서 예방을 생각할 수 없는 생활 조건이기 때문이다. 다만 조기 감지 및 보고를 통해 WHO와 국제사회가 신속대응 할 수 있는 기회를 가질 수 있도록 협조해 달라는 것이 이들 국가에 대한 바람일 뿐이다. 때로는 발병국 혹은 발병지에 대한 이견으로 국가 간 혹은 지역 간 갈등을 야기하기도 한다. WHO가 COVID-19의 발병지를 중국 우한으로 특정했으나 한동안 중국 정부가 이를 부정하기도 하고 각종 유언비어가 난무하는 상황을 겪기도 했다. 미국을 중심으로 그 피해에 대한 책임을 물어 중국 정부에 피해액을 부담시키자는 주장도 있었으나 이 역시 현실적으로 어렵기는 마찬가지다. 발병국의 수용도 어렵지만 수용하더라도 피해 규모에 대한 합의가 불가능하기 때문이다. 여기에 해결의 한계가 존재한다.

## 2 선진국 대 개도국

선진국과 개도국은 WHO를 중심으로 보건협력을 해 왔다. 기존의 보건레짐은 선진국이 개도국을 지원하는 시혜적·수직적 관계를 특징으로 하며, 감염병 레짐은 선진국과 개도국의 상호협력에 기반한 호혜적·수평적 관계의 성격을 지닌다. 여기서는 감염병 레짐 내 선진국과 개도국의 관계를 중심으로 논의하고자 한다.

선진국은 주로 개도국에서 발생한 감염병으로 인한 피해를 막아 내기 위해 초기 단계에서는 봉쇄·폐쇄 혹은 방역에 전력을 다하며, 이와 함께 신종 감염병의 경우 그 확산 추이에 따라 치료제는 물론 백신 개발 등 의학적 처방에 매진한다. 기존 감염병이 재발된 경우 이에 대한 국제사회의 대응은 신속하고 적절하다. 반면에 신종 감염병이 발생한 경우 조기 감지 및 대응이 어려운 것이 현실이다. 특히 치료제 나아가 백신 개발을 위해서는 상당 기간의 시일이 요구되며 그 사이에 확산 정도에 따라 막대한 피해를 감내해야 한다.

문제는 이러한 과정에서 양 국가군 간 시각차가 존재한다. 신종 감염병 발병 초기 단계에서 발병국이 개도국 혹은 약소국이면 선진국은 개도국의 발병 지역을 봉쇄 혹은 차단하며 방역 등의 조치를 취한다. 이러한 강제조치는 때로는 개도국의 반발을 사며 갈등의 소지가 있으나 그럼에도 불구하고 개도국은 역학 구도상 감내해 내는 것이 현실이다. 이어 치료제 및 백신 개발 단계에 들어서면 이들 의학적 처방에 대한 접근 가능성을 두고 갈등이 증폭된다. 왜냐하면 경제적 여력이 없는 개도국에 대한 무상 지원 없이 감염병의 원천 해결은 불가능하기 때문이다.

COVID-19의 진행 과정에서 국가 간 방역정책의 차이로 논란이 된 적이 있고 폐쇄(lockdown)가 사회적 이슈가 되기도 했다. 정치 이데올로기 혹은 문화에 따른 상이한 여론이 정부 정책과 충돌되어 그 효과성을 저하시키기도 했다. COVID-19 발병 초기 개도국의 성공적 방역이 부각되고 선진국의 실패한 방역이 대비되기도 했다. 비민주적 권위주의 국가의 강제조치가 감염병 차단에 효과적으로 보인 면이 있으나 결국 이는 일시적 성공에 불과하고 감염병의 파고를 넘지 못했다고 할 수 있다.

감염병을 척결하기 위해서는 선진국이든 개도국이든 치료제 개발에 이은 백신 개발 및 접종 외에 대안이 없다. COVID-19 확산 과정에서 백신 개발에 따른 공급 문제로 선·개도국 간 갈등이 고조된 시점이 있다. 개도국은 선진국의 무상지원을 기대하나 선진국의 입장에서는 사기업에서 개발한 백신을 개도국에게 무상으로 지원하는 것이 적지 않은 예산을 요하는 사업일 수밖에 없다. 그러다 보니 개도국에 대한 무상 지원을 위한 선진국 간 기여 할당 문제로 선진국 간 또 다른 갈등이 벌어지기도 한다. 선진국 대 개도국 간 갈등과 함께 선진국 간 및 개도국 간 갈등이 존재하고 이를 해결하려는 국제사회의 노력이 요구되는 것이다.

코백스 퍼실리티(약칭 코백스: COVAX Facility)는 세계에 코로나19 백신을 평등하게 공급하기 위해 설립된 세계 백신 공동 분배 프로젝트이다. 이는 세계백신면역연합, UNICEF, WHO 등이 주도하고 있다. 코백스는 코로나19 백신이 세계 모든 나라에 공정하게 공급되는 것을 목표로 특히 개도국에서 COVID-19 검사, 치료 및 백신 이용을 공정하게 할 수 있도록 하고자 한다. 코백스는 개도국에 백신을 배포하는데 그럼에도 불구하고 <표 26>이 보여 주는 바와 같이 개도국의 접종률은 선진국에 비해 열악한 것이 사실이다. IMF 기준 41개 선진국의 접종률(인구 100명당 백신접종 완수자)을 살펴보면, 최고치는 87.5(싱가포르)이고 최저치는 51.14(슬로바키아)이다. 한편, 155개 개도국의 접종률에 의하면, 최고치는 104.73(나우루)이고 최저치는 0.29(부룬디)이다. 개도국 내 접종률 편차는 아주 크며 일부 국가는 백신접종 자체에 대해 배제되어 있다. 선진국과 개도국 간 평균치를 비교하면 선진국은 70명 정도, 개도국은 50명 정도로 20명 정도의 차이를 보인다.

당시 WHO 집행부 국가의 인구 100명당 백신접종 완수자 수를 살펴보면, 사무총장국인 에티오피아의 경우 32.74명이고, 집행위원회(Executive Board)의 의장국인 카타르는 99명, 부의장국인 르완다는 76.42, 일본은 81.72명, 동티모르는 60.62명, 파라과이는 49.72명이다. 각 지역 사무소별 집행위원국의 경우 아프리카 지역(African Region)의 에티오피아는 32.74, 르완다는 76.42, 세네갈은 8.62, 레소토는 43.79, 토고는 18.77, 코모로스는 45.66, 카메룬은 11.71이고, 미주 지역(Region of the Americas)의 미국은 65.53, 캐나다는 82.96, 페루는 86.86, 파라과이는 49.72, 바베이도스는 53.95이며, 유럽 지역(European Region)의 슬로베니아는 56.98, 덴마크는 81.43, 프랑스는 78.99, 스위스는 66.5, 벨라루스는 67.25, 몰도바는 26.73, 우크라이나는 34.65이다. 또한 동지중해 지역(East Mediterranean Region)의 카타르는 99, 모로코는 63.73, 몰디브는 71.25, 아프가니스탄은 36.56, 시리아는 13.48, 예멘은 2.64이고, 동남아시아 지역(South-East Asia Region)의 동티모르는 60.62, 북한은 알 수 없으며, 서태평양 지역(Western Pacific Region)의 호주는 84.9, 일본은 81.72, 말레이시아는 85.12, 중국은 87.3, 미크로네시아는 70.34이다. 이들 중 선진국은 미국, 캐나다, 슬로베니아, 덴마크, 프랑스, 스위스, 호주, 일본 등 8개국이고, 개도국은 에티오피아, 르완다, 세네갈, 레소토, 토고, 코모로스, 카메룬, 페루, 파라과이, 바베이도스, 벨라루스, 몰도바, 우크라이나, 카타르, 모로코, 몰디브, 아프가니스탄, 시리아, 예멘, 동티모르, 북한, 말레이시아, 중국, 미크로네시아 등 24개국이다.

당시 WHO 집행부 국가의 인구 100명당 백신접종 완수자 수는 최고 99명인 카타르로부터 최저 2.64명인 예멘에 이르기까지 다양하다. 집행위원회 내 선진국 8개국의 통계치를 살펴보면, 호주는 84.9, 캐나다는 82.96, 일본은 81.72명, 덴마크는 81.43, 프랑스는 78.99, 스위스는 66.5, 미국은 65.53, 슬로베니아는 56.98 순으로 개도국 24개국과 대비된다. 집행위원회 내 선진국의 인구 100명당 백신접종 완수자 수 평균치는 74.88명이고, 개도국의 인구 100명당 백신접종 완수자 수 평균치는 49.86명이다. 백신접종에 있어 큰 격차가 있음을 알 수 있다. 하지만 전체 선진국 평균치(70)와 개도국 평균치(50)에 비교하면 유사한 상황이다. WHO 집행위원회 국가들, 특히 개도국들이 특혜를 받은 것은 없어 보인다.

WHO 집행위원회가 개도국의 입김이 센 것은 바로 과반수를 개도국이 차지하고 있다는 점에 있다. 이들 국가에 대한 중국의 영향력이 커서 WHO 거버넌스를 중국이 장악하고 있다는 얘기가 나오는 것이다. 미국 진영 국가는 캐나다, 슬로베니아, 덴마크, 프랑스, 호주, 일본 등 6개국이고, 중국 진영 국가는 벨라루스, 아프가니스탄, 북한 등 3개국이라 할 수 있으나 일부 국가(우크라이나 등)를 제외하면 대부분 개도국이 반미적 경향이 있어서 집행위원회의 결정에 중국의 영향력이 미국보다 크다고 할 수 있다.

## 3 미국(서구) 대 중국(비서구)

COVID-19는 미국과 중국 간 패권 경쟁 시대에 중요한 갈등 의제가 되었다. 그 갈등의 출발점은 중국이 인정하든 말든 코로나19의 발병지가 중국 우한이라는 데에 있다. 발병국 중국 대 피해국 미국과 전 세계로 특징지어지는 갈등 구도가 양국 간 패권 경쟁과 맞물려 갈등이 증폭된 것이다. 특히 감염병 확산을 막아 내는 초기 방안이 발병국으로부터 유입되는 인적 및 물적 자원의 차단인데, 이에 중국이 반발함으로써 결국 미·중간 나아가 중·서구간 갈등을 초래한 것이다. 나아가 세계의 공장으로 알려진 중국산 제품의 수입제한은 선진국 및 세계 경제에 막대한 피해를 초래했다. 예를 들어, 중국산 부품의 공급부족 혹은 수입제한은 선진국 공장을 멈추게 했다. 최근 미국을 중심으로 한 서구 선진국이 공급망(supply chain) 다원화(reshoring 혹은 near-shoring) 혹은 탈중국화에 앞장선 것도 COVID-19 여파라고 할 수 있다.

GHSI 조사대상 국가 중 대부분 국가는 친미 혹은 친중을 구분하기 어렵다. 현 시점에서 보건안보 우수(more prepared) 국가 중 친미 진영국가를 열거하면, 호주, 핀란드, 캐나다, 슬로베니아, 영국, 독일, 한국, 스웨덴, 네덜란드, 덴마크, 뉴질랜드, 프랑스, 라트비아, 스페인, 일본, 노르웨이이고, 친중 진영국가는 아르메니아뿐이다. 보건안보 미흡(not prepared) 국가 중 친미 국가보다 친중 국가가 압도적으로 많으며 52위인 중국은 물론 82위 우즈베키스탄 이하 상당수의 국가는 친중 국가이다. 이를 나열하면 미얀마, 이란, 라오스, 아제르바이잔, 스리랑카, 네팔, 캄보디아, 파키스탄, 타지키스탄, 아프가니스탄, 북한 등이다. 82위 이하 유일한 친미 국가는 피지 하나뿐이다. 보건안보 측면에서 양 진영의 경쟁은 사실상 비교가 되지 않는다. 백신접종에 있어 양 진영의 상황은 큰 차이가 없으나 중국산 백신의 효과성에 한계가 있다 보니 그 효용성은 의구심이 드는 것이 현실이다.

COVID-19 피해 정도를 살펴보면 초기 단계에서는 개도국 혹은 중국 진영 국가가 선진국 혹은 미국 진영 국가보다 방역정책 주로 봉쇄 등을 통해 감염병의 확산을 막아 내는데 보다 효과적이었다. 하지만 중장기적으로 보면 치료제 및 백신 개발 없이 감염병을 차단할 수 없고 결국 백신접종이 감염병 척결의 관건이 된다. 선진국 내에서도 폐쇄(lockdown) 등을 강력히 시행한 국가와 그렇지 않은 국가로 구분되는데, 그 효과성에는 논란이 많다. 예를 들어, 코로나19시기 영국에서 강력한 거리두기 조치를 했지만 사망률을 크게 낮추지 못했다는 결론이 나왔다. 지난 3년간 방역정책의 공과에 대한 미국 존스홉킨스대와 스웨덴 룬드대 공동연구팀의 결론은 "당시 가혹한 봉쇄 조치는 코로나 사망률에 미미한 영향을 미쳤다"는 것이다. 국내에서도 과도한 거리두기에 대해 유사한 평가가 나오고 있다. 한국정책학회보의 '코로나 봉쇄 정책 분석'에 의하면 집합 제한과 자가격리, 국제 여행 제한의 경우 일정 수준 이상으로 통제가 강화되면 오히려 코로나 감염재생산지수(감염자가 바이러스를 옮기는 환자 수)가 증가하는 양상을 보였다고 한다. 반면 거리두기 효과를 지지하는 견해도 있다. 초기 단계 즉 백신 개발 이전에는 거리두기가 불가피하다는 것이다. 스웨덴도 확산 초기 자율 방역을 했다가 확진자가 급증하자 봉쇄로 돌아선 바 있다.

COVID－19와 관련하여 미국은 중국의 책임을 물으며 압박 중이다. 이에 중국은 발병지가 미국이라는 궤변으로 대항하기도 했다. 21세기 호흡기 질환의 주요 발병지는 중국으로 사스가 그 시작이고 코로나19가 최악의 상황을 조성했다. 코로나19는 미·중 패권 경쟁에서 중국을 뒤처지게 하고 있다. 발병국이라는 책임도 있으나 코로나19가 세계화 시대에 세계의 공장이 되어버린 중국의 위험성을 서구국가로 하여금 깨닫게 한 사건이었다. 이에 탈세계화가 탈중국화를 수반하고 있다. COVID－19의 만연은 미국을 따라잡으려는 중국에게 브레이크를 걸고 중국몽의 실현을 어렵게 하는 원인이 된 악재라고 할 수 있다. 진영 간 대결 및 진영 내 네트워크 경쟁에서 미국 진영이 중국 진영을 능가하며 패권 다툼을 미국에게 유리한 방향으로 이끌고 있는 것이 코로나19이다.

Chapter 07

# COVID-19와 다자관계

## 1 WHO와 보건안보

세계보건기구(WHO)[4]는 1948년 4월 7일에 설립된 국제공중보건을 담당하는 유엔 전문기구이다. 스위스 제네바에 본부를 두고 있으며 전 세계에 6개의 지역 사무소와 150개의 현장 사무소가 있다. WHO의 주요한 임무는 건강을 증진하고, 세계를 안전하게 유지하고, 취약한 사람들에게 봉사하기 위해 전 세계적으로 노력한다는 것이다. WHO는 천연두 박멸, 소아마비 근절, 에볼라 백신 개발 등 각종 공중보건 성과에서 주도적인 역할을 해 왔고, 현재 전염성 질병, 특히 HIV/AIDS, 에볼라, COVID-19, 말라리아 및 결핵 퇴치를 위해 매진하고 있다. 또한 심장병 및 암과 같은 비전염성 질병, 건강한 식단, 영양 및 식량 안보, 직업 건강, 약물 남용 등에 관심을 갖고 임무를 수행하고 있다.

한편 기관의 의사결정 기구인 세계보건총회는 34명의 보건 전문가로 구성된 이사회

4 7장 1절의 WHO와 관련한 일반적 설명 부분은 WHO 홈페이지에 근거한 내용임.

(집행위원회)를 선출하고 조언하는 역할을 한다. 현재 사무총장은 에티오피아의 테워드로스(Tedros Adhanom Ghebreyesus)이다. WHO는 자금 조달을 위해 회원국과 민간 기부자의 기부금에 의존한다. 세계보건기구(WHO) 사무총장이 경고한 바와 같이, WHO는 세계보건자금 조달과 관련해 역사상 가장 큰 혼란을 겪고 있다. 모든 부문의 기부금이 급격히 줄어들었다는 것이다. WHO 자금 위기는 미국이 이 기구를 탈퇴하겠다고 선언하면서 촉발됐다. 미국은 WHO 전체 예산 중 약 18%를 분담금으로 내왔는데, 도널드 트럼프 미국 대통령은 취임일인 지난 2025년 1월 20일에 WHO 탈퇴를 명령하는 행정명령에 서명했다. 미국의 실제 탈퇴가 이뤄지는 시점은 1년 후인 2026년 1월이다. 따라서 WHO는 2026~2027년도 예산을 42억 달러(약 6조 186억 원)로 전년도(53억 달러·약 7조 5,960억 원)보다 21% 줄일 방침이다. 대규모 직원 감축도 계획 중이며, WHO는 이미 2025년에만 6억 달러(약 8조 5,872억 원) 예산이 부족한 상황이다.

테워드로스 사무총장은 WHO가 예산 중 80%를 소수 국가의 자발적 분담금에 의존하고 있다며 오래 살아남기 위해선 재원을 다각화해야 한다고 주장했다. 문제는 친트럼프 성향의 각국 지도자들도 탈퇴 움직임에 동참하고 있어 향후 WHO의 자금난은 더 심각해질 것으로 전망된다. 아르헨티나 대통령도 WHO 탈퇴를 선언했고, 이탈리아와 헝가리, 인도도 탈퇴를 논의 중이다. '탈퇴 러시'가 이어지면 WHO가 가입국에 더 많은 분담금을 내달라고 요구할 가능성도 있다. 20세기 말 세계은행, 빌 & 멜린다 게이츠 재단, 미국 대통령의 AIDS 구호 비상 계획(PEPFAR), 세계 보건을 위한 수십 개의 공공-민간 파트너십과 같이 세계 보건에 종사하는 새로운 행위자들의 등장으로 이 분야의 대표적 국제기구로서 WHO의 위상은 약화되었다.

WHO의 설립과정을 살펴보면, 1851년 6월 23일에 처음 개최된 국제 위생 회의(ISC)는 1938년까지 개최된 일련의 회의로, 파리에서 열린 첫 번째 회의는 19세기 대부분 동안 ISC의 주요 관심사로 남아 있던 콜레라에 관한 것이었다. 당시 많은 전염병의 병인, 심지어 전염성까지도 여전히 불확실하고 과학적 논의의 문제로 인해 적절한 조치에 대한 국제적 합의에 도달하기 어려웠다. 1892년 베니스에서 열린 일곱 번째 회의는 수에즈 운하를 통과하는 선박의 위생 관리에만 관심이 있었고 콜레라의 유입을 막기 위한 노력이었다. 5년 후인 1897년에 베니스 회의에 참석한 19개 국가 중 16개 국가가 페스트에 관한 협약에 서명했다. 덴마크, 스웨덴-노르웨이 및 미국은 이 협약에 서명하지 않았지만, 이전 회의의 작업 이행을 위해 성문화해야 한다는 데 만장일치로 동의했다. 1902년부터 1938년 마지막 회의까지 이어지는 회의에서는 ISC의 관심 질병이 확대되었으며 황열병, 브루셀라병, 나병, 결핵 및 장티푸스에 대한 반응에 대한 논의가 포함되었다. 부분적으로는 회의의 성공에 힘입어 범미위생국(1902)과 국제위생국(1907)이 설립되었다. 1920년에 국제연맹이 결성되었을 때 국제연맹의 보건기구를 설립했다. 제2차 세계대전 후 UN은 다른 모든 의료 기구를 흡수하여 WHO를 설립했다.

WHO 헌장은 1946년 7월 22일에 UN의 51개국 모두와 10개국이 서명했다. 그리하여 모든 회원국이 가입한 최초의 UN 전문기구가 되었다. 헌장은 1948년 4월 7일 제1회 세계 보건의 날에 공식적으로 발효되었다. 세계보건총회의 첫 번째 회의는 1948년 7월 24일에 끝났으며 1949년 예산은 미화 500만 달러(당시 £1,250,000)였다. 치점(G. Brock Chisholm)은 WHO의 사무총장으로 임명되어 계획 단계에서 사무총장과 창립 멤버를 역임했으며, 슈탐파르(Andrija Štampar)가 회의의 초대 회장이었다. WHO의 우선 과제는 말라리아, 결핵 및 성병의 확산을 통제하고 모자 건강, 영양 및 환경 위생을 개선하는 것이었다. 첫 번째 규범 입안은 질병의 확산 등에 대한 정확한 통계의 편집에 관한 것이었다.

WHO의 주요 활동 경과를 살펴보면 다음과 같다.

1947년: 텔렉스를 통해 역학 정보 서비스 구축

1950년: BCG 백신을 사용한 대규모 결핵 접종 운동 시작

1955년: 말라리아 퇴치 프로그램 시작

1958년: 소련 보건부 차관 Viktor Zhdanov는 천연두 박멸을 위한 글로벌 이니셔티브를 수행할 것을 세계 보건 총회에 촉구, 결의안 채택

1965년: 당뇨병에 관한 최초의 보고서 및 국제 암 연구 기관 설립

1967년: 매년 200만 명이 천연두로 사망할 때 새로운 질병 감시 방법을 채택하고 연간 240만 달러를 기부함으로써 세계적인 천연두 박멸 캠페인을 강화 / 1979년 천연두가 근절되었다고 선언, 이는 인간의 노력으로 근절된 역사상 최초의 질병

1986년: HIV/AIDS에 대한 글로벌 프로그램 시작

1988년: 글로벌 소아마비 박멸 이니셔티브 설립

2001년: 홍역 이니셔티브가 형성되었고, 2007년까지 전 세계적으로 홍역으로 인한 사망을 68% 줄이고자 함

2002년: AIDS, 결핵 및 말라리아 퇴치를 위한 글로벌 기금 마련

2005년: 새로운 건강 위협과 2002~3 SARS 전염병의 경험에 비추어 국제 보건 규정(IHR)을 개정하여 무엇보다도 WHO가 건강 위협을 국제적 공중보건 비상사태로 선언할 수 있는 권한을 부여

2020년: COVID-19 대유행의 전 세계적인 확산을 통제하는 데 도움을 줌

2022년: WHO는 새로운 글로벌 보건 긴급 인력과 함께 글로벌 보건비상위원회 구성을 제안하고 국제보건 규정의 개정을 권고

2025년: 팬데믹 협약(Pandemic Agreement) 체결

WHO 헌장에는 그 목표가 "모든 사람이 가능한 최고 수준의 건강을 달성하는 것"이라고 명시되어 있다. 2012년부터 WHO는 공중보건에서의 역할을 다음과 같이 규정하고 있다. 이는 "건강에 중요한 문제에 대한 리더십을 제공하고 공동 조치가 필요한 파트너십에 참여한다. 연구 의제를 설정하고 귀중한 지식의 생성, 번역 및 보급을 지지한다. 규범과 표준을 설정하고 이행을 촉진하며 모니터링한다. 윤리적이고 증거에 기반한 정책 옵션을 설명한다. 기술 지원 제공, 변화 촉진 및 지속가능한 제도적 역량 구축 그리고 건강 상태를 모니터링하고 건강 경향을 평가한다" 등이다.

한편 WHO 우선순위 영역 중 하나는 "전 세계적으로 사망 원인의 거의 71%를 차지하는 만성 비전염성 질병, 정신 장애, 폭력 및 부상, 시각 장애로 인한 질병, 장애 및 조기 사

망"의 예방 및 감소이다. WHO는 두 개의 국제 마약 통제 협약(1961년 마약 단일 협약 및 1971년 향정신성 물질 협약)에 따라 국제 마약 통제를 위한 물질에 대한 과학적 평가를 수행할 의무가 있다. WHO는 2012년에 1,260만 명이 건강하지 못한 환경에서 생활하거나 일한 결과로 사망했다고 추산한다. 이는 전 세계 사망자의 거의 4분의 1에 해당하는 수치이다. 공기, 물, 토양오염, 화학물질 노출, 기후변화, 자외선과 같은 환경적 위험 요소는 100가지 이상의 질병과 고통에 기여한다. 이로 인해 많은 공해 관련 질병이 발생할 수 있다. 2018년 WHO는 대기오염 및 건강에 관한 첫 번째 글로벌 회의(대기 질 개선, 기후변화 방지 등 생명 구하기)를 세계기상기구(WMO), 유엔기후변화협약(UNFCCC) 사무국과 협력하여 조직한 바 있다.

COVID-19와 관련하여 WHO는 2020년 1월 1일 중국 보건 당국이 원인을 알 수 없는 폐렴 사례 집단을 신고한 지 하루 만에 사고 관리 지원팀을 구성했다. 1월 5일 WHO는 발병 사실을 모든 회원국에 알렸고 이후 모든 국가에 대응 방법에 대한 지침을 제공했으며 중국 이외의 지역에서 첫 번째 감염을 확인했다. 2020년 1월 14일, WHO는 중국 당국이 실시한 예비 조사에서 우한에서 확인된 신종 코로나바이러스(2019-nCoV)의 사람 간 전염에 대한 명확한 증거를 찾지 못했다고 발표했다. 당일 WHO는 제한된 인간 간 전염에 대해 경고했고, 일주일 후에 인간 간 전염을 확인했다. 1월 30일 WHO는 국제적 공중보건 비상사태(PHEIC)를 선언했고, 국제사회를 위한 '행동 촉구' 및 '마지막 수단' 조치로 간주했으며 3월 11일 팬데믹을 선언했다.

COVID-19 감염병에 대한 글로벌 대응을 조직하고 국제적으로 콜레라, 홍역 및 기타 전염병에 대한 '35개 이상의 비상 작전'을 감독하는 동안 WHO는 위기에 대한 중국의 공중보건 대응을 칭찬하는 동시에 미국과 중국 사이의 '외교적 균형 행위'에 치중했다. 이에 미국 트럼프 대통령은 2020년 4월 14일, WHO가 "코로나바이러스의 확산을 심각하게 잘못 관리하고 은폐"하는 역할을 하고 있다고 비판하면서 WHO에 대한 미국의 자금 지원을 중단하겠다고 말했다. 당시 세계 지도자들과 보건 전문가들은 트럼프 대통령을 크게 비난했다. WHO는 발표를 "유감스럽다"고 말하며 전 세계에 COVID-19의 출현을 알리는 조치를 옹호했다.

WHO 회원국은 2025년 현재 194개 국가이다. 개별 국가는 세계보건기구 현장으로 알려진 조약을 비준함으로써 WHO의 정회원이 된다. 또한 몇몇 국가들은 옵서버 지위를 부여받는다. 예를 들어, 팔레스타인은 옵서버 국가이다. 교황청은 참관인으로 참석하며, '비회원국 참관인'으로서의 참여는 2021년 총회 결의로 공식화되었다. 대만 정부는 2009년부터 2016년까지 옵서버 자격으로 '차이니스 타이페이'라는 명칭으로 참가할 수 있었지만 그 이후로 다시 초청되지 않았다. 미국은 대만 정부의 참가를 지지하고 있으나 중국은 반대하는 입장이다. WHO 회원국은 WHO의 최고 의사결정 기구인 세계보건총회에 대표단을 임명하며 세계보건총회는 모든 회원국의 대표단이 참석하고 조직의 정책을 결정한다. 이사회(집행위원회)는 세계보건총회의 결정과 정책에 영향을 미친다. 또한 UN 옵서버 조직인 국제적십자위원회 등은 WHO와 '공식 관계'를 맺고 옵서버로 초청된다.

회원국으로서 중국의 경우 1912년부터 1949년까지 중국 본토를 지배했고 제2차 세계대전 이후 1945년부터 대만을 통치하고 있는 중화민국(ROC)은 WHO 창립 때부터 조직 내에서 '중국'을 대표했지만 결국 바뀌었다. 1949년 중국공산당(CCP)이 설립한 중화인민공화국(PRC)은 1971년 WHO와 유엔 기구에서 ROC를 축출했다. 그 이후로 하나의 중국 정책에 따라 ROC와 PRC는 서로의 영토에 대한 주권을 주장해 왔다. 2009년 5월, 중화민국 보건부는 WHO의 초청을 받아 '차이니즈 타이페이'라는 이름의 옵서버 자격으로 제62차 세계보건총회에 참석했다. 이는 1971년 마잉주(Ma Ying-jeou)가 중화민국의 총통이 된 이후 개선된 양안 관계의 결과로 1971년 이후 처음으로 WHO 회의에 ROC가 참석한 것이다. WHO에 대한 참여는 2016년 선거 이후 독립 성향의 민진당이 집권한 이후 중국의 외교적 압력으로 인해 종료되었다. PRC의 정치적 압력으로 인해 ROC는 WHO 및 기타 UN 산하기관의 회원 자격이 박탈되었으며 2017년부터 오늘에 이르기까지 WHO는 대만 대표의 WHO 연례 총회 참석을 거부했다. 2018년 5월 미국 하원의원 172명은 세계보건기구(WHO) 사무총장에게 서한을 보내 WHA의 옵서버로 대만을 포함시켜야 한다고 주장했다. 미국, 일본, 독일, 호주, 캐나다, 뉴질랜드, EU는 모두 대만이 WHO에 포함되는 것을 지지한다는 의사를 표명한 바 있다.

COVID-19 대유행의 결과로 ROC가 WHO에 참여하도록 허용해야 한다는 압력이 커졌다. 대만이 발병에 관한 긴급회의에서 제외되면서 대만의 다양한 정당이 보기 드문 공동 전선을 갖게 되었다. 대만의 제1야당인 국민당(KMT: Chinese Nationalist Party)은 질병이 정치나 지리를 존중하지 않는다고 주장하며 배제된 것에 분노를 표명했다. 중국은 그 누구도 중화인민공화국의 중앙정부보다 대만 국민의 건강과 복지에 더 신경을 쓰는 사람은 없다고 주장하면서 대만인 편입에 대한 우려를 다시 일축했다. 2019~20년 COVID-19 대유행에 대한 대만의 효과적인 대응은 WHO 회원 자격을 강화했다. 발병에 대한 대만의 대응은 많은 전문가로부터 찬사를 받았다.

WHO 내 기관을 살펴보면, 세계보건총회(WHA)는 WHO의 입법기관이자 최고기관이다. 제네바에 기반을 두고 있으며 일반적으로 매년 5월에 모임을 갖는다. 5년마다 사무총장을 임명하고 제안된 예산을 포함하여 WHO의 정책 및 재정 문제에 대해 투표한다. 또한 이사회의 보고서를 검토하고 추가 검토가 필요한 작업 영역이 있는지 여부를 결정한다. 총회는 보건 분야에서 기술적으로 자격을 갖춘 34명의 위원을 선출하여 3년 임기의 집행이사로 선출한다. 이사회의 주요 기능은 총회의 결정과 정책을 수행하고 조언하고 업무를 용이하게 하는 것이다. 2025년 5월 현재 이사회 의장은 바베이도스의 월코트(Jerome X. Walcott) 박사이다. WHO의 수장인 사무총장은 세계보건총회에서 선출된 사무총장이고, 임기는 5년이며 통상 5월 정기총회에서 선임된다. 현 사무총장은 2017년 7월 1일에 임명된 Tedros Adhanom Ghebreyesus 박사이다.

지역, 국가 및 연락 사무소 외에도 세계보건총회는 연구를 촉진하고 수행하기 위해 다른 기관도 설립했다. 이는 국제암연구소(IARC), 6개 지역 사무소 등이다. 각 지역 사무소를 언급하면, 아프리카 지역 사무소[콩고 공화국 브라자빌; 이집트, 수단, 지부티, 튀니지, 리비아, 소말리아 및 모로코를 제외한 대부분의 아프리카를 포함; 임시 지역 책임자는 나이지리아의 Dr. Chikwe Ihekweazu], 서태평양 지역 사무소[필리핀 마닐라; SEARO 및 EMRO에서 서비스를 제공하지 않는 모든 아시아 국가와 오세아니아의 모든 국가 포함; 지역 책임자는 통가의 Dr. Saia Ma'u Piukala], 동지중해 지역 사무소[EMRO; 이집트 카이로; 이스라엘을 제외한 중동의 모든 국가뿐만 아니라 아프리카 지역 사무소에 포함되지 않은 아프리카 국가 및 파키스탄 포함; 지역 책임자는 사우디아라비아의 Dr. Hanan Balkhy], 동남아시아 지역 사무소[SEARO; 인도 뉴델리; 인도, 북한 포함; 지역 책임자는 방글라데시의 Saima Wazed], 유럽 지역 사무소[덴마크 코펜하겐; 유럽 전체(리히텐슈타인 제외), 이스라엘, 구 소련 전체를 포함; 지역 책임자는 벨기에의 Dr. Hans Henri P. Kluge], 미주 지역 사무소[미국 워싱턴 D.C.; Pan American Health Organization(PAHO)으로도 알려져 있으며 아메리카 대륙 모든 국가 포함; 지역 책임자는 브라질의 Dr. Jarbas Barbosa]이다. WHO의 지역 사무소는 "(각 정의된) 지역의 특별한 필요를 충족시키기 위한 지역 조직"으로 WHO의 예산에 대한 중요한 논의를 포함하여 지역수준에서 많은 결정을 행한다. 각 지역에는 일반적으로 1년에 한 번, 일반적으로 가을에 모이는 지역위원회가 있다. 정회원이 아닌 국가를 포함하여 각 지역의 각 회원 또는 준회원이 대표로 참석한다. 각 지역 사무소는 지역위원회에서 선출된 이사가 이끌고 있다. 1999년부터 지역 이사는 1회 갱신 가능한 5년 임기로 봉사한다.

WHO는 149개 국가 및 지역에서 7,000명의 직원을 고용하여 그 역할을 수행한다. WHO는 '친선 대사'를 운영하는데, WHO의 이니셔티브 및 프로젝트에 대한 관심을 끌기 위한 예술, 스포츠 또는 기타 공공 생활 분야의 구성원으로 활동한다. 현재 5명의 친선 대사와 파트너십 프로젝트와 관련된 추가 대사가 있다. 2017년 10월 테워드로스 사무총장은 당시 짐바브웨 대통령인 무가베(Robert Mugabe)를 비전염성 질병과의 싸움을 촉진하기 위해 WHO 친선 대사로 임명했다. 하지만 이 임명은 인권에 대한 무가베의 추악한 기록으로 인해 다음 날 취소되었다. 또한 WHO에는 유럽연합, 유엔, 세계은행 및 국제통화기금을 담당하는 단일 사무소를 포함하여 여러 연락 사무소 등을 운영하고 있다.

WHO의 재정 상황을 살펴보면 다음과 같다. 세계보건기구는 회원국과 외부 기부자의 기부금으로 자금을 조달한다. 2020년 기준 가장 큰 기부국은 미국으로 매년 4억 달러 이상을 기부한다. WHO에 대한 미국의 기부금은 미국 국무부의 CIO(Contributions to International Organizations) 계정을 통해 자금이 조달되며, 2018년에 가장 큰 기부자(각각 1억 5천만 달러 이상)는 미국의 빌 & 멜린다 게이츠 재단과 영국, 독일 및 백신 연합인 GAVI였다. WHO 집행위원회는 2021년에 지속가능한 금융에 관한 실무 그룹을 구성하여 WHO

의 자금 조달 전략을 재고하고 권장 사항을 제시하는 임무를 맡았다. 그 권고안은 2022년 세계 보건 총회에서 채택되었다. 2020년 4월, 도널드 트럼프 미국 대통령은 WHO에 대한 자금 지원을 중단할 것이라고 발표했다. 이 발표는 유엔 사무총장인 구테레스(António Manuel de Oliveira Guterres)를 포함한 세계 지도자들로부터 즉시 비판을 받았다. WHO는 예산 확보를 위해 자금을 유치하는데, 평가 기여금은 회원국이 국가의 경제적 부와 인구에 따라 부담하는 회비이다. 지정된 자발적 기부금은 회원국 또는 기타 파트너가 제공하는 특정 프로그램 영역을 위한 기금이다. 핵심 자발적 기여금은 회원국 또는 기타 파트너가 제공하는 유연한 사용을 위한 자금이다.

당시 WHO의 백신접종 상황을 살펴보면 다음과 같다. COVID-19 백신과 관련하여, WHO는 COVID-19 백신에 대한 접근성을 높이기 위한 모멘텀을 유지하기로 결정했으며, 생명을 구하고 사람들이 중병에 걸리지 않도록 백신 전달을 가속화하는 국가를 계속 지원하고자 했다. 개별국가는 인구의 70% 이상에게 백신을 접종하기 위해 계속 노력해야 하며, 의료 종사자의 100%와 60세 이상, 면역력이 약하거나 기저 질환이 있는 사람을 포함하여 가장 취약한 그룹의 100%를 우선적으로 접종해야 한다고 강조했다.

COVAX는 Access to COVID-19 Tools (ACT) Accelerator의 백신 프로그램이다. ACT Accelerator는 COVID-19 테스트, 치료 및 백신에 대한 개발, 생산 및 공평한 접근을 가속화하기 위한 획기적인 글로벌 협력인 것이다. COVAX는 CEPI(Coalition for Epidemic Preparedness Innovations), GAVI 및 세계보건기구(WHO)와 주요 전달 파트너인 UNICEF가 공동으로 이끌고 있다. 미주 지역에서는 PAHO Revolving Fund가 COVAX의 조달 대행사로 인정받고 있다. COVID-19 백신의 개발 및 제조를 가속화하고 전 세계 모든 국가에 공정하고 공평한 접근을 보장하는 것을 목표로 한다. WHO는 COVAX 내에서 다양한 역할을 수행한다. 또한 백신 정책, 규제, 안전, R&D, 할당, 국가 준비 및 제공에 대한 규범적 지침을 제공한다. WHO는 백신 안전성 모니터링에 대한 글로벌 조정 및 회원국 지원을 제공한다. WHO, UNICEF 및 GAVI는 백신 물량을 예방 접종을 받고 보호받는 지역사회로 전환하는 것이 시급함을 인식하여 Vaccine Alliance에서 COVID-19 백신 전달 파트너십(CoVDP)을 시작했다.

백신 병목 현상을 이해하기 위해 국가와 긴밀히 협력하여 CoVDP는 긴급 운영 자금, 예방접종을 신속하게 확대하고 목표를 향한 진행 상황을 모니터링하기 위한 지원을 한다.

2022년 2월 17일과 18일에 G20 재무장관과 중앙은행 총재의 첫 회의가 개최되어 더 많은 COVID-19 백신을 보급하기 위한 백신 배치 전략이 논의되었다. 보고서는 더 높은 수준의 COVID-19 백신 접종 범위를 지원하고 COVID-19 백신 전달 파트너십(CoVDP) 및 ACT-Accelerator의 리더십을 지원하는 작업에 참여하는 6개 국제기구의 지원으로 작성되었다. WHO와 세계은행은 COVID-19에 대한 다자간 지도자 태스크포스의 일원으로서 IMF 및 WTO와 CoVDP의 일원으로서 GAVI와 유니세프와 협력하여 이 보고서를 공동 작성했다. 특히 의료 종사자와 기타 가장 위험에 처한 인구를 위한 COVID-19 백신에 대한 전 세계 공평한 접근은 팬데믹의 공중보건 및 경제적 영향을 완화하는 유일한 방법이다. 2023년 6월 기준 전 세계적으로 130억 개 이상의 COVID-19 백신이 투여되었다.

여기서 WHO와 관련한 국제사회의 쟁점을 논의하면 다음과 같다.

우선 WHO 운영을 둘러싼 미국과 중국의 갈등을 들 수 있다. 트럼프 행정부하에서 세계보건기구(WHO)의 최대 자금줄인 미국이 WHO의 자금 지원 확대안에 반대하고 나섰었다. 미국은 WHO에 한 해 4억~5억 달러의 기여금을 주는 '대주주'다. WHO의 2018~2019년도 예산 자료에 따르면 미국의 기여금은 8억9천300만 달러(약 1조859억 원)로 회원국 가운데 가장 많다. 같은 기간 WHO의 전체 예산이 56억2천360만 달러(약 6조8천383억 원)였던 점을 고려하면, 미국이 지원을 중단할 경우 WHO로서는 엄청난 규모의 예산 부족이 발생하는 것이다. 2019년 WHO 연간 총 예산의 15%에 해당하는 기여금을 낼 정도로 'WHO 최대 자금줄'인 미국은 코로나19 사태 이후 WHO에 대해 비판적인 입장을 취해 왔다. 트럼프 전 미국 대통령은 지난 2020년 "중국이 WHO를 절대적으로 통제하고 있다"며 5월 WHO 탈퇴를 유엔에 공식 통보한 바 있다. 앞서 WHO는 회원국들의 의무 분담금을 2024년부터 점진적으로 확대해 2028년에는 20억달러 규모에 달하는 핵심 예산의 절반을 분담금으로 충당한다는 내용의 개편안을 발표한 바 있다. 개편안 지지자들은 회원국들과 빌 & 멜린다 게이츠 재단 등 자선단체의 자발적 기부금에 의존하는 현 시스템이 WHO의 독립성을 해칠 수 있다고 본다. 기금을 제공한 측이 정한 우선순위에 집중하게 되고, 일이 잘못되더라도 주요 기여국을 적극적으로 비판할 수 없다는 것이다. WHO 자금 개편안에 자문하기 위해 임명된 전염병 관련 독립 패널들도 현 시스템이 WHO의 청렴성과 독립성에 중대한 위험을 끼칠 수 있다며 핵심 예산의 75%까지 각 회원국의 의무 분담금으로 충당할 것을 권했다. 그러나 미국은 중국을 포함한 미래의 위협에 맞설 WHO의 능력이 우려된다는 이유로 개편안에 반대했다. 대신 미국은 회원국들이 직접 통제하는 별도의 기금을 만들어 보건 비상사태를 예방하고 통제하도록 하자는 입장이다. 미국은 조 바이든 대통령 취임 직후 WHO에 재가입했지만, WHO가 중국으로부터의 위협 등에 대처할 수 있는 구조나 능력을 갖출 수 있을지 우려스럽다면서 WHO에 중대한 개혁이 필요하다고 말했다. 독일 등 주요 유럽 회원국들과 아프리카·남아시아·남미·아랍 지역의 대부분 국가는 WHO의 분담금 개편안을 지지한 것으로 전해졌다.

WHO와 미국의 관계 악화는 중국에서 신종 코로나바이러스 감염증(COVID-19) 발병이 처음 보고됐을 때로 거슬러 올라간다. WHO의 수장인 테워드로스 사무총장은 사태 초기부터 중국을 두둔한다는 비판을 받았다. 중국은 그가 사무총장 자리에 오르는 데 큰 역할을 했고 WHO에 대한 통 큰 지원도 약속한 나라다. 그는 중국 내부에서조차 당국의 초기 대응 실패를 지적하는 데도 베이징에서 시진핑(習近平) 주석 등 중국 지도부를 만난 자리에서 적절하지 않은 언행을 보였다. 심지어 WHO 본부가 자리한 스위스 제네바에서 열린 기자회견에서는 국제사회가 중국의 조처에 감사와 존경을 보내야 한다고까지 했다. '국제적 공중보건 비상사태(PHEIC)'를 선포하면서도 "중국에서 발생하고 있는 일 때문이 아니라 다른 나라에서도 일어나고 있는 일 때문"이라며 "이번 선언은 중국에 대한 불신임 투표가 아니다"라고 부연했다. 이 같은 언행에 국제 여론은 악화됐고 이후 미국이 코로나19의 최대 피해국이 되면서 트럼프 대통령은 급기야 WHO가 중국 편을 들고 있다며 초강수를 둔 것이다. 트럼프 대통령의 진짜 속내를 차치하더라도 코로나19 팬데믹 사태에서 WHO와 테워드로스 사무총장이 보인 대응에 국제사회의 시선이 곱지 않은 것은 사실이다. 미국 등 일각에서는 사무총장의 교체를 요구하는 목소리까지 나왔다.

세계보건기구(WHO)가 글로벌 보건활동 자금 마련을 위한 재단을 출범시켰다. 최대 지원국인 미국이 자금 지원을 끊겠다고 위협하며 존립 자체가 위태로워지자, 회원국의 입김에 휘둘리지 않고 조직을 안정적으로 운영할 방안 찾기에 나선 것이다.

재단 출범으로 일반 개인과 기업으로부터 기부금을 받아 재량권을 갖고 더 적극적인 글로벌 보건활동을 펼치겠다는 취지다. '세계보건기구 재단' 출범 소식은 트럼프 미국 대통령이 "코로나19 초기 세계보건기구가 중국의 눈치를 보느라 제대로 대응하지 못했다"며 자금 지원 중단을 압박하고 있는 가운데 나왔다. 2021년 1분기 기준 WHO 2020~2021년 프로그램 예산(2년 단위)은 90.0억 달러(이 중 의무분담금은 9.56억 달러)이며, 우리나라는 WHO 의무분담금 2,169만 달러(세계 11위)과 자발적 기여금 6,827만 달러를 포함한 총 8,996만 달러(세계 8위)를 기여했다. WHO에 가장 많은 돈을 내는 곳은 미국으로 분담 비율이 22%에 이른다. 미국의 연간 분담금은 1억1,577만 달러(약 1,935억 원)이다. 다만 이런 의무 분담금 이외에 각국 정부는 자발적 기여금도 낸다. 외신보도에 따르면 미국은 2018~2019년도에 WHO에 8억9,300만 달러의 기여금을 보냈다. 2위는 중국으로 분담 비율은 12.0058%, 분담금은 5,744만 달러이다. 3위는 일본이며 분담 비율과 분담금은 각각 8.5645%, 4,098만 달러이다. 4~10위는 순위별로 독일, 영국, 프랑스, 이탈리아, 브라질, 캐나다, 러시아이다. 북한은 분담 비율이 0.0060%이며 분담금은 2만8,710달러이다. 우리 경제규모 성장에 따라 분담 비율도 커지는 추세다. 2016, 2017년 1.9941%였던 한국의 분담 비율은 2018년 2%(2.0391%; 13위)를 처음 넘어섰다. 2020년 분담 비율이 현 수준으로 한번 더 오르며 호주(2.2101%), 스페인(2.1461%)를 앞지르고 11위에 올랐다. 미국 정부의 '흔들기'에도 신종 코로나 사태에서 드러나듯 보건의 국제 공조 중요성은 갈수록 커질 수밖에 없다.

하지만 미국의 보건 예산 삭감은 국제기구에만 해당되는 일이 아니다. 미국 질병통제예방센터(CDC) 예산도 10년 전에 비하면 절반밖에 안 된다. 2008년 경제 위기 이후 부시·오바마·트럼프 정부를 거치며 예산이 대폭 삭감됐다. 미국이 주도해 만든 WHO는 처음부터 미국 제국주의의 이해관계에 좌우되는 처지였다. 예컨대 WHO는 1959년 5월 28일 미국이 발의해 설립된 국제원자력기구(IAEA)와 협약을 체결했는데, 그 내용은 WHO가 핵과 관련된 내용을 발표하려면 IAEA의 사전 승인을 얻어야 한다는 것이었다. 그때 이후로 WHO는 방사능이 건강에 끼치는 영향에 관해 한 번도 입장을 발표하지 않고 있다. 게다가 미국은 지난 수십 년간 WHO의 능력과 위상을 크게 떨어뜨려 왔다. 세계의 보건을 책임진다는 WHO의 2018~2019년 예산은(WHO는 2년 단위로 예산을 짠다) 5조 원 정도로 미국의 대형 종합병원 1년 예산과 비슷한 수준이다. 6조 원을 조금 넘는 미국 질병통제예방센터(CDC)의 1년치 예산보다도 적다(2019년). 미국이 투자를 줄여 온 결과다.

**그림 42** WHO 재정 구조 (단위: 백만 달러)

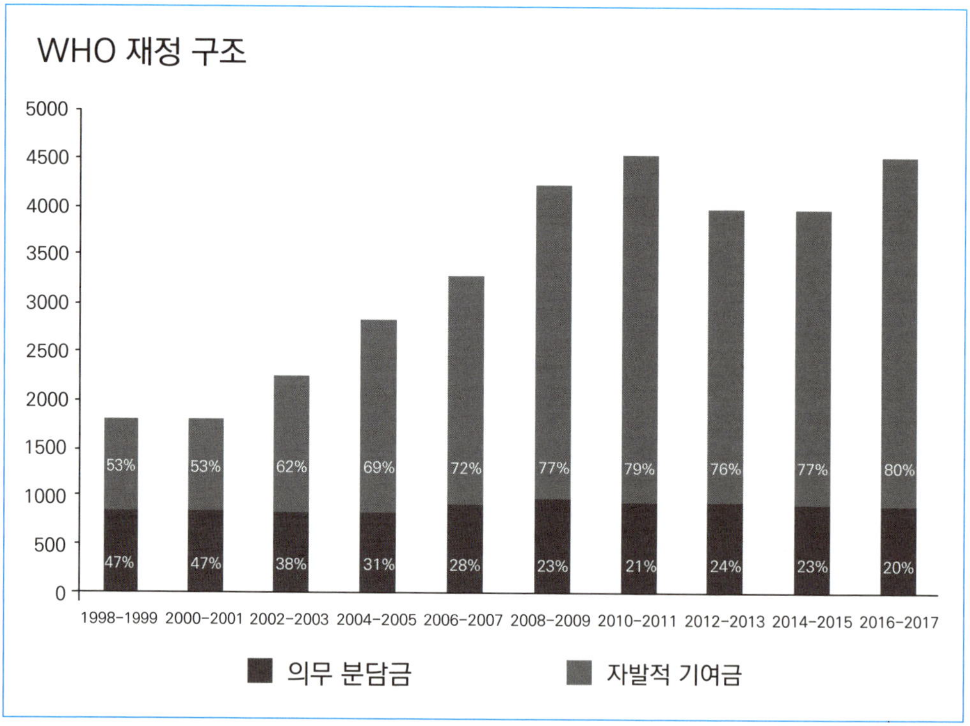


*출처: https://ws.or.kr/article/24042

**그림 43** 국가별 WHO 2024~2025년 의무 분담률 비율(%)

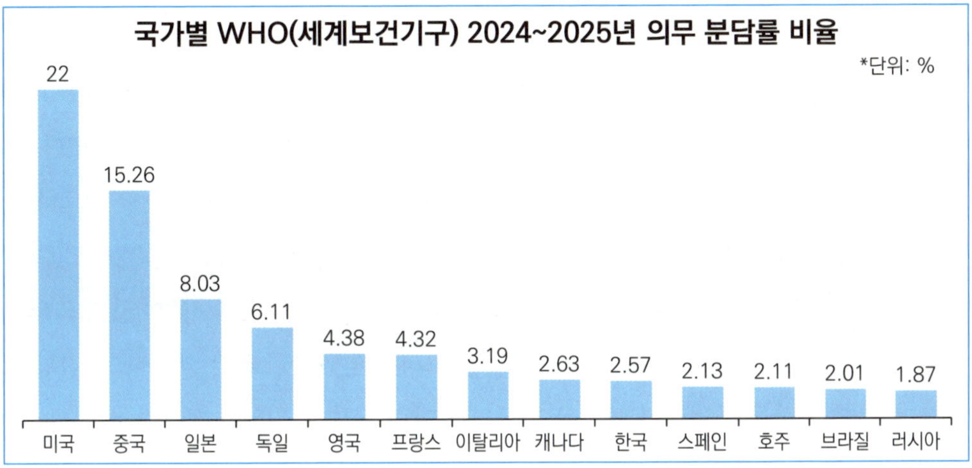


*출처: WHO

세계 보건에 대한 미국의 투자가 급감하면서 WHO 같은 기구들의 능력이 크게 쇠퇴한 반면, 상대적으로 지난 20여 년 동안 빠르게 성장한 중국의 영향력은 그 기구 내에서 상대적으로 커졌다. 중국의 '보건 실크로드' 계획에 대한 WHO의 지원과, WHO 고위관료들이 장차 핵심 활동 영역으로 삼고 있는 남반구의 보편적 건강 보장 계획에 대한 중국의 지원 등이 그 일환이라는 것이다. 중국은 이를 남반구에 대한 영향력을 키우는 데 이용하고자 한다.

WHO는 중국 정부가 해외 전파를 차단하려는 노력을 거의 하지 않는 것에 대해서도 문제 삼지 않았다. 미국 같은 선진국들이 나중에 한 것처럼 국경과 공항을 모두 봉쇄했어야 한다는 뜻은 아니다. 그러나 중국과 국경을 마주한 나라 중에는 북한처럼 가난하고 보건 기반 시설이 취약한 나라들이 있다. 그런데 WHO는 이 점을 무시한 채 국경 봉쇄는 대책이 아니라며 여행과 교역을 중단하지 말라고 권고했다. 이들 나라에 코로나19가 전파됐을 때 벌어질 재난보다 중국 경제를 더 걱정해 준 것이다. 중국 정부는 감염이 크게 확산하자 우한 지역 전체를 봉쇄하는 권위주의적 조처를 시행했는데, 테워드로스는 이 조처도 지지했다. 사건을 은폐하든 도시를 봉쇄하든 그저 시진핑이 옳다는 식이었다. 테워드로스와 중국 정부의 밀월관계는 잘 알려져 있다. 테워드로스는 에티오피아 출신으로 영국에서 공부를 하고 귀국해 보건복지부 장관(2005~2012년)과 외무부 장관(2012~2017년)을 지냈다. 중국은 2000~2017년 에티오피아에 137억 달러의 차관을 제공했다. 테워드로스는 이 돈으로 당시 에티오피아에 3곳밖에 없던 의과대학을 33곳으로 늘렸다. 보건과 위생, 영양에 대한 투자가 늘면서 결핵·말라리아·에이즈 치명률이 90퍼센트나 줄었다. 에티오피아의 영웅이 된 테워드로스는 2017년 WHO의 첫 직선 사무총장으로 당선됐다. 이 선거에서 중국 정부는 테워드로스를 지지하며 10조 원을 지원하겠다고 약속했다. WHO의 2년 예산이 5조 원 정도인 것을 고려하면 만만치 않은 액수다. 시진핑 정부도 평범한 사람들의 건강이 아니라 자국의 영향력 확대를 위해서 국제보건기구를 이용할 뿐이다.

그동안 WHO에 가장 많은 금액을 기부해 온 국가는 미국이었다. 매년 전체예산의 10~15%를 미국이 낸 자발적 기부금으로 충당했다. 하지만 코로나19 팬데믹 사태로 미국과의 관계가 틀어지면서 당시 최대 기부국은 독일로 바뀌었다. 2021년 4분기 기준, 독일은 WHO에 9억5,284만 달러(1조1,300억 원)를 지원했다. 두 번째로 많은 기부금을 낸 곳은 국가가 아니라 빌게이츠 재단(5억9,288만 달러; 7,100억 원)이다. 이어 미국(4억4,784만 달러; 5,300억 원), 영국(3억6,709만 달러; 4,380억 원), 유럽연합집행위원회(3억958만 달러; 3,690억 원), 일본(1억2,232만 달러; 1,460억 원), 중국(6,278만 달러; 750억 원), 한국(4,710만 달러; 560억 원) 등 순이다. 미국이 중국보다 훨씬 많은 금액을 지원하는데도 WHO가 코로나19 초기 노골적으로 '중국 편들기'에 나선 것은 앞으로 10년간 600억 위안(11조3,000억 원)을 기부금으로 내겠다는 중국의 약속 때문이었다는 해석이 나온다. WHO가 코로나19 기원을 조사하겠다며 2020년 초 중국을 방문하고도 진원지인 우한을 가지 않았고, 우한 기원설의 증거가 없다고 납득하기 어려운 주장을 한 것도 같은 맥락이다.

**그림 44** WHO 예산 규모 및 주요 지정 기부금 납부액 (단위: 만 달러)

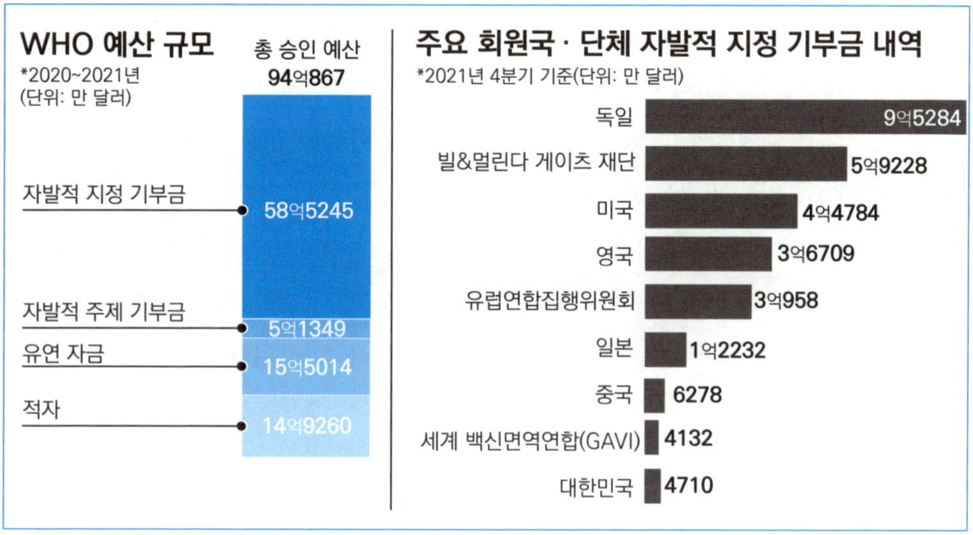


*출처: WHO

다음으로 WHO와 관련된 쟁점은 백신접종 문제이다. 당시 아시아(중국 제외)와 아프리카의 접종률은 각각 8%, 2%로 저조한 상황이었다. 한국은 접종 개시는 다소 늦었으나 6월 이후 접종 속도가 빨라지며 당시 약 30%의 접종률을 기록했다. 백신 접종률이 일정 수준에 도달하기까지 유행 통제는 사회적 거리두기의 효과적인 수행에 달려 있었으며, 섣부른 방역조치 완화는 감염의 재확산을 야기할 수 있었다. 유럽 주요국은 백신접종 개시 후 감염 규모가 급증하였으나 봉쇄에 준하는 방역조치를 통해 확산세를 저지하였으며, 이후 접종률이 증가하면서 상황이 빠르게 안정되는 추세를 보였다. 반면 접종 진행과 함께 거리두기를 완화한 칠레, 바레인, 브라질, 페루, 인도 등에서는 변이 유행 등의 영향으로 감염 통제에 어려움을 겪었다. 단 고위험군의 접종률이 올라간 상황에서는 같은 규모의 유행이어도 치명률은 감소하는 경향이 관찰되었다. 사회적 거리두기의 사회경제적 비용과 지속가능성, 시민들의 순응도를 고려하여 방역조치를 현실화하는 노력이 병행되어야 했다. 주요국은 백신 접종률을 높이기 위해 다양한 인센티브를 활용하고 있으며, 접종자의 내부적인 동기를 훼손하지 않으면서 방역에 부담을 줄이는 방식의 인센티브 도입이 필요했다. 방역조치 완화를 백신접종의 혜택으로 제공할 경우 감염 확산에 부정적인 영향을 미칠 가능성이 있었다. 금전적 인센티브는 장기적으로 백신에 대한 수용성을 하락시킬 수 있으므로, 백신접종을 통해 스스로 안전해지고, 가족과 지인을 보호하며, 더 자유롭게 생활할 수 있다는 내부적 동기를 강화하는 방향으로 인센티브를 설계해야 했다. 이와 더불어 모든 계층이 백신에 대한 접근성을 보장받을 수 있도록 하는 정책적 배려가 필요했다. 국내 유행 상황이 안정되어도 전 세계적으로 유행이 통제되기 전에는 안심할 수 없으므로, 백신 접근에 어려움을 겪는 중저소득 국가에 대한 지원을 강화하여 백신 보급 불균형을 해소할 필요가 있었다. 한국 역시 위탁생산을 통해 백신 생산량 확대에 기여할 수 있으며, WHO, 코백스 AMC, G20, WTO 등의 다자간 논의에 적극 참여해야 했다.(장영욱·윤형준, 2021)

**그림 45** 국제사회의 백신접종 상황 (2021년 기준)

그림 1. 대륙별 1회 이상 백신 접종 비율 증가 추이

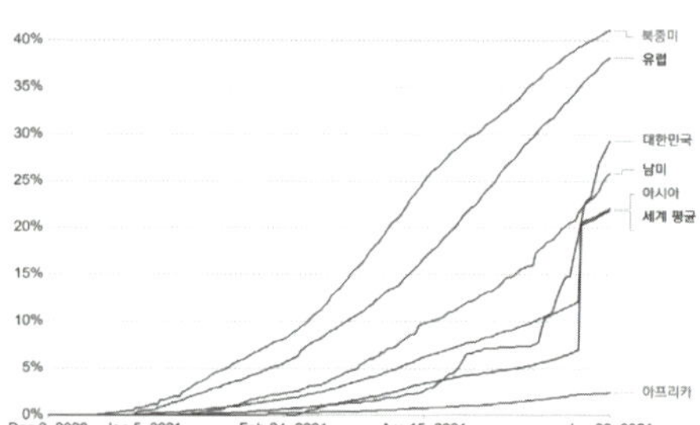


자료: Our World in Data.

그림 2. 대륙별 1, 2차 백신 접종 비율

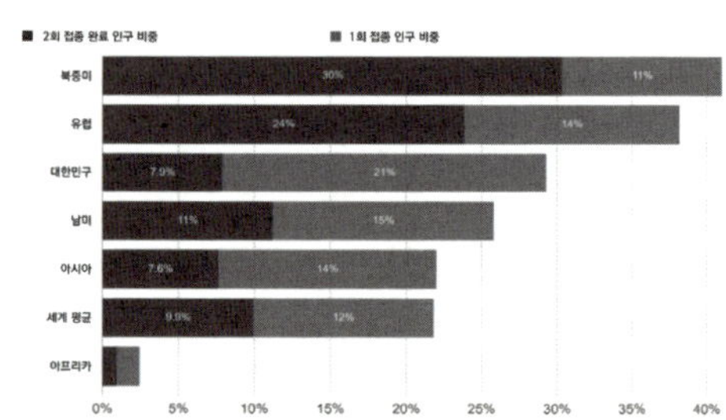


자료: Our World in Data.

**그림 3. 세계 코로나19 확산 및 백신 접종률 현황 분류(2021. 6. 21 기준)**

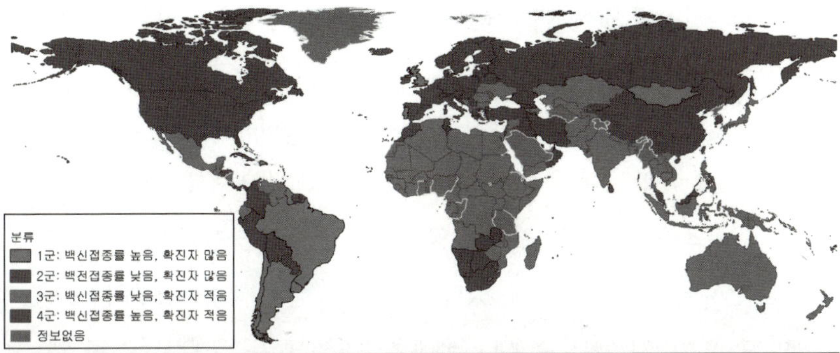


| 구분 | | 백신 접종률 | |
|---|---|---|---|
| | | 세계 평균 이하(-) | 세계 평균 이상(+) |
| 백만 명당 확진자 수 | 세계 평균 이상(+) | [2군] 남아공, 나미비아, 러시아, 이란, 페루, 볼리비아, 말레이시아 등 | [1군] 영국, 포르투갈, 브라질, 아르헨티나, 칠레, 몽골, 몰디브 등 |
| | 세계 평균 이하(-) | [3군] 뉴질랜드, 호주, 일본, 대만, 베트남, 태국, 카자흐스탄 등 | [4군] 한국, 미국, 캐나다, 서·북유럽 대부분 국가, 터키, 이스라엘, 싱가포르, 중국 등 |

주: 피해 및 백신 접종 수준의 구분은 세계 평균값 기준이며, 신규 확진자 수는 인구 백만 명당 확진자 수의 7일 이동평균 기준.
각국의 검진역량 및 통계의 완비성에 따라 확진자 수와 실제 감염자 수 사이의 차이가 있을 수 있음.
자료: Our World in Data(검색일: 2021. 6. 21) 토대로 저자 작성.

*출처: 장영욱·윤형준. 2021. "주요국의 코로나19 백신 접종 현황 및 접종률 제고 전략." 『오늘의 세계 경제』 21(12).

백신 접종 과정에서 경험한 정책 시사점은 다음과 같다. 첫째, 백신 접종률이 증가해도 유행 상황이 악화될 가능성이 있으므로 사회적 거리두기 조치 완화에 신중할 필요가 있다. 둘째, 유럽 및 중남미 주요국과 소규모 도서국가 등 인구 절반 이상이 1차 접종을 마친 국가에서도 유행이 확산되는 현상이 관찰되었으므로, 유행 상황과 의료체계 준비 정도를 감안한 신중한 방역 완화가 필요하다. 셋째, 유행 통제와 일상 회복을 위해서 백신 공급이 지연되지 않도록 노력하는 동시에 접종률 제고를 위한 효과적인 전략이 필요하다. 마지막으로, 백신 접근에 어려움을 겪는 중저소득 국가에 대한 지원을 강화하여 백신 보급 불균형을 해소할 필요가 있다.

마지막으로 WHO와 관련된 쟁점은 국제공중보건 위기상황에 대한 대처 문제이다. 전 세계를 휩쓴 코로나19 사태에서 WHO의 늑장 대응이 도마에 올랐다. 세계보건기구가 초기 대응에 실패하면서 미국을 중심으로 세계보건기구에 대한 비판이 거세졌다. WHO는 국제보건규칙 개정과 이를 효율적으로 이행하기 위한 보건위기 프로그램을 시행하여 보건위기 관리체계를 지속적으로 개선해 왔다. 이러한 노력에도 불구하고, 현 위기관리 체계는 국제기구의 내재적인 취약성을 노출하고 있다. 즉, 회원국에게 강제력을 행사하기 어려우며, 조직·예산·인력 등의 측면에서 역량의 한계를 보인다. 이러한 이슈에 주목하며 모범방역국인 한국이 국제사회에 기여할 수 있는 방안은, 단기적 목표로서 한국의 개방형 위기관리 모델과 우수한 IT기술을 토대로 "감염병데이터 센터" 설립을 제안하고, 중장기적 목표로서는 보다 구속력 있는 다자간 협약을 통해 "아시아태평양 감염병 대응기구"를 창설할 것을 제안할 수 있다.(김신 외, 2020) 세계보건기구의 위기관리체계는 질병 유행에 대응하며 체계화되어 왔다. 국제보건규칙(IHR)은 국제적으로 합의된 보건 규범이며, 보건위기 프로그램(WHE)은 현재 세계보건기구가 코로나19에 대응하는 체계이다.

**표 27 세계보건기구 위기관리체계의 변화와 주요 사건**

| 원인 | 세계보건기구의 대응(시기) | 내용 |
|---|---|---|
| 사스<br>(2002–2003) | 국제보건규칙 개정<br>(International Health Regulations, IHR, 2005) | – 사무총장에게 국제공중보건위기상황 선언 권한 부여<br>– 질병 범위 및 관리수준 확대, 질병감시·보고 의무화<br>– 회원국의 역량이 중요 |
| 조류독감(2009) | | 제1차 국제공중보건위기상황 선언 |
| 에볼라<br>(2014) | 보건위기프로그램<br>(World Health Emergencies Programme, WHE, 2016) | – 저소득 국가 대상 보건위기 대처능력 지원<br>– 독립감독자문위원회(Independent Oversight Advisory Committee for WHE Programme, IOAC) 설치 |
| 메르스, DR콩고 에볼라(2018) | | – 18년도 에볼라 대응은 14년도에 비교해 성공적이라 평가받으며, 세계보건기구의 리더십이 높게 평가됨<br>– 고질적 문제인 예산 및 인력 부족 지적 |

| | | |
|---|---|---|
| COVID-19 (2019~) | 코로나 백신 국제협의체 | - 목적: 안전하고 효과적인 백신 개발에 속도를 내고, 이를 공평하게 분패하고자 함<br>- 참가국: 독일, 프랑스, 유럽연합, 게이츠 재단 등 (미국, 중국 불참) |

*출처: 김신 외. 2020. "세계보건기구(WHO) 위기관리체계의 이슈와 대응방안." 『이슈페이퍼(한국행정연구원)』. 93(2020-06).

국제보건규칙은 2005년 개정을 통해 내용을 전면 수정했다. 개정 주요 내용은 세계보건기구의 국제공중보건 위기상황 선언 권한 및 회원국의 공중보건 위기 발생 보고의무를 다룬 것이다. 2005년 국제보건규칙 주요 개정 내용은 관할 대상 질병 종류 확대와 국제공중보건 위기상황 선언이다. 개정 이전에는 페스트, 콜레라, 황열 세 가지 종류의 질병만을 다뤘지만, 개정 이후에는 모든 종류의 보건위기를 다루며, 국제사회에 미치는 위험이 심각하다고 판단될 경우 사무총장이 국제공중보건 위기상황을 선언하여 국제적 협력을 요구할 수 있다. 선언과정은 회원국 또는 비국가 행위자의 보건위기 보고를 통해 긴급위원회를 소집하여 총장의 결정 및 선언으로 진행된다. 회원국은 자국 내 국제공중보건 위기상황을 야기할 질병이나 사건이 발생할 경우 24시간 이내에 세계보건기구에 보고해야 한다. 회원국의 보건 핵심역량 강화가 감염병 초기대응에 매우 중요하다는 점을 인지하고 이를 실현하고자 한다.

보건위기프로그램(WHE: World Health Emergencies Programme)은 보건 취약국의 핵심역량 개선, 긴급대응 글로벌 네트워크 구축, 보건위기 신속감지 및 대처 업무를 수행한다. 담당 부서는 크게 보건위기에 대한 사전 대비 역할을 담당하는 '위기대비(Emergency Preparedness)' 부서와 위기 발생 시 실질적인 대응 활동을 담당하는 '위기대응(Emergency Response)' 부서로 나뉜다. 세계보건기구의 보건위기 대응 예산은 증가하는 추세이다. 2020~2021년 세계보건기구 예산계획에 따르면, 보건위기대응 예산의 비율은 19%('18~'19)에서 24%('20~'21)로 증가하였으며, 그 절대적인 금액도 6,355만 달러에서 8,888만 달러로 증가하였다. WHO는 보건환경 변화와 국제적 비판에 대응하여 국제보건규칙 개정, 보건위기프로그램 신설 등 개혁을 단행해 왔지만, 여전히 그 효과적 이행에 한계를 지닌다.

WHO 위기관리체계 현황 분석 및 코로나19 사태 대응을 통해 본 세계보건기구 위기관리 체계 이슈는 아래 세 가지로 대표된다. 첫째, 예산 자율성이 낮다. 세계보건기구의 예산은 보건위기대응 예산은 증가하는 추세이나, 대부분 사용처가 정해진 예산이다. 세계보건기구의 2020~2021 예산계획에 따르면, 보건위기대응 예산은 2018~2019 예산에 비해 5% 증가하였다. 2018~2019 WHO 예산에서 보건위기대응 예산이 차지하는 비율은 19%였으나, 2020~2021 예산에는 보건위기대응 예산이 전체 WHO 예산의 24%로 구성되었다. 하지만 세계보건기구의 예산 중 71%는 사용처가 지정되어 있는 예산으로, 유연하게 사용할 수 있는 예산은 전체 예산 중 29%에 그치는 수준밖에 되지 않는다. 이는 세계보건기구의 신속한 감염병 대응을 저해하는 요인으로 작용한다.

둘째, 규범의 구속성이 약하다. 세계보건기구의 국제보건규칙은 국제법상 조약으로, 회원국에 국내법과 동일한 효력을 갖지만 처벌·강제 규정이 없어 권고 수준의 효과에 그친다. 국제공중보건위기상황 시, 국제보건규칙에 따라 회원국은 보건위기 관련 정보를 24시간 이내에 세계보건기구에 보고하여야 하지만 충실히 수행하지 않는다. 공중보건위기 발생 시, 국제보건규칙에 의거 회원국은 보건위기 관련 정보를 24시간 이내에 판단하여 세계보건기구에 즉시 보고해야 한다. 하지만 코로나19 사태에서도 보이듯, 중국은 12월 8일 첫 발병 이후 약 한 달이 지난 12월 31일에 세계보건기구에 보고했다. 회원국이 국제규범에 명시된 의무를 성실히 이행하지 않을지라도, 국제기구는 주권국가인 회원국의 참여 및 보고를 강제할 수 없다는 점에서 한계를 지닌다.

셋째, 회원국의 보건위기 대응 관련 보건역량 강화가 미흡하다. 세계보건기구는 보건·위생 분야의 유엔 전문기구로 세계 인류가 최고의 건강 상태에 도달하는 것을 지원한다는 기관 목적에 맞게, 회원국의 보건 역량 강화를 지원하고 있다. 특히, 합동외부평가도구를 통해 회원국의 보건위기 대비태세를 점검하고 보완하고 있지만, 해당 프로그램이 구속성이 없어 2019년까지 약 90개 국가만이 이를 실시하였다. 소극적인 대비태세 점검으로 회원국 간 감염병 대응 역량 차이가 두드러지는 가운데, 국제공조가 필수적인 코로나19 사태에서 세계보건기구는 대응 관련 가이드라인 제공 등의 지도적·조정적 역할

조차도 제대로 수행하지 못했다는 비판이 제기된다. WHO 위기관리 체계의 한계를 보완하고 국제보건 위기관리 체계를 강화하기 위해 보다 구속력 있고 독립적인 감염병 전문 국제기구의 설립을 제안할 수 있다.(김신 외, 2020)

**그림 46** WHO 본부 조직 (2025년 1월 기준)

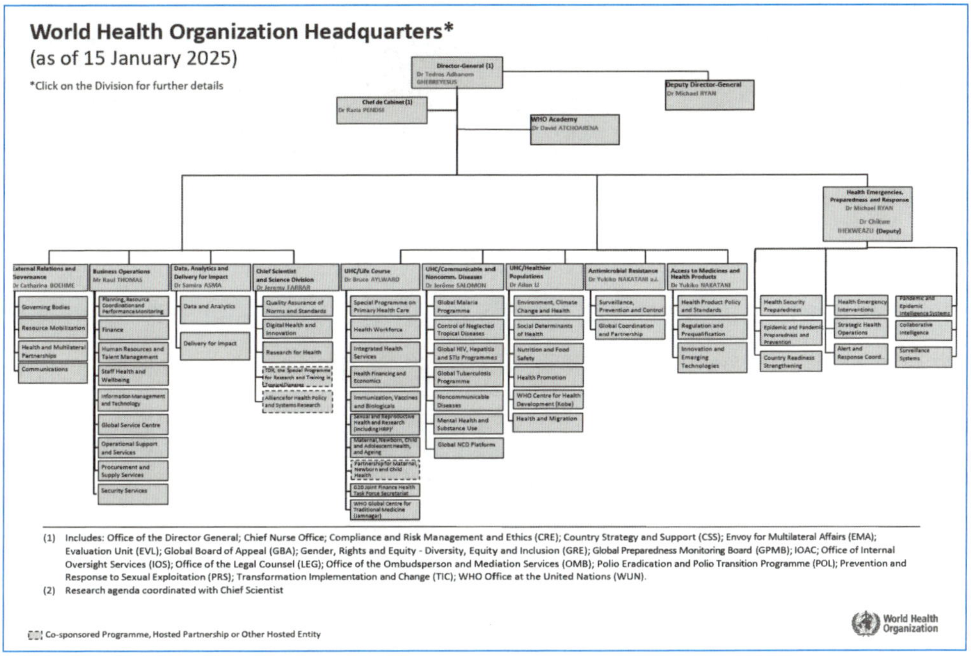


*출처: https://www.who.int/about/structure

국제보건 및 회원국 내의 보건체계 정립을 지향하는 WHO는 그 목적 달성을 위해 회원국들과의 공조가 필수적인 바, 다양한 프로그램과 전략을 통해 회원국 및 여러 비정부기구와의 협력을 강화하고 있다. 첫 번째로 각 회원국에게 있어 보건 및 건강과 관련한 문제 해결을 위해 WHO는 주도적 역할을 제공한다. 특히 WHO의 회원국 중에는 아프리카나 남미, 중동 지역, 그리고 태평양 도서 국가들과 같은 저개발 국가나 개발도상국들의 비중이 높으며, 이들 국가들은 여러 가지 건강 및 보건 관련 문제에 대처하는 데 있어 체계가 정립되지 않은 경우가 많다. WHO는 이러한 국가들에 전문인력 등을 파견하고 위기상황 발생시 주도적인 역할 수행을 통해 문제에 대처하고 있다. 둘째, 회원국 국민의 건강을 위협하는 다양한 요인에 대한 연구 어젠다를 구체화한다. 그리고 이러한 연구결과를 회원국 간에 공유시킴으로써 위협요인 대처를 위한 지식의 전파에 기여한다. 셋째, 질병 등 위협요인 대처를 위한 규범과 기준을 확립하고, 각 회원국이 이러한 규범 및 기준을 시행하는지에 대한 감시 기능을 수행한다. 넷째, WHO는 각 회원국에 대한 기술적 지원을 제공하기도 한다. 이를 통해 회원국이 질병 문제 대처에 있어 보다 체계적이고 지속가능한 제도적 능력을 향상시키는 데 기여한다. 마지막으로, 각 회원국의 보건복지 및 건강 문제들에 대한 상황을 감시함으로써 문제에 대한 선제적 예방 기능을 한다. WHO는 이러한 기능들을 중심으로 각 회원국과의 공조 및 협력을 이어가고 있으며, 각 회원국의 보건복지 시스템 구축, 질병에 대한 적극적인 대처 등을 위해 노력한다. 여기에 더해 WHO는 회원국가과의 맞춤형 협력전략을 발전시키기 위한 방안으로 각 회원국과의 '국가협력전략(Country Cooperation Strategies)'을 체결하여 시행 중이다. 이는 WHO가 회원국과의 기술적 협력을 위한 중장기적인 비전을 수립하고 해당 국가의 보건의료시스템 구축을 지원하기 위한 전략을 마련하는 것이 목적이다. WHO는 해당 국가의 국가 경제발전전략과 국가 보건정책 및 의료체계 발전전략 등과 연계하는 한편 해당 국가의 우선순위를 고려하여 국가협력전략을 수립, 시행함으로써 회원국들에 대한 맞춤형 보건 및 의료시스템 확립을 추구하는 전략이라고 할 수 있다.(유재광 외, 2020)

## 2 G20과 보건안보

G20은 19개 국가 및 유럽연합(EU: European Union)으로 구성된 국제기구이며 국제통화기금(IMF: International Monetary Fund)에서 가장 영향력 있는 20개국을 모은 국제기구이

다. 종전에는 G7이 대개 1년에 한 차례 정상회의를 개최해 세계 경제에 대해 논의했으나 1997년 아시아 경제위기 이후 중국, 인도 등 신흥국들을 포함해 1999년 12월 G20(재무장관 회의가 모체)이 창설되었다. G20은 주로 국제 경제협력을 목표로 하며 국제 경제문제에 대해 의논하고 해결하는 역할을 한다. 또한 G20은 전 세계 인구의 3분의 2, 전 세계 GDP의 85%, 전 세계 무역의 75%를 차지하는 등 국제경제에서 큰 중요성을 갖는다.

2023년 G20 뉴델리 정상회담 참가국 및 국제기구는 회원국인 G7(미국, 일본, 영국, 프랑스, 독일, 캐나다, 이탈리아), 아시아(한국, 중국, 인도, 인도네시아, 사우디아라비아), 중남미(아르헨티나, 브라질, 멕시코), 유럽/오세아니아(EU, 러시아, 튀르키예, 호주), 아프리카(남아프리카공화국), 초청국(방글라데시, 이집트, 모리셔스, 네덜란드, 나이지리아, 오만, 싱가포르, 스페인, UAE), 국제기구[국제연합(UN), 국제통화기금(IMF), 세계은행(WB), 세계무역기구(WTO), 경제협력개발기구(OECD), 국제노동기구(ILO), 금융안정위원회(FSB), 세계보건기구(WHO) 등]이다.

COVID-19 대유행은 국제적 협력과 연대가 필요한 전례 없는 장기화된 글로벌 위기이다. 세계 경제는 위축되고 있으며 최빈개도국(LDCs), 아프리카 국가 및 군소도서개도국(SIDS)을 포함한 대부분의 개발도상국은 특히 사회적 고통, 극심한 식량 불안정, 불평등, 심각한 개발 차질 등을 겪고 있다. 이러한 요인을 해결하지 않고 방치하면 이들 국가의 사회경제적 조직과 정치적 안정을 심각하게 위협하고 지속가능한 개발로의 전환을 방해할 수 있다. 2020년 3월 26일 특별 정상회의에서 G20 정상들은 "모든 국가, 특히 개발도상국과 최빈국, 특히 의료시스템과 경제가 취약한 아프리카와 작은 섬 국가에 제기되는 심각한 위험에 대해 심각한 우려를 표명했다. 그 후 G20 재무장관과 중앙은행 총재는 COVID-19 팬데믹을 통한 세계 경제 지원 행동계획을 채택했다.

개발도상국의 COVID-19 대응 및 복구에 대한 G20 지원(대응)은 다음과 같은 주요 원칙에 기반한다. 감염병에 직면하여 사람들과 그들의 생존, 생계 및 존엄이 최우선이다. 이 대응책은 누구도 소외되지 않고 불평등과 싸우며 여성과 소녀, 청소년, 장애인, 노인, 이주민, 난민, 실향민을 포함하여 개발도상국의 취약한 상황에 처한 사람들에 대한 팬데믹의 영향을 최소화하는 것을 목표로 한다. 대응은 관련 이해당사자와 함께 국가적 맥락과 상황에 따라 정책 및 프로그램 선택에 대한 정부의 책임을 인정한다. 이 대응은

2030 의제 이행에 기여하는 지속가능하고 탄력적이며 포괄적인 솔루션을 통해 개발도상국이 더 나은 회복을 위해 가장 취약한 사람들의 즉각적이고 필수적인 요구를 충족하도록 돕는다. 국가의 주요 책임하에 관련 이해당사자들과 협력하여 우리는 광범위한 건강 결과와 관련된 COVID-19 팬데믹의 부차적 영향을 최소화하기 위해 노력해야 한다. 국제적으로 합의된 인도주의 원칙, 공평성, 중립성 및 독립성은 국제 인도법에 따라 인도적 지원 제공에 종사하는 모든 행위자가 완전히 존중하고 준수한다. 이 대응은 COVID-19 글로벌 인도주의적 대응 계획을 포함하여 정부, 민간부문, 시민사회단체 및 국제기구를 참여시키는 UN 사무총장의 지도력 아래 조정된 COVID-19에 대한 대응을 지원하기 위한 것이며 중복 작업을 추구하지 않는다. 이 대응은 개발도상국이 가장 취약한 사람들의 즉각적이고 필수적인 요구를 충족하도록 돕고 인도주의, 건강 및 지속가능한 개발 문제를 조정하고 총체적인 방식으로 해결하며, 단기, 중기 및 장기적으로 효율적인 국제 지원을 촉진하는 것을 목표로 한다.

COVID-19 발발로 인한 인적 비용은 엄청나다. 팬데믹은 또한 국가들을 압박하고 있다. 그러나 절실히 필요한 국제 조정을 보장하려는 노력은 제한적이었다. 세계 주요 경제국을 포함하는 20개국(G20)이 중심 역할을 할 가능성이 있다. 세계 연대를 강화하는 데 필요한 정치적 추진력을 제공할 수 있다. 회원국이 세계 경제 생산의 약 90%를 기여하는 G20은 국제적 노력을 촉진하고 조정하는 데 점점 더 두드러지고 적극적인 역할을 하여 위기 후 복구를 위한 지침 제공을 포함하여 발병을 처리한다. G20은 뚜렷하게 두드러진 글로벌 역할을 개발하려고 노력했다. 이런 점에서 G20 외교는 또한 워싱턴과 베이징 사이의 화해를 촉진하는 도구로 보아야 한다.(Greco, 2020)

세계는 글로벌 금융위기 이후 마지막 주요 글로벌 위기에 직면했다. G20은 세계 지도자들이 세계를 위협하는 경제적 문제를 해결하기 위한 비공식 포럼이다. 15년 전에 매우 성공적이었던 G20은 오늘날 실패하고 있다. 2008년, 리더들은 위기에 처한 세계에 대한 유일한 해결책은 다자간 협력에 있다고 굳게 믿었다. 성공은 전 세계적으로만 달성될 수 있다는 점을 감안할 때 G20이 리더십을 재정립할 수 있는 문제임은 분명하다. 그러나 G20은 마비됐다. 미국은 글로벌 대응을 정의하는 데 도움을 주기 위해 아직 G20에 의지할 수 있다. 상황적 위험은 글로벌 협력과 거버넌스의 미래를 위해 현재의 위기를 넘어 확장된다. G20이 응답하기에 너무 늦지 않았다.(Bernes, 2020)

**그림 47** G20 국가 개인보호 의료장비의 중국 수입 정도 (2018년 기준)

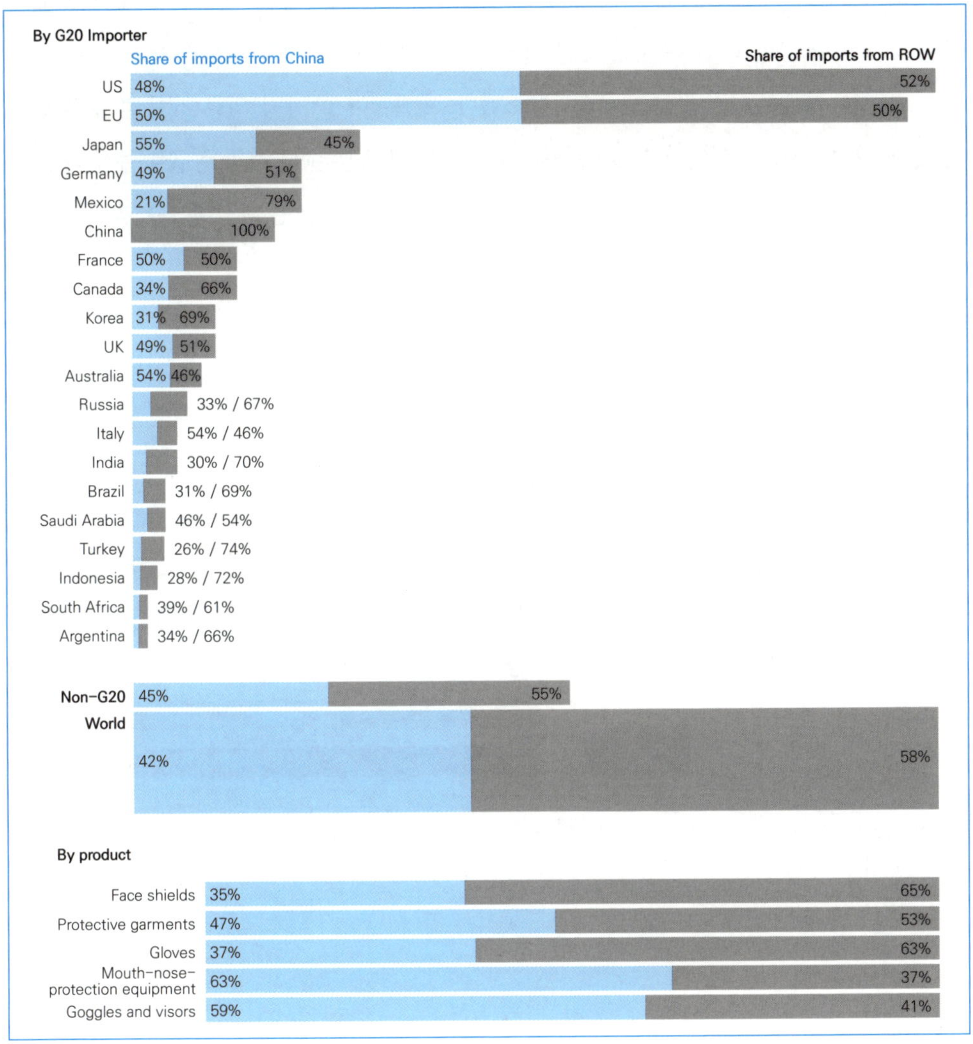


*출처: Bown, Chad P. 2020. "How the G20 can strengthen access to vital medical supplies in the fight against COVID-19." *How the G20 Can Hasten Recovery from COVID-19*, Peterson Institute for International Economics.

COVID-19 감염병은 글로벌 무역 시스템의 탄력성을 검증했다. 암울한 현실에 직면하여 G20은 정책적 조치를 취해야 한다. 환자 치료를 위해 의사와 간호사가 필요로 하는 보호 의료장비의 공급을 지속해야 한다. 문제는 세계가 개인용 수입품을 중국에 크게 의존하고 있다는 사실이다.

2020년 1월과 2월 중국은 코로나19의 진원지였다. 개인보호장비(PPE)에 대한 내부 수요가 급증했다. 3월 25일 발표된 중국 세관 공식 자료에 따르면 중국으로부터 세계로의 PPE 수출은 처음 두 달 동안 단 15% 감소했다. EU는 다섯 가지 의료 제품의 수출을 제한했다. 다른 국가들은 이미 PPE 수출을 제한하기 시작했는데, 지역 공급부족에 대한 두려움 때문이다. 가장 주목할 만한 것은 수출금지 조치였다. PPE 핵심 공급지로서 중국의 생산 급감이 COVID-19 상황을 더욱 악화시킨 것이다.

**그림 48 개인보호장비의 EU의 수출제한 정도 (2019년 기준)**

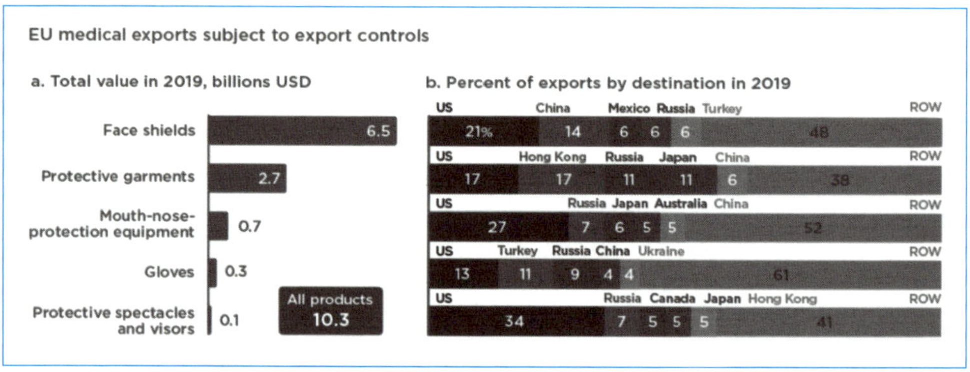


*출처: Bown, Chad P. 2020. "How the G20 can strengthen access to vital medical supplies in the fight against COVID-19." *How the G20 Can Hasten Recovery from COVID-19*, Peterson Institute for International Economics.

**그림 49** 개인보호장비의 미국의 수출제한 정도 (2019년 기준)

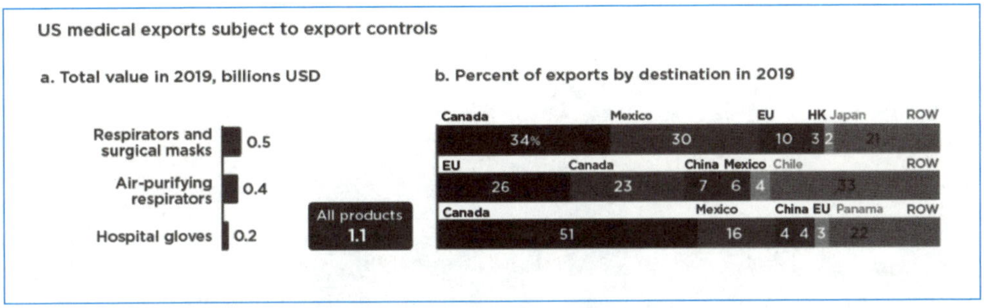


*출처: Bown, Chad P. 2020. "How the G20 can strengthen access to vital medical supplies in the fight against COVID-19." *How the G20 Can Hasten Recovery from COVID-19*, Peterson Institute for International Economics.

미국은 또한 일부 개인 물품의 수출을 제한했다. 2019년 4월 3일, 도널드 트럼프 대통령은 국방물자생산법(DPA)에 따라 특정 PPE의 수출을 제한했다. 그만큼 미국은 2019년에 일회용 호흡기 및 수술용 마스크(5억 1,100만 달러), 공기정화 인공호흡기(4억 1,500만 달러), 병원용 장갑(1억 5,000만 달러)등 약 11억 달러의 제한된 제품을 수출했다.

G20은 극빈국의 필요를 돌볼 특별한 책임이 있다. PPE 데이터에 대해 G20은 각각에 대한 보고 시스템을 신속하게 강화해야 한다. PPE의 상업적 거래에서 더 많은 투명성이 필요하다. 구매자가 누구인지 뿐만 아니라 시장에서 실현되는 가격과 수량 등도 투명해야 한다.(Bown, 2020)

# PART 03

# 글로벌 보건의 미래



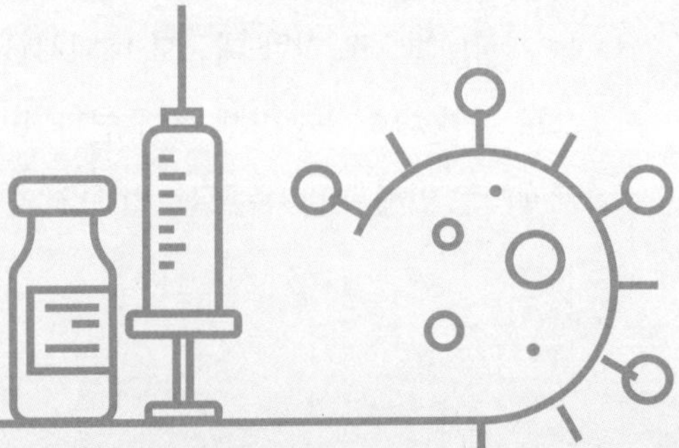

Chapter 08

# 글로벌 환경 변화와 보건

오늘날 글로벌 보건의 문제는 인구, 감염병 전파 및 만성질환 증가, 환경, 건강 불평등, 대형재난으로 인한 보건응급상황 발생 등과 연관된다. 첫째, 인구 문제는 18세기 산업혁명 후반 이후 인구가 폭발적으로 증가하면서 세계인구의 80% 이상이 개발도상국에 거주하고 국가 간 인구이동의 빈번함 등과 연관된다. 둘째, 감염병 전파 및 만성질환 증가 문제는 세계화 추세로 치명적인 신종전염병 위험, 만성질환의 증가(암, 당뇨, 심혈관질환 등의 사망률이 70%) 등과 연관된다. 셋째, 환경 문제는 대기오염, 스모그, 황사, 토양오염, 적조현상, 오존층 파괴, 지구온난화, 열대우림의 감소, 사막화 현상, 산성비 등과 연관된다. 넷째, 건강 불평등 문제는 부유한 나라와 가난한 나라 간 2배의 평균수명 차이, 사회경제적 요인에 따른 건강 불평등, 빈곤의 악순환 등과 연관된다. 다섯째, 대형재난으로 인한 보건응급상황 발생 문제는 기상이변으로 인한 대규모 해외재난(쓰나미, 지진), 대형사고, 종족 및 지역 간 갈등 분쟁으로 인한 대형재난 발생 등과 연관된다. 상기한 문제들은 상품교역의 증가, 여행 자유화, 세계화로 인해 부각되는 글로벌 보건의 중요성 증가와 연결된다.

**그림 50** 감염병 발생 경로

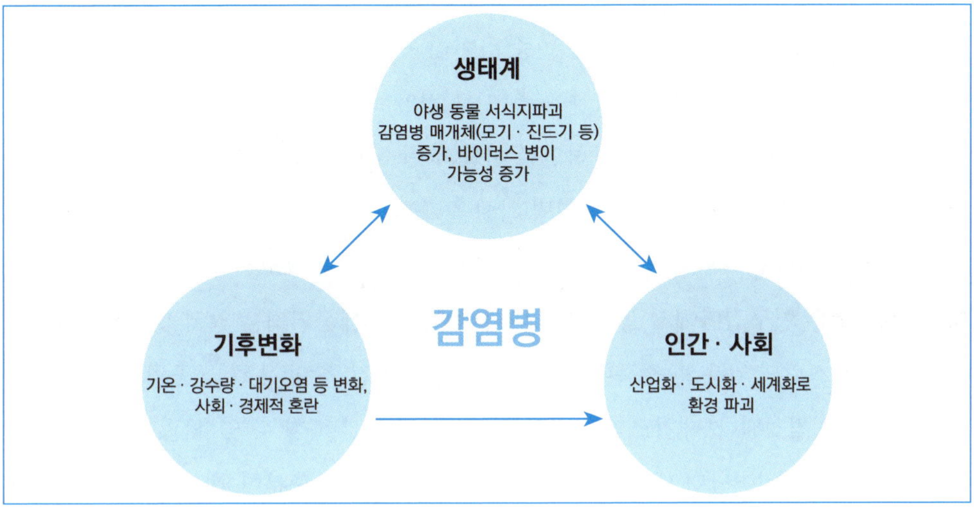


## 1 기후변화(Climate Change)와 보건안보

"기후변화가 감염병 확산을 부른다"는 과학자들의 경고가 있다. COVID－19의 공포가 전 세계적으로 확산된 가운데 지난 수년간 우리는 수많은 '신종 바이러스'의 공포에 시달려 왔다. 이에 다수의 과학자는 기후변화와 신종 바이러스의 확산이 연관되어 있다고 말한다. 기후변화로 인해 야생동물 서식지가 파괴되고, 서식지를 잃은 야생동물이 사람이 거주하는 지역이나 목축지로 이동하게 되어 사람들이 바이러스 감염된 동물과의 접촉이 늘어나 바이러스에 감염될 가능성이 더 높아졌다.

수의학 저널인 *Veterinary Science*에 의하면, 지난 수십 년간 유행한 전염병은 인수공통 감염병에 해당하며, 약 70%가 야생동물에 의한 것이었다. 알려진 바와 같이, 에이즈 바이러스는 유인원, 조류인플루엔자는 새, 신종플루는 돼지, 사스(SARS)와 최근 유행한

에볼라바이러스는 박쥐에 의해 비롯되었다. 사람들이 무분별하게 환경을 파괴하고 기존 생태계의 질서를 무너뜨려 사람과 동물의 생활환경 구분이 모호해져서 야생동물과의 빈번한 접촉으로 인해 사람들이 새로운 변종 바이러스에 감염될 가능성이 커진 것이다. 결국 기후변화가 바이러스 전파에 영향을 주며 그 전파 속도를 좌우한다. 신종 코로나바이러스 사태에 대응하기 위해서는 화석연료 사용과 탄소 배출을 빠르게 줄이고 지구 온도 상승 폭을 1.5도로 제한해서 각종 전염병 확산을 포함한 대규모 재해를 막아야 한다.

UN 기구인 IPCC(Intergovernmental Panel on Climate Changes) 보고서에 의하면, 기후변화의 영향은 모든 인구집단에서 동일하게 나타날 것으로 예상되지는 않고 인구밀집도, 경제발전 수준, 식량의 가용성, 소득수준, 국지적인 환경조건, 질병 유무, 공공의료의 수준 및 가용성에 따라 결정된다. 대기오염이 건강에 지대한 위해를 가할 수 있다는 사실은 그동안 여러 차례에 걸쳐 일어났던 대규모의 건강피해 사건들로부터 충분히 알려져 왔는데, 이 일련의 대기오염 사건들은 대개 불리한 기상조건과 더불어 화석연료의 연소과정에서 배출된 황화물이나 먼지 혹은 오존과 같은 오염물질들의 심각한 정체에 의해 발생되었다. 대기오염 물질 중에 기온과 직접적으로 관련된 것은 오존이다. 오존은 자극성 기체로 천식을 비롯한 다양한 호흡기질환을 유발하는 물질이며 일차오염물질(이산화질소 등)이 자외선과 반응하여 생성되는 이차오염물질로서 기온에 비례하여 발생량이 증가한다. 또한 폐암과 관련 있는 것으로 알려진 라돈 역시 기온에 영향을 많이 받는데, 라돈은 토양 속에 존재하는 방사능물질로서 대기 중으로 방출되는 비율은 기온에 매우 민감하다.(주영수, 2008)

매개체가 곤충인 경우 기후변화는 산란된 알의 월동, 생존력, 부화, 성장속도, 성충의 활동 범위 등에 영향을 줌으로써 곤충 자체의 생활주기를 변동시킬 수 있다. 기후변화는 모기에 의하여 매개되는 뇌염, 말라리아, 뎅기열, 황열 등을 증가시킬 수 있는데, 실제로 말라리아와 뎅기열이 아시아, 아프리카, 남미 등에 광범위하게 퍼진 것으로 보인다. 또한 물이나 음식을 통해서 전파되는 전염병도 기후변화의 영향을 많이 받을 것으로 추측되는데, 기온이 높을수록 물이나 식품과 같은 매개체 안에서 균이 성장하고 생존할 위험이 높아진다. 기후변화의 직접적인 영향으로서 태풍, 집중호우와 같은 기상이변이 잦아지는데, 동시에 그러한 재해가 발생한 후에 곧바로 전염성 질환이 퍼질 가능성 또한 매우 높은 것이 사실이다.(주영수, 2008)

팬데믹이라는 위기 상황을 맞으며, 감염병 발생 및 확산에 영향을 주는 주요 변수로서 기후변화가 주목을 받고 있다. 모든 환경적, 생태적 위기들에 대해서 기후변화 현상이 촉매 역할을 할 수 있다는 것이다. 기후변화의 위기로부터 영향을 받는 또 다른 위기 상황은 감염병의 확산이다. 기후변화가 야기하는 지역적인 평균기온이나 습도 등 생태계의 환경변화로 말미암아 감염병 매개체의 서식 환경이 변화되거나 확장되고 있다. 단순한 기생 매개체의 서식 환경변화가 문제가 아니라, 도시화, 산림파괴, 기후변화, 그리고 식자원이나 수자원의 부족 등 여러 원인에 따라 인간의 거주환경 변화와 인위적인 환경파괴로 인해 각종 야생동물과의 접점들이 과거와는 달라지게 되었고, 과거에는 없었던 신종 인수공통감염병이 발생할 가능성이 늘어나게 되었다.(최현정, 2023)

COVID-19 팬데믹으로 인해 기후변화와 감염병 간의 연계성에 대한 국민적 관심은 실제로 기후변화의 파괴적 결과로 영향을 받을 수 있는 신종 감염병의 국내 전파나 발병을 억제하거나 최소화할 수 있는 국가적 역량을 요구한다. 온대계절풍 기후대에 속해 있는 한반도는 기후변화로 인해 평균기온과 강수량에서 점점 더 아열대성의 특성을 보이고 있으며, 이에 따라서 생태환경과 서식하는 동식물의 종류도 변화하고 있다. 기후변화에 따라, 황열, 뎅기열, 웨스트나일열, 치쿤구니아열, 지카바이러스 등 아열대성 풍토병으로 여겨지던 모기 매개 감염병들이 한반도에서도 유행할 수 있게 되었다.(최현정, 2023)

인수공통전염병 출현의 요인은 세계화, 무역 및 여행의 증가 등이 주요한 요인으로 지목되고 있다. 앞으로 지구의 기온이 계속 상승하고 환경변화가 지속적으로 일어날 것이며, 해외여행과 동물 및 축산물의 국제교역의 지속적 확대에 따른 인간과 동물에 공통으로 전파되는 인수공통전염병의 발생 가능성이 증가될 것이다. 세계적으로 지구온난화와 기후변화에 따라 증가되거나 증가될 것으로 예측되고 있는 인수공통전염병으로는 말라리아, 일본뇌염, 웨스트나일열, 쓰쓰가무시병, 라임병, 리슈만편모충증 등 매개체 전염병(vector borne disease)[5], 콜레라 등의 수인성 전염병(water borne diseases)[6], 살모넬라 감염증 등의 식품 매개 전염병(food borne diseases)과 기타 설치류에 의한 렙토스피라병, 신증후군 출혈열 등, 철새 및 야생동물 이동에 의한 인플루엔자, 광견병 등과 홍수 등으로 인한 탄저 등[7]이 있다.(정석찬, 2009)

인수공통전염병을 관리하기 위해서 기후변화와 관련하여 발생하는 전염병에 효율적으로 대응하기 위한 공중보건 서비스의 요구 증가에 따른 의료·보건기술, 산업 및 경제적 영향은 더욱 중요하고 증대될 것으로 예상된다. 기후변화에 따른 전염병 발생에 대응하기 위한 예방조치로 조기경보시스템 운영과 기후변화와 연관된 질병들에 대해 사전에 연구하고, 변화가 발생하면 바로 대처할 수 있도록 국가 통합 대응시스템 구축이 시급하다. 조기 감시 및 경보시스템 구축, 국가재난 질병 대응 국가통합시스템 구축, 병원체 신속 탐지기술 및 매개체 연구 강화, 인수공통전염병 정보 네트워크 구축, 신종 재출현 인수공통전염병 관련 보건의료 전문가 육성·교육 및 홍보 체계 강화 등이 요망된다.(정석찬, 2009)

기후변화로 인한 건강 영향의 국제적 연구 동향을 보면 공통적으로 전염성 질환에 대해 초점을 두고 있다. 기후변화는 질병의 발생에 영향을 미치는 중요한 요인 중 하나

5 기후변화에 따른 매개체의 생육환경의 변화, 즉 기후변화는 모기, 진드기 등에 의한 매개 전염병의 발생이나 확산에 영향을 미치게 됨. 기온이 높아질수록 모기가 성충이 되는 비율이 증가하고 발육기간이 단축되어 개체 수가 증가하므로 보다 많은 사람이 모기와 접촉할 기회가 증가될 것임. 모기, 진드기 등 매개곤충의 서식처로서 적합한 아열대지역에서 주로 분포되고 있던 인수공통전염병이 최근 20년간 지구 기후변화에 따른 온난화에 의해 절족동물의 활동 조건이 확대됨으로 인하여 전 세계적으로 매개성 전염병이 급격하게 증가하는 것으로 보고 되고 있음.

6 수인성 전염병은 물에 의해 전파되는 전염병으로서 물의 위생과 기후변화로 인한 해수온도의 상승도 전염병 변화와 관련이 큼. 해수온도의 증가는 비브리오균의 증식을 높이므로 관련 질병의 가능성이 높아짐. 이러한 수인성 전염병은 엘리뇨에서 뿐만 아니라 해수와 기온의 상승, 그리고 홍수 등과 연관됨 있음이 보고된 바 있음.

7 기후의 변화에 따라 홍수나 가뭄이 일어나고 설치류, 철새 등 야생동물의 수와 분포가 변할 것이며 이에 따른 병원체의 생존 범위 및 기간 등이 달라질 수밖에 없음. 기후변화와 관련하여 쥐, 조류 등 야생동물의 분포 및 이동경로의 변화에 따른 이들 매개에 의한 인수공통전염병 발생 우려가 있으며, 홍수 등으로 인한 토양에 장기적으로 생존 가능한 아포형성 세균에 의한 토양전염병인 탄저 등이 증가할 것으로 추정함. 또한 쥐 등의 야생동물의 배설물을 통해 감염되는 렙토스피라병, 라임병 등도 증가할 것임. 인수공통전염병의 특성을 고려할 때 그 변화는 장기적으로 서서히 나타날 것으로 예상됨.

인데, 매개체를 통한 질병들은 생태계 내에서 숙주와 매개체, 병원체 간의 상호작용에 의하여 발생하며, 이러한 상호작용은 환경의 변화 즉 기후변화에 의하여 영향을 받는다. 기후변화에 대한 대책 수립의 원칙으로 다음과 같은 점을 언급할 수 있다. 첫째, 질병의 예방과 관리에 중점을 두고 추진해야 한다. 기후변화의 건강 영향에 대한 적응대책을 질병의 예방과 관리라는 관점으로 수립해야 한다. 둘째, 예방을 위한 다차원적 안전망 설정이 필요하다. 여기에는 기후변화와 연관된 질병의 예방대책, 질병 이환율 증가에 대한 초기 대응 시스템, 확산 방지를 위한 방안 등 다차원적 안전망이 구축되어야 할 것이다. 셋째, 취약성에 기반을 둔 적응대책 마련이 필요하다. 취약성이란 위해 요인에 노출되는 위험 정도로 IPCC의 정의에 따르면 기후변화 취약성이란 기후의 다양성이나 극한기후 등으로 인한 개인 및 사회체계의 위약성 정도를 의미한다. 기후변화로 인한 건강피해는 인구집단, 시기, 지형 및 지역 등에 따라 상대적으로 취약성이 달라진다. 때문에 적응대책의 효과를 높이기 위해서는 취약계층, 취약시기, 취약지역 등 취약성에 기반하여 추진하는 것이 바람직하다. 넷째, 파트너십에 의한 추진이 필요하다. 기후변화에 효과적으로 대응하기 위해서는 정부 내 관련 부처, 지방정부, 지역사회 등 다양한 주체의 참여가 필요하며, 정부 부처 간 원활한 공조와 다양한 분야의 전문가와의 협력이 필요하다.(김동진, 2009)

기후변화에 따라 동물에서 인간으로 전염되는 바이러스가 수천 개로 늘어나리라는 연구가 발표된 적이 있다. 즉 "기후변화로 인해 2070년까지 동물에서 인간으로 전염되는 바이러스가 수천 개에 달하게 될 것"이라는 연구 결과가 있다. 이는 새로운 코로나바이러스 후보군이 향후 더 많이 생길 것이라는 경고다. 이 연구에서는 온도 상승으로 인해 종간 바이러스 확산이 포유류 사이에서 14,000배 이상 발생할 것으로 추정됐다. 특히 그동안 치명적 감염이 일어난 아프리카와 아시아 전역의 국가들이 동물로 인한 인간 감염에 더 취약한 것으로 드러났다. 특히 이전에는 기온이 오르면 동물들이 고위도 지역으로 수평 이동할 것으로 추정됐지만, 이 연구는 동물들이 온도가 낮은 고지대로 서식지를 수직 이동하면서 종간 전염이 일어나는 것으로 나타났다. 오늘날 동물에서 사람으로 전염되는 질병에 대해 기후변화를 빼놓고는 말할 수 없다. 기후변화와 전염병은 우리가 직면한 중요한 위기라고 말할 수 있다.

## 2 인구이동(Population Movements)과 보건안보

글로벌 인구이동 확산에 따라 감염병 경로가 국경을 넘나들며 다양하고 복잡해져서 감염병 관리체계에서 국경과 인구이동의 중요성이 강조되고 있다. 국제적인 인구이동을 통한 감염병 확산 우려가 증폭된 현시점에서 국내 보건의료 체계는 다양하고 복잡해진 국제적 이동에 대한 이해와 정보에 기초하여 정책 방안을 강구해야 할 시점이다. 국제이주기구(IOM: International Organization for Migration)는 '보건·국경·이동 관리(HBMM: Health, Border and Mobility Management)' 체계를 통해 국가 간 감염병 관리 체계에서 국경과 인구이동에 대한 관점이 중요하다고 강조한다. WHO는 코로나19를 '국제공중보건 비상사태(Public Health Emergency of International Concern)'로 선언하면서도 이동과 교역에 대한 제한은 권고하지 않는다고 밝힌 바 있다. 글로벌 인구이동이 대규모로 빈번하게 이뤄지면서 국제이주기구는 아프리카 지역의 에볼라바이러스 확산을 막기 위해 노력하는 과정에서 현대 사회의 감염병 예방과 대응을 위해서는 글로벌 인구이동 유형을 이해하는 것이 필요하다고 한다. 국제이주기구가 추진한 보건·국경·이동 관리(HBMM)의 목적은 국경을 중심으로 한 국제 인구이동 경로(발생지·환승지·목적지·귀환지 등)와 감염 취약지역에서 발생하는 감염병 및 기타 건강 위험 요인을 예방하고 탐지하며 적극적으로 대응하는 능력을 향상하는 것이다. HBMM은 1차 보건의료 체계를 중심으로 국제 인구이동의 역동성에 대응하여 보건의료 시스템을 강화할 것을 강조했다.(신윤정, 2020)

## 그림 51 외국인 입국자 현황

연도별 외국인 입국자 현황

연도별 외국인 입국자 증감 추이('18~'22년) : 2022년 외국인 입국자는 3,390,009명으로 전년대비 224.5% 증가하였습니다.

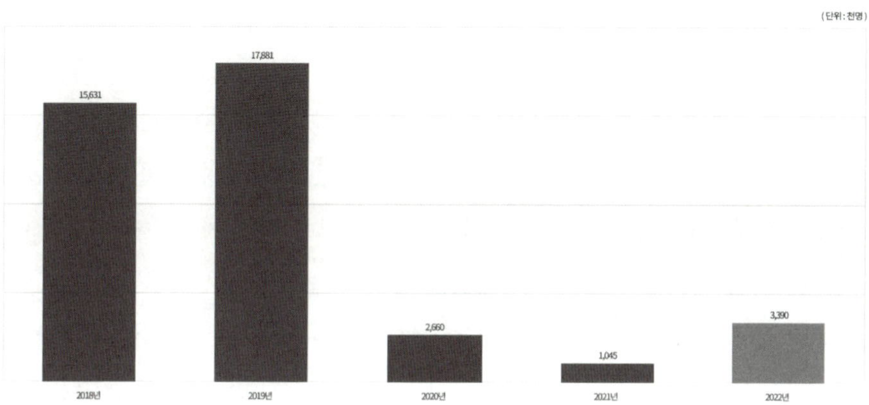


(단위:명)

| 구분 | 2018 | 2019 | 2020 | 2021 | 2022 |
|---|---|---|---|---|---|
| 인원 | 15,630,522 | 17,880,503 | 2,659,845 | 1,044,545 | 3,390,009 |

*출처: 법무부 출입국 통계 (https://www.moj.go.kr/moj/2411/subview.do)

우리나라는 중국에서 코로나19의 확산세가 강한 후베이성 지역에 대해 입국 제한을 했으며, 일본인의 무사증 입국 제도를 중지하고, 2020년 4월 1일부터 체류 지역과 국적에 관계없이 모든 입국자에 대해 2주 동안의 의무적 격리를 시행하게 됐다. 2020년 3월 24일 기준 한국인 입국자에 대해 입국 금지 조치를 한 국가 및 지역은 141개국(한국 전역 137개, 한국 일부 지역 4개)이고, 격리 조치는 15개국, 검역 강화 및 권고를 한 국가는 23개국이다. 2018년 국내 총 출입국자 수는 8,890만 8,420명으로 역대 최고치를 기록했다. 2000년 총 출입국자 수 2,180만 1,568명과 비교해 무려 4배 증가한 수치다.(신윤정, 2020) 2018~2022년 기간 중 외국인 입국자 수를 비교하면, 2018년 15,630,522명, 2019년 17,880,503명, 2020년 2,659,845명, 2021년 1,044,545명, 2022년 3,390,009명으로 COVID-19가 만연하기 시작한 2020년에 급감한 후 2021년에 최저점을 찍고 2022년에 회복하기 시작했다. 2019년과 2020년 통계치를 비교하면 코로나19가 국가 간 인구이동을 급감하게 했음을 알 수 있다.

세계보건기구는 최근 신종 감염병이 유례없는 속도로 나타나고 있다고 하며, 실제 1970년대 이후 SARS, MERS, 에볼라, 치쿤구니아, 조류인플루엔자, 지카바이러스를 포함한 40가지 이상의 신종 감염병이 발견되었다. 이렇게 최근 50년간 신종 감염병이 급격히 증가한 이유는 병원체의 자연적 진화도 원인이 될 수 있지만 대부분 인간과 환경 간 상호작용의 변화 때문이다. 즉, 인구증가, 도시화, 여행·교역의 증가, 빈부격차, 전쟁, 경제발달과 토지개발에 따른 생태환경의 파괴 등이 이러한 변화를 야기하는 주요 요인이 된다. 인구증가와 새로운 지리적 공간으로의 사회적 영역 확장, 해외여행 패턴 변화 등으로 인간은 병원체의 숙주인 동물 종과 접촉할 기회가 증가하였고, 이렇게 사람으로 전이된 병원체는 인구밀도 및 인구이동 증가라는 사회적 변화와 결합하여 신종 감염병 확산 및 공중보건을 위협하는 요인이 되었다.(신나리 외, 2019)

미래 감염병은 주로 인간과 환경 간 상호작용의 변화, 기후변화 그리고 항생제 내성에 의해 발생한다. 미래 감염병 중 국내 발생이 거의 없는 신종 감염병은 최근 전 세계적으로 급격히 증가하였으며, 앞으로도 지속적으로 출현할 것으로 예측된다. 세계 주요 기관 및 국가들은 신종 감염병에 대해 대비하고 있다. 이들은 R&D 촉진을 통해 감염병에 대한 백신 및 진단·치료제 개발을 진전시키고자 한다. 우리나라도 이에 동참해야 한다.

Chapter 09

# 감염병과 탈세계화 (Deglobalization)

1990년대에 국제사회는 세계화(Globalization)·탈냉전(Post Cold War)의 시대를 맞이했다. 제2차 세계대전 이래 진영 간 이념대결 구도인 냉전의 시대는 가고 탈냉전의 시대가 도래한 것이다. 전후 자유 진영 대 공산 진영, 제 1세계 대 제 2세계 등 냉전 구조가 와해되고 자유민주주의와 시장자본주의가 풍미하는 통합의 시대가 온 것이었다. 세계화 이전 시대(Pre Cold War) 특히 1950~60년대에는 냉전 질서가 확고히 자리 잡았고, 1970년대 즉 데탕트(긴장완화) 시대에 잠시 세계화의 움직임이 있었으나 1980년대 초 냉전 질서가 다시 심화하면서 세계화는 중단되고 1980년대 중반 이후에 와서야 본격적으로 세계화가 진행되었다.

탈세계화(Deglobalization)는 오늘날 국제사회의 현상을 대변한다. 이는 세계화의 반대 개념으로 국가 간 상호의존과 통합이 약화하는 과정을 말하며, 국가 간 경제 관계에서 무역과 투자가 감소하고 국가 간 정치 관계에서 통합에 역행하는 현상을 일컫는다. 탈세계화 현상을 초래한 원인은 코로나19(COVID-19), 난민 문제, 미·중 패권 경쟁 등이다.

코로나19는 2020년 이래 인적·물적 자원의 국가 간 자유로운 이동을 제한하는 주요한 원인으로 전염병 만연(pandemic)에 따른 접촉 우려가 탈세계화를 초래한 것이다. 또한 난민 문제는 유럽 내 이민자에 대한 거부감을 증폭시킨 요인으로 세계화에 역행하는 유럽 국가가 국경 장벽을 높이게 한 것이다. 아울러 미·중 패권 경쟁은 새로운 이념 갈등을 야기하고 새로운 진영 논리로 국가들을 이합집산하게 하며 결국 탈세계화 시대 신냉전의 국제질서를 조성하고 있다.

2020년대에 국제사회는 탈세계화·신냉전(New Cold War)의 시대에 접어들었다. 1990년대 이래 세계화·탈냉전의 30년은 끝나가고 있다. 세계화가 가치의 '보편화'를 추구한다면, 탈세계화는 가치의 '진영화'를 지향하고 있다. 따라서 탈세계화는 '진영 내 결속(네트워크화)'과 '진영 간 대결(경쟁 · 갈등)'을 특징으로 한다. 탈세계화는 신냉전을 초래하는 현상이다. 여기서 가치란 구냉전 구도의 경우 정치적 이념으로서 민주주의 대 전체(권위)주의, 경제적 이념으로서 자본주의 대 공산주의를 말한다. 하지만 신냉전 구도는 정치적 이념 대결구도는 사실상 그대로이나 경제적 이념대결 구도는 시장 자본주의 대 국가자본주의로 그 양상이 변모되어 왔다. 향후 '탈신냉전(Post New Cold War)', '재세계화(Reglobalization)'의 시대가 돌아올지는 두고 볼 일이다.(이상환, 2022)

이 장에서는 세계화 정도를 경험적으로 평가하기 위해서 KOF의 세계화 지수를 활용한다. 세계화의 정도를 평가해 내는 지표로서 스위스 취리히 연방 공대의 기업 연구소 KOF(Konjunkturforschungsstelle der Eidgenössischen Technischen Hochschule Zürich; Swiss-Federal Institute of Technology Zurich)에서 산출한 세계화 지수가 있다. KOF 세계화 지수(GI: Globalization Index)로 알려진 동 측정지수는 1970년에서 오늘날에 이르는 장기간에 걸쳐서 세계은행, IMF, UNCTAD 등의 자료를 바탕으로 그 추이를 조사하고 있다. 평가 항목은 크게 경제적, 사회적, 정치적 지수의 세 가지 범주로 나누어 각 항목별 지수를 산정하고 있다.(KOF, 2022)

KOF의 세계화 지수는 경제적, 사회적, 정치적 차원의 세계화를 평가하고 있다. 즉, 세계화는 사람, 정보, 아이디어, 자본과 상품 등의 다양한 거래를 통해서 중계됨으로써 여러 대륙 간 다양한 행위자들 사이의 연결망을 창출하는 과정으로 정의한다. 세계화는 국가 간의 경계가 무너지면서, 국가 경제, 문화, 기술, 거버넌스 등이 통합되고, 상호의존

된 복잡한 관계가 산출되는 것이다. 동 지수는 경제적[8], 사회적[9], 정치적[10] 세계화의 구체

8 경제적 세계화는 두 차원을 포함하고 있음. 첫째로, 실제의 경제거래량은 보통 세 개의 측정 수단으로 차용됨. 실제 경제거래 데이터에 관한 하위지수(Sub-index)에는 무역, 해외직접투자(FDI: Foreign Direct Investment), 주식투자에 관한 데이터를 포함함. 무역, FDI 거래 데이터는 세계은행 자료를 참고하고, FDI 채권은 유엔통상개발위원회(UNCTAD: United Nations Conference on Trade and Development)의 세계투자보고서를 원용함. 주식투자는 IMF의 국제금융통계에서 자료를 취합함. 무역은 해당국의 수출입의 총합이고 주식투자는 그 나라의 재산과 부채의 총계임. 또한 FDI의 유입, 유출 그리고 FDI 채권 등의 총합임(모든 하위지수는 GDP 대비로 표시). 외국인, 외국 자산의 소득액은 해당국에 고용된 외국인들이나, 그 생산 과정상의 자본 등의 유사 지표를 포함함. 둘째로, 무역 및 자본 제한과 관련된 유사 지표들(proxies)을 포함함. 결국, 두 지수는 이전의 연구에서 세계화에 대한 유사 지표로 제시된 개별 항목들을 포함하여 구성됨. 이 두 번째 지수에는 보이지 않는 수입 장벽이 있는 자본 및 무역에 대한 규제, 평균 관세율, 국제무역에 대한 세금(세입에서 차지하는 비율), 자본통제 지수 등이 포함되어 있음. 어느 정도 수준의 무역이 이루어지고 있다면, 세입에서 관세가 높은 비율을 차지하는 국가는 세계화가 덜 이루어진 국가임.

9 사회적 세계화를 KOF 지수에서는 사회적 세계화의 구체적 평가 항목으로 다음의 세 가지를 꼽고 있음. 첫 번째는 개인 접촉 부문이고, 두 번째는 정보유통에 관한 데이터이고, 마지막으로는 문화적 근접성을 측정함. 개인접촉 항목지수는 각기 다른 나라에 사는 사람들과의 직접적인 교류를 살펴보는 것임. 국제전화통화량(telephone traffic)(전화가입자 1인당 국제 발신 통화량), 들어오거나 나가는 관광객 수의 전체 인구 당 비율을 포함하고 있음. 외국 근로자들에게 지불하거나 자국 근로자들이 지불받는 이전 소득(GDP에서의 비율) 국가들과의 교류 여부나 정도를 나타내는 반면 외국인들의 수는 다른 나라 사람들과의 교류 현황을 알게 해 줌. 수신하거나 발신하는 국제우편의 숫자는 또한 다른 나라 사람들과의 직접 교류의 측정치를 나타내 줌. 처음 네 가지 변수는 세계은행 자료에서 도출하였고, 우편의 경우는, 세계우편연합 통계 데이터로부터 산출하였음. 정보유통 항목인 개인 접촉 데이터는 다른 국가 국민과의 사이에 측정할 수 있는 상호교류를 나타내는 반면, 정보유통에 관한 하위 지수는 아이디어와 이미지의 흐름을 알 수 있게 함. 거기에는 인터넷 호스트와 사용자 수, 케이블 TV 가입자, 라디오의 수(인구 1,000명당), 그리고 거래되는 국제 신문(GDP에서의 비율)등이 포함되어 있음. 이 모든 변수는 다른 나라들로부터 뉴스를 받을 수 있는 사람들의 잠재성을 어느 정도 평가할 수 있는 유사 지표임. 즉, 아이디어의 세계적 확산에 기여할 것임. 인터넷 호스트의 숫자는 국제전신연합통계연감과 세계전신지표데이터베이스에서 발췌하였음. 하위지수의 다른 변수들은 세계은행에서 발췌하였음. 문화적 근접성(cultural proximity)은 가장 계량화하기가 어려운 세계화의 부문임. 수입되거나 수출되는 책들의 양(GDP 대비)을 통해 가치나 신념이 국가적 경계를 어느 정도 넘나드는지를 알 수 있는 유사 지표로 활용하였음. 문화적 세계화는 미국 문화상품의 지배와 관련되어 있다고 할 수 있음. 미국은 세계의 사회문화적 영역의 많은 부분에서 흐름을 주도해 나간다고 볼 수 있음. 문화적 근접성에 관한 또 다른 유사 지표로서 해당 국가에 있는 맥도널드 점포 수(인구 10만 명 당)를 측정함. 일반화시키기에는 난점이 있겠지만 많은 사람은 맥도널드의 세계적 확산을 세계화 현상 자체로 이해함.

10 정치적 세계화의 정도를 유추하기 위해서 대사관 수와 해당 국가가 가입하고 있는 국제기구의 숫자 그리고 대상국이 참여하고 있는 유엔의 평화 임무의 숫자를 측정하였음. 세계화 지수를 구성하기 위해서, 위

적 변수들을 통해 계량화되었다.

스위스 취리히 연방공대의 기업 연구소 KOF는 1970년 이래 기본적으로 세계 모든 국가의 세계화를 측정하는 종합지수인 KOF 세계화 지수의 세 번째 버전을 소개했다. 이전 두 가지 버전과 마찬가지로 세 번째 버전의 KOF 세계화 지수도 경제적, 사회적, 정치적 세계화를 측정하나 새로운 KOF 세계화 지수는 이전 2007 버전과 비교하여 여러 면에서 개선된 상황이다. 이는 세계화의 포괄적 개념을 더욱 정확하게 측정하기 위해 기본 변수의 수를 23개에서 43개로 늘렸다. 또한 두 가지 주요한 변화는 우선 법률상의 세계화(Globalisation Index, de jure)와 사실상의 세계화(Globalisation Index, de facto)를 구별하는 것이고, 금융 세계화를 측정하는 경제적 세계화 차원 내에서 별도의 지수를 도입하는 것이다. 아울러 기본 변수의 가중치가 시간이 지남에 따라 천천히 변화하도록 한 것이다. 따라서 2018년부터 새로운 KOF 세계화 지수를 사용하여 세계화가 경제 성장에 미치는 영향을 조사한 것이다. 이를 활용한 연구 결과는 세계화가 빠르게 진행될 때 국가가 경제 성장을 누린다는 이전 연구를 뒷받침하고, 경제적, 사회적 및 정치적 세계화가 개도국에서 경제 성장과 긍정적인 연관성이 있다고 주장한다.(Savina Gygli 외, 2019)

**표 28 The KOF Globalisation Index 내용 (2019년 1월 기준)**

| Globalisation Index, de facto | Weights | Globalisation Index, de jure | Weights |
|---|---|---|---|
| *Economic Globalisation, de facto* | *33.3* | *Economic Globalisation, de jure* | *33.3* |
| *Trade Globalisation, de facto* | *50.0* | *Trade Globalisation, de jure* | *50.0* |
| Trade in goods | 38.8 | Trade regulations | 26.8 |
| Trade in services | 44.7 | Trade taxes | 24.4 |
| Trade partner diversity | 16.5 | Tariffs | 25.6 |

에 소개된 각 변수를 1에서 100까지의 지수로 환산함. 100은 특정한 각 변수영역에서 최대치이고 1은 최소치임. 값이 클수록 세계화의 정도가 높은 것임. 원 데이터는 백분율로 환산함.

| | | Trade agreements | 23.2 |
|---|---|---|---|
| *Financial Globalisation*, de facto | *50.0* | *Financial Globalisation, de jure* | *50.0* |
| Foreign direct investment | 26.7 | Investment restrictions | 33.3 |
| Portfolio investment | 16.5 | Capital account openness | 38.5 |
| International debt | 27.6 | International Investment Agreements | 28.2 |
| International reserves | 2.1 | | |
| International income payments | 27.1 | | |
| *Social Globalisation,* de facto | 33.3 | *Social Globalisation, de jure* | 33.3 |
| *Interpersonal Globalisation,* de facto | *33.3* | *Interpersonal Globalisation, de jure* | *33.3* |
| International voice traffic | 20.8 | Telephone subscriptions | 39.9 |
| Transfers | 21.9 | Freedom to visit | 32.7 |
| International tourism | 21.0 | International airports | 27.4 |
| International students | 19.1 | | |
| Migration | 17.2 | | |
| *Informational Globalisation,* de facto | *33.3* | *Informational Globalisation, de jure* | *33.3* |
| Used internet bandwidth | 37.2 | Television access | 36.8 |
| International patents | 28.3 | Internet access | 42.6 |
| High technology exports | 34.5 | Press freedom | 20.6 |
| *Cultural Globalisation*, de facto | *33.3* | *Cultural Globalisation, de jure* | *33.3* |
| Trade in cultural goods | 28.1 | Gender parity | 24.7 |
| Trade in personal services | 24.6 | Human capital | 41.4 |
| International trademarks | 9.7 | Civil liberties | 33.9 |
| McDonald's restaurant | 21.6 | | |

| IKEA stores | 16.0 | | |
|---|---|---|---|
| *Political Globalisation,* de facto | *33.3* | *Political Globalisation, de jure* | *33.3* |
| Embassies | 36.5 | International organisations | 36.2 |
| UN peace keeping missions | 25.7 | International treaties | 33.4 |
| International NGOs | 37.8 | Treaty partner diversity | 30.4 |

*출처: 스위스 취리히 연방공대의 기업 연구소 KOF(Konjunkturforschungsstelle der Eidgenössischen Technischen Hochschule Zürich / Swiss-Federal Institute of Technology Zurich)에서 산출한 세계화 지수의 측정 변인(지표)들

<표 29>는 세계화 이전 시대(1970~1989년)의 세계화 지수를, <표 30>은 세계화 시대(1990~2017년)의 세계화 지수를 나타내는 KOF의 세계화 지수이다. 연도별 세계 평균치에 의하면, 1950~60년대의 전(pre) 세계화 시대를 거친 후 1970년에 38, 1989년에 43으로 구냉전 후반기 즉 데탕트 시기 이래 세계화는 완만하게 진행되었다. 반면 세계화 시대에 돌입한 1990년(43.6) 이래 세계화는 급속히 진행되어 왔다. KOF 세계화 지수에 의하면 그 정점은 2017년(62.1)이다. 하지만 세계화가 정체상태에 빠진 탈세계화 시대의 도래와 함께 세계화는 지지부진한 것이 현실이다. 이는 2018년 61.2, 2019년 62.0, 2020년 61.8, 2021년 61.5, 2022년 61.0이 잘 보여 준다.

**표 29 세계화 이전 시대의 세계화 지수(kof GI; 연도별 세계 평균치)**

| 1970 | 38 | 1980 | 42 |
|---|---|---|---|
| 1971 | 39 | 1981 | 42 |
| 1972 | 39 | 1982 | 42 |
| 1973 | 40 | 1983 | 42 |
| 1974 | 40 | 1984 | 42 |
| 1975 | 40 | 1985 | 43 |
| 1976 | 40 | 1986 | 43 |

| 1977 | 41 | 1987 | 43 |
|---|---|---|---|
| 1978 | 41 | 1988 | 43 |
| 1979 | 42 | 1989 | 43 |

*출처: 스위스 취리히 연방공대의 기업 연구소 KOF(Konjunkturforschungsstelle der Eidgenössischen Technischen Hochschule Zürich / Swiss–Federal Institute of Technology Zurich) 세계화 지수

KOF 세계화 지수에 의하면 세계화 수준은 1990년 이후 글로벌 금융위기 직전인 2007년까지 급속히 증가했고, 2008년 경제대불황 이래 처음으로 2015년에 세계화 수준이 감소했다. 이는 세계화 측면 중 경제적 세계화에 있어서의 쇠퇴에 기인한 것이었다. <표 31>에 의하면, 당해 연도에 정치적 세계화는 오히려 개선되었고 사회적 세계화는 정체상태였다. 2015년 이후 2022년까지는 세계화 흐름이 상승 하락을 반복하며 사실상 정체상태이다.(이상환, 2020d/2022)

**표 30 세계화 시대의 세계화 지수(kof GI; 연도별 세계 평균치)**

| 1990 | 43.6 | 2001 | 53.3 | 2012 | 60.9 |
|---|---|---|---|---|---|
| 1991 | 43.7 | 2002 | 53.4 | 2013 | 61.2 |
| 1992 | 44.7 | 2003 | 54.4 | 2014 | 61.8 |
| 1993 | 45.8 | 2004 | 55.5 | 2015 | 61.7 |
| 1994 | 46.8 | 2005 | 56.4 | 2016 | 61.9 |
| 1995 | 48.1 | 2006 | 57.5 | 2017 | 62.1 |
| 1996 | 48.3 | 2007 | 58.8 | 2018 | 61.2 |
| 1997 | 49.3 | 2008 | 59.3 | 2019 | 62.0 |
| 1998 | 50.3 | 2009 | 59.6 | 2020 | 61.8 |
| 1999 | 51.3 | 2010 | 60.1 | 2021 | 61.5 |
| 2000 | 52.5 | 2011 | 60.5 | 2022 | 61.0 |

*출처: 스위스 취리히 연방공대의 기업 연구소 KOF(Konjunkturforschungsstelle der Eidgenössischen Technischen Hochschule Zürich / Swiss–Federal Institute of Technology Zurich) 세계화 지수

표 31 세계화 시대의 세계화 지수(kof GI; 항목별/연도별 세계 평균치)

| 연도 | 전체 | 1. 경제 전체 | 1-1. 통상 | 1-2. 금융 | 2. 사회 전체 | 2-1. 개인 간 | 2-2. 정보 | 2-3. 문화 | 3. 정치 전체 |
|---|---|---|---|---|---|---|---|---|---|
| 1990 | 43 | 45 | 44 | 46 | 44 | 47 | 41 | 43 | 42 |
| 1991 | 43 | 44 | 43 | 45 | 44 | 47 | 41 | 43 | 43 |
| 1992 | 44 | 45 | 44 | 46 | 44 | 47 | 41 | 44 | 44 |
| 1993 | 46 | 46 | 46 | 47 | 45 | 47 | 42 | 45 | 46 |
| 1994 | 47 | 48 | 46 | 49 | 45 | 48 | 43 | 45 | 47 |
| 1995 | 48 | 49 | 47 | 51 | 46 | 48 | 43 | 46 | 49 |
| 1996 | 48 | 49 | 48 | 50 | 47 | 49 | 45 | 46 | 48 |
| 1997 | 49 | 50 | 49 | 52 | 48 | 49 | 47 | 47 | 49 |
| 1998 | 50 | 52 | 50 | 53 | 48 | 49 | 48 | 47 | 50 |
| 1999 | 51 | 53 | 51 | 54 | 49 | 50 | 50 | 48 | 51 |
| 2000 | 52 | 54 | 52 | 55 | 50 | 51 | 52 | 49 | 52 |
| 2001 | 53 | 54 | 53 | 56 | 51 | 52 | 53 | 49 | 53 |
| 2002 | 53 | 54 | 53 | 55 | 52 | 52 | 55 | 49 | 53 |
| 2003 | 54 | 55 | 53 | 56 | 53 | 53 | 56 | 50 | 54 |
| 2004 | 55 | 56 | 54 | 57 | 54 | 55 | 57 | 51 | 55 |
| 2005 | 56 | 57 | 55 | 58 | 55 | 56 | 58 | 51 | 56 |
| 2006 | 57 | 57 | 56 | 59 | 57 | 57 | 60 | 53 | 57 |
| 2007 | 58 | 58 | 57 | 60 | 59 | 59 | 63 | 53 | 58 |
| 2008 | 59 | 58 | 57 | 58 | 60 | 60 | 66 | 54 | 59 |
| 2009 | 59 | 57 | 56 | 58 | 61 | 61 | 68 | 54 | 59 |
| 2010 | 60 | 58 | 56 | 59 | 62 | 62 | 69 | 54 | 60 |
| 2011 | 60 | 58 | 57 | 59 | 63 | 62 | 71 | 55 | 60 |

| 연도 | 전체 | 1. 경제 전체 | 1-1. 통상 | 1-2. 금융 | 2. 사회 전체 | 2-1. 개인 간 | 2-2. 정보 | 2-3. 문화 | 3. 정치 전체 |
|---|---|---|---|---|---|---|---|---|---|
| 2012 | 61 | 58 | 57 | 59 | 64 | 63 | 72 | 55 | 60 |
| 2013 | 61 | 58 | 58 | 59 | 64 | 63 | 73 | 55 | 60 |
| 2014 | 61 | 59 | 57 | 60 | 65 | 63 | 73 | 55 | 61 |
| 2015 | 61 | 58 | 57 | 59 | 65 | 63 | 74 | 55 | 62 |
| 2016 | 61 | 58 | 56 | 60 | 65 | 63 | 74 | 56 | 62 |
| 2017 | 62 | 58 | 57 | 60 | 65 | 63 | 74 | 56 | 62 |
| 2018 | 62 | 59 | 58 | 60 | 65 | 63 | 74 | 56 | 62 |

*출처: 스위스 취리히 연방공대의 기업 연구소 KOF(Konjunkturforschungsstelle der Eidgenössischen Technischen Hochschule Zürich / Swiss-Federal Institute of Technology Zurich) 세계화 지수

세계화 상황(1990~2018년)을 경제적, 사회적, 정치적 세계화로 구분하여 살펴보면, 경제적 세계화는 2014년에 정점을 찍은 후 약간 후퇴했다가 2018년에 다시 회복한 상황이다. 사회적 세계화는 2014년에 65로 최고점에 이른 후 2018년까지 변동 없이 65를 유지하고 있다. 또한 정치적 세계화는 2015년에 62에 도달한 후 2018년까지 이를 유지하고 있다. 세계화가 유지 혹은 퇴행하고 있음을 KOF 세계화 지수는 드러낸다.

**표 32 2020 세계화 지수(kof GI; 항목별 국가 지수)**

| 종합 | | | 경제 | | | 사회 | | | 정치 | | |
|---|---|---|---|---|---|---|---|---|---|---|---|
| 순위 | 국가명 | 지수 | 순위 | 국가명 | 지수 | 순위 | 국가명 | 지수 | 순위 | 국가명 | 지수 |
| 1 | 스위스 | 90.79 | 1 | 싱가포르 | 93.63 | 1 | 모나코 | 91.50 | 1 | 프랑스 | 97.98 |
| 2 | 네덜란드 | 90.68 | 2 | 네덜란드 | 89.58 | 2 | 룩셈부르크 | 90.89 | 2 | 독일 | 97.90 |

| 종합 | | | 경제 | | | 사회 | | | 정치 | | |
|---|---|---|---|---|---|---|---|---|---|---|---|
| 순위 | 국가명 | 지수 | 순위 | 국가명 | 지수 | 순위 | 국가명 | 지수 | 순위 | 국가명 | 지수 |
| 3 | 벨기에 | 90.46 | 3 | 벨기에 | 87.89 | 3 | 리히텐스타인 | 90.78 | 3 | 이탈리아 | 97.80 |
| 4 | 스웨덴 | 89.44 | 4 | 아일랜드 | 87.81 | 4 | 스위스 | 90.35 | 4 | 영국 | 97.08 |
| 5 | 영국 | 89.39 | 5 | 룩셈부르크 | 87.36 | 5 | 노르웨이 | 89.83 | 5 | 벨기에 | 96.62 |
| 6 | 독일 | 88.83 | 6 | 아랍에미레이트 | 86.90 | 6 | 캐나다 | 89.42 | 6 | 네덜란드 | 96.59 |
| 7 | 오스트리아 | 88.56 | 7 | 스위스 | 86.41 | 7 | 안도라 | 89.24 | 7 | 스웨덴 | 96.43 |
| 8 | 덴마크 | 87.96 | 8 | 몰타 | 86.15 | 8 | 영국 | 89.18 | 8 | 스위스 | 95.62 |
| 9 | 핀란드 | 87.70 | 9 | 사이프러스 | 85.77 | 9 | 싱가포르 | 88.70 | 9 | 오스트리아 | 95.45 |
| 10 | 프랑스 | 87.69 | 10 | 에스토니아 | 85.62 | 10 | 산마리노 | 88.38 | 10 | 핀란드 | 93.65 |
| 11 | 아일랜드 | 85.54 | 11 | 홍콩 | 84.67 | 11 | 홍콩 | 88.35 | 11 | 포르투갈 | 93.18 |
| 12 | 노르웨이 | 85.47 | 12 | 덴마크 | 84.35 | 12 | 스웨덴 | 88.30 | 12 | 튀르키예 | 92.70 |
| 13 | 체코 | 84.88 | 13 | 스웨덴 | 83.59 | 13 | 호주 | 88.22 | 13 | 러시아 | 92.69 |
| 14 | 포르투갈 | 84.88 | 14 | 핀란드 | 83.09 | 14 | 독일 | 87.99 | 14 | 덴마크 | 92.63 |
| 15 | 캐나다 | 84.18 | 15 | 체코 | 82.69 | 15 | 오스트리아 | 87.54 | 15 | 미국 | 92.59 |
| 16 | 헝가리 | 83.83 | 16 | 오스트리아 | 82.68 | 16 | 마카오 | 87.34 | 16 | 캐나다 | 92.32 |

| 종합 | | | 경제 | | | 사회 | | | 정치 | | |
|---|---|---|---|---|---|---|---|---|---|---|---|
| 순위 | 국가명 | 지수 | 순위 | 국가명 | 지수 | 순위 | 국가명 | 지수 | 순위 | 국가명 | 지수 |
| 17 | 스페인 | 83.81 | 17 | 모리셔스 | 82.65 | 17 | 아일랜드 | 87.30 | 17 | 인도 | 92.13 |
| 18 | 싱가포르 | 83.49 | 18 | 슬로바키아 | 82.52 | 18 | 덴마크 | 86.90 | 18 | 그리스 | 92.04 |
| 19 | 사이프러스 | 83.06 | 19 | 헝가리 | 81.98 | 19 | 벨기에 | 86.69 | 19 | 스페인 | 91.49 |
| 20 | 에스토니아 | 82.91 | 20 | 바레인 | 81.96 | 20 | 뉴질랜드 | 86.65 | 20 | 이집트 | 91.47 |

*출처: 스위스 취리히 연방공대의 기업 연구소 KOF(Konjunkturforschungsstelle der Eidgenössischen Technischen Hochschule Zürich / Swiss-Federal Institute of Technology Zurich) 세계화 지수

<표 32>는 2020년 기준 KOF 세계화 지수에 따른 세계화 상위 20개 국가를 나타낸다. 종합 순위는 스위스, 네덜란드, 벨기에, 스웨덴, 영국, 독일, 오스트리아, 덴마크, 핀란드, 프랑스 등 순으로 서구 유럽 국가들이 대부분 차지하고 있다. 비유럽 국가로는 15위 캐나다, 18위 싱가포르와 19위 사이프러스가 전부이다. 경제적 세계화의 경우, 싱가포르가 1위이고, 베네룩스 3국과 아시아와 동유럽의 국가들이 다수 포함되어 있다. 사회적 세계화의 경우, 모나코가 1위이고, 아시아와 유럽의 군소국가들이 대부분을 차지하고 있다. 마지막으로 정치적 세계화는 서구유럽 국가들과 북미국가들이 대부분이다. 튀르키예(터키)와 러시아가 미국보다 순위에 앞서 있는 것을 보면 이는 그 변인들에 따른 통계적 왜곡이 존재하는 것이 아닌가 여겨진다.

## 표 33 2020 G20 세계화 지수(kof GI; 항목별 국가 지수)

| 종합 | | | 경제 | | | 사회 | | | 정치 | | |
|---|---|---|---|---|---|---|---|---|---|---|---|
| 순위(전체 순위) | 국가명 | 지수 | 순위(전체 순위) | 국가명 | 지수 | 순위(전체 순위) | 국가명 | 지수 | 순위(전체 순위) | 국가명 | 지수 |
| 1(5) | 영국 | 89.39 | 1(21) | 영국 | 81.91 | 1(6) | 캐나다 | 89.42 | 1(1) | 프랑스 | 97.98 |
| 2(6) | 독일 | 88.83 | 2(24) | 독일 | 80.60 | 2(8) | 영국 | 89.18 | 2(2) | 독일 | 97.90 |
| 3(10) | 프랑스 | 87.69 | 3(27) | 프랑스 | 79.21 | 3(13) | 호주 | 88.22 | 3(3) | 이탈리아 | 97.80 |
| 4(15) | 캐나다 | 84.18 | 4(45) | 이탈리아 | 71.01 | 4(14) | 독일 | 87.99 | 4(4) | 영국 | 97.08 |
| 5(23) | 이탈리아 | 82.82 | 5(46) | 캐나다 | 70.98 | 5(21) | 미국 | 86.56 | 5(12) | 튀르키예 | 92.70 |
| 6(25) | 미국 | 82.28 | 6(57) | 호주 | 67.73 | 6(24) | 프랑스 | 85.88 | 6(13) | 러시아 | 92.69 |
| 7(27) | 호주 | 81.51 | 7(58) | 일본 | 67.72 | 7(41) | 한국 | 81.83 | 7(15) | 미국 | 92.59 |
| 8(35) | 한국 | 78.48 | 8(59) | 미국 | 67.68 | 8(48) | 일본 | 79.96 | 8(16) | 캐나다 | 92.32 |
| 9(36) | 일본 | 78.40 | 9(72) | 사우디아라비아 | 63.99 | 9(49) | 이탈리아 | 79.66 | 9(17) | 인도 | 92.13 |
| 10(49) | 러시아 | 71.94 | 10(75) | 한국 | 63.01 | 10(78) | 사우디아라비아 | 73.00 | 10(21) | 아르헨티나 | 90.97 |
| 11(52) | 멕시코 | 71.68 | 11(88) | 멕시코 | 60.00 | 11(81) | 아르헨티나 | 72.68 | 11(25) | 한국 | 90.60 |
| 12(55) | 아르헨티나 | 71.31 | 12(111) | 남아공 | 55.15 | 12(96) | 러시아 | 68.67 | 12(26) | 중국 | 90.29 |
| 13(58) | 튀르키예 | 70.57 | 13(114) | 튀르키예 | 54.70 | 13(101) | 남아공 | 67.20 | 13(27) | 브라질 | 89.83 |
| 14(60) | 남아공 | 70.51 | 14(115) | 러시아 | 54.46 | 14(102) | 멕시코 | 67.14 | 14(30) | 남아공 | 89.18 |
| 15(70) | 사우디아라비아 | 67.73 | 15(129) | 아르헨티나 | 50.29 | 15(112) | 튀르키예 | 64.30 | 15(31) | 호주 | 88.81 |

| 종합 | | | 경제 | | | 사회 | | | 정치 | | |
|---|---|---|---|---|---|---|---|---|---|---|---|
| 순위(전체 순위) | 국가명 | 지수 | 순위(전체 순위) | 국가명 | 지수 | 순위(전체 순위) | 국가명 | 지수 | 순위(전체 순위) | 국가명 | 지수 |
| 16 (80) | 브라질 | 64.49 | 16 (134) | 인도네시아 | 49.66 | 16 (119) | 브라질 | 62.24 | 16 (33) | 멕시코 | 87.76 |
| 17 (82) | 중국 | 64.28 | 17 (146) | 중국 | 44.95 | 17 (135) | 중국 | 57.61 | 17 (34) | 인도네시아 | 87.60 |
| 18 (87) | 인도네시아 | 63.22 | 18 (153) | 인도 | 42.91 | 18 (143) | 인도네시아 | 52.41 | 18 (35) | 일본 | 87.51 |
| 19 (90) | 인도 | 62.23 | 19 (160) | 브라질 | 41.40 | 19 (145) | 인도 | 51.66 | 19 (101) | 사우디아라비아 | 66.41 |

*출처: 스위스 취리히 연방공대의 기업 연구소 KOF(Konjunkturforschungsstelle der Eidgenössischen Technischen Hochschule Zürich / Swiss-Federal Institute of Technology Zurich) 세계화 지수

**표 34** G20 국가의 세계화 지수 변화

| 세계화 지수 (2020 kof GI) | | | 세계화 지수 (1970~2018) | | | | |
|---|---|---|---|---|---|---|---|
| 순위(전체 순위) | 국가명 | 지수 | 1970 (세계 평균 =38) | 1990 (세계 평균 =43) | 2018 (세계 평균 =62) | 최고치 연도 (세계 평균=62, 2017~2018) | 최저치 연도 (세계 평균=38, 1970) |
| 1(5) | 영국 | 89.39 | 67 | 78 | 89 | 2017(90) | 1970(67) |
| 2(6) | 독일 | 88.83 | 65 | 74 | 89 | 2017~2018(89) | 1970(65) |
| 3(10) | 프랑스 | 87.69 | 64 | 74 | 88 | 2014,2016,2018(88) | 1970(64) |
| 4(15) | 캐나다 | 84.18 | 62 | 70 | 84 | 2014~2018(84) | 1970(62) |
| 5(23) | 이탈리아 | 82.82 | 61 | 68 | 83 | 2016~2018(83) | 1970(61) |
| 6(25) | 미국 | 82.28 | 59 | 69 | 82 | 2014~2018(82) | 1970~1972(59) |

| 세계화 지수 (2020 kof GI) | | | 세계화 지수 (1970~2018) | | | | |
|---|---|---|---|---|---|---|---|
| 순위 (전체 순위) | 국가명 | 지수 | 1970 (세계 평균 =38) | 1990 (세계 평균 =43) | 2018 (세계 평균 =62) | 최고치 연도 (세계 평균=62, 2017~2018) | 최저치 연도 (세계 평균=38, 1970) |
| 7(27) | 호주 | 81.51 | 57 | 66 | 82 | 2017~2018(82) | 1970(57) |
| 8(35) | 한국 | 78.48 | 32 | 49 | 78 | 2014~2018(78) | 1970(32) |
| 9(36) | 일본 | 78.40 | 48 | 56 | 78 | 2015~2018(78) | 1970(48) |
| 10(49) | 러시아 | 71.94 | 1990년부터 측정 | 47 | 72 | 2015~2018(72) | 1990(47) |
| 11(52) | 멕시코 | 71.68 | 42 | 45 | 72 | 2018(72) | 1970~1972(42) |
| 12(55) | 아르헨티나 | 71.31 | 48 | 51 | 71 | 2018(71) | 1971~1975(47) |
| 13(58) | 튀르키예 | 70.57 | 40 | 52 | 71 | 2011~2018(71) | 1970~1971(40) |
| 14(60) | 남아공 | 70.51 | 36 | 36 | 71 | 2013~2018(71) | 1991~1992(35) |
| 15(70) | 사우디아라비아 | 67.73 | 40 | 50 | 68 | 2010,2018(68) | 1970,1972(40) |
| 16(80) | 브라질 | 64.49 | 39 | 42 | 64 | 2010~2014(65) | 1970~1971(39) |
| 17(82) | 중국 | 64.28 | 21 | 36 | 64 | 2014, 2016~2018(64) | 1970(21) |
| 18(87) | 인도네시아 | 63.22 | 29 | 44 | 63 | 2014(64) | 1970(29) |
| 19(90) | 인도 | 62.23 | 29 | 32 | 62 | 2011~2014, 2017~2018(62) | 1970(29) |

*출처: 스위스 취리히 연방공대의 기업 연구소 KOF(Konjunkturforschungsstelle der Eidgenössischen Technischen Hochschule Zürich / Swiss-Federal Institute of Technology Zurich) 세계화 지수

세계 주요강국(G20)의 세계화 수준을 파악하기 위해 KOF 세계화 지수를 설명하면 다음과 같다. <표 33>과 <표 34>는 각 항목별 및 전체 세계화 지수를 보여 준다. 경제 세계화에 있어 G7국가가 모두 19개국 중 Top 10에 들어 있고, 이외에 호주, 사우디아라비아, 한국이 해당된다. 사회 세계화에 있어서도 마찬가지이다. 정치 세계화는 한국, 일본, 호주가 빠져나간 자리를 튀르키예, 러시아, 인도가 차지하고 있다. G20 국가 순위를 종합적으로 언급하면, 영국이 1위이고 이를 포함한 G7 국가와 한국, 호주, 러시아가 Top 10 안에 들어 있다. G2 시대의 중국은 세계화 종합순위가 G20 국가 중 17위, 세계순위는 82위로 열린 사회라기보다는 닫힌 사회의 모습을 보여 주고 있다.

1990년 말 이후 2000년대에 반세계주의(anti-globalism)가 부상했고 세계화에 소외된 국가들과 세계화가 초래한 국내외적 부정적인 결과들 즉 빈부격차의 심화 등을 경험한 세력들이 세계화에 대해 반발하기 시작했다. 예를 들어, 2008년 글로벌 금융위기와 함께 대두된 월가의 탐욕스러운 금융자본주의와 경제적 불평등에 분노하면서 시작된 '월스트리트점령(Occupy Wall Street)' 운동이 이에 해당한다. 역사상 탈세계화 현상이 부각 된 시기는 대공황을 겪은 1930년대와 글로벌 금융위기 이후 무역침체기인 2010년대이다. 1930년대의 탈세계화 양상과 2010년대의 탈세계화 양상은 성격상 차이가 있다. 1930년대에는 민주주의 국가들이 자유무역주의를 지키려 했고, 자급자족에 의존하려는 전체주의 독재국가들이 탈세계화 현상을 주도했다. 2010년대 이래 현재 상황은 민주주의 국가들이 이를 주도하고 있다.(이상환, 2020d/2022)

이러한 탈세계화 현상의 주요한 원인의 하나는 인간안보에서 새로이 부각 되는 의제인 감염병 문제이다. 21세기 최초의 국제적 감염병인 사스(SARS)로부터 현재 진행 중인 코로나19에 이르기까지 감염병의 만연은 국제사회에 해결해야 할 과제를 남겼다.(이상환, 2020a/2020b) 코로나19로 인해 국제사회는 심각한 인명피해는 물론 많은 정치, 경제, 사회문화적 피해를 경험했다. 이는 국가 간 인적·물적 이동의 제한에 따른 갈등을 유발했다. 과거에 국가들은 월경 질병의 확산 방지에 대하여 국내적 방역정책으로 충분하다고 생각했다. 세계화는 국가 간 감염병의 급속한 전파를 야기하고, 탈세계화는 이에 대한 반향이다. 세계화 시대에 국내적·제한적인 방역 조치는 한계점에 도달했다. 감염병 문제를 해결하기 위해 보건 인식의 개선이 요망된다.(이상환, 2020a/2020b)

또한 난민 문제도 탈세계화를 초래한 주요한 원인이다. '난민(refugee)'이란 종교, 인종, 정치적 이유 등으로 인해 박해 및 전쟁상황을 피해 자신의 거주지를 떠날 수밖에 없는 사람들을 말한다. 더 나은 삶 또는 기회를 찾아 거주지를 떠나는 '이주민(migrant)'과는 구별된다. 2021년 기준, 종교적 박해, 분쟁, 폭력 혹은 인권침해의 결과 8,400만 명 이상의 비정주민이 발생했고, 이는 2020년 대비 160만 명이 증가한 것이다. 이들 중 2,660만 명이 난민으로 역대 최대이다. 최근 중동과 아프리카로부터의 대규모 난민 유입으로 유럽 국가들 내에서 반이민 정서, 이슬람 혐오증, 난민 문제의 안보화 경향 등이 커지고 있다. 이는 탈세계화 현상을 초래해 왔다. 난민에 대한 외면은 단기적으로는 자국의 사회안정을 도모할 수 있겠지만, 장기적으로는 더욱 복잡하고 위험한 상황을 자초할 수 있다. 난민 문제가 안보 위협이 될 수 있다는 인식하에 난민 보호가 필요하다는 인식변화가 요망되는 것이다. EU는 쉥겐 협정(Schengen Agreement)[11]에 따라 공동국경과 역내 자유로운 이동을 추구하고, 더블린협약(Dublin Convention)[12]에 따라 난민 정책에 대한 최소한의 회원국 의무를 규정하면서도 난민 수용의 부담을 개별회원국이 지도록 한다. 열린 사회 유럽이 난민 문제와 코로나19로 내부 갈등을 경험하면서 닫힌 사회로 이행할는지 모르는 상황이다.(이상환, 2020c)

최근 전 세계적으로 드러나는 탈세계화 현상의 흐름은 2018년 이래 미·중 통상분쟁, 2020년 브렉시트, 2020년 이래 COVID-19 및 글로벌 공급망 붕괴, 2022년 이래 우크라이나 침공 및 스코틀랜드 독립 재추진 등이다. 세계은행 자료에 의하면, GDP 대비 상품무역 비율은 세계화 시대에 급상승하다가 최근 꺾임을 알 수 있다. 또한 외국인 직접투자(FDI)도 감소 추세이다. 월스트

11 쉥겐 협정은 유럽 각국이 공통의 출입국 관리 정책을 통해 국가 간의 통행에 있어 제한이 없게 하고자 한 협정임. 이는 독일, 프랑스, 벨기에, 네덜란드, 룩셈부르크 5개국이 1985년 룩셈부르크의 쉥겐에서 조인함. 대부분의 EU 가입국과 비가입국인 EFTA 가입국 아이슬란드, 노르웨이, 스위스, 리히텐슈타인 등이 협정에 서명함. 쉥겐 협정 가입국들은 국경 검사소 및 검문소를 철거하고, 공통의 쉥겐 사증을 사용하여 가입국에 입국할 수 있음.

12 더블린협약은 유럽으로 유입되는 난민에 대한 협약으로, 1997년 발효됨. 이는 유럽으로 유입되는 난민의 망명 처리에 관한 조약으로, 1990년 유럽 12개국이 아일랜드의 더블린에서 체결하고 이에 따르면 난민들은 처음 입국한 유럽 국가에서 난민 자격 심사를 받아야 하고, 다른 유럽 국가로 다시 이동하여 난민 자격 신청을 할 경우 처음 입국한 국가로 이송됨. 이는 난민 신청의 중복을 금지하여 심사의 효율성을 높이고 망명 신청을 받은 국가가 난민 보호책임을 회피할 수 없도록 함.

리트(Wall Street) 저널 자료에 의하면, 제조업 생산에서 해외 요소가 차지하는 비중도 2020년을 기점으로 감소하는 상황이다. 그리고 탈세계화를 언급하는 기업 수도 증가 추세이다. 나아가 탈세계화와 세계화 종식이라는 말을 검색하는 양도 서서히 증가하고 있다. 탈세계화는 이미 진행 중이고 큰 흐름임을 파악할 수 있다.(매일경제, https://www.mk.co.kr/economy/view/2022/578970)

'세계화 정체(Slowbalisation)'는 글로벌 통합의 속도가 느려지는 현상을 말한다. 최근 수십 년 동안 세계화는 너무나 지배적인 현상이라서 종종 그 과정이 계속되리라 생각해 왔다. 1970년과 2008년 사이에 GDP에서 세계 수출이 차지하는 비중은 13%에서 31%로 증가했으며 세계화는 막을 수 없는 대세처럼 보였다. 하지만 2008년부터 예상치 못한 일이 벌어졌다. GDP에서 수출이 차지하는 비중은 변동이 없었고 심지어 하락하기 시작했다. 다른 지표도 비슷한 양상을 보이는데, 글로벌 은행 대출이 감소했고, 외국인 직접 투자(FDI)가 상당히 급격하게 감소했으며 다국적 기업의 수익이 감소했다.

**그림 52** GDP 중 세계수출액 비중

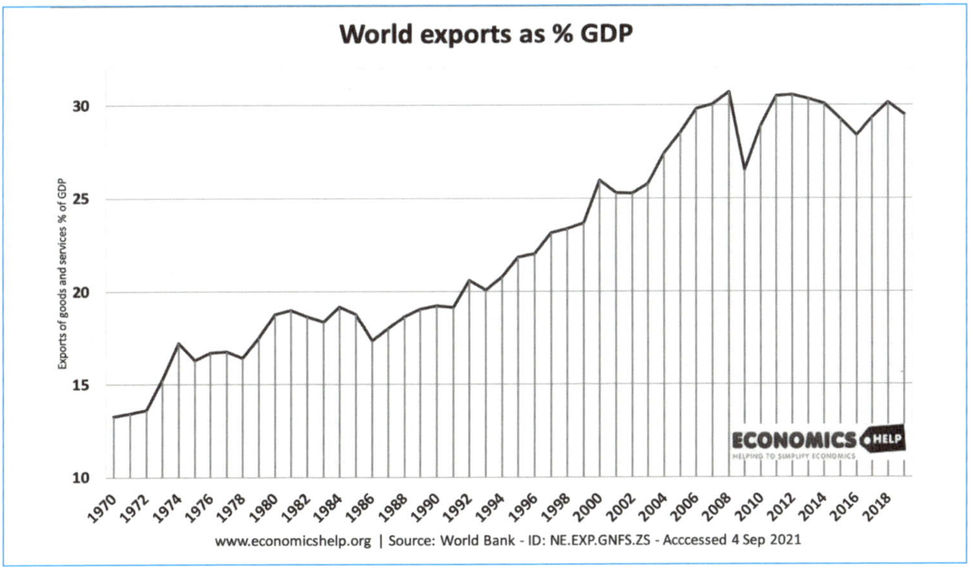


*출처: Economics helping simplify economics (https://www.economicshelp.org/blog/166776/economics/slowbalisation-is-globalisation-slowing-down)

코로나19는 국제 여행과 같은 세계화 현상에 한계를 보이게 했으나, 우리는 여전히 매우 세계화된 세계에 살고 있고 인터넷 사용, 국제전화 수 등을 보면 세계화가 계속되고 있다. 하지만 다수의 사람은 지금 상황이 세계화의 정점에 도달한 것일 수 있다고 말한다.

**그림 53** 글로벌 외국인 직접투자

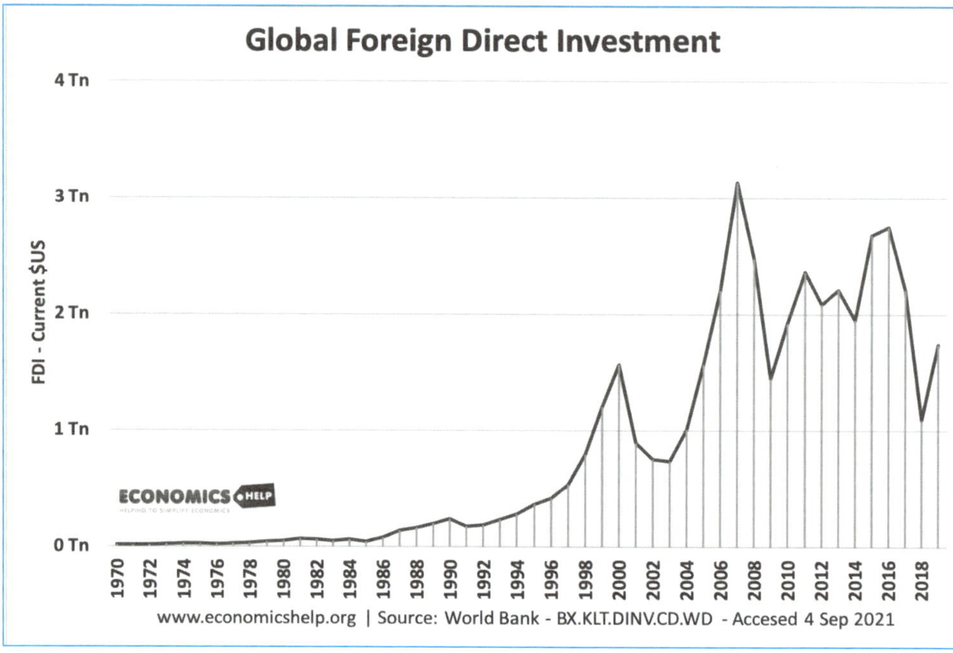


*출처: Economics helping to simplify economics (https://www.economicshelp.org/blog/166776/economics/slowbalisation-is-globalisation-slowing-down)

세계화 둔화의 배후에는 어떤 요인이 있는 것인가. 1960년대부터 우리는 컨테이너화와 같은 과정으로 인해 운송 비용이 매우 급격히 하락하는 것을 보았고 이로 인해 무역이 훨씬 더 수익성이 있었지만 이제 운송은 화석연료 가격 상승으로 인해 더 높은 비용에 직면해 있다. 향상된 기술·노동 집약적 산업의 경우 기업이 생산을 훨씬 더 낮은 비용으로 생산하는 국가로 이전하려는 매우 분명한 유인이 있었다. 이처럼 과거에 미국과 유럽의 제조 회사는 제조 공장을 해외로 이전하려는 강력한 동기를 가졌다. 그러나 제조 공정이 점점 더 자동화됨에 따라 인건비는 총비용에서 차지하는 비중이 줄어들고 미래의 제조업은 값싸고 풍부한 노동력에 의존하지 않고 기술을 관리할 수 있는 보다 숙련된 노동력에 의존하고 있다. 오늘날 소비자들은 세계 반대편에서 수입되는 상품을 구매하는 것에 대해 점점 더 경계하고 있으며 현지에서 조달되는 상품과 식품에 대해 기꺼이 프리미엄을 지불할 용의가 있다. 기업들도 현지 조달을 위해 노력함으로써 이러한 압력에 대응하고 있다.(Economics helping to simplify economics, 2022)

그림 54 무역개방지표(1870~2017)

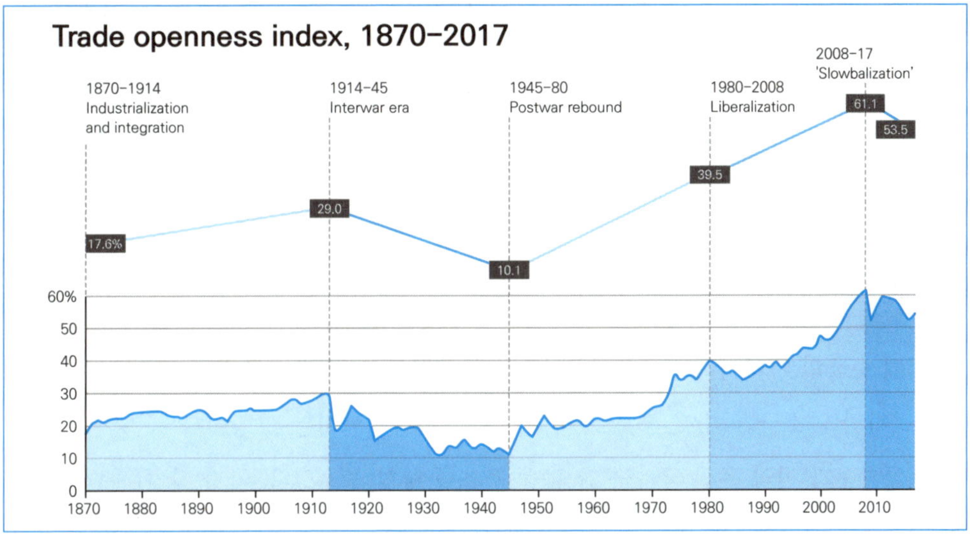


*출처: https://www.syzgroup.com/en/insights/way-slowbalisation

세계는 '정체된 세계화'로 가고 있는가. 코로나19가 시작되기 전부터 시작된 '정체된' 세계화는 세계화에 역행하는 추세이다. 세계는 때때로 탈세계화의 시기를 경험했다. 예를 들어, 두 세계대전 사이의 기간은 관세와 무역 전쟁으로 특징 지어졌다. 전후 기간에 세계 무역이 크게 증가했지만 세계화는 1980년대에 완전히 멈췄다. 그러나 세계화가 황금기를 맞이한 것은 20세기 말과 21세기 초였다. 중국 경제는 1980년대에 덩샤오핑(鄧小

平) 시대부터 개방되기 시작했고, 1991년 소련이 해체되면서 동유럽과 중앙아시아 경제는 세계에 개방되었다. 그 이후로 이러한 새로운 시장을 개척하려는 미국의 무역 정책과 함께 정보 기술의 부상은 무역을 더욱 촉진했다. 2001년 중국의 WTO 가입은 2008년 금융위기가 세계화 운동을 중단시키기 전에 세계화 과정에 또 다른 활력을 불어넣었다. 그 이후로 GDP에서 세계 무역이 차지하는 비중은 감소하고 있다. 코로나19가 시작되기 전에 공급망에 대한 위험은 이미 증가하고 있었다. 그리고 미국과 중국은 통상분쟁을 시작했다.(SYZ Group, 2022)

세계화 시대와 구별되는 탈세계화 시대의 국제관계 양상은 세 가지로 신냉전의 국제질서, 안보-통상 연계의 국제관계, 가치-이익 연계의 국제관계 등이다.

첫째, 신냉전의 국제질서는 탈세계화 현상의 원인이자 결과이다. 신냉전은 탈냉전기 패권 경쟁의 산물이고 중국의 급부상과 이에 따른 새로운 가치충돌의 결과이다. 탈냉전기 도래 이후 세계는 중국의 급부상을 목격해 왔고 중국 위협론과 기회론이라는 상반된 시각에서 이를 전망한다. 결국 서구의 시각은 중국 위협론으로 기울어졌다. 그 이유는 일인 지배체제 강화, 홍콩 민주화운동 진압, 양안 문제 등이다. 가치공유를 우선하면서 중국을 사고가 다른 위협 세력으로 보고 이를 견제하려는 서구강대국과 일단 먹고 살기 위해 중국의 가치 추구가 어떻든 이익을 극대화하기 위해 중국에 편승하는 아시아와 아프리카의 약소국간 대결 구도로 국제사회는 이합집산하는 양상이다. 신냉전은 가치 우선 국가군과 이익 우선 국가군 간 갈등 구조를 형성하고 있다. 국가 간 이해관계가 복잡하다 보니 가치공유에 따른 결속력이 일부 강대국을 제외하면 한계가 있다고 할 수 있다.(이상환, 2020b/2020c/2020d/2022) 새로운 냉전 시대에 걸맞은 이념대결은 어떠한 구도인가. 경제적인 맥락에서 보면, 미국을 중심으로 한 시장 자본주의(시장 자율성 우선) 대 중국을 중심으로 한 국가 관료 자본주의(국가 개입 우선)가 그것이다. 정치적인 맥락에서 보면, 미국을 축으로 한 민주주의(다당제, 법치주의) 대 중국을 축으로 한 권위주의(일당지배, 인치주의)를 말한다.(이상환, 2022)

둘째, 국제관계에서 안보와 통상 문제가 긴밀히 연계된다. 안보-통상 연계이론은 냉전적 양극체제 하의 동맹 내 국가들 사이에서 자유무역의 실현은 더 가능하며 탈냉전적 다극 체제하의 이질적인 동맹 사이에서 보호무역이 있음 직하다는 점에서 국가 간의 안보적 상호의존도의 견지에 국제통상 관계를 분석한다. 국가 간 쌍무적인 정치군사적 협력과 갈등이 양자 간 통상관계와 관련되어 있다고 주장한다. 동맹국가에 대해서 일국은 자유무역정책을 구현하기 쉬우며 보다 협력적인 통상외교를 펼칠 가능성이 크다. 안보적인 고려가 통상관계에 작용하는 것이다.(이상환, 2022) 미국을 중심으로 한 반중국연대는 안보적 측면에서 쿼드(QUAD)[13]와 인태전략(Indo-Pacific Strategy), 경제적 측면에서 인태경제프레임워크(IPEF)[14]를 추진하고 있다. 이들 안보 동맹과 경제 동맹의 회원국이 중복된다는 측면에서 안보와 통상 이슈가 국제관계에서 긴밀히 연계되어 있음을 알 수 있다.(이상환, 2021a/2021b/2022; Hwang, Willemain & Lee, 2020)

셋째, 가치공유와 이익공유 연계의 국제관계를 들 수 있다. 코로나19는 탈세계화와 디지털화를 촉진했고 새로운 가치논쟁을 유발했다. 즉 친인권 민주화(민주주의) 대 반인권 민주화(전체주의), 시장 자본주의 대 국가(관료) 자본주의라는 대결 구도를 낳은 것이

13 4자 안보 대화(Quadrilateral Security Dialogue)는 미국과 인도-태평양 지역 핵심 동맹국인 일본, 인도, 호주를 포함한 4개국이 국제안보를 주제로 가지는 정기적 정상 회담임. 쿼드는 미국이 주도하는 '자유롭고 열린 인도-태평양(Free and Open Indo-Pacific: FOIP)' 전략의 일환으로 창설됨. 사실상 중국의 '일대일로(一帶一路)' 전략을 견제하기 위한 성격이 강함.

14 미국 주도로 출범(2022.5.23)한 인도-태평양 지역의 경제 안보 플랫폼으로, 관세 인하, 부분적인 규제 철폐를 추구하는 FTA보다 더 범위가 넓은 경제협력체를 지향함. 이를 통해 미국은 무역 촉진, 디지털 경제와 기술 표준 정립, 공급망 회복력 달성, 탈탄소화와 청정에너지 발전, 인프라 구축, 노동 표준화 등 6가지 주요 분야에서 합의를 이루고자 함. 인도-태평양 지역 내 파트너 국가들과 미래 산업과 산업 정책의 국제 표준을 정하고자 함. 인도-태평양 지역에서 중국의 영향력 확대를 차단하고 견제하기 위한 경제적 연대의 성격임. 회원국은 미국(반도체 설계 및 생산 장비를 주력으로 담당/반도체용 원자재 공급도 담당), 일본(소재와 장비를 주력으로 담당), 인도(값싼 인건비를 토대로 탈중국하는 반도체 공장들을 유입시켜 반도체 생산 공정 담당), 한국(메모리 반도체, 파운드리를 주력으로 담당), 호주/뉴질랜드(반도체용 원자재 공급 담당), 동남아시아 회원국들(반도체를 상업용으로 후처리하는 것을 주력으로 담당), 피지(중국이 남태평양으로 세력 확장하는 것을 저지하기 위해 참여시킨 14번째 회원국) 등임. 한편 대만은 IPEF 참가를 희망하지만 사실상 미국은 거부하고 있음.

다. 1990년대 초 이데올로기의 종언을 말하며 21세기는 자유민주주의와 시장 자본주의가 풍미할 것이라 예견했던 후쿠야마(Francis Fukuyama)는 2018년 영국의 매거진인 *New Statesman*과의 인터뷰에서 "사회주의가 돌아와야 한다(Socialism ought to comeback.)"고 강변했다. 이는 최근 자유민주주의 국가에서 지나친 형평성 요구가 효율성 나아가 자유를 훼손하고 있다는 우려를 역설적으로 표현한 것이다. 오늘날 신냉전의 국제질서는 가치의 진영화를 특징으로 하며 진영 내 네트워크화와 진영 간 대결로 점철된다. 미국 중심 네트워크 대 중국 중심 네트워크의 대결 구도가 자리를 잡아 가고 있다. 여기서 미국의 진영 내 네트워크화란 가치공유를 전제로 한 이익공유를 의미하고, 이는 이익공유를 우선하며 가치공유를 등한시하는 중국의 진영 내 네트워크화와 상충된다. 미국연대는 자유롭고 개방된 인도·태평양(FOIP) 전략, 4국 안보대화(QUAD), 인도·태평양 경제프레임워크(IPEF)를 기반으로 하고, 중국연대는 일대일로(BRI: Belt and Road Initiative) 전략, 상하이협력기구(SCO: Shanghai Cooperation Organisation), 아시아인프라투자은행(AIIB: Asian Infrastructure Investment Bank), 역내포괄적경제동반자협정(RCEP: Regional Comprehensive Economic Partnership)에 기초하고 있다.(이상환, 2022)

세계화를 옹호하는 입장은 세계화의 진전이 개발도상국에게 높은 경제 성장과 불평등과 빈곤의 감소를 이끈다고 주장한다. 하지만 세계화의 진전과 관련된 전 세계소득이나 소비의 불평등과 빈곤의 추이를 분석한 결과 1980년대 이후 전반적으로 소득이나 소비의 불평등은 증가하였음을 파악할 수 있다. 지난 25년간 중국과 인도가 절대적인 빈곤에서 벗어나 성장을 통한 생활 조건을 개선하였다는 사실이 세계화의 진전이 전 세계 사람들의 생활수준의 상승을 가져온다는 주장을 뒷받침해 주지는 않는다. 분석대상에서 중국을 제외하면 1980년대 이후 최근까지 세계화로 인해 전 세계 경제에서 소득수준이 수렴된다는 주장은 설득력을 얻지 못한다. 세계화가 개발도상국 경제에 기회나 위협이 된다는 단순한 시각에서 벗어나 세계화 즉 세계시장과 해외자본의 유치가 주는 기회를 개발도상국이 체계적인 전략으로 활용해야 한다.(윤성종, 2021)

코로나19에 대한 대응방식에 있어서도 한국의 민주적 방식과 중국의 전체주의적 방식이 모두 진행되고 있는 상황에서 시장실패에 따른 정부의 역할 변화까지 고려해야 한다. 코로나19는 국제사회의 주요 공급사슬(supply chain)을 무너뜨리고 국가들이 물적·인적 왕래를 가로막자 상호의존된 국제사회의 취약성을 그대로 드러나게 했다. 코로나19의 교훈은 세계화가 실패했다는 것이 아니라 그것의 혜택에도 불구하고 그로 인해 깨지기 쉽다는 것이다. 탈세계화의 추이는 기존 세계적인 차원의 공급사슬을 해체하면서, 위험 회피를 중심으로 한 새로운 경제관리, 경제적 수단의 무기화, 세계적인 경제 쇠퇴를 경험하게 하고 있다. 코로나19 위기가 인류에게 주는 가장 큰 교훈은 그 누구도 이 문제에서 자유롭지 않고, 전 세계가 운명공동체라는 것이다.(이상만, 2020)

제2차 세계대전 이래 국제질서는 전(pre) 세계화·냉전 질서, 세계화·탈냉전 질서, 탈(post)세계화·신냉전 질서의 순으로 변화해 왔다. 현 상황이 탈세계화·신냉전 시대가 맞는지 아직도 논쟁 중이나 2010년대 중반 이전 세계화·탈냉전 시대와는 사뭇 다르다는 점은 인정하지 않을 수 없다. 향후 '재(再) 세계화(Reglobalization)'와 '탈(脫) 신냉전(Post New Cold War)'의 시대가 돌아오리라 본다. 하지만 지금은 탈세계화·신냉전의 시대를 살아가고 있다. 강대국의 진영 논리에 자유롭지 못한 상황에서 원칙에 근거한 안보 및 경제 네트워크 참여가 우리에게 요구된다고 할 수 있다. 원칙 없는 이익 추구는 장기적으로 국익에 반하는 결과를 초래할 것이다.

## 1 미국-중국 간 패권 경쟁과 감염병

신냉전으로 치닫고 있는 세계에 대해 도일(Michael Doyle)은 최근 저서인 『*Cold Peace: Avoiding the New Cold War*』에서 "우리는 이제 미국, 중국, 러시아의 3축이 공전하는 신냉전의 파괴적인 유령에 직면해 있으며, 이는 사이버전과 더욱 교활한 신무기로 악화되고 있다"고 언급했다. 도일은 세계 역사의 현 단계에서 그러한 충돌이 재앙적인 영향을 미칠 것이고, 기후변화를 되돌리며 팬데믹을 방지하고 핵 비확산을 확보하는 데 핵심적인 글로벌 협력 노력을 방해할 것이라고 주장한다. 또한 최근의 파괴적인 우크라이나 전쟁은 우리를 기다리고 있는 비용의 예이자 전조라고 말한다. 하지만 희망이 있다고 한다. 푸틴은 스탈린이 아니고 시진핑은 마오쩌둥이 아니며 어떤 독재자도 현대의 히틀러가 아니라는 것이다. 아울러 번영과 환경 재앙으로부터 지구를 보호하는 데 전례 없는 수준의 전 세계적 관심이 공유되고 있다는 것이다. 미국, 중국, 러시아가 "따뜻한 평화(warm peace; 溫平)"를 수립할 가능성은 낮지만 국가 간에 데탕트로 이어질 수 있는 중요하고 합리적인 타협이 가능한 "차가운 평화(cold peace; 冷平)"는 유지할 수 있다고 강조한다. 미래는 여전히 불확실하지만, 이 책에서 도일이 제안하는 우아한 협정(elegant set of accords)과 비(非)전복협정(non-subversion pacts)을 통해 세상을 구할 수 있다는 것이다.(Doyle, 2023)

도일은 신냉전의 원인으로 두 가지를 지적하고 있는데, 하나는 미흡한 미국 패권이고, 다른 하나는 부족한 가치공유(shared values)라는 것이다. 전자는 중국·러시아와의 다차원적인 경쟁 구도 즉 미·중 패권 경쟁을 말하고, 후자는 이념분쟁을 일컫는다. 이는 독재(autocracy) 대 민주주의(democracy), 조합주의(corporatism) 대 시장자본주의(market capitalism), 주권 민족(국가)주의(sovereign nationalism) 대 자유주의적 국제주의(liberal internationalism) 대결 구도를 총칭한다.(Doyle, 2023) 탈냉전기 초 1990년대 미국의 패권이 21세기 들어 약화하면서, 나아가 급부상한 중국이 인권·민주주의에 부합하는 가치공유에 반하면서 결국 국제질서는 신냉전의 양상을 보이고 있다.

미국 패권의 쇠퇴가 오늘날 신냉전의 원인이라면, 패권(hegemony)은 무엇을 의미하는가? 맥키온(Timothy Mckeown)은 패권과 연관된 개념적 어려움 몇 가지를 지적한다. 첫 번째 의제는 "어느 시점에 국가가 패권적 지위에 있다고 할 수 있는가?"이다. 패권적 지위를 규정할 때 세계 역량(군사력, 경제력 등) 중 정확히 몇 퍼센트를 점유해야 하는지 명료화할 수 없을지라도 최소한 패권적 지위(hegemony), 패권에 가까운 지위(near-hegemony), 비패권적 지위(nonhegemony)로 구분할 필요는 있다. 두 번째 의제는 "패권안정이론이 규정하는 국력이란 무엇인가?"이다. 길핀(Robert Gilpin)은 군사력의 중요성에 초점을 맞추고,

크래스너(Stephen Krasner) 또한 군사력을 언급하나 패권국의 성패를 좌우하는 토대로 잠재적인 경제력을 강조한 바 있다.(Mckeown 1983, 73-91; Gilpin, 1975; Krasner 1976, 317-348; Krasner, 1985)

미국의 패권적 지위의 변화를 경성국력(hard power) 측면에서 파악하면 다음과 같다. 글로벌파이어파워(GFP: Global Fire Power)가 발표한 2023년 세계 군사력 국가 순위(Military Strength Ranking)에 의하면, 1위는 미국으로 .0712이고, 2위는 러시아가 .0714, 3위는 중국으로 .0722이다. 이어 4, 5, 6위는 각각 인도(.1025), 영국(.1435), 한국(.1505)이다. 이어 7위는 파키스탄(.1694)이고, 8위는 일본(.1711), 9위는 프랑스(.1848), 10위는 이탈리아(.1973)이다.[15] 이러한 군사력 지수는 0.0에 가까울수록 일국의 군사력이 강한 것을 나타낸다. 이는 핵무기 능력은 고려하지 않고 재래식 전쟁 수행 능력만 측정한 것으로 위 국가 중 핵무기 보유국은 한국과 일본 및 이탈리아를 제외한 7개국이다. 구 냉전기의 패권국인 소련과 신 냉전기에 패권국으로 부상하는 중국이 미국의 군사 패권을 위협하는 상황이다. 핵전력을 제외하면 우리나라의 군사력이 인도와 일본에 버금가는 세계 6위라는 점은 주목할만하다.

오늘날 군사패권은 미국, 러시아, 중국의 경쟁구도이나 군사비 지출규모를 보면, 2021년 군사비 지출(IISS, 국제전략연구소와 SIPRI, 스톡홀름국제평화문제연구소에서 발표한 국방비 통계 기준)에 있어서 중국(1,780억 달러)은 미국(7,400억 달러)에 이어 2위이나 미국과의 격차는 큰 수준에 머물고 있다. 2021년을 기준으로 한 군사비 총액 및 세계순위 통계에 의하면, 3위 인도 730억 달러, 4위 독일 570억 달러, 5위 영국 560억 달러, 6위 일본 510억 달러, 7위 사우디아라비아 480억 달러이고 한국은 8위이다.[16] 미국 군사비는 세계 2위~11위 국가의 총합을 능가한다. 안보적 측면에서 보면 미국과 러시아 간, 미국과 중국 간 세계 패권 경쟁과 함께 동아시아에서는 중국과 일본 간, 남아시아에서는 중국과 인도 간 지역 패권 경쟁이 진행되고, 이러한 상황 속에서 한국은 북한과의 대결구도를 관리해 나가야 하는 형국이다.

---

15 GFP PowerIndex('PwrIndx') score (https://www.globalfirepower.com/)

16 International Institute for Strategic Studies, http://www.iiss.org (검색일: 2022.7.20). Stockholm International Peace Research Institute(SIPRI), SIPRI Database, http://www.sipri.org/databases (검색일: 2022.7.20).

**그림 55** 2023년 세계 군사력 국가 순위(Military Strength Ranking)

| | | |
|---|---|---|
| 1 | United States | PwrIndx: 0.0712 |
| 2 | Russia | PwrIndx: 0.0714 |
| 3 | China | PwrIndx: 0.0722 |
| 4 | India | PwrIndx: 0.1025 |
| 5 | United Kingdom | PwrIndx: 0.1435 |
| 6 | South Korea | PwrIndx: 0.1505 |
| 7 | Pakistan | PwrIndx: 0.1694 |
| 8 | Japan | PwrIndx: 0.1711 |
| 9 | France | PwrIndx: 0.1848 |
| 10 | Italya | PwrIndx: 0.1973 |

*출처: GFP PowerIndex('PwrIndx') score (https://www.globalfirepower.com/)

군사력 측면에서 한정하여 판단하면 <그림 55>가 보여 주듯이 미국이 패권에 가까운 지위(near-hegemony)를 유지하고 있음을 알 수 있다. 하지만 한국과 일본을 제외하면 이들 국가가 모두 핵보유국이다 보니 핵 억지 전력을 유지하면서 러시아 및 중국과의 직접적인 대결을 피하는 구조이다. 러시아의 우크라이나 침공이 이를 잘 대변해 준다.

한편 IMF 자료에 의하면 세계 10대 경제강국(2021년 명목 GDP 기준)은 1위 미국(22조 9,395억 달러), 2위 중국(16조 8,629억 달러), 3위 일본(5조 1,031억 달러), 4위 독일(4조 2,301억 달러), 5위 영국(3조 1,084억 달러), 6위 인도(2조 9,460억 달러), 7위 프랑스(2조 9,404억 달러), 8위 이탈리아(2조 1,202억 달러), 9위 캐나다(2조 159억 달러), 10위 한국(1조 8,238억 달러) 순이다.

세계무역기구 자료에 의하면 2021년 무역규모에 따른 세계 순위는 1위 중국(6조 471억 달러), 2위 미국(4조 5,990억 달러), 3위 독일, 4위 네덜란드, 5위 일본, 6위 한국(1조 2,596억 달러), 7위 러시아, 8위 이탈리아, 9위 벨기에, 10위 홍콩으로 중국이 미국을 능가했음을 나타내고 있다. 2016년 위안화가 편입된 이후 통화별 SDR 바스켓 비중은 달러화가 1위로 41.73%, 유로화는 2위로 30.93%, 위안화는 3위로 10.92%, 엔화는 4위로 8.33%, 파운드화는 5위로 8.09%이다. 2022년에 IMF는 위안화 편입 이후 처음으로 SDR 통화 바스켓에서 달러화의 비중을 기존 41.73%에서 43.38%로, 위안화는 10.92%에서 12.28%로 상향 조정했다. 반면에 유로화(30.93%→29.31%), 엔화(8.33%→7.59%), 파운드화(8.09%→7.44%)의 비중은 하향 조정했다. 이에 중국 중앙은행인 인민은행은 위안화의 비중 상승이 '위안화 국제화'의 결과라고 해석했다. 다음 조정은 2027년에 있을 예정이다. 또한 2021년 기준 각국 외환보유액의 통화별 비중은 1위 미국 달러화 58.81%, 2위 유로화 20.64%, 3위 일본 엔화 5.57%, 4위 영국 파운드화 4.78%, 5위 중국 위안화 2.79%, 6위 캐나다 달러화 2.38%, 7위 호주 달러화 1.81%, 8위 스위스 프랑화 0.2%이다. 2022년 국제결제은행(BIS) 자료에 의하면 가장 많이 거래되는 통화는 미국 달러화로 88.5%를 차지(비중 합계 200%)했다. 이어 유로화(30.5%), 일본 엔화(16.7%), 영국 파운드화(12.9%), 중국 위안화(7.0%) 순이었다. 중국 위안화의 경우 2019년 8위에서 5위로 상승했다. 한국 원화는 거래 비중이 1.9%로 2019년과 같은 12위를 기록했다. 요약하면, 통상패권은 중국, 통화패권은 미국, 그리고 이를 모두 고려한 경제패권은 미국과 중국이 공유하고 있음을 알 수 있다. 오늘날 양국의 심화된 경제적 상호의존으로 인해 보다 균형적인 역학 구도로 나아가고 있다. 경제력 측면에서 판단하면 미국과 중국이 패권지위(hegemony)를 공유하며 새로운 진영 논리로 경쟁하고 있음을 알 수 있다.

다른 한편, 연성국력(soft power)에 해당하는 영국 BBC 방송이 조사한 주요국의 국가 이미지 혹은 호감도를 살펴보면, 독일, 캐나다, 영국, 프랑스, 일본 순으로 호감도가 높고 미국과 중국은 호감도가 유사하나 미국이 조금 우위에 있다. 특히 러시아, 이스라엘, 북한, 파키스탄, 이란 등의 나라는 긍정 평가에 비해 부정 평가가 월등히 많은 국가들이다.

**그림 56** 세계에 대한 주요국의 영향력 평가(긍정/부정)

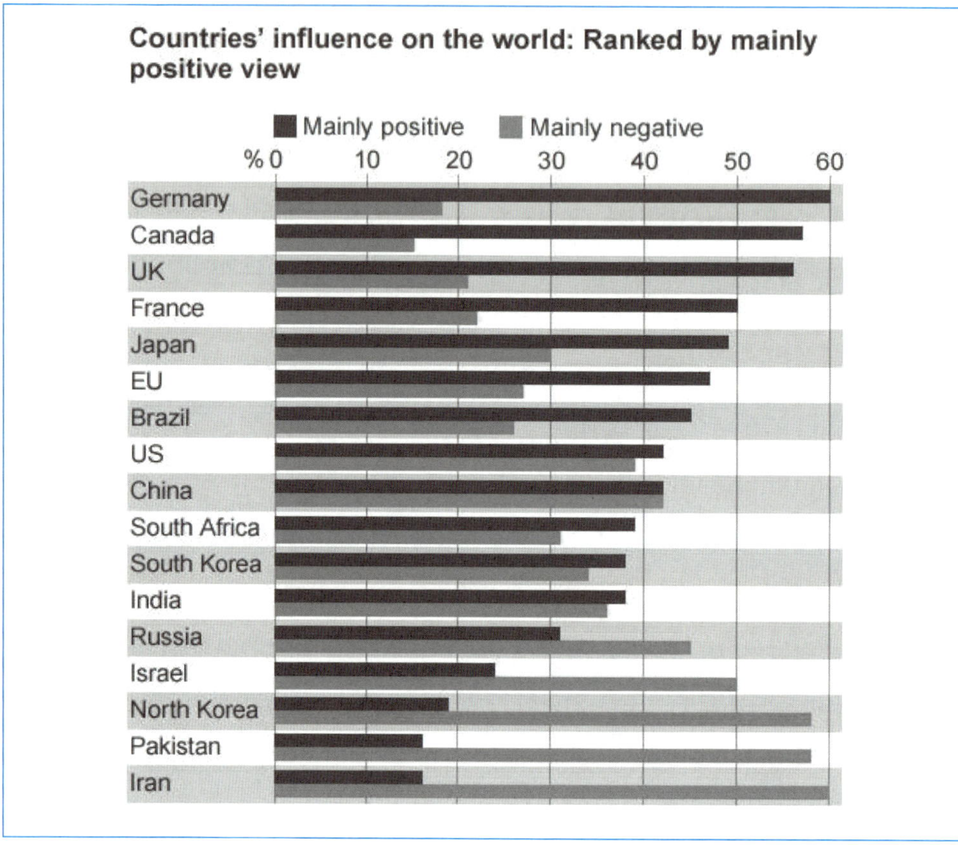


*출처: GlobeSCAN/PIPA

패권과 관련하여 위에 언급한 경성국력과 연성국력을 감안했을 때, 안보적인 맥락에서 미국-러시아-중국의 3극 구조이나 미국이 상대적으로 우위에 있는 양상을 보이고 있고, 경제적인 맥락에서는 미국-중국의 양극 구조이나 EU와 일본이 미국의 패권을 지지하는 구조이다. 미국의 통화패권과 중국의 통상패권이 향후 어떻게 진전되느냐에 따라 세계 경제패권의 향방을 판단할 수 있다. 현재의 안보적·경제적 비대칭적인 G2 구조가 향후 대칭적으로 전환한다면 중국의 near-hegemony 혹은 hegemony 지위도 가능할 수 있다. 문제는 오늘날 신냉전의 흐름 속에서 미국을 중심으로 한 서구 자본주의 국가와 관련 주요 경제 강국들이 미국과 '가치공유'에 따른 진영화를 이루고 진영 내 네트워크화를 강화한다면, 즉 중국을 견제하고 고립화한다면 미국에서 중국으로의 세력전이가 가능할지 알 수 없다.

COVID-19는 신냉전이라는 새로운 국제질서를 형성했다. 국제사회의 새로운 흐름인 탈세계화와 디지털화를 촉진했고 새로운 가치논쟁을 유발했다. 미·중 패권 경쟁은 새로운 이념 갈등을 야기하고 새로운 진영 논리로 국가들을 이합집산하게 하며 신냉전의 국제질서를 조성하고 있다. 포스트 코로나19 시대의 국제관계는 '진영 내 결속(네트워크화)'과 '진영 간 대결(경쟁·갈등)'을 특징으로 한다.(이상환, 2022) 패권안정을 수정하는 개념으로 '과두안정'이 있다. 과두안정은 새로운 국제제도 형성에 행위자의 선택과 구조적 강제가 복합적으로 작동하는 모습을 보여 준다. 이는 과두국가와 외부국가 간 상호작용에서는 '과두적 강제'와 '강제된 순응'이 보다 지배적이라는 논리에 기초한다. 여기서 국제관계는 합리적 선택에 의한 전략적 상호작용이 보다 지배적이라는 것이다. 이호철은 WTO 체제의 형성과 관련하여 과두안정이론을 적용하였다. 당시 WTO 체제 가입은 외부국가 입장에서는 강제된 선택이라고 할 수 있다.(이호철, 1997) 가입할 경우의 이득보다 가입하지 않을 경우의 손실이 크기 때문에 (과두적)강제와 (강제된)순응이 국제제도의 형성을 가능하게 했다는 것이다. 오늘날 팍스아메리카나에서 그 다음의 패권체제로 가는 과도기가 과도기가 아닌 신질서의 모습(과두안정 체제)일 수 있다. 이러한 과두안정 체제(G7+)가 G8일지 G9일지 나아가 G9+가 될지 알 수 없으나 특정 패권국가의 지배적인 체제가 아닐 수 있다는 것이다.

패권안정 체제인 미국의 팍스아메리카나가 팍스시니카가 아닌 G7+라는 과두안정 체제로 진행하는 것이 오늘날의 국제질서가 아닌가 여겨진다. 미국과 중국이 각각 자국 중심의 패권안정 체제를 유지하거나 형성하지 못하고 과두안정 체제 내 영향력 있는 국가로 G7+ 과두안정 체제를 지지해 나갈 수 있다. 최근 한국의 G7 가입 즉 G8 국가가 되는 것이 의제가 되고 있다. 전 세계에서 1인당 국민소득이 3만 달러를 넘고 인구가 5000

만 명 이상인 '30-50 클럽'에 가입한 나라는 한국을 포함, 7국에 불과하다.(G7 중 인구 3,900만 명인 캐나다 제외) 2022년 통계에 의하면, 한국의 무역액은 1조 4,150억 달러로 G7 국가 중에서는 미국, 독일, 일본, 프랑스 다음으로 5위다. 한국의 'G8 국가' 가능성이 언급된 것은 2020년에 당시 트럼프(Donald Trump) 미 대통령이 G7을 확장하자며 호주, 인도, 대한민국을 G7에 포함해야 한다고 주장한 적이 있다. 또한 2021년 영국에서 열린 G7 정상회의에 한국 대통령이 참석하여 사실상 G8 반열에 올라섰다는 평가가 나오기도 했다.

COVID-19는 미국과 중국 간 패권 경쟁 시대에 중요한 갈등 의제가 되었다. 그 갈등의 출발점은 중국이 인정하든 말든 코로나19의 발병지가 중국 우한이라 데에 있다. 발병국 중국 대 피해국 미국과 전 세계로 특징지어지는 갈등 구도가 양국 간 패권 경쟁과 맞물려 갈등이 증폭된 것이다. 특히 감염병 확산을 막아 내는 초기 방안이 발병국으로부터 유입되는 인적 및 물적 자원의 차단인데, 이에 중국이 반발함으로써 결국 미·중 간 나아가 중·서구 간 갈등을 초래한 것이다. 나아가 세계의 공장으로 알려진 중국산 제품의 수입제한은 선진국 및 세계 경제에 막대한 피해를 초래했다. 예를 들어, 중국산 부품의 공급부족 혹은 수입제한은 선진국 공장을 멈추게 했다. 최근 미국을 중심으로 한 서구 선진국이 공급망(supply chain) 다원화(reshoring 혹은 near-shoring) 혹은 탈중국화에 앞장선 것도 COVID-19 여파라고 할 수 있다.

COVID-19 피해 정도를 살펴보면 초기 단계에서는 개도국 혹은 중국 진영 국가가 선진국 혹은 미국 진영 국가보다 방역정책, 주로 봉쇄 등을 통해 감염병의 확산을 막아 내는 데 보다 효과적이었다. 하지만 중장기적으로 보면 치료제 및 백신 개발 없이 감염병을 차단할 수 없고 결국 백신 접종이 감염병 척결의 관건이 된다. 선진국 내에서도 폐쇄(lockdown) 등을 강력히 시행한 국가와 그렇지 않은 국가로 구분되는데, 그 효과성에는 논란이 많다. 코로나19는 미·중 패권 경쟁에서 중국을 뒤처지게 하고 있다. 발병국이라는 책임도 있으나 코로나19가 세계화 시대에 세계의 공장이 되어 버린 중국의 위험성을 서구국가로 하여금 깨닫게 한 사건이었다. 이에 탈세계화가 탈중국화를 수반하고 있다. COVID-19의 만연은 미국을 따라잡으려는 중국에게 브레이크를 걸고 중국몽의 실현을 어렵게 하는 원인이 된 악재라고 할 수 있다. 진영 간 대결 및 진영 내 네트워크 경쟁에서 미국 진영이 중국 진영을 능가하며 패권 다툼을 미국에게 유리한 방향으로 이끌고 있는 것이 코로나19이다.

## 2 선진국-개도국 간 보건 갈등과 감염병

감염병 확산과 관련한 국제사회의 협력을 강화하기 위해 G－20 국가들의 노력이 요구되는 시점이다. 이들 국가는 세계의 선도국으로서 혹은 지역 선도국으로서 감염병 레짐을 이끌어 나갈 주체가 되기에 충분하다. 물론 G－20 국가 간 정치경제적 격차가 심화되어 있는 것도 사실이나 역할 분담을 통해 레짐 형성 및 강화를 주도할 수 있으리라 본다. 경제기술 강국들은 그들의 자본과 기술을 공여하고 지역거점 강국들은 인적 및 물적 자원을 지역 주변국에 제공하면서 공조체제를 유지할 수 있다. 결국 기존의 국제공중보건레짐을 보완할 새로운 감염병 레짐의 형성이 요구되는 것이다. 이는 G－20가 중심이 되어야 하며 핵심강국과 지역거점강국이 역할 분담을 하며 공조하는 신속한 대응체계 수립이 그 요체라고 할 수 있다.

경제적 능력이든 강제적 능력이든 패권국의 역량에 국제레짐은 형성, 유지될 수 있는 것이다. 국제 보건 레짐의 형성과 발전도 선진강국의 리더십에 의존하며 오늘에 이르렀으며 그 주된 이유는 인도주의적인 것이었다. 하지만 국제 보건 레짐의 틀안에서 국제 감염병 레짐의 형성은 보다 공동체적인 이유에 근거한다고 볼 수 있다. 이는 감염병의 성격에 기인한 것으로 결국 글로벌한 협력 없이 월경성 감염병의 확산을 막을 수 없다는 국제사회의 인식에서 비롯된 것이다. 또한 과거의 전염병이 발병국 혹은 상대적으로 저발전국에 한정하여 대처가 가능했다면 세계화 시대의 전염병은 그 확산 속도를 가늠할 수 없을 정도로 광범위하게 심각한 상황을 야기할 수 있다.

기존 연구에 의하면 G-20 국가 중 독일, 영국, 프랑스, 이탈리아, 호주 5개 국가와 미국, 캐나다, 한국, 일본이 보건안보에 있어 관심과 역량을 겸비한 국가라고 할 수 있으며, 국제 감염병 레짐 형성을 이끌어 갈 핵심 국가들이라고 할 수 있다. 아울러 남아프리카공화국, 브라질, 러시아는 지역거점강국으로서 그 레짐을 관리해 나가야 한다.

국제 감염병 레짐의 형성도 G-20내 선진강국과 지역거점국의 공조로 국제사회 내 가능한 것이다. 일종의 과두협력 혹은 과두안정의 국제레짐 형성이 가능하다고 할 수 있다. 이러한 과두협력의 국제관계에서 제도는 합리적 선택을 가능하게 하는 게임의 룰을 제공하는 것이며 그 협력의 메커니즘도 '과두적 강제'와 '강제된 순응'이 공존하는 것이다. 국제 감염병 레짐 형성의 국제관계는 과두국가들의 상호주의에 입각한 합리적 선택 게임에 기초한 것이다. 여기서 감염병 관련 전문가들의 모임인 인식공동체가 초국가적 협력의 촉매 역할을 하는 것이다.

한편 21세기 다수의 신종 감염병의 등장으로 세계는 전쟁이나 군사적 갈등이 아닌 새로운 공포에 휩싸였고, 보건문제는 국가안보의 위협요소로 대두되었다. 또한 사스 사태에서 살펴봤듯이, 감염병 문제는 일국의 문제가 아니라 초국가적 협력이 필요하다는 것을 절감하게 된다. 정치·군사적 안보를 이유로 정보 공개를 꺼리던 중국도 자력으로 사스 퇴치가 불가능해지고, 이로 인해 국제사회에서 고립될 위기에 놓이자 협력의 태도로 전환되는 모습을 보였다. 보건을 안보와 연결 짓는 것에 대한 논의는 아직도 논란의 여지가 다분하다. 하지만 보건 문제는 비단 인간안보뿐만 아니라 에너지, 환경, 생물자원 등 지속가능성과 연관되어 있다.(이상환, 2009) 따라서 보건안보를 통한 감염병의 피해 감소는 인류역사의 진보와 더 나은 삶을 이룩하는 데에 유의미하게 작용할 것이며, 더 나은 삶에 이바지할 것이다.

국제사회에서 에너지, 환경, 바이오 문제는 단순한 관심사가 아니라 인간 생존을 위협하는 안보적 이슈로 받아들여져야 한다. 이제 에너지, 환경, 전염병 문제를 안보의 측면에서 이해하는 것이 요구되는 시점에 우리는 놓여 있는 것이다.

1851년에 국제사회는 국제방역조치에 대한 첫 번째 국제회의를 개최하였으며, 이를 계기로 국제공중보건에 대한 레짐이 형성되었다. 1948년 세계보건기구(WHO)의 창설로 국제공중보건레짐은 가시적인 완성단계에 이르게 되었다. 이어 1951년 WHO 총회는 국제공중보건에 관한 단일의 국제협약(IHR)을 체결하였고, 이는 관련 국가에 월경질병의 발발에 대한 통지의무를 부여하며 이러한 질병을 통제할 수 있는 적절한 수준의 공중보건메커니즘을 확보하게끔 하였다. 2005년 국제사회는 새로운 IHR을 채택함으로써 글로벌공중보건레짐을 갖추게 되었다. 이에 머무르지 말고 국제사회는 새로운 감염병 레짐의 형성을 위해 노력을 다해야 한다. 기존의 국제공중보건레짐을 보완하기 위해 G-20 국가가 주도하는 국제 감염병 레짐을 마련해야 한다.

OECD의 자료를 기준으로(최근 10년 누계, 총지출) 보건 분야 상위 5개 공여국은 미국, 영국, 캐나다, 독일, 일본이다. 우리나라는 8위로 약 16억 달러를 제공했다. '보건' 분야 중 감염병 관리, 말라리아 및 결핵 관리, 기초보건 인프라 등이 포함되는 '기초보건' 분야 또한 비슷한 경향을 나타내며, '기초보건' 내 '감염병 관리' 또한 유사한 양상이나 미국과 독일, 일본이 '보건' 분야 지원 중 20% 이상을 감염병 관리에 집중하며 활발하게 활동 중이다. 미국은 보건 분야 최대 공여국으로, 감염성 질환이 초래하는 막대한 인적·경제적 피해를 방지하고 취약계층을 보호하며, 미국에 미치는 보건·안보 위협을 방지하기 위해 감염성 질환에 대응하고자 한다. 미국은 지난 10년간 국제사회가 제공한 보건 분야 양자 재원(약 1,031억 달러)의 16%(169억 달러)를 제공할 만큼 개도국의 보건 개선에 활발하게 기여한 공여국이다. 독일은 지속가능 개발 의제 달성과 건강한 삶 영위 권리 추구의 관점에서 개도국의 보건 분야 개발협력에 적극적으로 참여한다. 독일은 감염병 대응, 디지털 보건, UHC, 공공보건, 기초보건, 모성보건, 기후와 건강, 인구, HIV로 인한 감염병, 양성평등 권리, 장애 등 매우 폭넓은 범위에서 보건 분야를 지원한다. 일본은 2003년 사스(SARS) 위기 때부터 감염병 확산 위험에 주목해 왔으며, 2014년과 2017년 공개된 개발협력 백서에서도 감염병 확산 대응의 필요성을 언급하며 이를 개발협력의 중요 과제로 강조해 왔다.(이주영, 2020)

선진국과 개도국은 WHO를 중심으로 보건협력을 해 왔다. 기존의 보건레짐은 선진국이 개도국을 지원하는 시혜적·수직적 관계를 특징으로 하며, 감염병 레짐은 선진국과 개도국의 상호협력에 기반한 호혜적·수평적 관계의 성격을 지닌다. 선진국은 주로 개도국에서 발생한 감염병으로 인한 피해를 막아 내기 위해 초기 단계에서는 봉쇄·폐쇄 혹은 방역에 전력을 다하며, 이와 함께 신종 감염병의 경우 그 확산 추이에 따라 치료제는 물론 백신 개발 등 의학적 처방에 매진한다. 기존 감염병이 재발된 경우 이에 대한 국제사회의 대응은 신속하고 적절하다. 반면에 신종 감염병이 발생한 경우 조기 감지 및 대응이 어려운 것이 현실이다. 특히 치료제 나아가 백신 개발을 위해서는 상당 기간의 시일이 요구되며 그 사이에 확산 정도에 따라 막대한 피해를 감내해야 한다.

문제는 이러한 과정에서 양 국가군 간 시각차가 존재한다. 신종 감염병 발병 초기 단계에서 발병국이 개도국 혹은 약소국이면 선진국은 개도국의 발병 지역을 봉쇄 혹은 차단하며 방역 등의 조치를 취한다. 이러한 강제조치는 때로는 개도국의 반발을 사며 갈등의 소지가 있으나 그럼에도 불구하고 개도국은 역학 구도상 감내해 내는 것이 현실이다. 이어 치료제 및 백신 개발 단계에 들어서면 이들 의학적 처방에 대한 접근 가능성을 두고 갈등이 증폭된다. 왜냐하면 경제적 여력이 없는 개도국에 대한 무상 지원 없이 감염병의 원천 해결은 불가능하기 때문이다.

COVID-19의 진행 과정에서 국가 간 방역정책의 차이로 논란이 된 적이 있고 폐쇄(lockdown)가 사회적 이슈가 되기도 했다. 정치 이데올로기 혹은 문화에 따른 상이한 여론이 정부 정책과 충돌되어 그 효과성을 저하시키기도 했다. COVID-19 발병 초기 개도국의 성공적 방역이 부각되고 선진국의 실패한 방역이 대비되기도 했다. 비민주적 권위주의 국가의 강제조치가 감염병 차단에 효과적으로 보인 면이 있으나 결국 이는 일시적 성공에 불과하고 감염병의 파고를 넘지 못했다고 할 수 있다. 감염병을 척결하기 위해서는 선진국이든 개도국이든 치료제 개발에 이은 백신 개발 및 접종 외에 대안이 없다. COVID-19 확산 과정에서 백신 개발에 따른 공급 문제로 선·개도국 간 갈등이 고조된 시점이 있다. 개도국은 선진국의 무상지원을 기대하나 선진국의 입장에서는 사기업에서 개발한 백신을 개도국에게 무상으로 지원하는 것이 적지 않은 예산을 요하는 사업일 수밖에 없다. 그러다 보니 개도국에 대한 무상 지원을 위한 선진국 간 기여 할당 문제로 선진국 간 또다른 갈등이 벌어지기도 한다. 선진국 대 개도국 간 갈등과 함께 선진국 간 및 개도국 간 갈등이 존재하고 이를 해결하려는 국제사회의 노력이 요구되는 것이다.

Chapter 10

# 글로벌 보건 갈등과 협력

SARS, AI, 인플루엔자 A의 예는 다수 국가로 하여금 잠재적으로 초국적인 감염병과 싸워야 하는 새로운 현실에 적응하도록 하였다. 그 사례는 보건 이슈 및 국가안보에 대한 새로운 인식을 관련 국가들에게 심어 주었다. 다른 말로 하여, 그 위기는 안보를 다시 생각하게끔 한 것이다. 포괄적이고 비전통적인 안보의 틀 속에서 좋은 건강이 개인과 국가의 안보에 중요한 요소가 된다는 것이다. 문제는 위에 언급한 감염병이 단순히 공중보건 관심사가 아니라 국가 혹은 국제 안보 문제로 고려되어야 하는지이다. 한편에서는 감염병을 보건 문제로서 보고, 다른 한편에서는 그것을 국가안보 문제로 보고 있다.(Caballero-Anthony 2005, 488-489)

감염병을 안보 이슈화하는 주요한 목적은 일국 내외에 있는 관련 행위자들로 하여금 그것으로 인해 야기될 수 있는 위협과 위험에 대해 경계심을 갖도록 하는 데 있다. 우선 세계화와 함께 사람과 상품의 움직임의 규모, 속도 및 범위가 유사하지 않다. 불확실성 속에서 감염병이 확산되며 예측이 불가능한 것이다.(WHO Epidemic Alert & Response, 2004;

Posid, Bruce, Guarnizo, Taylor, and Garza, 2005) 둘째, 세계화 이외에 인위적인 질병 촉진 사안들이 있다. 도시화와 지구온난화를 가져오는 기후변화는 감염병 발생을 가속화시키고 있다. 셋째, 전염병원체로 인한 위협은 과거보다 오늘날 더 크다. SARS가 명백히 보여 준 바와 같이 감염병이 개인의 건강을 위협할 뿐만 아니라 그 확산은 경제적 마비를 초래하고 사회질서를 약화하며 정부에 대한 대중 신뢰를 해친다. 결과적으로 감염병의 발생 혹은 재발은 사실상 그 영토 내에서 일어나고 또한 지역 안정을 위협할는지 모르므로 안보 이슈로 다루어져야 한다는 것이다.(Caballero-Anthony 2005, 489-490)

위에 언급된 약점을 해결하기 위해서 국제사회는 SARS, AI, 신종 Influenza A, MERS, COVID-19와 같은 감염병을 막아 내기 위해 보건 레짐을 형성하고 강화할 필요가 있는 것이다. 다행히도 국제사회는 사스 사례보다는 조류독감 사례에 있어서 보다 적극적인 초기 대응을 하였으며, 이어 조류독감 사례보다는 신종플루 사례에 있어서 보다 능동적인 초기 대응을 한 바 있다. 한마디로 말하여, 국제사회 내 보건협력이 보다 개선되고 있다.

국제적 감염병 발생 시 국제사회의 이러한 행태의 변화는 감염병에 대한 인식의 변화에 토대를 두고 있다. 즉 세계화의 심화로 국내 방역만으로 감염병을 퇴치할 수 없다는 점과 현대 의학으로 해결하지 못하는 변종 바이러스가 있다는 점이 현실적 한계로 부각되면서 국가 간 협력 없이 선진국과 개도국 모두 이러한 감염병으로부터 자유로울 수 없다는 인식에 기초하여 협력의 틀을 다져 가는 것이다. 예를 들어, 선진국의 경우 앞선 의학과 적절한 대처로 자국 내 감염병의 발원을 퇴치할 수 있을는지 모르나 개도국 등 외국으로부터 들어오는 감염병의 공격을 막아 내는 것은 현실적으로 불가능한 것이다. 한편 개도국의 경우 선진국의 의료지원 없이 감염병 문제를 해결하기가 막막한 것이다. 결국 감염병을 둘러싼 국제사회의 협력 틀은 새로운 전염병 레짐(epidemic regime)의 출현을 촉진하는 것이다.

SARS, AI, 신종 Influenza A, MERS, COVID-19 등 최근 감염병 사례로부터 배운 주요한 교훈의 하나는 보건과 안보 사이의 밀접한 연관성을 파악할 필요가 있다는 것이다. 국제사회에서 포괄적 안보 인식은 군사적인 것 이외에 정치적, 경제적, 환경적 및 사회문화적 안보 측면 즉 비전통적 안보를 안보 개념에 확장시킨 것이다. 아직 구체화되지는 않았지만 국제사회에서 보건 문제는 이제 안보 이슈가 되었다. 감염병의 위험은 더 이상 단지 국내적 관심사가 아니다.(Caballero-Anthony 2005, 490-495; Sell, 2004)

국제사회에서 안보 이슈화된 감염병 문제를 해결하기 위해 다음의 노력이 요구되며 그 중심에는 WHO가 있다. 첫째, 감염병을 척결함에 있어 통합된 다자적 접근법을 채택해야 한다는 것이다. 이는 보건 문제가 더 이상 의료적 관심사가 아니라 국가안보적 관심사임을 말한다. 둘째, 질병을 피하기 위해 국제레짐을 발전시키고 증진해야 한다는 것이다. 이는 국제협약 및 관련 보건 의정서에 대한 엄격한 준수를 요한다. 셋째, 좋은 공중보건 체계를 제공해야 한다는 것이다. 다양한 수준에서 협력을 강화함에 있어 건전한 공중보건 체계를 제공한다는 것이 핵심적으로 강조되어야 한다. 넷째, 빈곤과 발전 이슈에 대해 관심을 가져야 한다는 것이다. 지역을 이해함에 있어 빈곤 문제를 살펴보고 감염병과의 연계를 재검토해야 한다는 것이다. 대다수 사회에서 가장 취약한 집단은 그들 스스로를 보호하기 쉽지 않은 빈곤 계층이다. 감염병의 대부분은 세계에서 가장 빈곤한 지역에서 창궐한다는 점을 명심해야 한다. 그러므로 감염병, 광의로 보건안보는 새로운 안보 의제에 포함되어야 한다.(Kuismin, 1998)

감염병 관련 국제적 보건협력 사례를 소개하면, CEPI(Coalition for Epidemic Preparedness Innovations)는 감염병 확산을 막기 위한 백신개발을 위해 2017년 다보스 세계 경제포럼에서 구축된 글로벌 파트너십으로 백신 개발과 보급을 위해 국제적이고, 조정된, 정부 간 계획이 필요하다는 공감대가 형성됨에 따라 설립되었다. CEPI 창설 멤버는 노르웨이, 인도, Bill & Melinda Gates Foundation, Wellcome, WEF이며, 본부는 오슬로에 소재한다. CEPI의 미션은 백신 개발과 동시에 감염병 발병 시기에 공평한 백신 보급을 지향하며, 전략적 목표는 안전하고 효과적인 백신에 대한 접근 개선(예방), 감염병 발병 시 백신 연구개발과 사용 촉진(대응), 감염병 발병 시 대응 역량을 위한 지속가능하고 공평한 해결방안 제시(지속가능성)이다.(김대중 외, 2021)

또한 'Access to COVID-19 Tools (ACT) Accelerator'는 코로나19 대응을 위한 글로벌

협력 프레임워크로서 2020년 3월 G20 정상들의 요청에 의해 WHO, EC, 프랑스, 빌&멜린다 게이츠 재단 주도하에 설립되었다. ACT-A는 의사결정을 내리거나 새로운 기구는 아니며, 팬데믹에 맞서 기존 기구·기관들 간 협력을 가속화하기 위한 일종의 플랫폼이다. 주요 파트너는 WHO를 비롯하여 CEPI, GAVI, Global Fund, UNITAID, Foundation for Innovative New Diagnostics(FIND), Wellcome Trust, 세계은행, Bill & Melinda Gates Foundation이다. ACT-Accelerator는 진단(diagnostics), 치료(therapeutics), 백신의 개발과 보급, 보건시스템 강화의 네 가지 축으로 구성된다. 2021년 ACT-Accelerator의 전략적 우선순위는 COVAX를 통한 최소 20억 명 분량의 백신의 신속한 보급, 변이 바이러스 대응과 백신 및 치료제의 최적화된 생산 및 보급, 진단검사와 치료 및 개인 방역물품의 신속하고 효과적인 사용을 위한 개별 국가 역량(readiness) 촉진, 저·중소득국에서의 필수 진단검사, 치료와 개인 방역물품의 접근 확대 지원이다.(김대중 외, 2021)

국제사회는 1851년에 국제방역조치에 대한 첫 번째 국제회의를 개최하였으며, 이를 계기로 국제공중보건에 대한 레짐이 형성되었다. 1948년 세계보건기구(WHO)의 창설로 국제공중보건레짐은 가시적인 완성단계에 이르게 되었다. 1951년 WHO 총회는 국제공중보건에 관한 단일의 국제협약(국제보건규정; International Health Regulation; IHR)을 체결하였는데, 이는 기존의 국제공중보건레짐에서 개별적으로 다루던 사안을 총괄하는 것이었다. IHR은 관련 국가에 월경질병의 발발에 의하여 관련 국가에 대한 통지의무를 부여하며, 월경질병의 발발 시 이를 통제할 수 있는 적절한 수준의 공중보건메커니즘을 확보할 의무를 부과하고 있다. 국제공중보건레짐은 2005년 새로운 IHR을 채택함으로써 그야말로 글로벌공중보건레짐을 갖추게 되었다. 새로운 IHR은 국가중심적 논의 차원으로부터 개개의 인간중심적 논의 차원으로 공중보건레짐의 다양한 문제를 판단하여, 인간안보 개념을 구체적으로 실현하고 있다고 말할 수 있다. 새로운 IHR은 각 관련 국가가 공중보건에 관한 메커니즘을 확립함에 있어, 인권에 관한 논의가 병행되어야 할 것을 요한다는 점에서 인간안보 개념에서 주장하는 포괄적 안보개념의 현실화를 도모하는 것으로 판단할 수 있다. 또한 과거 IHR의 국가중심적 폐쇄구조를 탈피하여, 새로운 IHR은 비정부기구가 제공하는 질병확산에 관한 정보 또한 질병 발발 국가의 감시를 위한 정보로서 사용할 수 있도록 규정하고 있다.(김성원, 2007)

2025년에 세계보건기구(WHO)는 새로운 감염병 레짐의 출발을 의미하는 Pandemic Agreement(팬데믹 협정)를 타결했다. 이는 COVID-19 팬데믹 이후 국제사회가 향후 보건 위기에 보다 효과적으로 대응하기 위해 추진한 국제 협약이다. 2021년 12월부터 시작된 팬데믹 협정을 위한 정부 간 협상은 2025년 4월 16일, WHO 회원국들이 초안에 합의하며 중요한 진전을 이루었다. 이 협정은 2025년 5월 제78차 세계보건총회(World Health Assembly)에서 채택되었다. 2022년부터 2025년까지 총 13차례의 정부 간 협상(INB: Intergovernmental Negotiating Body)이 진행되었으며, 2025년 4월 최종 초안이 마련되었다. 이 협정은 법적 구속력을 가지며, WHO 헌장 제19조에 따라 채택된 것이다. 이 협정의 주요 쟁점은 병원체 접근 및 이익 공유 시스템(PABS), 백신 및 치료제의 공평한 접근, 지적 재산권, 국가 주권 및 WHO의 권한 범위 등이다.

협정(안)의 핵심 내용을 살펴보면, 다음과 같은 주요 조항을 포함하고 있다.

우선 그 목표는 팬데믹의 예방, 대비 및 대응을 위한 국제협력 강화이고, 원칙은 인권 존중, 국가 주권, 형평성, 투명성, 연대 및 공정한 접근 등이다. 주요 쟁점을 살펴보면, 첫째는 병원체 접근 및 이익공유 시스템(PABS)으로 병원체의 공유와 그로부터 개발된 백신, 치료제, 진단 도구 등의 혜택을 공평하게 분배하는 시스템 구축 문제이다. 둘째는 백신 및 치료제의 공평한 접근으로 WHO가 백신, 치료제, 진단 도구의 20%를 확보하여 저소득 국가에 분배할 수 있도록 보장하는 문제이다. 셋째는 지적 재산권과 관련된 문제로 제약산업은 지적 재산권 포기보다는 자발적 협력을 선호하며, 백신 및 치료제의 생산을 위한 기술 이전 및 협력 체계를 제안하고 있다. 넷째는 국가 주권 및 WHO 권한과 관련된 문제로 WHO는 여행 제한, 백신 의무화, 치료 또는 진단 조치, 봉쇄 조치 등을 강제할 수 있는 권한을 갖지 않으며, 이는 국가의 주권을 존중하기 위한 조치이다. 아울러 팬데믹 협정은 분쟁 해결을 위해 분쟁 발생 시 외교적 협상, 중재 또는 조정 등의 평화적인 수단을 통해 해결하도록 규정하고 있으며, 협정 발효 조건은 60개국이 비준, 수락, 승인 또는 가입한 후 30일이 경과하면 발효된다는 것이다. 이 협정(안)은 2025년 5월 제78차 세계보건총회에서 공식 채택되었으며, 일부 국가의 불참에도 불구하고, WHO는 이 협정이 미래의 팬데믹에 대한 국제적인 대비와 대응 능력을 강화하는 데 중요한 역할을 할 것으로 기대하고 있다.

팬데믹 협정을 추진하게 된 배경은 코로나19 대응 시 관련 규정 미비, 강제성 부족 등 국제 보건체계의 한계를 보완하고, 평등과 연대를 실현하는 지속가능한 팬데믹 대응 체계의 제도화 필요성이 제기되었기 때문이다. 또한 새로운 팬데믹 시 정보 공유·보고 등 각국의 의무 이행 강화, 백신·치료제의 공평한 접근 및 배분을 보장하고, 원헬스(One Health) 접근 등 기존 국제보건규칙(IHR)이 다루지 않았던 영역을 포괄할 필요성 역시 대두되었기 때문이다. 특히, 각국의 의무 이행을 보장하기 위하여 IHR과 달리 법적 구속력을 지닌 국제 협약을 제정할 필요가 있었다고 할 수 있다. 이에 세계보건총회 특별회기(2021.11) 결정에 따라, 팬데믹 협약(Pandemic Agreement) 성안 논의를 위한 정부 간 협상기구(INB)가 출범(2022.2)했다. 이후 INB 1~13차 회의를 거치며, INB 의장단은 회원국들의 의견을 지속 수렴하여 협약 문서 초안에 반영해 왔다. INB 의장단은 회원국들이 제기한 의견을 토대로 제78차 세계보건총회(2025.5)에 상정하였다.

한편 미국에서는 트럼프 행정부가 WHO 탈퇴를 유엔에 공식 통보했으며, 행정명령에 WHO 팬데믹 협약과 관련한 협상을 중단하는 내용이 포함되었다. 실제 탈퇴가 이뤄지는 시점은 2026년 1월이지만 지난 13차 회의부터 미국은 회의에 참석하지 않고 있다. 팬데믹 협정의 주요 쟁점 조항은 제4조(전염병 예방 및 감시), 제5조(전염병 예방, 대비 및 대응을 위한 단일 건강 접근방식), 제11조(전염병 관련 건강제품 생산을 위한 기술 및 노하우의 이전), 제12조(병원체 접근 및 이익 공유 제도), 제13조(공급망 및 물류), 제13조의 bis (조달 및 유통) 등이다.

기존 WHO의 국제보건규칙(IHR)과 비교했을 때 팬데믹 협약이 갖는 가치를 언급하면, WHO의 국제보건규칙(IHR)은 전염병 및 공중보건 비상사태에 대한 국제적 대응의 기본 틀로 코로나19를 계기로 그 한계가 드러나서 이를 보완하고자 새로운 WHO 팬데믹 협약이 논의된 것이다. 국제보건규칙(IHR)은 1969년(콜레라, 페스트, 황열병 대상) 최초로 채택되고 2005년(사스 이후) 전면 개정된 후 2007년 발효되었다. 이는 WHO 회원국에 구속력 있는 국제법으로 질병의 국제적 확산을 방지하면서, 국가 간 교역과 이동을 최소한으로 막고자 하는 것이다.

국제보건규칙의 핵심 기능은 PHEIC 선언 즉 Public Health Emergency of International Concern(국제적 공중보건 비상사태) 선언 권한 부여에 있다. 이는 회원국은 자국 내에서 발생한 중요 보건 사건을 WHO에 24시간 이내 통보해야 하는 신속 통보 의무를 두고 있다. 또한 핵심역량으로 감염병 탐지, 대응, 보고 등의 보건 시스템 역량을 갖출 의무를 강조하고 있다. 하지만 그 구조적 한계는 다수 국가가 핵심역량을 구축하지 못하고, 규정은 있으나 감독·제재 수단이 없다는 데 있다. 특히 PHEIC 선언 지연 논란으로, 사스, 에볼라, 코로나19 모두에서 선언 시점이 너무 늦었다는 비판을 받았다. 더욱이 일부 국가가 자국 내 발생 정보를 은폐하거나 WHO 보고를 지연하고, WHO의 권고가 강제력이 없다 보니 각국은 국익에 따라 수용 여부를 자율 결정하는 상황이 문제이다. 나아가 IHR은 '불필요한 여행·무역 제한 방지'를 강조하나, 실제 팬데믹 시 각국이 자율적으로 국경 봉쇄를 결정한다.

이런 가운데 코로나19 팬데믹의 충격으로 IHR만으로는 글로벌 위기 대응이 불충분하다는 인식이 확산되었다. 즉 국가 간 정보 공유, 백신·치료제 접근, 관련 자원 신속 분배 등의 글로벌 공공재화 필요성이 대두되었다. 이에 WHO 총회는 2021년 "새로운 국제법적 문서의 필요성"에 합의하게 되었다. 이러한 팬데믹 협약의 주요 내용은 예방 및 대비(감시 시스템, 인력, 재정 역량 구축 등 국가 내 준비 체계 강화), 정보 공유(병원체 샘플, 유전자 정보, 발병 정보 등의 신속·투명한 공유 의무화), 공정한 접근(백신, 치료제, 진단 키트 등에 대한 공평한 접근 보장), 재정 메커니즘(저소득국가의 대응 역량 향상을 위한 재정지원 체계 구축), 책무성과 평가(이행 상황의 정기적 점검과 비구속적 권고, 지원 중심의 평가 메커니즘), One Health 접근(사람·동물·환경을 통합한 감염병 예방 구조 강조) 등이다.

또한 팬데믹 협약이 갖는 의미와 가치를 언급하면, 감염병 레짐 구축, WHO 중심의 다자주의 복원, 보건(감염병)안보의 공공재화, 법적·정치적 책임 강화, 불평등 완화(팬데믹 당시 글로벌 남반구가 겪은 백신·자원 부족 문제), IHR의 보완과 연결(독립된 조약이지만, IHR과 상호보완적으로 작동) 등으로 요약된다. WHO의 국제보건규칙(IHR)이 명백한 한계를 보이며, 이로 인해 탄생하게 된 WHO 팬데믹 협약은 단순한 기술적 보완이 아니라, 보건 거버넌스의 재정립, 인류 공동 대응체계의 제도화, 그리고 국제적 공공재로서의 보건안보의 법적 인정이라는 측면에서 중대한 전환점이다.

한편, 2024년 6월 1일, 제77차 세계보건총회는 국제보건규칙(IHR) 개정안을 합의로 채택했었다. 그 주요 내용을 언급하면, 팬데믹 위기 상황 정의 및 선언 절차 신설, 보건제품 접근성 보장, 조정 재정 메커니즘 설치, 이행 위원회 및 국가 IHR 당국 설립 등이다. 팬데믹 협약(안)과 IHR 개정안을 비교하면, 첫째로 법적 성격에 있어 팬데믹 협약이 새로운 국제조약이라면, IHR 개정안은 기존 규칙을 개정한 것이다. 둘째, 주요 목표에 있어 전자가 팬데믹 예방, 대비, 대응의 국제적 협력 강화를 추구한다면, 후자는 국제공중보건 비상사태 대응 체계 개선을 추구한다. 셋째, 백신 및 치료제 접근과 관련하여, 전자가 공정한 분배 및 지식재산권 유연성을 강조한다면, 후자는 형평성 있는 접근 촉진 및 협력 의무화를 강조한다. 넷째, 정보 공유에 있어, 전자는 병원체 및 유전자 정보의 신속한 공유 의무화를 강조하고, 후자는 정보 공유 및 검증 절차 강화를 강조한다. 다섯째, 재정 지원과 관련하여, 전자가 재정 메커니즘 구축으로 저소득 국가 지원을 주장한다면, 후자는 조정 재정 메커니즘 설치를 언급한다. 여섯째, 이행 체계와 관련하여, 전자는 협약 이행을 위한 메커니즘 및 평가 체계 마련을 강조하고, 후자는 이행 위원회 및 국가 IHR 당국 설립을 강조한다. 한마디로 말하여, 팬데믹 협약과 IHR 개정안은 상호 보완적인 관계로, 글로벌 보건 위기에 대한 보다 효과적인 대응 체계를 구축하는 데 기여할 것이다.

팬데믹 협약 체결이 한국에 가져올 긍정적 영향은 다음과 같다. 우선 글로벌 보건 리더십을 강화할 수 있다. WHO와 국제사회에서 한국의 보건외교 위상을 제고할 수 있다. 즉 K-방역, K-바이오 등 감염병 대응 모델의 국제화가 가능하다. 둘째, 국내 보건안보 체계 고도화에 도움이 된다. 협약 이행을 위해 국가감염병 대비·대응 시스템을 개선할 수 있다. 셋째, 감염병 관련 국제 협력기반을 확대할 수 있다. 백신·치료제 공동 생산, 기술 이전, 연구개발 등 다자 협력 참여의 확대가 가능하다. 글로벌 펀드, ACT-A 등 국제 재정 메커니즘 활용 가능성도 제고할 수 있다. 넷째, 제약·바이오산업의 기회를 확대할 수 있다. 협약에 따른 백신 플랫폼, 진단기술, 인프라의 수출 기반의 확대가 가능하다. 즉 한국의 CMO(위탁생산), CDMO(개발·생산) 역량 활용 가능성을 개선할 수 있다.

이러한 긍정적 영향은 부정적 영향을 수반한다. 협약 이행을 위한 보고, 점검, 역량 평가, 기여금 등 의무가 발생하고, 국가재정 또는 민간 참여 없이 이행이 어렵다면 사회적 부담을 초래하게 된다. ODA 또는 국제기여금 증가 요구가 커지며, 지식재산권 유연성 조항으로 국내 제약기업의 특허 보호 약화 가능성과 '공공재로서 백신·치료제' 논리로 민간 R&D 인센티브 저하가 우려된다. 아울러 보건 주권과 국제 감시 사이의 긴장이 유발된다. 병원체 샘플 공유, 국제 평가 참여 등에서 주권 침해 우려가 제기되고, 감염병 발생 시 외국 전문가의 현장 접근 요구 등 민감한 이슈가 제기될 수 있다. 나아가 법제·행정 체계 개편도 요구된다.

팬데믹 상황에서 국가 주권 대 국제 연대의 주요 충돌 지점은 다음과 같다. 첫째, 감염병 정보 공개와 관련하여, 국가 주권론자는 외교적·경제적 영향 우려로 공개 지연을 주장하고 국제 연대론자는 빠른 공개가 타국 대비에 필수적이라고 주장한다. 둘째, 병원체 샘플 공유와 관련하여, 전자는 생물 주권 및 기술 유출을 우려하고, 후자는 백신 개발을 위한 글로벌 공유를 주장한다. 셋째, 공정한 자원분배과 관련하여, 전자는 백신·치료제는 자국민이 우선이라는 점을 강조하고, 후자는 전 세계의 공정한 접근 보장을 요구한다. 마지막으로, 이행 점검·평가 수용과 관련하여, 전자는 외부 간섭 및 주권 침해를 우려하며, 후자는 글로벌 감시와 책임 메커니즘을 필요로 한다. 요약하건대, 팬데믹 상황에서 국제사회는 "주권 제한이 아닌, 주권의 공동 행사 모델"로 접근해야 한다. 팬데믹 대응에서 국제적 연대는 단순히 "주권을 포기하라"는 것이 아니라, 공동의 리스크에 대해 주권을 '함께 행사'하고, 함께 책임진다는 새로운 패러다임 전환이 필요하다. 국제 규범은 국가 주권을 전제로 설계하되, 명확한 조건, 비강제적 원칙, 상호주의 기반의 인센티브 구조를 함께 마련해야 한다.

글로벌 팬데믹 거버넌스에서 한국의 역할 및 성격을 규정하면, 가교자(Mediator) [선진국과 개도국 사이의 이해관계 조정], 규범 설계자(Norm Shaper) [실현 가능한 협약 조문 설계 참여], 그리고 글로벌 기여자(Global Contributor) [기술력·재정 기여·정치적 의지 모두 갖춘 주체]라고 할 수 있다. 팬데믹 대응에서 선진국과 개도국 간의 구조적 격차는 단순한 자원 문제를 넘어, 시스템적·정치경제적 불균형을 포괄한다. WHO 팬데믹 협정은 이 격차를 제도적으로 해소하려는 첫 번째 국제법적 시도이지만, 실제 해소 여부는 이행 메커니즘의 실효성과 재정적·정치적 의지에 달려 있다. 선진국과 개도국 간 구조적 격차는 보건 인프라, 백신 및 치료제 접근, 재정 및 조달 능력, R&D 및 제조 역량, 그리고 조기 경보 및 정보 시스템 등에 있다.

우리나라의 감염병 분야 글로벌 협력은 주로 개도국과 다자기구를 대상으로 하는 공적개발원조(ODA)를 통해 양자 또는 다자 간 사업으로 진행되고 있다. 세부 내용으로는 인적 역량 강화, 인프라(시설 및 기자재) 지원, 네트워크 구축 등이 있고, 국제기구 또는 타 국가의 개발협력 파트너들과 함께 공동사업(Pool Funding)도 추진되고 있다. 이와 더불어 NGOs와 함께 다양한 지원 내용(WASH)을 담은 사업도 추진하고 있다. 우리나라의 대표적인 ODA 집행기관인 KOICA는 2020년부터 개도국의 감염병 대처와 한국 민관과의 협력을 위해 "개발협력을 통한 코로나19 대응력 강화구상(ABC) 프로그램"을 수립하여 실시해 왔다.(김대중 외, 2021)

한국은 글로벌 보건 거버넌스에서 더 이상 수혜국이 아니라, 공여국이자 제도 설계 참여국으로 변모 중이다. 원칙적으로는 국제 연대와 보건 공공재 정신을 지지하고, 국익과 산업 보호, 실현 가능성을 병행 고려하는 실용적 다자주의 입장을 견지해야 한다. 궁극적으로 한국은 글로벌 보건 거버넌스 강화에 적극적으로 참여하며, 국제사회에서 책임 있는 역할을 수행해야 한다.

# 참고문헌


강봉구. 2005. “편승과 균형: 21세기 세계정치와 러－미관계.” 『국제정치논총』, 45(3).

강선주. 2021. “2021년 G20정상회의: 포스트－코로나 글로벌 거버넌스에의 함의와 전망.” 『주요국제문제분석』, 2021(35).

_____. 2023. “2023년 일본 G7 정상회의와 G7의 블록화.” 『IFANS FOCUS』, 2023(May).

강태호. 2006. “변화하는 한미관계와 노무현독트린의 운명.” 『창작과 비평』, 34(3).

강택구. 2008. “동아시아 지역 내 강대국간 경쟁과 세력전이: 21세기 중국의 대일정책.” 『국제정치논총』, 48(2).

경제·인문사회연구회. 2020. “한국의 COVID－19 대응 보고서.” 『경제인문사회연구회·한국교통연구원 보고서』.

권복규 역. 2001. 『전염병의 문화사(원저: Arno Karlen, Man and Microbes)』. 서울: 사이언스북스.

김계동 외(역). 2011. 『국제기구의 이해: 글로벌거버넌스의 정치와 과정』. 서울: 명인문화사.

김기수. 2009. “미·중 경제, 구조적 상호의존 관계: 미국은 중국의 자본에… 중국은 미국의 시장에.” 『Chidia Journal』 (29, 2009년 1월).

김광린. 1995. “고르바초프의 신사고 외교독트린에 관한 연구.” 『한국정치학회보』, 29(1).

김남순. 2020. “코로나바이러스감염증－19 현황과 과제.” 『보건복지 이슈 & 포커스』, 373.

김대중 외. 2021. “감염병 대응 국제협력 현황 및 협력체계 연구,” 『경제·인문사회연구회 협동연구총서』, 21－42－01.

김동수. 1994. “민주주의와 공동체주의: 자유주의·공동체주의 논쟁을 넘어서,” 『한국정치학회보』, 28(1).

김동진. 2009. 『기후변화에 따른 전염병 관리 분야 적응대책』, 한국보건사회연구원(2009년 8월).

김동한. 1991. “미국의 인권외교정책과 한국의 민주화.” 극동문제연구소(편), 『현대세계체제의 재편과 제3세계』. 서울: 극동문제연구소.

김상준. 2013. “지역과 헤게모니: 미국 헤게모니의 쇠락과 일본의 지역주의 전략 변화를 중심으로.” 『국제정치논총』, 53(1).

김성수. 1998. “다자간 환경협력에 관한 연구.” 『한국환경과학회지』, 7(6).

김성원. 2007. “국제법상 인간안보개념의 전개에 관한 일고찰.” 『법학논총(한양대학교 법학연구소)』, 24(4).

김승진·나성린. 1994. 『환경－무역관계가 한국무역에 미치는 영향』. 서울: 세계 경제연구원.

김시헌·장재연. 2010. “국내 기후변화 관련 감염병과 기상요인간의 상관성.” Journal of Preventive Medicine and Public Health, 43(5).

김신 외. 2020. “세계보건기구(WHO) 위기관리체계의 이슈와 대응방안.” 『이슈페이퍼(한국행정연구원)』, 93(2020－06).

김영호. 1997. “신현실주의의 비판적 고찰.” 『국제정치논총』, 37(2).

김예경. 2007. “중국의 부상과 북한의 대응전략: 편승전략과 동맹, 유화 그리고 현안별 지지정책.” 『국제정치논총』, 47(2).

김우상. 2000. “미·중관계의 미래와 동아시아 안보질서 전망.” 『국제정치논총』, 40(4).

김율희 역. 2006. 『세계사를 바꾼 전염병들(원저: Bryn Barnard, Outbreak Plagues That Changed History)』. 서울: 출판사 다른.

김종성. 2005. “노무현독트린, 북핵 넘어 동북아공동체로 간다.” 『월간 말』, 2005－1.

김진철. 1987. “상호의존론.” 『국제정치논총』, 27(2).

김철범. 1992. 『21세기 신국제질서와 한반도』. 서울: 평민사.

김태운. 2009. “미·중간 세력전이 가능성과 동북아 안보협력질서.” 『아시아연구』, 12(1).

김형종. 2020. “코로나19 감염병 사태와 신남방정책: 아세안을 중심으로.” 『동남아시아연구』, 30(3).

문성묵. 2016. “북한 핵개발 실태와 대외정책.” 『통일정책연구』, 25(1).

박광기·이상환. 2017. “바이오 안보의 국제정치: G－20 국가의 보건 현황과 전염병 협력.” 『정치·정보연구』, 20(3).

박상식. 1995. “세계화란 무엇인가?” 『한국정치학회보』, 29(1).

박영준. 2006. “동북아 균형자론과 21세기 한국외교.” 『한국정치외교사논총』, 28(1).

박재영. 1998. 『국제기구정치론』. 서울: 법문사.

_____. 1999.『국제정치 패러다임』. 서울: 법문사.

박진아. 2020. “코로나19와 국제보건규칙의 대응: 그 한계와 문제점을 중심으로.”『국제법연구』, 27(1).

박한규. 2007. “지구화 시대에 있어서 안보 개념의 다차원적 분석: 인간 안보를 중심으로,”『국제지역연구(국제지역학회)』, 11(3).

박홍서. 2008. “중국의 부상과 탈냉전기 중미 양국의 대한반도 동맹전략: 동맹전이 이론의 시각에서.”『한국정치학회보』, 42(1).

박환일. 2020. “감염병 대응을 위한 글로벌 과학기술 협력방안.”『Future Horizon+』, 44(2020.1).

배긍찬. 2000.『동아시아 지역협력 추진 전망』. 서울: 외교안보연구원.

_____. 2001.『동아시아 정체성 창출방안 연구』. 서울: 외교안보연구원.

서재정. 2018. “트럼프독트린과 한반도.”『창작과 비평』, 46(3).

_____. 2003. “부시독트린과 미국 일극패권체제.”『시민과 세계』, 4.

손종국·유영옥. 1997.『동북아론』. 서울: 학문사.

송치영. 2000. “전염효과의 원인: 동아시아 금융위기의 경우.”『금융학회지』, 5(1).

신광영. 2019. “세계화, 신자유주의화와 사회정의.”『국제노동브리프』, 2019(6).

신나리 외. 2019. “미래감염병에 대한 세계동향 분석.”『주간 건강과 질병』, 12(5).

신상범. 2017. “글로벌 보건과 국제정치학: 연구 성과와 향후 과제.”『국제정치논총』, 57(3).

신용하. 1985.『공동체이론』. 서울: 문학과 지성사.

신윤정. 2020. “글로벌 인구 이동과 감염병 확산: 국제이주기구(IOM) ‘보건·국경·이동 관리(HBMM)’ 체계의 시사점.”『Issue & Focus』, 379.

신호성 외. 2008. “기후변화와 전염병 질병부담.”『한국보건사회연구원 연구보고서』, 2008-24-4(2008년 12월).

심영규. 2018. “감염병 예방 및 관리를 위한 국제규범체계에 관한 고찰: 규범조화적 관점에서.”『해사법연구』, 30(2).

심은용. 2013. “국제 보건 레짐과 전염병 협력 변화연구.” <한국외국어대학교 일반대학원 정치외교학과 석사학위논문>.

안명옥. 2019. “기후변화와 한국의 감염병-메르스를 중심으로.”『생태환경과 역사 5』, 서울: 국립중앙의료원.

용훈. 2020. “아세안의 보건 위기 대응과 협력: 감염병과 보건안보.” 『동아연구』, 39(2).

유재광 외. 2020. “한국의 국제기구 외교평가: 성과, 한계, 개선방향 – 유엔 PKO·안보리, IMF, WHO, UNDP를 중심으로.” 『연구보고서(국회미래연구원)』, 20(13).

유제운·김학용. 2021. “네트워크 기반 코로나바이러스감염증–19 이후 세계화 분석.” 『한국콘텐츠학회논문지』, 21(6).

윤덕민. 2013. “중국의 부상과 일본의 대중전략.” 『전략연구』, 59.

윤성종. 2021. “세계화, 성장, 불평등과 빈곤에 대한 고찰.” 『통상정보연구』, 23(1).

윤성주·구윤모. 2021. “미국 코로나19 대응 정책 종합 보고서.” 『한국조세재정연구원 재정지출분석센터 보고서』.

이경화. 2015. “‘공중 보건’ 문제에 대한 국제법적 대응.” 『환경법연구』, 37(2).

이덕희. 2020. “COVID–19 팬더믹 시대의 이단아, 스웨덴의 선택이 던지는 질문들.” 『이슈 & 진단』, 18(4).

이명화 외. 2020. “한국의 코로나19 대응 현황과 주요 동인.” 『경제인문사회연구회·과학기술정책연구원 보고서』.

이범준 외. 1998. 『미국외교정책: 이론과 실제』. 서울: 박영사.

이상만. 2020. “코로나19의 정치경제와 위기의 신자유주의: 변증법적 사유.” 『아시아연구』, 23(2).

이상환. 1996. “신국제정치경제질서의 도래와 세계민주공동체로의 전환.” 『국제정치논총』, 36(1).

_____. 2001. “미국의 인권외교정책: 코소보와 동티모르의 사례 비교.” 『국제정치연구』, 3(2).

_____. 2005. “제3세계 국가들의 핵정책 사례 연구: 인도–파키스탄 및 브라질–아르헨티나 사례를 중심으로.” 『전략연구』, 33.

_____. 2008. “전염병과 인간안보, 그리고 국가안보.” 『국제지역연구』, 12(3).

_____. 2009. “갈등과 협력의 국제 보건 관계: 최근 전염병 사례에 대한 국제사회의 초기 대응을 중심으로.” 『정치정보연구』, 12(2).

_____. 2012. “지속가능성 분쟁과 인간안보: 보건안보를 중심으로.” 『정치정보연구』, 15(2).

_____. 2015a. “세계질서와 동북아 지역질서의 안정성에 대한 전망: 세력전이 시각을 중심으로.” 『정치정보연구』, 18(1).

_____. 2015b. “에너지, 환경 및 바이오의 국제정치(제14장).” 『국제관계학: 인간과 세계 그리고 정치(한국정치학회)』. 서울: 박영사.

_____. 2017. “북한 핵무기 개발과 한국의 외교전략 : 미국 신행정부의 대외정책에 대한 대응을

중심으로."『정치정보연구』, 20(1).

_____. 2020a. "감염병의 국제관계: 21세기 국제사회의 보건 갈등과 협력."『JPI 정책포럼(2020－2)』. 제주: 제주평화연구원.

_____. 2020b. "포스트 코로나: 국제정치질서의 변화와 한국의 대응방안."『한국사회과학협의회 소식(2020－1 통권 24권)』. 서울: 한국사회과학협의회.

_____. 2020c. "세계화와 탈세계화: 민족주의, 보호무역주의의 확산과 글로벌 거버넌스."『외교』, 135.

_____. 2020d. "Post COVID－19 시대의 국제정치: 탈세계화, 디지털화 그리고 신냉전 질서의 도래."『정치정보연구』, 23(3).

_____. 2021a.『국제정치경제: 시각과 쟁점』. 서울: 박영사.

_____. 2021b. "미국－중국 간 통화 패권 경쟁과 국제정치경제질서 전망."『정치정보연구』, 24(3).

_____. 2022a.『국제관계개론』. 서울: 박영사.

_____. 2022b. "포스트 코로나19 시대의 미·중 패권 경쟁: 가치공유냐? 이익공유냐?."『아태연구』, 29(3).

_____. 2022c. "세계화와 탈세계화 그리고 국제관계의 변화."『정치정보연구』, 25(3).

_____. 2024. "국제사회와 감염병: Post COVID－19의 국제관계."『정치정보연구』, 27(3).

이상환·박광기. 2016. "G－20 국가의 보건협력 방안 연구: 21세기 전염병 사례에 대한 국제사회의 갈등과 협력을 중심으로."『정치정보연구』, 19(2).

이상환 외. 2020. "동남아시아 정치체제 유형과 코로나19 방역의 효과성."『외교부 정책과제 최종보고서』, 2020－12.

이수훈. 1993.『세계체제론』. 서울: 도서출판 나남.

이신화. 1996. "환경전쟁(Eco Conflict)?: 폭력갈등과 국제질서 위협요인으로서의 환경파괴."『한국정치학회보』, 30(3).

_____. 2006. "동아시아 인간안보와 글로벌 거버넌스."『세계정치』, 27(1).

이양호. 2020. "코로나19 팬데믹과 국가: 중국과 미국의 비교."『민족연구』, 76.

이영형. 2004. "시베리아 공간의 지정학적 의미와 러시아: 지정학적 요소/분석단위를 중심으로."『한국과 국제정치』, 20(4).

이장희. 2021. "2020년 코로나19 상황과 인권 문제의 조망."『인권법평론』, 26(2021－2).

이주영. 2020. "국제사회의 감염병 대응: ODA 현황과 시사점."『KIEP 기초자료』, 20－05.

이해춘·임현술. 2007. "인수공통전염병의 경제적 손실가치: 조류인플루엔자를 중심으로,"『보건경제와 정책연구』, 13(1).

이호철. 1997. “WTO 체제의 형성: 패권안정, 합리적 선택, 과두안정?” 『국제정치논총』, 37(1).

장노순. 1999. “약소국의 갈등적 편승외교정책: 북한의 통미봉남 정책.” 『한국정치학회보』, 33(1).

장영욱·윤형준. 2020. “스웨덴의 코로나19 대응전략과 경제적 영향.” 『세계 경제 포커스』, 3(22).

__________. 2021. “주요국의 코로나19 백신 접종 현황 및 접종률 제고 전략.” 『오늘의 세계 경제』, 21(12).

전봉근. 2020. “코로나19 팬데믹의 국제정치와 한국외교 방향.” 『주요국제문제분석』, 2020-08.

전재성. 2000. “현실주의 국제제도론을 위한 시론.” 『한국정치학회보』, 34(2).

정연식·이상환. 2000. “미국의 인권외교정책: 중국과 한국의 사례 비교.” 『21세기 국제관계연구의 쟁점과 과제』. 서울: 박영사.

정석찬. 2009. “기후변화와 인수공통전염병 관리.” 『2009 농식품 안전성 향상 국제심포지엄(국립수의과학검역원)』.

정용화. 2003. “전환기 자주외교의 개념과 조건: 19세기말 조선의 대청외교의 이론적 고찰.” 『국제정치논총』, 43(2).

조동준. 2020. “코로나19와 지구화의 변화.” 『국제정치논총』, 60(3).

조성권. 2016. “21세기 생물테러와 복합안보: 보건안보를 중심으로” 『정치정보연구』, 19(2).

조한승. 2018. “동아시아 보건안보의 쟁점과 협력.” 『한국동북아논총』, 23(4).

_____. 2019. “코로나19와 글로벌 보건 거버넌스 그리고 미국.” 『민족연구』, 76.

_____. 2021. “코로나 팬데믹과 글로벌 보건 거버넌스: 실패 원인과 협력의 가능성.” 『세계지역연구논총』, 39(1).

주영수. 2008. “기후변화와 건강.” 『대한내과학회지』, 75(5).

중앙사고수습본부. 2022. “코로나19 재유행 대비 의료 대응방안.” 『중앙사고수습본부 보고서』.

질병관리청. 2022. 『2020-2021 질병관리청 백서』 서울: 질병관리청.

차정미. 2018. “1980년대 한중관계 태동기, 정부-비정부 협력외교의 발전과정: 외교문서(1980~1986) 분석을 중심으로.” 『국제정치논총』, 58(1).

최운도. 2004. “아시아 경제통합에 있어서 일·중 협력과 경쟁.” 『중소연구』, 101.

최은경·이종구. 2016. “2000년대 글로벌 전염병 거버넌스의 변화: 글로벌 보건안보의 대두와 국내 전염병 관리 체계의 변화.” 『의사학』, 25(3).

최정수. 2006. “조지 W. 부시 독트린의 역사적 기원.” 『미국사연구』, 23.

최현정. 2023. "COVID－19 팬데믹 위기 대응의 평가와 정책적 시사점."『Issue Brief』, 2023－07.

통계청. 1997.『국제통계연감』. 서울: 통계청 국제통계과.

한국보건사회연구원. 2024.『보도자료: "코로나19 이후 팬데믹 조약 협상의 쟁점과 향후 방향: 병원체 접근 및 이익공유 체계에 대한 논의를 중심으로(2024.11.4)"』. 서울: 한국보건사회연구원.

한국보건사회연구원. 2025.『2024 팬데믹 조약의 주요 쟁점 분석 및 대응 전략 수립 － 전문가 자문회의(2025.4.17)"』. 서울: 한국보건사회연구원.

한국인권재단 편. 2002.『한반도의 평화와 인권 2』. 서울: 사람생각.

홍득표. 1992. "외교정책결정과 정치위험분석."『국제정치논총』, 32(2).

홍성복(역). 1992.『새로운 초강대국』. The New Superpowers by Jefferey T. Bergner(New York:St. Martin's Press, 1991).

황예은. 2014. "글로벌 보건안보위협과 개도국의 대응: 남아공의 에이즈 치료정책과 의약품 접근권 논쟁."『세계정치』, 21.

매일경제신문, 문화일보, 세계일보, 조선일보, 중앙일보, 한겨레신문 등 각종 일간지.

국립외교원: http://www.knda.go.kr

외교부: http://www.mofa.go.kr

질병관리본부: http://www.cdc.go.kr

통계청: http://kostat.go.kr

Acemoglou, Daron and James A. Robinson. 2012. *Why Nations Fail?: The origins of Power, Prosperity, and Poverty*. New York: Crown Books.

Acemoglu, Daron, Suresh Naidu, Pascual Restrepo and James A. Robinson. 2019. "Deomocracy Does Cause Growth?" *Journal of Political Economy*, 127(1).

Adams, W. M. 1991. *Green Development: Environment and Sustainability in the Third World*. NY: Routledge.

Axelrod, Robert. 1985. *The Evolution of Cooperation.* NY: Basic Books, Inc.

Baehr, Peter R. & Gary Campbell. 1994. *The Role of Human Rights in Foreign Policy.* London: The Macmillan Press.

Baldwin, David(ed). 1993. *Neorealism and Neoliberalism: The Contemporary Debate.* NY: Columbia University Press.

Barnett, Michael and Raymond Duvall. 2005. "Power in International Politics." *International Organization*, 59(1).

Bellinger, Nisha Mukherjee. 2019. "Why Democracy Matters: Democratic Attributes and Human Well-being." *Journal of International Relations and Development*, 22(2).

Bergh, Andreas. 2006. "Explaining Welfare State Survival: The Role of Economic Freedom and Globalization." Ratio Working Papers 101, The Ratio Institute, Stockholm.

Bernes, Tom. 2020. "COVID-19: The Failure of G20." Challenges of Global Governance Amid the COVID-19 Pandemic, Council on Foreign Relations, New York, USA.

Besley, Timothy. 2006. *Principled Agents?: The Political Economy of Good Government.* Oxford: Oxford University Press.

Bjornskov, Christian. 2006. "Globalization and Economic Freedom: New Evidence Using the Dreher Indices." University of Aarhus.

Bollyky, Thomas, Tara Templin, Matthew Cohen, Diana Schroder, Joseph L. Dieleman, and Simon Wigley. 2019. "The Relationships Between Democratic Experience, Adult Health, and Cause-Specific Mortality in 170 Countries between 1980 and 2016: An Observational Analysis." *The Lancet,* 393(10181).

Bown, Chad P. 2020. "How the G20 can strengthen access to vital medical supplies in the fight against COVID-19." *How the G20 Can Hasten Recovery from COVID-19,* Peterson Institute for International Economics.

Burrows, Mat and Peter Engelke. 2020. "What World Post COVID-19?: Three Scenarios." *Strategy Papers,* Atlantic Council.

Caballero-Anthony, Mely. 2005. "SARS in Asia: Crisis, Vulnerabilities, and Regional Responses." *Asian Survey,* 45(3).

Conybeare, John A. C. 1984. "Public Goods, Prisoners' Dilemmas and the International Political Economy." *International Studies Quarterly,* 28(1).

Coppedge, Michael, John Gerring, Carl Henrik Knutsen, Staffan I. Lindberg, Jan Teorell, David Altman, Michael Bernhard, M. Steven Fish, Adam Glynn, Allen Hicken, Anna

Luhrmann, Kyle L. Marquardt, Kelly McMann, Pamela Paxton, Daniel Pemstein, Brigitte Seim, Rachel Sigman, Svend－Erik Skaaning, Jeffrey Staton, Steven Wilson, Agnes Cornell, Nazifa Alizada, Lisa Gastaldi, Haakon Gjerløw, Garry Hindle, Nina Ilchenko, Laura Maxwell, Valeriya Mechkova, Juraj Medzihorsky, Johannes von Römer, Aksel Sundström, Eitan Tzelgov, Yi－ting Wang, Tore Wig, and Daniel Ziblatt. 2020. "V－Dem [Country-Year/Country-Date] Dataset v10". *Varieties of Democracy (V－Dem) Project. https://doi.org/10.23696/vdemds20.*

Curley, Melissa G. 2004. "Security and Illegal Migration in Northeast Asia." *The 45th International Studies Association Annual Convention Proceedings (Montreal, Canada).*

Deutsch, Karl and David Singer. 1964. "Multipolar Power Systems and International Stability." *World Politics,* 16(3).

Dietz, Frank, Udo Ernst Simonis, and Jan van Straaten. 1992. *Sustainability and Environmental Policy: Restraints and Advances.* Berlin: Edition Sigma.

Dorman, David. 2020. "China's Global COVID－19 Assistance is humanitarian and geopolitical. That's Why People are worried." *Security Nexus,* Daniel K. Inouye Asia－Pacific Center for Security Studies.

Doyle, Michael W. 2023. *Cold Peace: Avoiding the New Cold War.* New York: Liveright Publishing Corporation.

Dreher, Axel. 2006. "Does Globalization Affect Growth? Evidence from a new Index of Globalization." *Applied Economics,* 38(10).

Dreher, Axel and Fischer, Justina A. V. 2005. "Cross－Country Determinants of Life Satisfaction: Exploring Different Determinants across Groups in Society." *Social Choice and Welfare,* 30(1).

Dreher, Axel and Noel Gaston. 2005. "Has Globalization Really Had No Effect on Unions?" Kyklos.

Ekman, Bjorn. 2003. *Globalization and Health: An Empirical Analysis Using Panel Data.* Lund University, mimeo.

Elizabeth, Cameron E. Nuzzo, Jennifer B., Bell, Jessica A. et al. 2019. Global Health Security Index: Building Collective Action and Accountability (October 2019). *The Newclear Threat Initiative and Center for Health Security, Johanshopkins Bloomerg School of Pub-*

*lic Health.* https://www.ghsindex.org/wp-content/uploads/2019/10/2019-Global-Health-Security-Index.pdf

Elliott, Lorraine. 2003. "ASEAN and Environmental Cooperations: Norms, Interests and Identity." *The Pacific Review*, 16(1).

Evans, P., D. Rueschemeyer & T. Skocpol., eds. 1985. *Bringing the State Back In : Strategies of Analysis of Current Research.* Cambridge, UK: Cambridge University Press.

Fraser, Donald M. 1979. "Human Rights and U.S. Foreign Policy: Some Basic Questions Regarding Principles and Practice." *International Studies Quarterly,* 23(2).

Fukuyama, Francis. 1992. *The End of History and the Last Man.* NY: Free Press.

Gallaher, Stephanie. 2005. "SARS: What We Have Learned So Far…." *Dimensions of Critical Care Nursing,* 24(2).

Gates, Scott, Sang-Hwan Lee and Wonjae Hwang. 2021. "The challenge facing middle powers: South Korea and India in the era of power competition between the United States and China." *International Area Studies Review*, 24(2).

Ghobarah, Hazem Adam, Paul Huth, and Bruce Russett. 2004. "Comparative Public Health: The Political Economy of Human Misery and Well-Being." *International Studies Quarterly,* 48(1).

Gilpin, Robert. 1975. *US Power and the Multinational Corporation: The Political Economy of Foreign Direct Investment.* New York: Basic Books.

Greco, Ettore. 2020. "G20 in the Spotlight: The Fight Against COVID-19." Challenges of Global Governance Amid the COVID-19 Pandemic, Council on Foreign Relations, New York, USA.

Grieco, Joseph M. 1988. "Anarchy and the Limits of Cooperation: A Realist Critique of the Newest Liberal Institutionalism." *International Organization,* 42(3).

Gygli, Savina, Florian Haelg, Niklas Potrafke, and Jan-Egbert Sturm. 2019. "The KOF Globalisation Index - revisited." *The Review of International Organizations*, 14.

Haggard, Stephan & Beth A. Simmons. 1987. "Theories of International Regimes." *International Organization,* 41(3).

Hein, Wolfgang and Anne Paschke. 2020. "Access to COVID-19 Vaccines and Medicines: A Global Public Good." *GIGA Focus GLOBAL,* German Institute of Global and Area Studies (GIGA).

Helleiner, Eric. 2002. "Economic Nationalism as a Challenge to Economic Liberalism?

Lessons from the 19th Century." *International Studies Quarterly,* 46(3).

Hirschman, Albert. 1980. *National Power and the Structure of Foreign Trade.* CA: University of California Press.

Hudock, A. 1999. *NGOs and Civil Society: Democracy by Proxy?* Polity Press.

Hwang, Wonjae, Randy Willemain and Sang-Hwan Lee. 2020. "Trilateral Trade and Taking a Side Between the US and China." *Korean Journal of Defense Analysis,* 32(4).

Ikenberry, John G. 2022. "Why American Power Endures: The U.S.-Led Order Isn't in Decline." *Foreign Affairs,* 101(6).

Isaak, Robert. 1995. *Managing World Economic Change.* NJ: Prentice-Hall, Inc.

Jervis, Robert. 1982. "Security Regimes." *International Organization,* 36(2).

Kavanagh, Matthew and Renu Singh. 2020. "Democracy, Capacity and Coercion in Pandemic Response: COVID-19 in Comparative Political Perspective." *Journal of Health Politics and Law,* 45(6).

Keohane, Robert. 1984. After Hegemony: *Cooperation and Discord in the World Political Economy.* NJ: Princeton University Press.

_____. 1989. *International Institution and State Power: Essays in International Relation Theory.* Wesview Press.

Keohane, Robert & Joseph Nye. 1977. *Power and Interdependence: World Politics in Transition.* MA: Little Brown and Company.

Kennedy, Paul. 1987. *The Rise and Fall of Great Powers.* NY: Random House.

Kim, Jaechul. 2003. "Politics of SARS: International Pressure and China's Policy Change," *Journal of Chinese Studies,* 31.

Kim, Woosang. 1991. "Alliance Transitions Great Power War." *American Journal of Political Science,* 35(4).

Kindleberger, Charles P. 1973. *The World in Depression,* 1929-39. Penguin Books Ltd.

____________________. 1981. "Dominance and Leadership in the International Economy: Exploitation, Public Goods, and Free Rides." *International Studies Quarterly,* 25(2): 242-254.

Kleindorfer, Paul R., Howard Kunreuther & David S. Hong. 1996. *Energy, Environment, and the Economy: Asian Perspectives.* Edward Elgar Pub.

Krasner, Stephen. 1976. "State Power and the Structure of International Trade." *World Politics,* 28(3).

_____. 1978. *Defending the National Interest.* Princeton, NJ: The Princeton University Press.

_____. 1983. "Structual Causes and Consequence: Regimes as Intervening Variables." in Krasner (ed.), *International Regimes.* NY: Cornell University Press.

_____. 1985. *Structural Conflict: The Third World Against Global Liberalism.* CA: The University of California Press.

Kuismin, Heikki O. 1998. "Environmental Issue Area and Game Theory." *The Environmentalist,* 18.

Lee, Sang－Hwan. 2003. "Security Concerns in Northeast Asia and Korea's Role." Paper to be presented at *the 18th Annual Conference of the Council on Korea－U.S. Security Studies,* Washington, D.C., U.S.A., October 8－10.

_______________. 2005. "Environmental and Epidemic Cooperation in Northeast Asia: Focusing on the Cases of Yellow Sand, SARS, and Bird Flu." *2005 Korean Association of International Studies Annual Convention Proceedings* (Seoul, R.O.K.).

_______________. 2015. "Global and regional orders in the 21st century in terms of multi－layered power transition theory: The cases of US-China and China-Japan relations." *International Area Studies Review,* 18(3).

_______________. 2020. "Trilateral Trade and Taking a Side Between the US and China." *Korean Journal of Defense Analysis,* 32(4).

Lemke, Douglas and William Reed. 1996. "Regime Types and Status Quo Evaluations." *International Interactions,* 22(2).

McCracken, Kevin and David R. Phillips. 2017. *Global Health: An introduction to current and future trends.* London& New York: Routledge.

McKeown, Timothy J. 1983. "Hegemonic Stability Theory and 19th Century Tariff Levels in Europe." *International Organization,* 37(1).

McRae, Hamish. 1994. *The World in 2020: Power, Culture and Prosperity.* Boston: Harvard Business School Press.

Mearsheimer, John J. 2001. *The Tragedy of Great Politics.* NY: W.W. Norton.

Modelski, George. 1987. *Long Cycles in World Politics.* Seattle: University of Washington Press.

Morgenthau, Hans J. 1948. *Politics Among Nations.* New York: Alfred. A. Knopf.

_____. 1967. *Politics among Nations: The Struggle for Power and Peace.* 4th ed. NY: Alfred A. Knopf.

Morse, Edward. 1976. "Interdependence on World Affairs." in James Rosenau (ed.), *World Politics.* NY: The Free Press.

Nordhaus, William D. 1975. "The Political Business Cycle." *The Review of Economic Studies,* 42(2).

Nye, Joseph S. 2004. "Soft Power: The Means to Success in World Politics." *Foreign Affairs,* May/June 2014 Issue.

Odell, John S. 1985. "The Outcomes of International Trade Conflicts: The US and South Korea, 1960－1981." *International Studies Quarterly,* 29(3).

Organski, A.F.K. 1958. *World Politics.* New York: Alfred. A. Knopf.

_____, A.F.K. 1981. *The War Ledger.* IL: The University of Chicago Press.

Owusu－Gyamfi, Mavis and Richmond Commodore. 2021. "Africa's COVID－19 Recovery Challenge: How the G20 can Bridge the Development Financing Gap." *Policy Briefing 255,* South African Institute of International Affairs.

Pearce, David W., Edward B. Barbier & Anil Markandya. 1990. *Sustainable Development: Economics and Environment in the Third World.* Gower Publishing Company.

Pollins, Brian M. 1989. "Conflict, Cooperation, and Commerce: The Effect of International Political Interactions on Bilateral Trade Flows." *American Journal of Political Science,* 33(3).

Posid, Joseph M., Sherrie M. Bruce, Julie T. Guarnizo, Melissa L. Taylor, and Brenda W. Garza. 2005. "SARS: Mobilizing and Maintaining a Public Health Emergency Response." *Journal of Public Health Management and Practice,* 11(3).

Powell, Robert. 1991. "Absolute and Relative Gains in International Relations Theory." *American Political Science Review,* 85(4).

Raustiala, Kal. 1997. "States, NGOs, and International Environmental Institutions." *International Studies Quarterly,* 41(4).

Rudd, Kevin. 2022. "The Return of Red China: Xi Jinping Brings Back Marxism." *Foreign Affair,* 2022.11.09. Issue.

Ruger, Jennifer. 2005. "Democracy and Health." *QJM: An International Journal of Medicine,* 98(4).

Ruggie, John G. 1975. "International Responses to Technology: Concepts and Trends." *International Organization,* 29(3).

Sebhatu, Abiel, Karl Wennberg, Stefan Arora-Jonsson, and Staffan Lindberg. 2020. "Explaining the Homogenous Diffusion of COVID-19 Nonpharmaceutical Interventions Across Heterogeneous Countries." *PNAS,* 117(35).

Sell, Susan K. 2004. "The Quest for Global Governance in Intellectual Property and Public Health: Structural, Discursive and Institutional Dimensions." *The 45th International Studies Association Annual Convention Proceedings* (Montreal, Canada).

Sen, Amartya. 1999. *Development as Freedom.* Oxford: Oxford University Press.

Shirk, Susan. 1977/78. "Human Rights: What about China?" *Foreign Policy,* 29.

Singer, David. 1989. "The Level of Analysis Problem in International Relations." in John Ikenberry. *American Foreign Policy: Theoretical Essays.*

Snidal, Duncan. 1985. "The Limits of hegemonic Stability Theory." *International Organization,* 39(4).

_____. 1991. "Relative Gains and the Pattern of International Cooperation." *American Political Science Review,* 85(3).

Sörensen, J. 2020. "Terror in Utopia: crisis (mis-) management during the covid-19 pandemic in Sweden." *Sociološki pregled,* 961-1007.

Spero, J. 1985. *The Politics of International Economic Relations.* NY: St. Martin's Press.

Snyder, Glen H. 1984. "The Security Dilemma in Alliance Politics." *World Politics,* 36(4).

Strange, Susan. 1987. "The Persistent Myth of Lost Hegemony." *International Organization,* 41(4).

Strange, S. and R. Tooze. 1981. *The International Politics of Surplus Capacity.* George Allen & Unwin Ltd.

Takahashi, Wakana and Jusen Asuka. 2001. "The Politics of Regional Cooperation on Acid Rain Control in East Asia." *Water, Air, and Soil Pollution,* 130.

Tooze, Roger. 1990. "Regimes and International Cooperation," in Groom and Taylor (eds.), Frameworks for International Co-operation. New York: St. Martin's Press.

Tsai, Ming-Chang. 2005. "Does Globalization Affect Human Well-Being?" *Social Indicators Research.* 81(1).

Tufte, Edward R. 1978. *Political Control of the Economy.* NJ: The Princeton University Press.

UN. 2021. "United Nations Comprehensive Response to COVID-19: Saving Lives,

Protecting Societies, Recovering Better." *GIGA Focus GLOBAL,* German Institute of Global and Area Studies (GIGA).

Vogel, Gretchen. 2020. "Sweden's Gamble." *Science.* 370(6513).

Walling, Karl. 2016. "The Use and Abuse of American Foreign Policy Doctrines." *Law & Liberty,* January 12.

Walt, Stephen M. 1988. "Testing Theories of Alliance Formation." *International Organization,* 42(2).

Waltz, Kenneth. 1967. "International Structure, National Force, and the Balance of World Power." *Journal of International Affairs,* 21(2).

_____. 1979. *Theory of International Politics.* NY: Random House.

_____. 1993. "The Emerging Structure of International Politics." *International Security,* 18(2).

WHO Epidemic Alert & Response 2004/2005.

Youde, Jeremy. 2004. "Enter the Fourth Horseman: Health Security and International Relations Theory." *The 45th International Studies Association Annual Convention Proceedings* (Montreal, Canada).

Young, Oran R. 1983. "Regimes Dynamics: The Rise and Fall of International Regimes." in Krasner (ed.), International Regimes. Ithaca: Cornell University Press.

Zhuge, Hai. 2005. "Exploring an Epidemic in an E-Science Environment." *Communications of the ACM,* 48(9).

Amnesty International: http://www.amnesty.org

Baum, F. et. al. 2021. "Explaining Covid-19 performance: what factors might predict a national response?": https://doi.org/10.1136/bmj.n91

ASEAN Secretariat:

https://asean.org/the-asean-secretariat-basic-mandate-functions-and-composition/

Center for Strategic and International Studies. Southeast Asia Covid-19 Tracker.: https://www.csis.org/programs/southeast-asia-program/southeast-asia-covid-19-tracker-0

BBC World Service & Globe Scan. Global Poll: http://www.globescan.com

China View:

http://news.xinhuanet.com/english/2004-04/24/content_1438498.htm

Economics helping to simplify economics: https://www.economicshelp.org

Ewing, A and Bjorklund, K. 2020. "The Swedish COVID-19 Response Is a Disaster. It Shouldn't Be a Model for the Rest of the World.": https://time.com/5899432/sweden-coronovirus-disaster/

Freedom House: http://www.freedomhouse.org

Global Fire Power: https://www.globalfirepower.com

Global Health Security Index Report: http://www.ghsindex.org

Human Rights Watch: http://www.hrw.org

International Institute for Strategic Studies: http://www.iisss.org

International Monetary Fund. (http://www.imf.org)

International Monetary Fund: http://www.imf.org

KOF Swiss-Federal Institute of Technology Zurich: http://www.kof.ethz.ch

Medical News Today. http://www.medicalnewstoday.com

OECD Health Statistics. http://www.oecd.org

Our World in Data. Coronavirus Pandemic(COVID-19): https://ourworldindata.org/coronavirus

Pew Research. Global indicators database: http://www.pewglobal.org/data base

Stockholm International Peace Research Institute(SIPRI; SIPRI Database): http://www.sipri.org/databases

SYZ Group: https://www.syzgroup.com

Tegnell, A. 2021. "The Swedish public health response to COVID-19.": https://doi.org/10.1111/apm.13112 (Journal of Pathology, Microbiology and Immunology – the APMIS journal)

The Diplomat: https://thediplomat.com/

United Nations: http://www.un.org

Wall Street Journal: https://www.wsj.com

World Bank: http://www.worldbank.org

World Health Organization: http://www.who.org

# 찾아보기

## ㄱ

## ㄴ



## ㄷ



## ㄹ



## ㅁ



## ㅂ

### ㅅ



### ㅇ

## ㅈ

## ㅊ



## ㅋ



## ㅌ



## ㅍ



## ㅎ



## 기타

# 저자 소개

## 이상환

### 학력사항

미시간주립대학교(Michigan State University) 정치학박사(Ph.D.)
미시간주립대학교(Michigan State University) 정치학석사(M.A.)
한국외국어대학교 정치학사(B.A.)

### 일반 경력사항

(현재)
한국외국어대학교 정치외교학과 교수
외교부 정책자문위원
Korean Journal of International Studies 편집장(Editor－in－Chief)
(역임)
한국외국어대학교 정치행정언론대학원장/연구산학협력단장/학생복지처장/
글로벌정치연구소장/외무고시반 지도교수 등
미시간주립대학교 아시아연구센터 풀브라이트 방문학자(Fulbright Visiting Scholar)
한국연구재단 정치학분야 RB
한국국제교류재단 글로벌시티즌십 프로그램 사업 주관교수
한국국제교류재단 공공외교역량강화대학 사업 주관교수
제24회 세계모의유엔대회(Harvard－HUFS WorldMUN) 주관교수
제17회 전국대학생모의유엔대회(한국외대) 주관교수
대통령 외교안보자문위원
청와대 국가안보실 정책자문위원
통일부 정책자문위원
민주평화통일자문회의 자문위원
국민권익위원회 자문위원
미래창조과학부 국제화사업추진위원
한국도핑방지위원회 국제위원
국립외교원 설립 추진위원
서울동부지역 산학단장협의회 회장

국립 창원대학교 국제관계학과 교수
육군 정훈장교(중위)로 군복무

### 학회 경력사항

한국국제정치학회 회장
한국정치정보학회 회장
International Studies Association 정회원
American Political Science Association 정회원(Governing Board Member, International Political Science Committee)
Midwest Political Science Association 정회원
International Political Science Association 정회원

### 기타 경력사항

외무－행정－입법－사법고등고시 출제/채점/검토/면접 위원
법학적성시험(LEET) 출제위원
대입 수학능력시험 기획/출제/검토자문 위원
중등교사임용시험 출제/검토 위원
중등교과서(정치와법/법과정치/정치) 검정/연구 위원, 심의위원장
교육부(한국연구재단) 대학혁신통합사업관리위원·대학통폐합심사위원
교육부 대학평가위원(장)(ACE사업·BK21사업·LINK사업·대학구조개혁평가 등)

### 수상

한국외국어대학교 우수교원표창(연구업적, 2004－2005－2006－2007－2008)

### 연구실적

"국제사회와 감염병: Post COVID－19의 국제관계"「정치정보연구」27－3 (2024).
"패권과 패권국, 그리고 글로벌 패권질서: 미·중 패권경쟁의 동학"「정치정보연구」26－2 (2023).
"세계화와 탈세계화 그리고 국제관계의 변화"「정치정보연구」25－3 (2022).
"미국·중국 간 통화 패권경쟁과 국제정치경제질서 전망"「정치정보연구」24－3 (2021).
"Post COVID－19 시대의 국제정치: 탈세계화, 디지털화 그리고 신냉전 질서의 도래"「정치정보연구」23－3 (2020).
"The United States and Asia in 2023: In Search of Global Shared Interests" Asian Survey 64－2 (2024), University of California Press (CA, USA).
"The United States and Asia in 2022: Looking for Shared Values or Interests" Asian Survey 63－2 (2023), University of California Press (CA, USA).

외 국영문 연구논문 120여 편.

「미국 외교정책: 약소국에서 극초강대국으로의 이행」. 박영사 (2025).
「국제정치경제: 시각과 쟁점」. 박영사 (2021/2024개정판).
「국제관계개론」. 박영사 (2022).
「글로벌 공공외교 기관과 활동」. HUINE (2022).
Issues and Perspectives in the Korean Peace Process. Korean Association of International Studies, HUINE (2021).
외 국영문 저역서 40여 권.

**연구비 수혜**

한국연구재단 (1996－1997－2000－2001－2002－2003－2004－2005－2006－2007－2008－2009－2012－2013－2014－2015－2016－2017－2018－2020－2021－2022－2023－2024) / 한국국제교류재단 (2013－2014－2019－2020－2021－2022－2023－2024) / 정보통신정책연구원 (2019) / 외교부 (2010－2020－2022－2023) / 신남방정책특별위원회 (2019) / 대통령직속정책기획위원회 (2019－2020－2021) / 대외경제정책연구원 (2012－2014) / 대통령실 (2011) / 환경부 (2009) / 아시아연구기금 (2006－2007) / 국방부 (2004) / 아산재단 (2000) / 통일부 (1999－2011) / 성곡학술문화재단 (1997－1998) / 교육부 (1996) / Peace Research Institute Oslo & Korea Foundation (2013－2021) / The Korean－American Educational Commission, Fulbright Scholar Program－Visiting Scholar (2016－2017) 등 70여 건.

# 감염병의 국제관계: 시각과 쟁점


초판발행 2025년 8월 20일

지은이 이상환
펴낸이 안종만·안상준

편 집 김용순
기획/마케팅 박부하
표지디자인 BEN STORY
제 작 고철민·김원표

펴낸곳 (주) 박영사
서울특별시 금천구 가산디지털2로 53, 210호(가산동, 한라시그마밸리)
등록 1959. 3. 11. 제300-1959-1호(倫)
전 화 02)733-6771
f a x 02)736-4818
e-mail pys@pybook.co.kr
homepage www.pybook.co.kr
ISBN 979-11-303-2338-1 93340





정 가 23,000원